対抗言論

反ヘイトのための交差路

1号＝ヘイトの時代に対抗する

日本のマジョリティはいかにして
ヘイトに向き合えるのか

歴史認識とヘイト
──排外主義なき
日本は可能か

移民・難民／女性／LGBT──
共にあることの可能性

杉田俊介
櫻井信栄 編
川村 湊 編集協力

法政大学出版局

巻頭言

私たちは今、ヘイトの時代を生きている。

現在の日本社会では、それぞれに異なる歴史や文脈をもつレイシズム（民族差別、在日コリアン差別、移民差別）、性差別（女性差別、ミソジニー、LGBT差別）、障害者差別（優生思想）などが次第に合流し、結びつき、化学変化を起こすようにその攻撃性を日増しに強めている。

さらにデマや陰謀論が飛び交うインターネットの殺伐とした空気、人権と民主主義を軽くみる政治風潮などが相まって、それらの差別や憎悪がすべてを同じ色に塗りつぶしていくかのようである。

こうしたヘイトの時代はきっと長く続くだろう。

SNSや街頭でヘイトスピーチ（差別煽動）を叫ぶ特定の者たち以外に、ヘイト感情や排外主義的な傾向をもった人々がこの国にはすでに広く存在する。私たちはその事実をもはや認めざるをえない。

在日外国人や移民を嫌悪し、社会的弱者を踏みつけにしているのは、日々の暮らしのすぐ隣にいるマジョリティのうちの誰かなのだ。いや、私たちの中で差別加害を行っていないと断言できる者などどこにいるだろう。

本誌『対抗言論』は、ヘイトに対抗するための雑誌である。

ヘイトに対抗する行動は日本社会の皆が気負いなく行うべきことだろう。それはもちろん、差別を被る被害者やマイノリティの人々「だけ」の課題ではない。無関心・無感覚でいられる「私たち」＝マジョリティこそが取り組むべきものだ。すでにさまざまな抵抗や対抗の実践を積み重ねてきた人々に学びながら。

しかしマジョリティのうち少なくない人々は、このままではいけないと感じつつも、差別反対運動やリベラルな言葉の「正しさ」に十分に乗り切れず、ある種の躊躇や無力感の中にとどまっているのではないか。さまざまな問題が複雑に絡み合った複合差別状況が当たり前になり、困惑し、認識が追い付かなくなっている、ということもあるだろう。

とはいえ、そうした戸惑いや困惑をただちに消し去るのではなく、それらが自分たちの中にあることを認めながら、構造的に差別やヘイトを維持・強化してしまうマジョリティ＝「私たち」が内在的に変わっていける取り組みが必要なのではないか。

私たちはそうした形でヘイトに対抗するための一つの試みとして、ここに、批評・歴史・文学・運動などを往還するための場を作ることとした。

思えば私たちは不要な「壁」を作ってしまっていないだろうか。たとえば現在、政治的な右派と左派、保守とリベラルの間に「壁」ができ、分断が生じているようにみえる。しかし「ヘイトを認めない」という点では、ほんとうは、お互いに課題や問いを共有できるし、つながっていけるはずなのだ（共有可能なところを共有した上で、はじめて、本当に譲れない政治的立場の違いや差異が見えてくるだろう）。

あるいは、学問的知性と現場感覚、言論人と大衆、有名と無名の間をたえず往還していく、ということも重要になってくるだろう（そのために本誌では、運動現場・支援現場の声も取材やインタビューなどによって取り入れていく。また「市井の生活者へいかに言葉を届けるか」ということを意識した誌面を目指す）。

長期的には、レイシズム、性差別、障害者差別などが重なり合う場所において「複合差別社会」「複合ヘイト状況」に対抗していくような、反ヘイトのための統一戦線や総合理論が必要であり、横断的なプラットフォームが必要であるかもしれない。

もちろん私たちのささやかな雑誌によって可能なことなど、たかが知れているだろう。しかし無力感や冷笑、諦観こそが私たちの内なる敵であり、最大の敵なのだ。「私たちが変わること」と「社会を変えること」、それは無力感や諦観に苦しめられつつも、多くの人々の取り組みや試行錯誤によって、漸進的に、少しずつかちとっていくべきものである。どんなに小さな歩みでも、どんなに時間がかかっても、それぞれの歩みをはじめるべきだろう。私たちのこのささやかな雑誌も、そのための小さな一歩である。

私たちはこの雑誌が、誰かに救いを求めたり現状を嘆くのではなく、またわかりやすい「敵」を批判して憎悪の連鎖を強化してしまうのでもなく、偽物の対立の枠組みそのものを解体し、外に向かって開かれた言論と実践の場となり、一つの共通基盤となっていくことを願っている。

杉田俊介
櫻井信栄

【目次】

【特集②】歴史認識とヘイト――排外主義なき日本は可能か

【特集③】移民・難民／女性／LGBT――共にあることの可能性

〈座談会〉

日本のヘイト社会にいかに対抗しうるのか

中沢けい（小説家）＋川村湊（文芸評論家）＋杉田俊介（批評家）＋櫻井信栄（日本文学研究者）

なぜこの雑誌をつくるのか?

杉田俊介——最初に、この『対抗言論』という雑誌を作ろうとした経緯の話を少しさせてください。

この三人(杉田・櫻井と本誌編集者の郷間)は、大学生のときからの友人です。僕と櫻井は法政大学の日本文学科の同じクラスでした。櫻井は法政大学大学院を出たあと博物館に勤めて、その後は長らく韓国に住んでいました。どれくらいだったっけ?

櫻井信栄——かれこれ八年くらい住んでいました。最初ソウルで韓国語を勉強して、向こうで博士課程を修了してからは忠南大学や南ソウル大学など、いくつかの大学で教えていました。私は大学生の時に川村湊先生から吃音者である作家、金鶴泳に関して教えてもらって「自分と同じ苦しみを持った人がここにいる」と思って、それからずっと金鶴泳について研究してきました。彼は在日朝鮮人二世の作家として初めて日本の文壇に登場した作家で、マイノリティとして負わされた苦悩や彼のハンディキャップについてももちろん書き続けましたが、それを特殊化するのではなく弱き者の生きる苦しみという普遍的なテーマへと開いていった、非常に特別な作家だと思います。それで日本にいるときから『金鶴泳作品集』(図書出版クレイン、二〇〇四年・二〇〇六年)を作る

櫻井信栄

お手伝いをしたりしていたんですが、でも金鶴泳に関して言うと、在日コリアンに対する関心が高まったり日本文学研究の裾野が拡がったこともあって、近年は韓国で発表される論文のほうが数が多いんですね。韓国に行ったのはそれを読むことが理由の一つでもありましたし、韓国にいる間は関連分野の研究者の方々と本当に親しくさせていただきました。

杉田――その間は会うこともなかったんですが、櫻井はいま日本に帰国していて、また会うようになりました。これはほんの雑談ですが、僕の母親が韓流ドラマがきっかけで韓国好きになりまして、韓国文化や韓国語を自主的に学ぶようになり、頻繁に韓国旅行に行くようになったのですが、そのとき韓国を案内してくれたのが櫻井です（笑）。

中沢けい――私も櫻井さんに以前板門店まで案内してもらいました。

櫻井――その頃の韓国はまだ保守政権で朝鮮半島の情勢があまり良くなかった頃で、もう板門店という歴史的な場所に行くことはできなくなるんじゃないかと思って一緒に行ったんですよね。

杉田――それで、久々にこの三人で再会して、いろいろと日本の現状について話すうちに、微力でもいいから何か一緒にやれないかなと。それは現代の日本の閉塞的なヘイトの状況が、あまりにもひどい。これが最悪なのかと思っていたら、そう感じられるうちはまだ幸福で、さらに悪くなっていく底なしの状態。それに対して何か言いたい。言っておかねばならない。そういう気持ちがまずありました。

　ひとつ『対抗言論』の特徴として言えるのは、主力の三人ともマジョリティの男性である、という点です。細かく言えばいろいろあるのですが、基本的にはマジョリティと言っていいと思います。そして、たとえば編集委員の中になぜ女性がいないのかとか、いろいろ考えた時期もあるのですが、あ

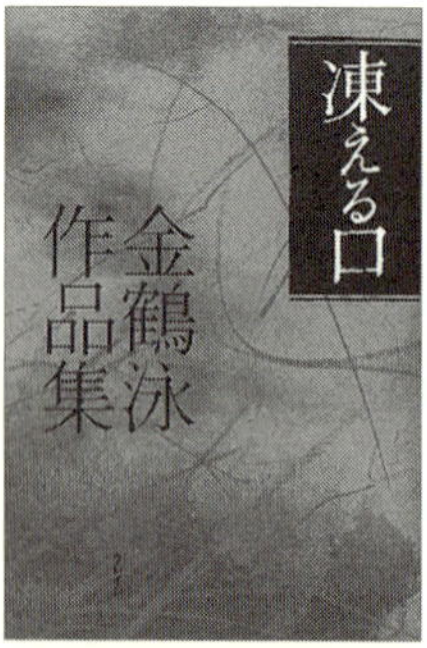

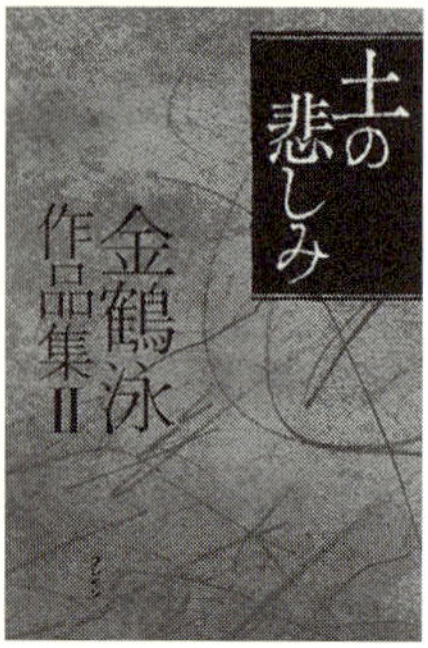

杉田俊介

えてマジョリティの立場から反ヘイトをやっていくというスタンスが今すごく重要なのではないか、と思いを決めまして……。

たとえば『抗路』（抗路舎、二〇一五年創刊）という在日コリアンの方々が作られている当事者中心の総合誌があったり、あるいはマイノリティの立場を代弁したり、マイノリティ憑依を積極的に行っていく方向性のヘイト批判はすでに結構あるわけです。それらの試みももちろん重要ですが、マジョリティはマジョリティとして内側からやっていく試みがあってもいいんじゃないか。

個人的には複合的なヘイトの時代は長く続くと思っていて、これは一時的なものではなくて、世界のグローバルな変化とか、そういう大きな流れの中の痙攣的な反応だと僕は感じているので、これを何とか乗り越えていくには時間がかかると思っています。そのためにはいろいろな道筋からの反ヘイトの言葉や運動みたいなものがいくらあっても足りない。だったら、自分たちが今いる場所からやっていこうと。

そのために二年間ぐらい話し合ってきたんですけれども、この雑誌の基軸は、おおよそ三つあります。まず、人文系の文学や哲学や芸術などを重視するということ。特に文学に対するこだわりがある。もともと僕も日本文学科の出身で、今も文芸誌の『すばる』で文芸批評を書いたりしています。なので、反ヘイトという社会運動的な文脈と、文学や芸術を関係させていくというのが一つ。

二点目としては、櫻井はもともと韓国で、あれは一人カウンターと言うのかな？

櫻井――一人デモですね。「在特会（在日特権を許さない市民の会）の反韓デモに反対します」という一人デモ。ソウルに光化門広場という、市民が意見表明をするデモの名所みたいなところがあって、後に朴槿恵《パククネ》大統領の弾劾を求める大規模なキャンドルデモが行われた所ですが、まずそこで始めました。韓国ではデモをする時には警察に集会申告をしなければならないんですが、一人で立ってデモをする分には、特に届け出はいらないんです。

中沢――最後は五、六人いましたね？

櫻井――はい。そのうちにツイッターやフェイスブックで呼

2013年、ソウルの路上にて

びかけて、警察にも届け出をして広場の近くでスタンディングデモをするようになって、韓国のマスコミでたくさん紹介されたこともありまして、だんだん人数が集まるようになりました。

杉田――日本国内でもしばき隊などのカウンター運動があった時に、櫻井は韓国で仲良くしようぜデモみたいなことをやっていた、現場寄りの人間でもあります。

中沢――新大久保にも来てくれました。

櫻井――そうですね。ずっと行ったり来たりしてやっていました。最初は東京に行って直接抗議していましたが、海外までそうたびたびは行けませんから、韓国にいても何か自分にできることはないかと思って始めたのがソウルでのデモです。

杉田――僕はもともと二〇〇〇年代後半にいわゆるロスジェネ運動、反貧困運動のときに『フリーターにとって「自由」とは何か』（人文書院、二〇〇五年）という本を書いたり、『フリーターズフリー』（二〇〇七年創刊）という協同組合形式の雑誌をやったりしていました。さらに車輪のもう片側として、二十代半ばぐらいから、障害者介助の仕事を十数年間していた。「青い芝の会」や身体障害当事者の自立生活運動の思想などを学びながら、障害者の社会運動とも連動するようなNPO法人で働いていました。だから、自分が評論や文学を考えるときでも、当事者の現場との関係の中からものを考えたい、という意識があります。

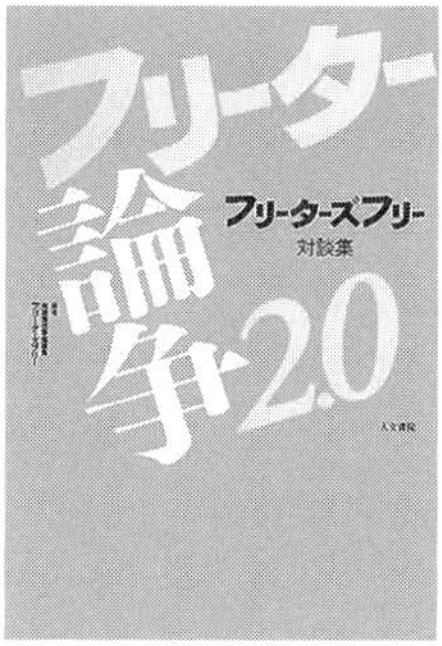

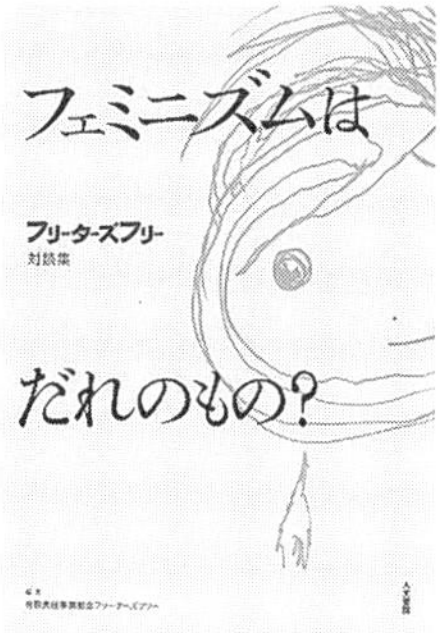

この雑誌でも、現場感覚や当事者が何を考えているかというところにも片足を置きたい。それが二点目です。
三点目として、大学アカデミズムとの関係も積極的に重視したいということ。たとえば、ジャック・デリダが「来たるべき大学」という言い方をしていて、既存の大学だけに限らず、大学と大学の間にありうるのかもしれない理想的な、大学の理念のような話をしているんですけれど、他方で大学は今、現政権的なもの、ネオリベラリズムとある種の極右性が融合した教育の最前線になっている……。僕はそのあたりのことは詳しくわからないので、その話は大学出版の編集者に聞きたいのですが。

郷間雅俊（編集部）――雑誌刊行の趣旨は〈巻頭言〉にほぼ尽きていますが、とにかくこの十数年ほどで急激に、ネットだけでなくメディアや街頭でも日常的にヘイトに触れざるをえない世の中になった気がします。ひと昔前だったら一部の右派雑誌しか使っていなかったレトリックが、社会の幅広い層に浸透しましたよね。出版不況下で、大手版元も経営維持のために、売れさえすればどんなに品のない本でも垂れ流すようになった。他国を「偽善」だとか「無知」だとか罵ることでしか「日本」を維持できない、自信のなさの裏返しのナショナリズムは恥ずかしいです。戦後憲法的な普遍的《ユニバーサル》な価値がバカにされる時代に、大学《ユニバーシティ》の出版部は何をしたらいいのだろうと思っていました。

大学出版や人文系版元に勤める人たちの多くは世の中を憂慮していますが、一部の例外を除けば直接的な対抗姿勢を示すに至っていません。学問的な本はいまやせいぜい千部程度の刊行部数にすぎませんし、実質的に社会や世論を動かす力も短期的にはほとんどないことを自覚しています。学問の世界だけでほそぼそと「いい本」を再生産していれば、ひとまず職業生活面ではなんとかなるので、大学教員と同様、出版関係者らも萎縮傾向・あきらめムードなのかもしれません。

でも放っておけば、オリンピック後の不景気や北朝鮮情勢の流動化で、あるいは外圧がなくても少子高齢化による貧困層の拡大で、さらに足もとが崩れていきます。今後も政権や御用メディアは、日本がうまくいかないのは外敵とか内なる「売国奴」のせいだと煽って、過去の歴史も書き換えて、多くの人々がそれになびいてしまう気がします。「売れるヘイト本」が支配層の意向を大衆レベルで拡散する。退行現象は全世界的な傾向なのかもしれませんが、大学出版はそういったルサンチマンのグローバリゼーションに対して傍観せず、ちょっと勇気を出して頑張ってみるべきだ、と思いました。

　ちなみに、かつて一九六〇年代にはキャンパスで当たり前に行われていたような政治活動が、いま大学に籍を置く研究者や学生たちには一切できなくなっている理由はもちろん、教育の現場そのものが、この数十年のあいだにどんどん切り崩されてきたからです。多くの研究が指摘してきたように、九一年の「大学設置基準の大綱化」以降、日本の大学は国立・私立にかかわらずネオリベラリズムに席巻されて、人文社会科学系の研究者が文学や政治について腰を据えて研究できる環境ではなくなってしまいました。「国益」や「生産性」にただちに結びつかない学問研究には多額の税金を使うな、と。おまけに人文系の学問は社会批判や啓蒙を使命としているので、ジャーナリズムと同様、時の政権批判に直結します。だから志のある仕事をしている研究者たちの多くは、いまやほとんど非常勤講師です。「何にでも反対する」「朝日文化人」的なエリート層に対する大衆からの反発はいまだに根強いようですけど、いまやそんな特権知識層はどこにもいないので、何の根拠もない。左派だって右派以上に「自分たちの社会や政府をよくしたい」と願っているのに、ひたすら「反日」「非国民」と罵るような精神態度は、人を人とも思わない倒錯以外のものではありません。

　もともとこの雑誌企画が出てきた最初のきっかけは、一昨年、法政大学出版局も参加している「大学出版部協会」の国際セミナーが済州島で行われたとき、私の発表レポートを櫻井さんに韓国語訳してもらったことでした。「東アジアの学術書翻訳共同体のようなもの」の夢に向けて大風呂敷な発言をしたのですが、高麗大学やソウル大学の出版部のみなさんが敏感に反応してくれ、「ぜひいろいろ一緒に仕事をしましょう！」と握手してくれました。相当時間はかかるでしょうけど、将来的には、日韓中台はじめ東アジアの国々は学問レベルで自分たちの近代史を共有し、承認しあうことになるでしょう。その流れは長期的にみて必然なので、世界史《ユニバーサル・ヒストリー》の可能性を翻訳・継承すべき大学出版が「反ヘイト」を打ち出すことこそに意味があると思っています。ささやかでも一つの突破口になれば、という思いです。

杉田——『対抗言論』をはじめようとした櫻井の思いも聞かせてもらっていいですか？

櫻井——私は韓国に住んでいたのですが、ゼロ年代後半に在特会の運動が起こり、新大久保の路上にまでデモ隊が出てきた時に、自分が韓国語や韓国文化に接するきっかけになった街だからこそ、これは絶対許すことができないと思って、先ほどお話ししたように、韓国と日本を往復しながら反対運動をしてきました。その時代と今を比較してみると、「韓国との国交を断絶しよう」と言っていた在特会などの主張を政治家たちまでもがあからさまに言い始めてしまったという、この状態を一体どうしたらいいんだろうというのが、いま一番新しく考えていることです。半導体などの主要素材の輸出に規制をかけたり、明らかに徴用工問題に対する報復措置であるにもかかわらず、政治家たちはあいまいで姑息な説明しかしていない。

お二方（中沢けい氏、川村湊氏）をここにお迎えしたのは、日本の現代文学や文学研究の代表的な存在であるということの他に、お二人がずっと以前からアジアとつながろうとしてきたこと、そして実際に社会にコミットメントしてきたことがあります。今の時代をどう見るか、どんなことを伝えていきたいかをお聞きしたい、というのが理由です。

なぜヘイトスピーチに抗議してきたか

中沢――櫻井さんとは二〇一三年、一四年と続けて日本文藝家協会でヘイトにどう対抗するかという対談をして、それが映像になって、今も協会のホームページに掲載されています。『アンチヘイト・ダイアローグ』（人文書院、二〇一五年）

の中に、韓国と国交を断絶したらどんな経済的影響があるかリポートしてくれと、国会議員の片山さつきさんがシンクタンクに指示を出していたという、経済アナリストの向山英彦さんの話があります。私はそのときは仰天したんですけれど、最初、ヘイトスピーチに抗議し出したときには、まさかわが国の首相までがそうした態度を取るとは、それに近いことまでやり出すとは、さすがに想像していませんでした。

いま杉田さんから示された三本の柱の点で言うと、文学・哲学・思想の人文系に関して、私が川村さんたちと一緒に日韓文学者会議に最初に参加したのは一九九三年なんですが、当時に比べれば相互関係は拓けてきています。韓国の本が日本でたくさん翻訳されて、かつ一般的な読者を得る時代になるとは、当時は思っていませんでしたから。

そして、プロテストの問題なんですけれど、新大久保の場合、ヘイトデモに毎週二〇〇人から五〇〇人が集まって、あまりにもひどいヘイトスピーチが二〇一二年から一三年に行われていました。その頃から現場にも行って抗議をしているけれど、社会学の言葉を使うと、私はずっとマジョリティの側で、どうやって自分の分母の集団から加害者を出さないかを考えていました。今までもネット上でヘイトスピー

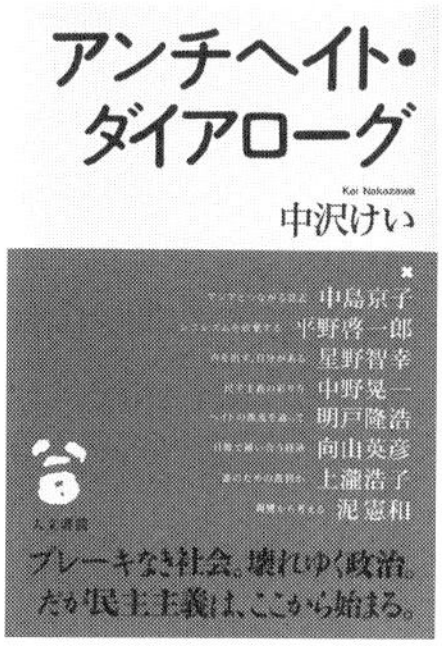

中沢けい

チまがいの脅迫をして逮捕されている人がいます。未成年者が多いんです。すぐに足がつくやり方で。

それから、マジョリティとマイノリティというのは絶対的なものではないと思っています。たとえば私が日本にいる限り、日本国籍を持ったマジョリティですが、ソウルに一人でいるときにはマイノリティですよね。サンフランシスコでも多分マイノリティ。あとは私が障害を負った場合、マイノリティになりますよね。今のところ、ちょっとした白内障とちょっと重症の糖尿病、三年前に転んで膝のお皿にひびが入った後遺症がありますが、障害者手帳を申請するところまでは行ってないんです。本人はマジョリティだと思っていますが、マイノリティに足を突っ込んでいる可能性はあると。だから、マジョリティとマイノリティというのは非常に相対的なもので、自分の心身の状況がどうあるか、どこの土地にいるかで結果として変わっていくんだと考えています。

三番目の大学アカデミズムの問題ですが、問題だと思っているのは二点。大学はいま、多様な国・地域からの留学生を受け入れています。なので、ヘイトスピーチをやられるのは非常に困る。具体的に新大久保ではうちの学生がバイトしていましたから。

もう一つは、露骨にアカデミズム潰しに出てきたケースが去年発生しています。偏向した科研費の支給の仕方をしていると、杉田水脈さんが国会で質問しました。そのときに標的にされたのが、うち（法政大学）の山口二郎先生です。一番最初の発端は、科研費を政治的に偏った人にあげるなという街宣を、いわゆる保守を名乗る社会運動系の人が文科省の前でやったんです。実に馬鹿馬鹿しい。内容は滅茶苦茶。香山リカさんと私が「これは放っておけない」と。ちゃんと真面目に学者が反論しないと全部潰されてしまう。過去にそういう例がいっぱいありますから。大阪大学の牟田和恵さんという方も裁判中で、名誉毀損で相手側を告訴しています。

こうやって止めに入るスピードは速くなっていますね。櫻井さんがヘイトスピーチへの抗議をしていた二〇一三年に比べるとフットワークが速い。私自身の感想としては、ＳＮＳの登場がこの問題を引き起こしている側面が大いにあるので、将来的にこの問題は長期化するだろうという指摘はもっともだと思います。SNSの使い方も、どこを管理する、どこを法規で縛る、どこをマナーやエチケットの問題として処理するかを考え、いずれは総合的なバランスが取れてくるだろうとは思いますが。

〝韓国病〟から〝嫌韓〟に転向した日本人たち

川村湊――私は韓国に関係し続けてかなり経ちますが、最初に韓国に行ったのは一九七〇年代の末。八〇年代の初めに中上健次がソウルに滞在していたときにも行って会ったり、そのまま光州へ回ったりして、それがきっかけで釜山の東亜大学校で日本語教師を四年間やりました。その後、日本へ帰ってきて法政大学で働くようになりました。考えてみると、四〇年近くになりますね。そのことを思うと今の状況は隔世の感がある。

川村 湊

私が行った頃は、日韓は断絶していないけれども、断絶に近い状況だった。反日的な雰囲気はあったし、文化交流もほとんどなかったし。だからもし日韓が断絶したとしても、また昔のようになるのかなという気がないわけでもない。すべてがデジャブというか、前に見たことでもあるなと思います。

ただ違っているのは、今は政治主導の嫌韓・反日の往還ということです。一九八〇年代の初めに家族を連れて韓国に行ったときに、韓国は反日が激しいから石を投げられるとか大変な目に遭うとか、小さな子供を連れて行くなんてもってのほかだと心配してくれる人もいた。光州事件（一九八〇年五月）から何年も経っていない頃なので。その頃の韓国の日本に対する感覚、あるいは日本の韓国に対する感覚はかなり冷え切っていたわけで、むしろその方が自分の感覚としては当たり前の気でいたんです。だから、韓国のことを勉強するとか関わるのは、かなり決心のいることでした。でも現実の韓国社会は違っていた。政治や文化の表層とは違った韓国社会があると実感しました。

文学で言えば、ちょうどその前に『朝鮮文学』（一九七〇〜七四年、全十二号）という同人誌的なものがあって、これは田中明さんや長璋吉さんがやっていた。これは初めて日本人が朝鮮文学を自分たちで研究し翻訳して世に出した雑誌です。それまで在日の人たちはもっぱら南の代表、北の代表という形で、安宇植《アンウシク》さんは最初は北の作品の翻訳者として有名だったけれど、その後韓国の現代文学を翻訳するようになったので、「安宇植は転向した、寝返った」と周りから言われていたぐらいでした。だから、日本人が韓国文学・朝鮮文学を翻訳するなんて、ましてやそれが売れるなんていうのはまったく考えもできないことで、それと比べると今はものすごい変わりようだなと思います。

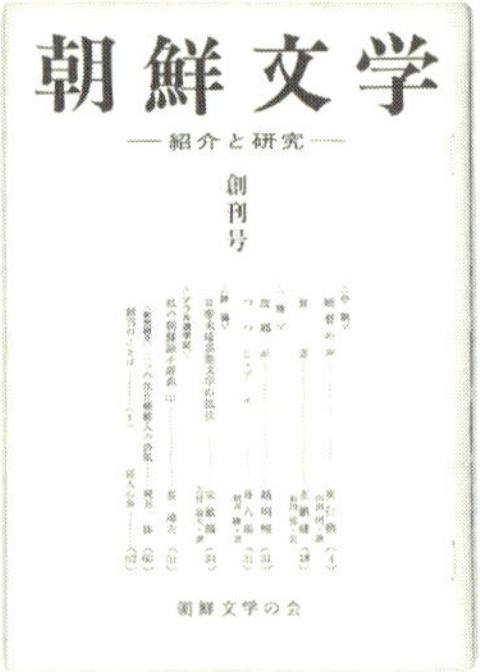

私が韓国に行った後、一九八八年のソウル・オリンピックに向けて韓国ブームが日本でありました。その頃は、「おまえ先見の明があったな」って言われて。確かにそれで文芸評論家としてだけではなく、いわゆる韓国通としていろいろな新聞や雑誌に寄稿することになりました。その頃から黒田勝弘さんのいう〝韓国病〟の人が日本人でも増えてきた。韓国の魅力にはまった人ということですね。

関川夏央さんも書いていましたが、一九七〇年代や八〇年代に日本で知られていた韓国人は、朴正熙《パクチョンヒ》と金芝河《キムジハ》、この二人しかいません。つまり、どうしようもない暴力的な独裁者とそれに抵抗する獄中で苦吟する詩人と、この二人しか日本人は知らなかった。もちろん実際に行ってみれば二人以外にも普通の人が、面白い人がたくさんいる。

そこから、『宝島』や『プレイボーイ』の特集とか、根本敬の『ディープ・コリア』（ナユタ出版会、一九八七年）という漫画本につながっていくような韓国ブームが出てきて、そういえば香山リカさんも最近書いていたけれど（『ヘイト・悪趣味・サブカルチャー――根本敬論』太田出版、二〇一九年）、それがどこかの時点で逆転して、山野車輪などの嫌韓本のようなものに行き着いたのではないか。つまり在特会も嫌韓本も、ある意味では八〇年代の韓国ブームみたいなところから出てきた、と言えるのではないか。その出てきたはじめのところから、私はずっと見ていたような気がするんですね。

最初のうちは関川夏央や四方田犬彦や中上健次にしても、「韓国に学べ」っていうのは変だけれど、自分たちが非常に興味深い面白い韓国というものを見つけたと思っていた。で、見つけて、面白くて喜んでいる。文学もそういう面があったんですね。韓国にもこういう文学があるんだ、という発見です。金芝河以外の詩もあるし、尹興吉《ユンフンギル》や黄皙暎《ファンソギョン》といった人たちの小説もあるしといった発見の時代です。これは李長鎬《イチャンホ》や裵昶浩《ペチャンホ》の映画にも当てはまります。

その頃にあった『朝鮮研究』（一九六一年発刊）という雑誌、これはその後『現代コリア』（一九八四年に発刊、二〇〇七年に休刊）に名前が変わりますが、それをやっていたのが佐藤勝巳や西岡力。そこから「救う会」（北朝鮮に拉致された日本人を救出するための全国協議会）ができるわけです。この「救う会」が「新しい歴史教科書をつくる会」とつながり、櫻井よしこなどの右派系言論人と一緒になって北朝鮮バッシングをするようになり、韓国相手にもするようになり、現在の『正論』や『WiLL』や『月刊 Hanada』のようなヘイト記事満載の雑誌の定連執筆者となった。最初の『朝鮮研究』の時代は、むしろ反体制的な動きをしていたんだけれど、それがすっかり転向した形ですね。

何が言いたいかというと、桜井誠にしても山野車輪にしても、韓国ブームに乗っかって韓国が好きになった人だったんじゃないか。それでやればやるほど深みにはまって、今度は嫌いになってしまった。レベルの違いは相当にあるけれど、西岡力にしても古田博司にしても荒木和博にしても、じつは根は同じなのではないかと、そう思うんですね。桜井誠も自分は韓国のことを研究しようとしたけれど、全然研究者にもなれなければ、韓国のことについて書ける人間にもなれなかったというようなことをどこかに書いていたと思います。

考えてみれば、在特会だってなぜ、そんなに韓国に関心を持つんでしょうか。みんなからはいろいろ言われるし、お金にもならないし（少なくとも最初の頃は）、何もならないのにどうしてそこまで熱心に運動をやるのか。それが不思議だったけれど、今までの流れを見ていくと、可愛さ余って憎さ百倍、みたいなところがあるのではないか、というのが私の感想です。西岡も古田も非常に真面目で篤実な韓国研究者だった。それが反北朝鮮はもとより嫌韓・反韓のイデオローグとなった。韓国病のまさに病的なあらわれですね。

中沢――私と在特会の出会いは二〇〇九年の大阪御堂筋でした。そのときは桜井誠はいなかったけれど、日の丸を林立させてデモをしていて、お題は在日参政権反対。これ自体は政治的主張ですよね。ところが不思議なデモで、道路を行進するデモスタイルは普通左翼のやることだった。それをなぜ右翼がやるんだろうと見ていたんだけれど、それ以来、市民運動化する右翼たちに興味を持つようになりました。安田浩一さんが『ネットと愛国』（講談社、二〇一二年）でかなり綿密にレポートしてくれているので、それを読んで、そういう人たちがいるのかと思ったんですね。

次に、二〇一二年六月に国会前で反原発集会・金曜日集会に行く前にネット中継を見ていたんです。そうしたら、桜井誠以下十五人くらいが、首相官邸前で「原発賛成！」って叫んでいるんです。そこへ一万人ぐらい反対派の抗議者がやってきて、桜井誠以下十五人ほどを機動隊が海苔巻状にして保護して帰すのを見てい

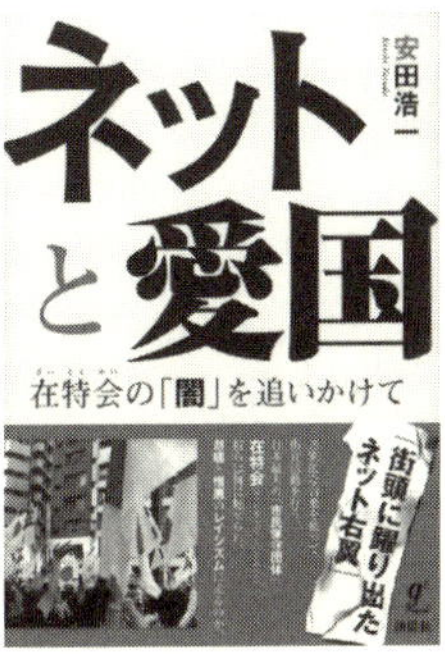

て、この人たちは原発賛成なんだ、と思いました。で、このあいだ外国人記者クラブで、各党の党首に原発増設に反対の人って聞いたら、手を挙げなかったのは、なんと安倍晋三だけなんです。そうすると、安倍さんの自民党の原発推進と桜井誠たちの原発賛成、全体の分母で言うと小さなこの二人が結びついているからこそ、今のけったいな状況があるのではないかという見方を私はしています。

お金にもならないのにって先ほど川村さんがおっしゃっていて、本当にそうなんですが、私が最初に見た二〇〇九年のデモの頃からずっとリポートしていた安田浩一さんは、在特会が年間一〇〇〇万円ぐらいの寄付をいろいろな人からもらって会を運用している、と書いています。これは預金通帳を確認しているんですよ。でも一〇〇〇万円で都知事選に出て、供託金を没収されたら会は潰れるし、ちょっと前ですが、京都の朝鮮学校の損害賠償請求で在特会は一二〇〇万円の賠償金を課されています。これも最高裁まで上訴したので、その段階で一二〇〇万円払っているはずなんです。そうすると、じつはもっとお金を持っているようです。彼ら。どこからそのお金が出てきてるんだろうと思って。

川村――それは簡単です。大きな財布があるんですよ。

中沢――どこに？

川村――永田町の方に（笑）。内閣情報調査室や外務省の対外工作費。

中沢――私もそう思ってます（笑）。だから、大きな財布がなくなったら何が起こるか見てみたい。

メディアと出版が増大させるヘイト

杉田――ネットの一部や、過激な活動家のヘイト的な団体が例外的に存在するだけだと考えていたら、いつの間にか政治家が公の場でそれに近いヘイト的な発言をするようになったことが驚きだ、と最初に櫻井が言っていました。

僕が日本はすでにここまで来たんだと思ったのは、ごく身近な経験でいえば、バスの中で高齢女性の三人組がヘイト的な発言を大きな声で延々としていたんですよ。外国人のヘルパーさんが怖いとか、駅前にアジア系の人が多くてこれでは日本の純血はどうなるんだろうとか、それを聞いてびっくりしました。なぜびっくりしたかというと、ネトウヨはネットが大好きで、新聞やテレビをあまり信用しないと聞いていたからです。その高齢女性たちは逆に、ネットでその知識を得たんじゃなく、テレビのワイドショーなんかで知識を得たんだろうと。

それが二～三年ぐらい前だったんですが、最近僕は「そんなに日本が嫌いなら日本から出ていけば」と近親者から言われたんです（笑）。その近親者も高齢なんですけれど、携帯は持っていてもインターネットなんてやらない人で、どこからそんな言葉を学んだのか。たぶんワイドショーのどこかだと思う。ネットとテレビの境界線がすでに消えている。韓国文化が本当に好きだったその近親者から「日本から出ていけ」と言われたというのが結構驚きで……。そんな人にまで、ネットやテレビなどからヘイトが浸透してしまっているのかと。そして、何がその人にそれを言わせているのか、その心のうちが気になりました。

中沢――テレビのディレクターや製作者は、本屋に行って本を買わないんです。彼らは平台に並んでいる本のタイトルだけ見て番組を作るんですよ。本屋の平台にはものすごい数の嫌韓本が並んでいます。テレビの製作者はそこから少しだけ本を買ってきてアンカーマンをして、キャスターに内容を伝えている。池上彰さんの嫌韓発言が大問題になったことが三、四年前にあるんだけれど、池上さんがそういう思想の持ち主だというよりは、アンカーマンに問題があるんですね。

神田の駿河台下に三省堂書店がありますね。あそこに書籍の壁面広告を掲げるところがあるんですが、そこに嫌韓本の大きな広告が出たことがあって、みんなで怒ってそれを取ってもらったことがあります。あれは二〇一三年、一四年だったか……。その頃に比べたら、本屋の平台の嫌韓本は相当減りました。そういった本が出たときに否定的な意見、ブーイングが上がるのも早くなったと思います。

私たちが平台を問題にしていろいろ抗議していた頃は、まだテレビは本屋の平台を見ているだけで、番組に取り入れてはいなかった。時差があって、だんだん取り入れるようになって、今はテレビでそういうことが流れるんだと思う。

その杉田さんの近親者の人の話、実は在特会にももともと韓流スターのファンがいるんですよ。この人は東日本大震災（二〇一一年三月）のときにネットで情報を集めていたら、韓国ってそんなに悪い国だったの？と思って、在特会に入っちゃったんだって。先ほどの川村さんのお話の「可愛さ余って」じゃないけれど。（二〇一九年七月からテレビはあきらかに政府の流す嫌韓情報を流してました――追記）

川村――親韓派と嫌韓派はわりあいと土壌が同じようなところにあるのではないかというのが、私の経験則としてあります。極右・極左が通じるように。

もう一つは、私は今人工透析を受けているんですが、毎週月・水・金と四時間半ずつ透析を受けるんですね。その間は自由に動けるわけじゃないから、しょうがないのでテレビでワイドショーをはしごして観ている。その中の韓国もの、日韓ものを観ていると、出てくるコメンテーター自体もよくわかっていない連中が多いし、元駐韓大使や在ソウルの特派員だったジャーナリストなど、まったく安倍政権の言いなりですよね。昔は報道やメディアだって自分で調べて、自分で考えてっていうのがある程度あったけど、今は政府の言う情報そのままの垂れ流し。安倍自身が嫌韓派で、「韓国（人）は信頼できない」などと公に口走る。

私は基本的に韓国に関係するものだったら、親韓だろうが嫌韓だろうが大体目を通します。たとえば『ディープ・コリア』も山野車輪も小林よしのりも全部読んだんだけれど、なるほどなと思ったところもあるんですよね。山野車輪なんてコリアンタウンの場所などよく調べている。これだけ調べる熱意、この執着は何なんだろうと。それらがすべてヘイトにつながっている。関東大震災の時の流言蜚語と同じですね。

中沢——でも、つくづく昔はよかったたって気がしてきますね。まだ議論になる相手と議論していた。山野車輪さんにしろ小林よしのりさんにしろ、出てきたものを見て批評して、お互いに考えるということをやっていたけれど、今は何て言えばいいのか……。

杉田——中沢さんの『アンチヘイト・ダイアローグ』を読むと、「対抗言論」という言葉が何度か出てくるんですけれど、中沢さんは「対抗言論にはまだ早い」っておっしゃっているんですね。あたかも魯迅が「フェアプレーにはまだ早い」と言ったように。つまり、敵があまりにも劣化していて、そもそも対抗言論を作る意味自体が果たしてあるのかわからないと。だからまずは対抗言論するための環境、言葉の場を作るのが先じゃないか。そういう話をされています。まだ小林よしのりのレベルであれば反対の議論を闘わせる意味もあったんだけれど、現在はそれすら成立しない、そういう感じなんじゃないかと思いました。

中沢——最初に大阪の鶴橋に行って抗議を始めた頃は、「ネトウヨと喧嘩してるの」ってちょっと冗談めかして言うと、「馬鹿馬鹿しいからやめなさい」ってみんなに言われました。「あんなの相手にしちゃダメだよ」って怒られた。抗議に出ると、「ああいう連中は放っておけ」って。当時安倍首相は何て言っていたかというと……。

櫻井——「日本人は排他的な国民ではなかったはず」だとか、「極めて残念」だとか、そういうことを言っていましたね。

中沢——そうそう。だから、首相はこう言ってるぞってプラカードを持ってみんなで行ったことがありますけれどね。

複合的な差別状況の根もとに降りていく

杉田——二〇〇〇年代後半に僕は反貧困運動やデモをやったり、あるいは障害者介助の仕事で行政と交渉したりみたいなことをやっていたんですけれど、十年ぐらい障害者介助の仕事をしてバーンアウトしてしまったんです。それは労働に疲れてというのももちろんあるんですけど、障害者のニーズや健常者批判などをどんどん内面化していくと、今の自分でいいんだろうかと、どんどん自分を追い詰めていくことになる。健常者としての自分の存在がすごく罪悪に感じられるようになるんですね。

ちょうどその頃、子どもが生まれて主夫をしていました。子どもが超未熟児で生まれて、三歳くらいまでは病弱だったということもあって、子育てノイローゼになってしまって……。自分の弱さをつくづく感じました。そういうこともあって、二〇一一年の東日本大震災の後の、反原発の動きやヘイトデモに対するカウンターのときに、それに十分参加できなかった、という負い目がずっとあったんです。

その後、六ヶ所村を題材にして被曝労働者の映画『へばの』(二〇〇九年)を撮った木村文洋君と知り合って、一緒に共同脚本に参加して映画『息衝く』(二〇一七年)に関わったりもしたんですけど、やっぱりきちんと震災後の現実に対峙できなかったという気持ちがずっとありました。そうこうしているうちに複合的で重層的な差別問題、民族差別や女性差別、障害者に対する優生思想などがいろいろと可視化されてきて……。

何が言いたいかというと、ネット右翼って何者かというときに、一時期は底辺の、たとえばフリーターの男性の問題だというイメージがあったんだけれど、それがどうも違うとわかってきて、むしろ中流以上の中高年男性がメインだと言われるようになってきた。さらに最近出た『ネット右翼とは何か』(青弓社、二〇一九年)などでは、もっと特徴が散漫で、特に日本のネット右翼は特徴がはっきりしないことがわかってきた。年齢や学歴や雇用形態にははっきりした違いがないんです。たとえばネオナチみたいな決まったスタイルもなく、漠然とした感じがする。現実に社会的な排除を受けているとか貧困だというよりは、どうにも「被害者意識」、つまり意識のあり方の問題らしい。その被害者意識が、敵は韓国人だとか、敵は在日コリアンだとかいったものに飲み込まれていく。

そういった意味では、今ここにいるメンバーの中では、僕が一番マジョリティ男性としての被害者意識やルサンチマンが強い人間ではないか、と思っているんです。だからこそ考えなきゃいけないことがあるし、言うべきこともあるのではないかと。

中沢——自分でそういう風に思いますか?

杉田——たとえば僕は少し前に『非モテの品格——男にとって「弱さ」とは何か』(集英社、二〇一六年)という本を書きました。これは男性問題と自分の子育ての話、障害者介助の経験を詰め込んだ本なんですが、読んだ人から「結構ネト

ウヨと紙一重だよね」と言われました（笑）。

被害者意識が自分の中にすごくあって、それをどうやって暴力化しないか。マジョリティたちの中から加害者をどうやって出さないかを考えている、と先ほど中沢さんがおっしゃっていましたけれど、特に僕の場合はミソジニーの傾向が強くて……。

現代社会では差別やヘイトも複合的で重層的になっていて、民族差別や性差別や障害者差別、いろいろなものが組み込まれているのがデフォルトです。たとえば、相模原障害者施設殺傷事件（二〇一六年七月）の植松聖は障害者に対する優生思想、正確に言うと障害者の中でも知的障害者やいわゆる植物状態の人に対する差別意識があるんですが、発言を読む限りでは、彼の中にはとくに民族差別や性差別はないみたいなんですよ。人によって差別というのは向かっていく方向が違って、それは理性的な面だけじゃなくて、意識や欲望や感覚に結びついているようで、僕の場合はミソジニーの方に向かっていってしまっているんじゃないかと。

中沢――ミソジニーは女性嫌悪と訳していいんですか？

杉田――個人的な考えでは、女性差別と女性嫌悪が入り交ざったような状態だと思っています。「ミソジニーは女性嫌悪である」という個人的な感情の問題としてしまうと問題の切り詰めだけれど、「ミソジニーはセクシズム」と言って構造的な問題だけにしてしまっても、問題の本質が見えなくなる気がします。その辺、難しいですが。

たとえば「ヘイトとは差別意識であって、ヘイトスピーチとは差別扇動表現である」と区別したときに、それでは公的な場で差別的な表現をしなければ、個々人の心の中に憎悪や無関心があることは問題ないと言えるのか。差別にはつねに歴史的・社会的な構造の問題が背景にあって、無関心や無視、あるいは言葉にはしないけれどちょっとした態度や表情とかによっても、それらの構造が維持されたり、強化されたりしていく。もちろん公的な場での露骨な差別表現を叩いたり規制したりする面も必要なんだけれど、被差別者やマイノリティには怖いから近づかないとか、あるいは徹底的に無関心を貫くとか、それらの日々の行動がグラデーションになっているのが「ヘイト」であると僕は感じています。だから、能動的なヘイトスピーチを批判する作業と、もっと薄く広がっている無関心や怖いから近づかないというような不安、恐怖心のようなヘイトの問題を考えていくということ、それらを二段階で考えています。

中沢――無関心はヘイトの味方になるんだという、そういう側面があるのはよくわかるし否定はしないけれど、怖いから近づきたくない人は近づかない方がいいと思う。

杉田——放っておけばいい、そのままでいいという感じでしょうか？

中沢——そのままでいいというか、邪魔しないでくれと。何か運動をやったときに怖いから近づきたくない、関わりたくないと感じるまではふつうの感情です。

杉田——社会運動が怖いというのではなく、たとえば僕の家族の例でいえば、障害者が怖い、というのがあったりするんです。怖いというのは物理的に、たとえば障害者が電車の中や銭湯で叫んだりするのが怖いのもあるんだけれど、「自分の発言や言動が差別になってしまうんじゃないか」と思って怖いんだと。だからなるべく近づかないで、お互い嫌な目に遭わないようにしようという感じがあって。

でも、たとえば僕の父親は、六〇代後半から僕がずっと働いていたNPOで障害者の送迎をするバスの運転手をしはじめたんです。もう十年ぐらい続けているんですけれど。そうしたら、すごく障害者から好かれる介助者になって。今まではそういう経験がなかったので、無意識のうちに怖かったみたいなんですけど、実際に触れ合うといろいろと具体的な関係が出てきて、父親の場合はそれが良い方向に転んだんだと思います。最初には抵抗感があったわけですね。恐怖や抵抗感があることそのものをあまりに否定すると、逆に当事者との関係性を作るチャンスも失われるかもしれない。

中沢——たとえば私、病院にお見舞いに行くのが嫌なんです。行くと、どうしていいかわからなくなっちゃう。ましてや身体的な、車椅子に乗っているとか、どうしていいかわからない。触れ合いの機会を持ちましょうとかイベントやりましょうというのは今までのやり方で、わかりあえるのを前提にやっていくのも必要だけれど、私が今考えているのは距離の取り方です。

松浦理英子さんに何の話だったか、「でも中沢さん、徹底的にヘテロセクシャルだから」って言われたことがあって、「悪かったねえ」って言ったんだけど（笑）。今はヘテロセクシャルではなく、シスジェンダーと言うそうです。

で、シスジェンダー以外のジェンダーの人がいるのはわかっているけれど、私は何か考えているときに頭は六割ぐらいしか使っていない。あとの四割は身体的な感覚で考えている癖がある。だからそういうセクシャリティの問題になると、その四割が機能不全に陥るんです。シスジェンダーじゃない人と共有できない部分がある。そうすると、機能不全があるから近づけないと思うわけです。そのときに一生懸命レズビアンの本やゲイの本を読んで理解しようというやり方もあるけれど、むしろどうやったら失礼なく距離が取れるかなと考えているほうが私は多いです。距離を取りながら自然に距離が縮まったらそれは悪くはないし、距離が開きっぱなしでも悪くはないし、逆にこれは逃げなきゃということもあるかもしれない。多文化という言い方を今はしますが、とにかくいろいろな人が多様に現れるわけです。それを全部理解しろと言われると頭がパンクしてしまう。

杉田——それはすごく重要ですね。僕も自分の中に、特にミソジニーが強い鬱屈のようなものがあるわけです。人によっていろいろな感情のトリガーみたいなものがあって、たとえば在日コリアンに対しては特に感情電圧が上がる人とかもいると思う。僕は障害者介助をしていたから障害者と距離を詰めすぎたかもしれなくて、障害者やその家族に対する倫理観の必要性みたいなものを過剰に背負おうとしてしまったのかもしれない。だから、ある程度の距離を取るための時間が、バーンアウトした後の期間だったかもしれないです。

でも、まずは加害者にならなければいいという気持ちとともに、僕自身変わりたい、自分の中の被害者意識みたいなものを和らげて、この多文化状況の中でどうか鬱屈しないで済むような自分になりたい、という気持ちがあります。環境や制度を変えることがもちろん大事だけれど、情念や欲望の次元から変わりたい。そういうことを感じている人はそれなりにいるのではないか。たとえばネットの世界では、ある問題に真面目な関心を持っているのに、迂闊な発言をして火だるまになって、それで被害者意識を募らせてヘイトに走ってしまう、というパターンがあるじゃないですか。

中沢——それは社会運動で避けがたく出くわすことのような気がします。社会運動ってみんな自分が正しいと思って集まってきて、その中で優れたリーダーになっていく人も大勢いるけれど、小さい正しさの違いで相互で突っつき合いになり、もう誰にも手がつけられない状態になって、すごく傷ついていく人っていますね。

川村——私はいま障害者手帳一級を持っていますが、なかなかこの歳になると障害者だっていう自覚がないんですよね。障害者というのも、生まれつきではなく、社会の中でだんだん障害者になっていくんだなと思う。確かにできないことも多くなるし、すぐ疲れちゃうし、歩けないし、食欲もなくなる。でも、まだやっぱり障害者という意識が弱い。渡辺一史の『こんな夜更けにバナナかよ』(北海道新聞社、二〇〇三年)を読んだら、何てひどい(すごい!)障害者がいるんだとか思う(笑)。あそこまでやると、それこそ杉田さんじゃないけれど、介護するほうが自分を責めて鬱屈してしまう。これじゃ敵わないよなあという風にも感じる。やっぱり障害者になるのもそれなりの段階を踏まないといけないんだろうし、ケアする方もそれをわかってないとできないんだろうなと思います。自分だってもし逆の立場だったら、「一生懸命やったつもりなのになぜわかってもらえないんだ」とか、「俺はどうなるんだ」とか、それこそ燃え尽きちゃうこともあるだろうし。でも、そういう障害者差別とヘイトは土壌的には同じだけれど、今起きている問題とは直接的に関わらせないほうがいい気がします。障害者には誰でもなる可能性が

あるが、大方の日本人はコリアンやアイヌにはならない、なれない。そこに安住してヘイトをする。

中沢――直接に関わらせないというのは知恵だし、距離ってこととも関係していると思います。

私の考えでは、これは植民地の反省とつながると思う。簡単に言うと、「朝鮮半島や台湾を日本人が近代化してやったんだ」という右派の主張がある。けれども、要するに相手が自主的に、内在的に近代化したいと思わないうちに外から強制しちゃうのは、まさに植民地主義そのものですよ。しかも強制するとき、自分は偉いと思っている。

高等教育にもこの面があります。高等教育の厄介なところは、相手が内在的に求めない限り教育しちゃいけないっていうところなんです。医学部や理系はわかりませんが、人文系の場合には相手が求めないうちに教えちゃいけないんですね、絶対に。

川村――でも、そうすると大学生いなくなっちゃうよ。昔、流行った「大学解体」だ。

中沢――それはそうです（笑）。

杉田――教育のジレンマにもつながりますが、たとえばDVの加害者も二つのタイプに大きく分かれます。一つは罪悪感を抱えていて何とかDVをやめたい、暴力依存をやめたいというタイプと、もう一つは自分はまったく何も間違っていないと思っていて、完全に無感覚なタイプ。後者は医療的あるいは加害者更生（臨床）的なアプローチをしてもなかなか意識が変わらないらしいです。これはヘイト問題ともつながっているように思っていて、やはりヘイターって、DV加害者と同じメンタリティがあるというか、自分が殴っているのに自分が被害者だ、お前らのために殴ってやっているんだ、みたいな歪んだ意識があるじゃないですか。

櫻井——ヘイターって、裁判で有罪になって懲役に行って、出てきても何も変わってないですね。自分でヘイトデモを主催したり、相変わらずツイッターで差別発言をしたり。

杉田——その執拗な「変わらなさ」の問題をちょっと感じます。さっきの主体性の話なんですけど、無感覚状態や被害者意識があったとして、そこから、「今の多文化状況は生きづらいから、自分の意識を変えたい」と思えるようになるまでの、そこの主体的なジャンプはどうすればいいのだろう、と。この雑誌の課題の一つはそこだと思っているので。マジョリティの人々はさまざまな特権を持っているとすれば、特権を自ら投げ出す内在的な動機ってなんだろうと。無感覚であったり、加害者側にいる方が幸福で楽なのだとすれば。

中沢——ヘイトって言論じゃなくて、暴力です。ヘイトの被害者は、社会学の言葉で言えば沈黙効果で黙り込んでしまう。

私はヘイトスピーチに抗議し始めたときに、対話すべきだといろいろな人に言われたんだけれど、これは対話しちゃいけない相手だって気がずっとしていて、空き地で火遊びをしている子供がいるからおばちゃんが「やめなさい！」って怒鳴って水を浴びせるようなものだって比喩でずっと話をしていたんですね。何で子供かというと、理屈で言ってもわからない相手だし、しかも火遊びなんかされたら町じゅう焼けちゃうから水を浴びせるっていう比喩を使っていた。

暴力に暴力で抵抗して殴るわけにいかないので、トラメガを持っていって罵ったり、プラカードを持って「やめなさい」って言ったりしてたんだけど、あそこに対話は成り立たないんですよ。ただ、彼らが何かのきっかけでヘイトスピーチをやめたときに、何か話せることが出てくるかもしれない。古い大衆文学だと「殴り合ってこそわかる」みたいな話はあるんだけれど、なかなか今はそうもいかない（笑）。

杉田——僕は漫画が好きなんですが、特に少年漫画はそんな感じですね。殴り合って、ライバルと書いて友と読むみたいな。確かにそれは通じないかもしれない。

これも慎重な言い方が必要ですが、いま暴力依存についての研究が進んでいて、ネットにヘイトの書き込みをひたすらする人は、ほとんどそれに近づいている、依存症に近いという話があります。対話や議論が成立しない。それを期待してもいない。たとえばDVとか痴漢もアディクションの要素があると言われているんですが、脳科学や神経科学的な何かのレベルに入ってきちゃっているんじゃないかと。

中沢——アメリカ的なプラグマティズムの哲学から言えば、

そういうものは思索の対象にするよりは治療の対象にしたほうがずっと社会の利益になるだろうという考え方をしていて、実際治療をすれば良くなる人もいるので、全否定はしませんが……。

川村——いや、治療で治るのかな？

杉田——これも難しくて、加害者を治療するという言い方自体が加害者をつけ上がらせるからやめるべきだという立場もあったりして、「加害者臨床」という言葉は避けて「加害者更生」とするべきとか、少し複雑みたいなんですよ。治療でいくべきか、司法的な刑罰でいくべきか、教育プログラムでいくべきか、それらの組み合わせでいくべきか。修復的司法というアプローチもありますが、これも単純ではない。

櫻井——私はツイッターなどのSNSや路上でヘイターを見てきましたが、痛切に感じるのは、あれは依存症であるということです。一度始めてしまうと、人は誰でも依存症者になりうる。「やっと休日だ。ヘイトぐらいさせろ」という、もう悲惨としか言えない書き込みも見たことがあるんですが、そこから離れるためには、ダルク（DARC 薬物依存症リハビリ施設）ってあるじゃないですか。とにかく今日一日だけ薬物をやめてみよう、今日一日やめることを毎日繰り返して、みんなとつながって克服していこうというセルフヘルプの運動がありますけど、常習的なヘイト行為から離れるためには、あの方法が良いのではないかと思う。

杉田——たとえば、麻薬中毒の人が逮捕されると安心するらしいですね。どうしてもやめられないという罪悪感があって、悪循環の生活を長いこと続けるから、逮捕されて、ああこれでやっとやめられる、と安堵するらしい。これってヘイターの場合はどうなんですかね？　彼らの中に罪悪感はあるんでしょうか？

櫻井——必ずどこかで、やめたいと思っていると思いますよ。死ね、帰れ、出ていけなんて言葉を毎日吐くことに、人間は耐えられるものじゃないです。

川村——いや、快楽の方が大きいんじゃないですか。子供が「ウンコ」とかいって楽しがるように。救いがたい幼稚さですね。

杉田——櫻井はヒューマニストだね。

中沢——やめた人の話を聞いたことがないからわからないけれど、最盛期に二〇〇人から五〇〇人が毎週新大久保でヘイトスピーチをしていた頃に比べれば、人数は激減している。その来なくなった人は何をしているか、どうしているか、その頃を振り返ってどう思っているのかって追跡したレポートは私も知らないですね。

櫻井——先日ミキ・デザキ監督の『主戦場』（二〇一九年）という映画を観てきまして、そこに歴史修正主義から離れた女性が出てくるんですけど、私はああいう人は運動の中に必ずいると思っています。

新大久保、2013年。反韓デモの隊列が職安通りに出てくる地点

中沢――『主戦場』に出てくるケネディ日砂恵さんは、相当リサーチ能力もあって、自分が教えられたことが本当かどうか資料を読み込んで、全然嘘だって気がついて態度を変えた人なので、彼女は健常な精神の持ち主なんだと思う。

昔、新大久保でヘイトスピーチに抗議していたグループのみなさんが話し合いたい、面と向かって話をすれば、人間だから情の通じるところもあるのではないかと言って、こういうところで飲んでいるから来ませんかってツイートをしたら、それを見た公安警察が次々にやってきて、店の前を包囲したことがありましたけどね。ヘイターは誰も現れなかった(笑)。

反ヘイトの共同戦線は可能か?

杉田――川村さんにお聞きしたいのですが、日本会議にしろ今の極右勢力にしろ、左翼運動やマイノリティ運動を簒奪するような形で運動を展開してきた面があると思うんです。マイノリティを差別しているにもかかわらず、マジョリティこそが被害者なんだ、マジョリティこそが本当のマイノリティなんだ、みたいな転倒した主張をする人たちもいる。

『ネット右翼とは何か』の中の山口智美さんの論文によると、反日というワードが出てきたときに、一九九〇年代のバックラッシュの反フェミニズム的な流れと、排外主義やレイシズムが合流したんだと。そこから出てきた女性右翼のアイコンが、杉田水脈や、生活保護をバッシングした片山さつきで、そういう流れの中で、生産性のない人間に税金を導入すべきか、という発言なども出てきた。その場合、「生産性」という言葉にはいろいろなものが無理やり詰め込まれている。たとえば子どもを産めない女性に対する差別もあるし、LGBTに対する差別もあるし、人工透析をやる意味があるのかと言った長谷川豊もいますが、それらの複合的な差別性が「生産性」という言葉に圧縮されて、いろいろな文脈の暴力がそこに入っている。そうした状況が当たり前になっていると思うんですね。最近だとたとえば「迷惑」という言葉がインフレしてしまっています。高齢者の運転が迷惑だとか、ひきこもりは迷惑だから親が始末するべきだという議論が公然と出てくる。

いろいろな差別がいろいろなところから発生するのが当たり前の状況になってしまった中で、今ご自身も透析をされていて、一九八〇年代から韓国と日本の状況を見てきた川村さんとしては、そういう状況にどんな印象を受けていますか？

川村――自分が透析を受けるようになって、障害者になった自覚はあまりまだ無いんだけれども、一つだけ変わったのは、パラリンピックの宣伝がものすごく嫌になった。片足のない人が飛び跳ねていたり、車椅子に乗って何かをやっていたり。競技することやそれを見ることはもちろん、全然構わない。けれど、それを障害者の模範であるかのように、宣伝するなと。安倍晋三にしても小池百合子にしても、オリンピックといちいち言うのが本当に耳ざわりだ。「障害者だって頑張ればできる」とか、そんなふざけたことを言うこと自体のいかがわしさというか、臆面のなさに本当に腹が立つ。人工透析患者は一年に約四〇〇万円くらい医療費がかかる。大半は保険でまかなえるけど。そんなに社会に負担をかけて生きている意味があるかと、人にいわれなくても、自分でそう思う。それを攻撃する奴は政治家失格という前に人間失格ですね。ただし、そうした偽善性が戦後の左翼やマイノリティ運動が生み出したものであることは否定できないと思う。不徹底な面と矯激的な面とを極右勢力がちゃんと分析している。

杉田――少し前に「障がいは言い訳にすぎない。負けたら、自分が弱いだけ」という、障害当事者のインタビューの一部だけを切り取ったキャッチコピーをポスターに採用したことが問題になりました。

川村――問題になるというより、誰がそんなことを考えたんだろうなって思う。自己責任論の最たるものですね。

杉田――今は多文化主義、多文化共生みたいなものがわりと資本や国家に取り込まれている面があって、LGBTや障害者がコマーシャルに使われている、すごくねじれた状況にあります。特定の性的マイノリティたちが資本主義やナショナリズムに役立つような「よい市民」であろうとし、それ以外のマイノリティを排除する、という構造が問題化されたり。

中沢――面白いと思ってやる人や楽しいと思っている人が協力してやる分には全然問題ないんだけれど、誰かがやってると「お前もやれ」って人が出てくるんですよね。

杉田――「あの障害者も頑張って努力しているんだから、お前もやれよ」っていう抑圧になる場合もありますね。

中沢――三年寝太郎も二日で叩き起こしたらあんなに立派にはならない（笑）。やっぱり寝てたい人は寝ててもいいし、サボりたい人はサボってもいいみたいな、そういう余裕やゆとりが欲しい。起きなくてもいいんだよね。

杉田――そうですね。べつに働かなくてもいいし、眠ったままでもいい、何の役に立たなくても生きていることそれ自体が素晴らしい、っていうか素晴らしくなくても生きていていい、っていうのは障害者の人たちが歴史的に積み上げてきた知恵なので。

中沢――たまにね、いるんですよ、やっぱり。じっとしていても何か考えちゃったり、何かやる人は。ただじっとしているだけの人もいますよね。

杉田――中沢さんは実際に最前線でいろいろと運動をしてきて、反ヘイト側が着々と勝利を積み上げてきた、という認識でしょうか。

中沢――小さな勝利で満足して、明日のエネルギーをたくわえている感じかな。

私、ヘイトをやる人たちってご飯美味しいのかなと前から疑っているんです。人間ってあることに夢中になると味覚が殺されるらしい。だから、美味しいご飯だけは食べておこうと思ったんですよね、ずっと。あれご飯まずくなるんだよね、現場に行ってヘイト聞くと。

櫻井――飯がまずくなりますね、やっぱり。ヘイトデモへの抗議が終わった後、大酒を飲む人が多かったのはそこに関係があるのかもしれません。

中沢――味覚に代表される五感が殺されないようにしたいと思っています。

杉田――中沢さんはヘイトに対抗するには「言葉」の問題が大きいという話をされています。文学的な言葉の中にヘイトに対抗するものを探る、というある意味でナイーヴな問いが案外大切かもしれない、とも思うのですが。

川村――私は以前水俣について調べようと思って、公的に作られているほうではない、患者さん側が作った水俣病の資料館に行ってみたら、ビラがたくさん集められていたんですね。それは反患者に関するビラです。「お前たちのせいで水俣市民は迷惑している」、それこそ「あいつらは朝鮮人だ」とか、「運動している奴は左翼だ」とか、口汚い言葉で罵っている。

ヘイトスピーチというのは突然出てきたものではなくて、関東大震災のときの流言蜚語もそうだし、水俣病のときのいわゆる市民側のビラもそうだし、結果的にその言葉は雲散霧消してああやって誰かがコレクションしないと残らないものになっている。

やはり、私としては石牟礼道子さんが『苦海浄土』(講談社、一九六九年)を書いたことが最終的な勝利というか、最終的にヘイトを凌駕したものであり、それを知ることが大事なんじゃないかなと思うんですね。もちろんいろいろな意味での対症療法は必要だし、やるべきだけれど、最終的にはそういう形でしか言論が生き残ることはできないんじゃないかと思います。言葉と言葉の闘いですね。

中沢――言論は滅びてもいいけれど、言葉による人の救いというものは滅びちゃ困りますね。今ここにある言論が時代に適応できずに滅びるならそれは構わない。ただ、言葉でしか人は救われないっていう、原理というのか、そういうところはある気がする。

川村――嫌韓本や韓国のことに関しては、西岡力や古田博司みたいに、いろいろな韓国文化や社会を研究し、ちゃんとした業績を経ているのに、彼らが結局嫌韓的な言説やヘイトの下支えになってしまったのはなぜなのかなと考えています。もう一つは、小田実や和田春樹の北朝鮮シンパ的な言説もその下支えの中にあるんだろうし、それこそ左翼に対する批判も必要だろうけど、今調子に乗って戦後民主主義批判や戦後批判をやっているのに対しては、あまり感心しませんね。福田恆存が朴正熙のことを「孤独の人」として評価したけれど、福田も当時のジャーナリズムの中では孤立していた。南北の政治的な文化工作からも身を引き離していた。単に右翼的な流れの中でものを言っている人はまったく評価できません。

中沢――戦後民主主義批判のうちはまだまともだったと思うけれど、今や単なるアンチリベラルですからね。

杉田――そうですね。政治やメディアの場で、公然と「反日」とか「非国民」とか「売国奴」とかいう言葉が飛び交っている。

櫻井――昔は、「抗日」って言ってたんですよ。「反日」って言葉はたぶんすごく新しいと思う。

中沢――「反日」って一番古い出どころはどこだろうってツイッターでつぶやいたら、東アジア反日武装戦線なんですって。

杉田――それは面白い。まったく逆から出てきたんですね。左翼の言葉が収奪されたと。

中沢――だから、一九七〇年代からのいろいろなものの精算が終わってなかったツケがまわってきているところはあるでしょうね。

川村――赤軍派と東アジア反日武装戦線、あれはものすごく大きかった。あれで日本の左翼は全部ダメになった。

私はそのダメになった左翼にシンパシーを持っていたから自己批判しなければいけないけど(笑)、ダメだなこの人たちは、と何度も思ったことがあった。反日武装戦線はアジアの人やアイヌを代理表象した。在特会は損失や被害を受けた

とする国家や体制を代理表象する。どちらも自分たちの行動が欺瞞的であることを自覚していない。

中沢——昭和って前期・中期・後期と分けて話すと便利なので、前期は終戦まで、中期は終戦から昭和四十年（一九六五年）ぐらいまで、後期は昭和四十年から昭和の終わりまでって分けていつも喋っているんですが、昭和後期から平成の五十年間にいろいろなものが停滞してしまった。そのお掃除、浚渫工事をしているイメージですね。

私としては、最初はヘイトスピーチの抗議に行くなんて、おばさんがやるどぶさらいなんだよと思って出かけていって、一生懸命どぶさらいしていたら運河に出たなと思って。運河もちょっと綺麗にしたほうがいいかなと思っていたら、大きな海に出て……。一九七〇年以降から平成の最後まで数えると五十年あるんですが、その間溜まってしまったいろいろな言葉の停滞と闘っている感じがします。

杉田——櫻井はどう？

櫻井——私が思っているのは、先ほども言いましたけれども、ヘイトスピーチを連発するのはやはり依存症と同じであるということです。一日でいいからやめてみろと言いたい。そしてそれを毎日続けてほしい。今の日本において命の価値がいくら低くなってしまったとはいえ、ヘイトスピーチは絶対に言うべきことではないし、絶対に間違っているし、自分の命にとっても良くないです。

杉田——創刊号に櫻井は小説を載せることになっているんですが、この雑誌にこめようとしている思いは何だろう。

櫻井——批評・歴史・文学・運動をつなぐ場所が今までなかったから、この雑誌はとても貴重だと思います。しかも書き手には、保守／革新、右翼／左翼と簡単には分けられない方もいますので、その視点もこれからは大事にして、ヘイトに対抗する陣地を作りたいと思っています。

杉田——僕も最後に言っておくと、顕在的なヘイターに徹底抗議するという最前線でやっている中沢さんたちのお仕事があるその一方で、多数派の「普通」の人々の中の潜在的なヘイターというか、うかうかするとそっちに行ってしまいそうな——先ほど話した近親者の話とか自分自身もそうなんですけど——、そういう人々に対するアプローチも重要だろうと思っています。やっぱりそれは川村さんが仰った日本近代史に根ざすような脱亜論や征韓論やアジア主義の歴史から考え直さねばならないのではないか。

たとえば福沢諭吉を読むと、西洋への対抗と中国に対する警戒心や恐怖があって、その二重性に対して日本をどう独立させていくかという話をしている。彼の言う実学って、今の理系やプラグマティックな学問という意味ではなくって、国の独立のために役立つ学問のことなんですね。そういう歴史に連綿と根ざしたものがあるわけで、そこから潜在的ヘイターが再生産されてしまうのではないかと。

たとえば、介護労働の世界では有名な「感情労働」という言葉があります。これを広めたA・R・ホックシールドという女性がいるんですが、彼女が『壁の向こうの住人たち——アメリカの右派を覆う怒りと嘆き』（岩波書店、二〇一八年）という本を書いています。アメリカの最も貧しい州と言われているルイジアナが舞台なんですけれど、そこはメキシコ湾に面していて自然が豊かな一方で、油田があって公害がひどく、それこそ日本の水俣のような場所なんですよ。ガス工事で大穴が空いてそこに人が落ちて死んだり、そういう場所なのにみんな右派の方に飲み込まれて、自分たちの住んでいる場所の環境破壊を進めている人に投票する。

ホックシールドはリベラル派なんですが、そこに長年通って何で彼らが巻き込まれていくのかを実際に彼らと友達になってフィールドワークするんですね。彼女が書いているのは、教養のない馬鹿な人たちが騙されているんじゃなくて、いろいろな矛盾を抱えながら、それでもやっぱり右派の方に入ってしまうと。それを彼女は「ディープストーリー」と言っています。本当かどうかわからないけど、その人にとっての真実と感じられる物語が個々人の中にあって、そこに深く入っていかないと右と左、リベラルと保守は結び合えない。そういう話を彼女はルポルタージュとして書いたわけです。

反ヘイトの共同戦線は、右や左、保守やリベラルの中で何とかやれるのではないか、という気持ちが僕の中にはあります。そういうことを大上段に考えていいのではないかと。積極的なユートピア的理想というか、ポジティブな物語や理念をもっと語っていいと思う。リベラルと保守、右と左がここまでなら反ヘイトで一緒にやれるよねという共同戦線的な場所が、もうちょっとあってもいいんじゃないかと。

日本はさかのぼれば、いろいろな大陸から半島から、南からも北からもいろいろな民族や人種が流れてきていたわけです。そういう多民族的で雑種的な日本列島のあり方もあったわけで、脱亜論や征韓論に根ざした排他的・排外的なナショナリズムとは異なる理念や物語を作っていくことも必要ではないでしょうか。ユートピアを語ることを恐れない。ヒューマニズムを恐れないというか。

そろそろお時間ですね。皆さん、今日はありがとうございました。

（二〇一九年七月六日　於・法政大学出版局）

photo : Vanvelthem Cédric, Japan-Tokyo-Crossroad / Wikimedia Commons

特集①

日本のマジョリティはいかにしてヘイトに向き合えるのか

【特集①】

〈われわれ〉のハザードマップを更新する

誰が「誰がネットで排外主義者になるのか」と問うのか

倉橋耕平

はじめに

本誌の企画をいただいた際に、編集委員の杉田氏から渡されたテーマは「誰がネットで排外主義者になるのか」というものだった。しかし、この問いはなぜ必要なのだろうか、と考え込んだ。私は、何度もこの質問をされた。もちろんわかっていることは伝える。しかし、何のために知りたいのだろうか。考えられる理由は、現政権の支持者が誰なのか／その支持者はどのような人物たちなのか／ネットで排外主義言説が目立つのはなぜか／どのように対処法を考えたらよいのか、ということを知りたいからだろう。

その中でも、(本誌のタイトルにもなっている)「対抗言論」をどうしたらよいか、という質問が最も多く、最も私を悩ませる。

私が『歴史修正主義とサブカルチャー』(青弓社、二〇一八年)で書いたことは、歴史修正主義が商業主義言説のなかで展開したことであり、彼らを批判するアカデミズムとあまりにもゲーム(知的枠組み)が異なっていたことだった。つまり、歴史と事実をめぐる「左右」の対立には齟齬があり、真正面から歴史を扱っていくのに加えて、別の発想や処方箋が必要ではないかということだった。

そのように主張してきたものの、なぜか私に質問してくる人たちは、同じ言論という場で彼らを「やっつける」ことに必死のようだ。そのことは、言論への希望と期待がまだ消えていないことの証左であり、歓迎すべきことだと思う。

しかし、これまでにいくらかの研究成果を発表し、この依頼を受けた時点から半年ほど経って心に抱くものは、もはや「対抗」「対処」をめぐる問い自体が「遅れている」のではないか、という不安である。それは、言い換えれば、この問いをいままさに共有しようとしている〈われわれ〉の側のハザードマップ〔被害予測地図〕自体がアップデート（更新）されていないのではないか、という懸念である。

だから、本稿では、問いを一段メタレベルに上げて、「誰が「誰がネットで排外主義者になるのか」と問うのか」という問いを設定し、言説の布置への私たちの理解を問い直してみたい。

本稿では、まずヘイトスピーチへと接続する排外主義者とは誰なのか、最新の社会調査を用いて、インターネットとの関係性を中心に整理していく。すでに多くの指摘があるように、近年排外主義とメディアの関係を問う研究は蓄積が増えている。[1] それらをまとめ、現実把握のための理解に努めよう。これらを参照することでわかることは、排外主義の特徴と同時に「左派」の「敵」に対する現状認識の誤謬である。そのうえで、「ネット右翼」や「排外主義者」とされる人びとの言説実践を意味レベルで検討しようと思う。こうした作業を通して、ヘイトに対抗するための共通基盤の創造にむけたアイデアをみなさんと共有したい。

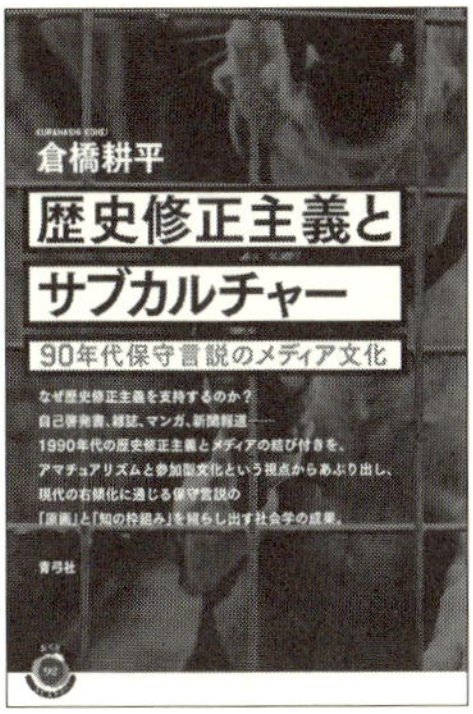

❶ 誰がネットで排外主義者になるのか

誰がネットで排外主義者になるのだろうか。最新の調査結果をもとにその傾向を描き出してみたい。参照するのは、筆者も参加した共著『ネット右翼とは何か』（青弓社、二〇一九年）に掲載されている永吉希久子の論文「ネット右翼とは誰か――ネット右翼の規定要因」である。「ネット右翼」については、先行研究によって全ユーザーの二％未満の少数のアクターであることが発見されていた。しかし、調査規模が小さい場合、二％だと数十名程度のサンプルになってしまう問題があった。この問題点を解消するために、永吉は二〇一七年に行われた約八万人規模のデータを扱い、ネット右翼の規定要因を探っている。その際に、「中国・韓国への否定的態度」と「ネット上での意見発信・議論」をする者を便宜的に「オンライン排外主義者」、これに加えて「保守的政治志向」を持つ者を「ネット右翼」として分析をしている。

まず、上記の先に挙げた二要件を満たすオンライン排外主義者は、サンプル全体の三％にのぼる。これは「ネット右翼」の倍の数字である（ネット右翼は一・五％）。そしてオンライン排外主義者は、自民党や安倍晋三首相への好感度はあまり高くなく、反中・反韓運動への好感度を高く示す政治志向がある。しかし、ネット右翼が自身を「保守」と認識しているのに対して、オンライン排外主義者は「どちらともいえない」を選択する傾向があった。

　では、どのような人がオンライン排外主義者になりやすいのか。属性的には、四〇代五〇代の男性のほうがなりやすい。学歴と世帯収入には関連がなく、正規雇用者よりも経営者や自営業者である場合にオンライン排外主義者になりやすい。そして、政治的有効性感覚〔有権者一人一人が政治を変えることができるという感覚〕と権威主義的態度は低く、伝統的な家族観を重視するほどオンライン排外主義者になりやすい結果となっている。そして、（予想通りと言うべきか）メディア利用が大きな影響を与え、SNSや所属団体・組織の情報、口コミを利用する一方で、ネットの「まとめサイト」やブログはオンライン排外主義者にはあまり影響がない。気をつけておかなければならないのは、永吉は「もともと持っている排外的思考からメディアを利用しているのか／メディアを利用するから排外主義傾向になるのか」という点について、この調査の結果からは判断しづらいと留保をしていることだ。

　この点については、別の先行研究の知見を借りることができる。辻大介は、論文「インターネット利用は人びとの排外意識を高めるのか」で、統計分析の双方向因果モデルをもとにこの因果効果を推定している。[2]紙幅の都合もあるのでその結論だけを端的に説明すると、ネット利用が（とりわけ中国・韓国への）排外意識を強める方向に有意な値が確認された。しかし、排外意識の強い者ほどネットをよく使うのか、という点は有意ではなかった。

　と同時に、反排外主義的な意識を高めるのにもネット利用は因果を持っている。すなわち、ネット利用が反排外意識を持っている者にも、選択的接触 selective exposure によって同様に意識を高めている可能性を明らかにしている。[3]その結果から予想される事態は、排外－反排外という二つの極へと分かれていく世論ではないか、としている。

　また辻は、北村智との共著論文において、日米比較を行っている。彼らによれば、アメリカでは年齢・エスニシティ（白人）・世帯年収が排外的態度と関わる。そして、日本では両極へと二極化していった態度が、アメリカではネットニュースに接触してもそうはならない（ただし、調査地がニューヨークでリベラル色が強い土地であることは留保）。だが、モバイルでネットを見る場合には、日本でもアメリカでも極性化効果は確認されなかったという。メディアの性質の違いや社会的コンテクストの違いで帰結が変わってくることも示唆されている。[4]

　上記のような統計分析と同時に重要なのは、なぜこうした排外主義傾向が目立ってくるのか、という点である。日本の政治イデオロギーを実証的に分析した遠藤晶久とウィリー・ジョウによれば、日本の左右のイデオロギーは一九八三年から二〇一〇年に近づくほど政策空間の中央へ寄っていった

〔自民党と共産党のイデオロギーの偏差が小さくなる〕[5]。すると、機会構造 opportunity structure としては、その政策空間の両端が空き、急進的でオルタナティブな政党が登場する。この分析を考慮するならば、なかでも「日本第一党」や「ＮＨＫから国民を守る党」は、それぞれの党首（桜井誠、立花孝志）が、ネットから有名になった人物であるため、イデオロギーの布置とネットという言説の機会構造も無視できないところがある。

マスメディア、とくにテレビは視聴率獲得のために最大公約数を狙うため、あまり極端な意見は登場させない。しかし、ネットではむしろポピュリスト的で反エスタブリッシュメントの要素のほうが目立つ主張となるだろう。実際、極右政党は、愛国心と排外主義（マイノリティ差別）を訴えることが多く、その支持者たちは（右派）権威主義〔権威的な地位にある人への服従〕、ナショナリズム、排外主義傾向を持っている[6]。

❷ 左右の極性化と言語の分離

社会調査からわかることは、現状の輪郭である。しかし、当然ながらそこからわかることは限られている。排外主義－反排外主義ともに集団極性化しているのであれば、それぞれの「フィルターバブル」にこもることになる。実際、フェイスブックの情報拡散状況も選択的接触が生じることで、ユーザーのネットワークが科学的／陰謀論的ニュースを好む二つのクラスタに分化することはすでに明らかとなっている[7]。しかし、それとは別に意味レベルで「彼ら」の実践を問わなければならない部分もある。例えば、次の引用を見て欲しい。

・芸術であると言い張れば「表現の自由」の名の下にヘイト（憎悪）行為が許されるのか
・「日本国の象徴であり日本国民の統合」である天皇や日本人へのヘイト行為としかいえない展示が多くあった
・今回の展示のようなヘイト行為が「表現の自由」の範囲内に収まるとは、到底、理解しがたい
・左右どちらの陣営であれ、ヘイト行為は「表現の自由」に含まれず、許されない

この引用は、この夏に「平和の少女像」の展示をめぐって「あいちトリエンナーレ2019」（津田大介芸術監督）の「表現の不自由展・その後」が開幕から三日で中止になった際に、『産経新聞』が出した「【主張】愛知の企画展中止　ヘイトは「表現の自由」か」（二〇一九年八月七日）という記事に現れた「ヘイト」の文字を拾ったものである[8]。「少女像」を「日本人へのヘイト」と位置づけるわけだから、ヘイトしてくるのは韓国ということになるだろう。明らかに、排外主義的認

識が前提となっていると言わなければならない。

「ヘイトスピーチ」「ヘイトクライム」という言葉を、差別助長への告発として用いてきた側の人びとからすれば、『産経新聞』の記述はとんでもない「誤用」といえる。しかし、ここに現代右派の最大の特徴がにじみ出ている。彼らは常に言葉を奪い、都合よく書き換えようとする。

このことを罵ることは非常に簡単だ。だが、この右派の言説政治の実践は、どのようにして可能になるのか。「ヘイトスピーチ」や「差別」を定義するためには、そこに歴史的に劣位に置かれてきたマイノリティという特徴を必然とする。[9] しかし、言葉を誤用してまで、この国のマジョリティである日本人の側が「日本人へのヘイト」という表現を使うことの「実践的意味」とは何なのか。

もはや同じ言葉を使っていたとしても、その言語が通じない状況になっているのではないか。例えば、先に参照した遠藤とジョウの研究では、「保守／革新」という言葉すら、四〇代以下の世代では従来のイデオロギー分布とは異なって用いられ、同世代の最も「革新」に位置づけられる政党は「維新の会」であるという衝撃的な調査結果がある。[10]「革新」の語は、現行制度の「改革」を意味するものとなった。このことは、有権者の間で意味の乖離があることを示唆している。

先のトリエンナーレのケースにしても、自民党の保守系議員で作る「日本の尊厳と国益を護る会」は「芸術や表現の自由を掲げた事実上の政治プロパガンダ」（八月二日）と断じているが、辻田真佐憲が正しく指摘するように、「そもそもプロパガンダは、公的な組織が行うもの」であり、今回の展示は政治オピニオンということはできるかもしれないが、決してプロパガンダではない。[11] 同様のことは、「慰安婦」問題の論争を扱った映画『主戦場』（ミキ・デザキ監督）への右派の批判が、「グロテスクなプロパガンダ映画である」というものであった例にも見られる。[12] いずれも、言葉の誤用である。

「ヘイト」に戻ろう。これも同じ文脈のなかにある。言葉の歴史的な文脈を断ち切って、都合のいいように「日本人へのヘイト」という言葉が用いられている。そして、プロパガンダと言うにせよ、ヘイトと言うにせよ、どこか陰謀論めいた用いられ方である。「差別」「表現の自由」「政治的公平」もまったく同じ意味では用いられず、もはや「日本」すら同じ国を指していない。

ユダヤ人差別問題に関して、「言葉を真面目に使わなければならないのは、言葉を信じている方であって、彼らは自分たちの言葉が軽率で、あやふやであることはよく承知している」と指摘したのはサルトルであった。[13] 彼らは滑稽な理屈で相手の真面目な調子の信用を失墜させようとする。だからこそ、文脈を断ち切り、科学よりも陰謀を信奉する。しかし、それが現実の政治を動かしてもいる。

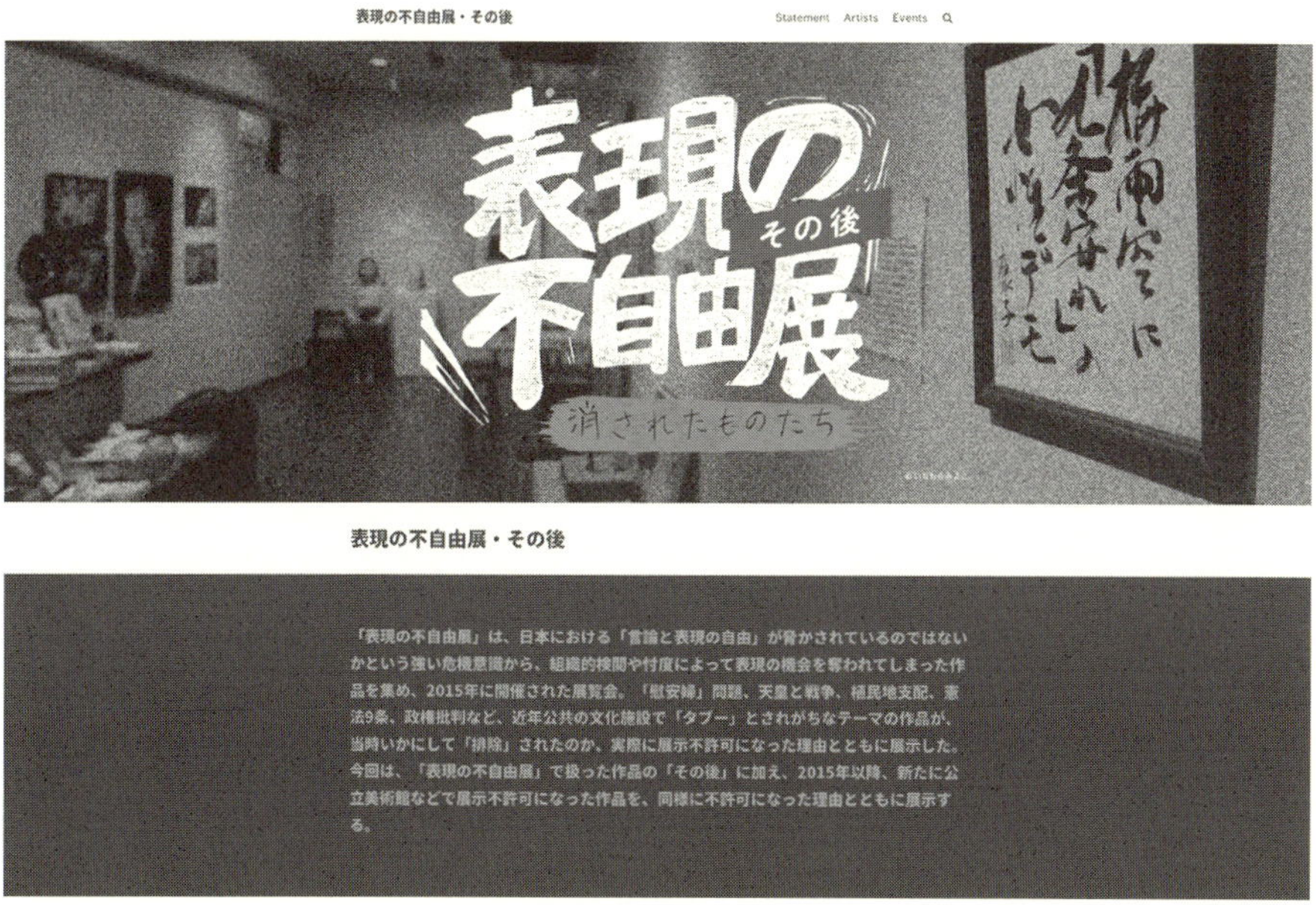

あいちトリエンナーレ「表現の不自由展・その後」ウェブサイト

この事態を馬鹿にすることは簡単だ。しかし、問わなければならないのは、彼らの言説政治の実践において、言葉が誤用されるのはなぜか、である。

考えられることの一つ目は、社会の分断と思考停止である。キャッチーな言葉は「空虚なシニフィアン」として機能し、言説の布置をズラす。彼らは、特定の言葉が正しく使われることには興味がない。また、使用する言葉に定義すら必要はない。自陣を攻めてくる批判の言葉を刈り取り、その効果を相対化できればよい。知識を持たない人びとが受け取る言葉の意味と対象を「うやむや」にできればそれで問題はない。また、彼らは自分たちこそ「被害者」「マイノリティ」であることを主張し、同情を集めるためにも「差別」「自由」「公平」「ヘイト」のような多くの人が否定しがたい普遍的価値をともなった言葉を使う。そのようにして、自分たちの党派を維持できればよいからだ。

二つ目は、言葉の意味を書き換えることで、「新しい政治主体」を構築しようとする。最も打撃を受けやすい社会的弱者である労働者階級が新自由主義を支持するという「サッチャリズム」の矛盾を分析したスチュアート・ホールは次のように指摘する。

> 「言説における闘争」はまさに、言説の節合と脱節合の過程からなる。（中略）そうした闘争は、特定の時点におけるあ

る重要な用語をめぐる効果的な脱節合にまさに起因している。つまり、「民主主義」「法の支配」「市民権」「国民」「民衆」「人間」などといった重要な語句の従来の意味上の連結を脱節合し、それに新たな意味を挿入し、新しい政治主体の登場を表象するのである[14]。

特定の用語を元の「意味上の連結」（＝文脈）から切り離し、「新たな意味を挿入」することによって、新しい民衆を作り出す戦略が言葉の「誤用」や「流用」から始まっていく。それは、例えば「ヘイトスピーチ」「ヘイトクライム」のような新しい言葉や概念でもって、人びとの認識の枠組みを広げようという実践とは異なる。新たな意味を挿入し、言葉の従来の意味を「うやむや」にすれば、結果として、普遍的なコンセンサスが仮定できなくなる。

しかしながら、ホールによれば、こうしたイデオロギーの帰結は、「意味づけをめぐる政治」における特定の歴史的局面に左右されるものである。すなわち、意味づけこそが社会的実践なのである。そして、イデオロギーは「変化可能なコノテーション的な言語の「社会的価値」を搾取することによって、言語システムに侵入する[15]」。それゆえホールにとって「闘争」とは、「問題を定義する方法、論争の用語、用語に伴う「論理」についての闘争」なのである[16]。

文脈を断絶し、重視しなくともコミュニケーションがとれるインターネットという技術環境は、まさにこうした言説政治の節合と脱節合が繰り返される闘争の場となっている。しかし、だとすればもはや対話は不可能であるという認識から「対抗言論」のアイデアを練らなければならないのではないだろうか。

❸ ヘイトに向き合うために

「誰が「誰がネットで排外主義者になるのか」と問うのか」という問いを立ててみるのは、この問いを立てる〈われわれ〉の側が、問いの立て方を誤り、自分たちの「危機」への認識を更新できていないからではないか、という理由からだった。

単著出版後に多くの人が私に聞いてきた。「左派は現状に対抗するためにどうしたらよいのか」。いくつかのささやかなアイデアを出したが、これまでに明らかになってきたように、社会の構造転換、価値観の変化、言説を流通させるメディアの変化などは、長い時間をかけて現状に至ったわけだから、即効性のある対策を得ることは難しいという認識を持つことのほうが重要である。

そして、本稿で見てきたように、ネットと排外主義の関係は、排外主義－反排外主義のどちらにも広がる。そして、政治イデオロギーの水準でももはや言葉は乖離し、コンセンサスを仮定できそうな余地がないくらいに分断している。とりわけ、ネット右翼とかオンライン排外主義者と分析された傾向を持つ人たちは、政策空間の右側のウイングに大きく振れているために、その距離はもっとも大きなものとなる。そして、言説政治をめぐる実践レベルの分析も重要である。「彼ら」は言葉を正しく使う気はない。言語使用のレベルにおいて、まったく別の論理・場所・戦略でもって「意味づけをめぐる政治」を行なっている。歴史修正主義にしても排外主義にしても。

だからこそ、ヘイトスピーチへのカウンター活動や法措定の重要性は増すが、それが唯一の最善策ではないことは、読者も理解しているところだと思われる。

さて、これまで指摘したことから、本稿の問いに答えるとすれば、何が言えるのだろうか。まずは、言説政治の実践として対抗するための参照軸を見つめ直すことが必要なのではないか。それを大きな言葉で言えば、「対抗するとはなにか」の再構成ということになるだろう。「彼ら」は、あやふやな言葉を用いて攻撃をしかけてくる。ときに、それは「革新」の姿をまとって。「攻守の逆転」が起こっている。今〈われわれ〉は何かを守らざるを得ない。それは「保守」的に映るかもしれないが、その守らざるを得ない何かにたいするハザードマップをアップデートしなければならない。その次に方法を更新しなければならないだろう。それが「対抗するとはなにか」という疑問へのヒントにつながるかもしれない。

注

1　永吉希久子（2019）「ネット右翼とは誰か――ネット右翼の規定要因」（樋口直人、永吉希久子、松谷満、倉橋耕平、ファビアン・シェーファー、山口智美『ネット右翼とは何か』青弓社）、高史明（2015）『レイシズムを解剖する――在日コリアンへの偏見とインターネット』勁草書房、辻大介（2008）「インターネットにおける「右傾化」現象に関する実証研究」http://d-tsuji.com/paper/r04/（最終閲覧日 2019/09/06）、樋口直人（2014）『日本型排外主義――在特会・外国人参政権・東アジア地政学』名古屋大学出版会、などを参照。

2　辻大介（2017）「インターネット利用は人びとの排外意識を高めるのか――操作変数法を用いた因果効果の推定」『ソシオロジ』63巻1号（通巻192号）、三―二〇頁。

3　前掲、辻、一五頁。

4　辻大介・北村智（2018）「インターネットでのニュース接触と排外主義的態度の極性化――日本とアメリカの比較分析を交えた調査データからの検証」『情報通信学会誌』36巻2号（通巻127号）、九九―一〇九頁。

5　遠藤晶久、ウィリー・ジョウ（2019）『イデオロギーと日本政治――世代で異なる「保守」と「革新」』新泉社、一八一頁。

6　前掲、遠藤、ジョウ、二〇三―二〇五頁。松谷満（2019）「ネット右翼活動家の「リアル」な支持基盤――誰がなぜ桜井誠に投票したのか」（『ネット右翼とは何か』）、六七頁。

7　Del Vicario, M., Bessi, A., Zollo, F., Petroni, F., Scala, A., Caldarelli, G., Stanley, H.E. and Quattrociocchi, W., 2016, The spreading of misinformation online, *Proceedings of the National Academy of Sciences*, 113 (3), pp. 554-559.

●8 「【主張】愛知の企画展中止 ヘイトは「表現の自由」か」(『産経新聞』二〇一九年八月七日) https://www.sankei.com/column/news/190807/clm1908070002-n1.html (最終閲覧日 2019/09/06)

●9 堀田義太郎 (2014)「ヘイトスピーチ・差別・マイノリティ」「女性・戦争・人権」学会二〇一四年度大会シンポジウム「表現・暴力・ジェンダー」、Deborah Hellman, 2008, *When Is Discrimination Wrong?*. Harvard University Press. (デボラ・ヘルマン『差別はいつ悪質になるのか』池田喬・堀田義太郎訳、法政大学出版局、二〇一八年)

●10 前掲、遠藤、ジョウ、六八頁。しかし、「維新の会」は、「保守/革新」のラベルではなく、「右/左」のラベルを用いて調査をすると、すべての年齢層において中道右派という結果となる(前掲、遠藤、ジョウ、一三七頁)。

●11 辻田真佐憲 (2016)「大炎上イラスト集『そうだ難民しよう!』そのシンプルすぎる世界観が覆い隠したものとは?」(『現代ビジネス』二〇一六年一月二九日)。https://gendai.ismedia.jp/articles/-/47635 (最終閲覧日 2019/09/06)

●12 倉橋耕平 (2019)「日本の右派が、「言葉を誤用・流用」することの恐ろしさ 「メディア・リテラシー」の右旋回」(『現代ビジネス』二〇一九年六月二五日)。https://gendai.ismedia.jp/articles/-/65421 (最終閲覧日 2019/09/06)

●13 ジャン=ポール・サルトル (1947=1956)『ユダヤ人』安堂信也訳、岩波新書、一八頁。

●14 Hall, Stuart, 1982, "The Rediscovery of Ideology: return of the repressed in media studies" Gurevitch, M. Bennet, J. Curna, & J. Woollacott (Eds.), *Culture, Society and the Media*. Methuen. (部分訳、藤田真文「「イデオロギー」の再発見」、谷藤悦史・大石裕編『リーディングス政治コミュニケーション』一藝社、二〇〇二年、二一五―二四八頁。一部訳修正)

●15 前掲、ホール、翻訳書二三一頁。

●16 前掲、ホール、翻訳書二三五頁。

あらゆる表現はプロパガンダなのか？

汎プロパガンダ的認識の世界のなかで

藤田直哉

批評とは、畢竟、「私には世界がこう見えている、こうとしか感じられない」という叫びなのかもしれない。

本論考は、ヘイトや差別、イデオロギーや外交などのナイーブな事柄について言及するが、それはあくまで、インサイダーでもなんでもない「私にはそう感じられる」という話でしかないし、絶対的に正しいとは主張しない。言うまでもなく、不完全で偏った情報しかなく、誤りだらけだろう。だがそれを通じて、この現在に生きている一人の「私」が何をどう感じ、考えているのかは伝わるはずだ。この世界は無数の異なった人々によって構成されており、その個々の異なる声が集まることでより良い状態を目指すべく議論が行われ、何かがよくなると信じるのが、「民主主義」であり、「公共圏」であるはずだ。だから、一人の、ただ生きている人間として、これを書くことにする。

❶ 芸術作品とプロパガンダ

あいちトリエンナーレ2019の「表現の不自由展・その後」に出展されていた、キム・ソギョン、キム・ウンソンの「平和の少女像」が、大きな炎上を巻き起こした。

「従軍慰安婦」なのかどうかは色々と議論がある。事実として、これは全世界に建設されている「平和の少女像」（批判者の言い方では「従軍慰安婦像」）と造形は近しいように見える。以前から、世界各国にこの彫刻が出来ていくことに対して、右派は非常に敏感であり、プロパガンダであり情報戦だと認識して批判を行ってきていた、というコンテクストがある。

時事通信の記事「少女像展示は「プロパガンダ」＝自民有

志」（二〇一九年八月二日）によると、自民党の有志たちはこれを「プロパガンダ」だと主張したようである。

「自民党の保守系議員でつくる「日本の尊厳と国益を護る会」は二日の会合で、愛知県内で開かれている国際芸術祭で従軍慰安婦を象徴する「平和の少女像」が展示されたことに関し、「芸術」や「表現の自由」を掲げた事実上の政治プロパガンダだ。公金を投じるべきでなく、国や関係自治体に適切な対応を求める」との声明をまとめた」。

これに対し「プロパガンダではない」「芸術である」といった反論の声が上がったが、それはどこかすれ違っているように感じられる。現代芸術の理論において、芸術とプロパガンダは二項対立としては考えられていないのではないかと思われるからだ。

美術批評家ボリス・グロイスは『アート・パワー』でこう述べている。国際的なビエンナーレやトリエンナーレにおいて「今日の主流をなす西欧の芸術は、ますますイデオロギー的なプロパガンダの形式をとって機能している」「むしろ、そこで繰り返し試みられているのは、芸術のなかの相反する流行や、美的態度や、表象の戦略といったもののあいだに力の均衡をもたらし、同時にこれを証明することなのである」（二二頁）。

要するに、芸術にはプロパガンダ性がある。しかし、そこにあるのは、シンプルなイデオロギー的なメッセージを伝達するというよりは、フーコー的な意味でのミクロ政治に関わる複雑なものである、とグロイスは言っている。その上で、芸術作品は、イデオロギーに対する「パラドックス・オブジェクト」だとグロイスは述べる。

つまり、「平和の少女像」は「芸術作品だからプロパガンダではない」とは言えないのだ。ただし、それがネットに多く流布された「日本のイメージを毀損する」「反日」的な意図のある情報工作なのかどうかは、保留したほうがいいのかもしれない。それが優れた芸術作品であれば、シンプルなイデオロギー的なメッセージには回収しにくい複雑な何かを観客に経験させているはずだ、と想像されるからである。

ここにあるのは、認知の枠組みのすれ違いである。「日本」とそれを攻撃する「反日」という図式で二項対立的に理解してしまいがちな側と、もっとミクロで複雑なありようを提示しようとする側との。

スラヴォイ・ジジェクは、構造人類学者レヴィ＝ストロースの研究を例に出して、このようなことを言った。レヴィ＝ストロースは、ヴィネバゴ族という集団の建物の空間配置を論じた。この部族は二つの下位集団「上からの者たち」「下からの者たち」に分かれている。村の全体図を書くように頼むと、この二つの集団のそれぞれによって、違う図が出てくる。「保守的集団主義者」は、中央の神殿を囲む円環が、同心円状に、中心と周縁があるように書く。「革命的‐敵対的」

集団のメンバーは、村の真ん中に線を引き、真っ二つに分けて書く。これは「右翼」と「左翼」が、同じものを見ていながら、実はすれ違う認識を持っているということの例であると、ジジェクは言う。

「日本」を中心とし、それに攻撃をしてくる「反日」という、「中心と周縁」的な図式で考える保守・右翼と、多元的でミクロで繊細な権力関係に介入しようとする左翼とでは、おそらくこれに類する世界の見え方の差がある。差はあるのだが、どちらも共通して、「プロパガンダ」的なものが作動し続けている、という世界認識においては共通しているようにも思える。本論は、その共通している部分を、考えることにする。

それを「汎プロパガンダ的認識」、と呼ぶことにする。あらゆることに、国際政治における思想戦・情報戦・イデオロギー戦・情報操作を見出してしまう世界の感じ方のことである。

この「汎プロパガンダ的認識」は、一体どこから来たのか、それは事実なのか、なぜ皆がこのように認識するようになったのか、そしてそのことの帰結として何が起きるのか。それが考察されなければならない。

❷ 新冷戦状況におけるプロパガンダ戦争

ネトウヨと保守は、あらゆる表現を「プロパガンダ」だと受け取りやすい認知地図の中に生きている。「歴史戦」「世論戦」などの言葉が頻繁に飛び出してくるのは、その表れであろうし、自分たちの発言もそのような武器として機能していることを意識しているだろう。従軍慰安婦問題や南京大虐殺は、事実や倫理の問題ではなく、「歴史戦」「世論戦」の舞台として認識されているとおぼしい。

「ヘイト」の問題は、おそらくこの「汎プロパガンダ的認識」と深いかかわりを持っている。

「表現の不自由展・その後」について、『産経新聞』は社説で「「日本国の象徴であり日本国民の統合」である天皇や日本人へのヘイト行為としかいえない展示が多くあった」(「【主張】愛知の企画展中止　ヘイトは「表現の自由」か」二〇一九年八月七日）と述べている。

ツイッターを見ていると、この展示を批判した人たちは、尊厳やアイデンティティが傷つけられた憤りを述べていた。自己を「被害者」「奪われている」「侵略されている」者と見做すことで、差別や偏見や暴力を正当化するのが、現在の差別の新しい特徴であると言われているが、まさに韓国・在日・反日たちに対する過剰な攻撃心を抱いている者たちは

「被害者」としての危機意識、アイデンティティの崩壊感覚の中にいる。

彼らは、自分たちは「歴史戦」「思想戦」「情報戦」の被害者である、と感じているようである。確かに、自分たちに馴染んだ様々な価値観や体制が崩壊していく危機感と不安感を覚えざるを得ない状況である。ただ、その原因が本当にそのせいかは分からない。新自由主義のせいではないか、情報社会のせいではないか、少子高齢化や日本の経済的衰退のせいではないか、など、いろいろな「原因」は無数に想定される。

ネトウヨは、だから、自分たちの価値観やアイデンティティを奪う情報戦をしている主体を、様々に想定してしまう。韓国・中国の場合もあれば、『朝日新聞』のときもあり、日教組にもなり、GHQになることもあり、共産主義者や、フランクフルト学派になることもある。GHQ、『朝日新聞』、日教組らの行った思想戦・歴史戦・情報戦により洗脳され、戦後の日本は欺瞞的な「戦後民主主義」になってしまった。そして真の日本のアイデンティティが奪われている、だから守るために戦わなければならない……そのような「物語」になっている。私個人は、これはあまりにも単純な誤った「物語」であると感じているが、彼らには心理的なリアリティがあるらしいことは認める。これは街に観光客向けのハングルや繁体字での看板が増えたことや、アジアからの観光客が増えていくことへの「違和感」の「感覚」に訴えかけやすい「物語」だろうと思う。

在特会の桜井誠は二〇一〇年に、国連にこのように訴えている。京都朝鮮学校公園占用抗議事件が国連で扱われた時の「国連人種差別撤廃委員会への提出書面」によると「「朝鮮学校」とは、実際には社会治安を乱す暴徒の巣窟（テロ組織）として連合国軍最高司令官総司令部が占領期間中（一九四八年）に日本政府に対して閉鎖命令を出した機関です」「今、在日朝鮮人が享受している特権は、現在も続くアパルトヘイトと呼べるもの」「在特会の主張はアパルトヘイトをやめるように要請するもの」と言っている。単なる排外主義ではなく、GHQが閉鎖を命じたテロ組織が国内にあり、日本人がアパルトヘイトの被害者であるから「自衛」のためにやっているというロジックになっているのだ。

これは、彼らの主観では、単なる「差別」ではなく、「戦争」的な状態であるという危機意識のもとで行われているのだろう。それは、兵器が用いられ、歩兵がぶつかり合うような「熱戦」ではなく、むしろ「冷戦」の延長である。

冷戦時代には、核兵器による「相互確証破壊」の均衡が出来ており、直接的な「熱戦」は代理戦争以外の形では行いにくかった。その代わり、イデオロギー、理念、イメージ、価値観などによって東西陣営は覇権を争った。「自由主義・民主主義・資本主義」の陣営と「全体主義・社会主義・共産主義」陣営とが、経済成長や生活の向上、科学技術などの威信によって自らの陣営を増やそうとし続けた。日本は、地政学的に、西側と東側の防波堤の役割を担ってきた。

一九八九年、ベルリンの壁が崩壊、一九九一年にソビエト連邦が崩壊し、冷戦は終わったと考えられている。しかし、二一世紀においても「新冷戦」が起こっているとする見方がある。日本におけるその仮想敵国は、おそらく中国である。

ヘイトは、この「新冷戦」におけるイデオロギー戦争、プロパガンダ戦争の渦中にいるという危機感と当事者意識と切り離すことはできない。

❸ 双方向の文化外交

とはいえ、日本はイデオロギー戦争、プロパガンダ戦争の一方的な被害者ではない。むしろ、やっている側でもある。やっているからこそ、それをやられることに敏感になる、ということもあるだろう。

その代表的なものが、「クールジャパン戦略」である。クールジャパン戦略とは、日本の文化・芸術を海外に売り込むことである。ここには大きく二つの要素があり、経産省が関わっていることからも分かるように、重工業とコンピューター産業が不振になった日本において、文化や芸術や娯楽を売って稼ごうという経済的な側面の戦略がまずある。

同時にこれは外務省も関わっているものであり、「ソフトパワー戦略」すなわち、文化・芸術・理念などの力によって魅了し、外交を優位に進めようという戦略の一環だという政治的な側面がある。

外務省は、「広報文化外交」について、以下のようにＨＰで述べている。

「最近広報文化外交に関連して「パブリック・ディプロマシー」や「ソフト・パワー」という言葉を聞きますが、これは何ですか」という質問に対する答えである。

> 外務省が広報文化外交に力を入れる背景には、近年「パブリック・ディプロマシー」や「ソフト・パワー」の重要性が指摘されていることがあります。
>
> 「パブリック・ディプロマシー」とは、伝統的な政府対政府の外交とは異なり、広報や文化交流を通じて、民間とも連携しながら、外国の国民や世論に直接働きかける外交活動のことで、日本語では「広報文化外交」と訳されることが多い言葉です。
>
> グローバル化の進展により、政府以外の多くの組織や個人が様々な形で外交に関与するようになり、政府として日本の外交政策やその背景にある考え方を自国民のみならず、各国の国民に説明し、理解を得る必要性が増してきています。こうしたことから、「パブリック・ディプロマシー」の考え方が注目されています。

また「ソフト・パワー」という概念は、ハーバード大学のジョセフ・ナイ教授によって最初に定義づけられました。ナイ教授は、軍事力や経済力によって他国をその意に反して動かす力が「ハード・パワー」であるのに対し、その国が持つ価値観や文化の魅力で相手を魅了することによって自分の望む方向に動かす力が「ソフト・パワー」であると説明しています。近年、日本でも、平和主義や伝統文化・現代文化など、ソフト・パワーの潜在力を引き出すことで世界における日本の地位を高めようとの議論が行われています。

外務省でもこれらの考え方に基づき、政策広報や一般広報を通して日本の外交政策や一般事情に関する様々な情報を積極的に発信するとともに、日本文化の紹介や人的交流といった文化交流を通して、親日派・知日派の育成に取り組んでいます。また、二〇一二年八月に報道対策、国内・海外広報及び文化交流を有機的に連携させていくための新体制「外務報道官・広報文化組織」を発足させるとともに、当組織の総合調整を行う総括課として広報文化外交戦略課を新たに設置し、より体系的にパブリック・ディプロマシーを実施する体制をとっています。

日本の「広報文化外交」がどのようなものなのか、明確に分かるだろう。誤解を招くと困るので一言断っておくと、筆者はこれに反対する者ではない。文化や芸術を通した理解が双方向に進むことで平和が実現したり悲惨が減るのであれば、その希望に賭けたいという気持ちは充分にある。しかし、この政策を採らざるを得ないという必然性をある程度は理解した上で、なお、現在の問題はこれらの政策の大衆的な普及の副作用ではないかという思いを堪《こら》えきれないのだ。

ここでも述べられているが、ソフトパワー戦略とは、クリントン政権において国防次官補を務めたジェセフ・S・ナイが提唱したもので、ひとことで言えば、軍事＝ハードパワーよりも、文化・芸術・政策などのソフトパワーの「魅力」によって外交を有利に進めよう、という戦略である。

ナイはこう言う。「それは、強制や報酬ではなく、魅力によって望む結果を得る力である。ソフト・パワーは国の文化、政治的な理想、政策の魅力によって生まれる」（一〇頁）。

この発言の背景にあるのは、9・11以後の対テロ戦争と、第二次世界大戦後の日本の占領期である。「はじめに」の一ページ目は、第二次世界大戦後の日本やヨーロッパで、アメリカが「ソフトパワー」を使ったという話から始まる。「他国の人たちがアメリカの理想に憧れ、アメリカが望むものと同じ結果を望むようにすることができれば、他国の人たちをアメリカが求める方向に動かすために飴と鞭を使う必要は少なくなる」（一一頁）。戦後日本が「ＧＨＱ」に「洗脳」された、という主張に活気を与えそうな発言である。ＷＧＩＰ論は、まったくの陰謀論ではなく、一定の根拠は確かにあるようであるし、日本が「ソフトパワー戦略」を採用すれば、必然的に「ねじれ」（加藤典洋言うところの『アメリカの影』問題）が意識されざるを得なくなるだろう。

重化学工業を中心的な産業とした第二次世界大戦後の日本は、いまや文化や芸術や観光を売らざるをえなくなり、さらに憲法九条の足枷もある。だから、この文化外交の戦略を採らざるを得なくなった。そしてその認識が大衆的に普及していく過程で、人々に巨大なアイデンティティ・クライシスが起こっていった。それが現在という過渡期である。

❹ 麻生太郎の戦略

文化外交の戦略を全面的に打ち出した麻生太郎の言説を参考にすることで、この時期の国家の戦略を窺い知ることにしたい。もちろん、政治のリアルはよく分からない私なりに常識的に考えて、これら政策を考えたのは谷内正太郎を含む高級官僚や研究者たちであろうし、おそらく麻生太郎はその代弁者でしかないだろうし、そのすべてを鵜呑みにするべきではないだろうと思う。しかし、これらの書籍を国民向けに「公刊した」という事実から窺い知れることは無数にあるのである。

二〇〇八年に内閣総理大臣になった麻生太郎は、二〇〇七年に刊行した『自由と繁栄の弧』で、東南アジア向けの「価値観外交」の重要性を説いている。

「自由と繁栄の弧」とは、具体的には「北欧諸国から始まって、バルト諸国、中・東欧、中央アジア・コーカサス、中東、インド亜大陸、さらに東南アジアを通って北東アジアにつながる地域」であり、そこに向けて、「価値観外交」をする。外務省によると、「価値観外交」とは「普遍的価値（自由、民主主義、基本的人権、法の支配、市場経済）に基づく外交」である。

「自由と繁栄の弧」の対象となる地域は、旧東側と西側の間にあり、革命や戦争や内戦が次々と起こり、体制が次々とひっくり返ってしまったような不安定な地域である。そこを西側の価値観に染めて安定させようという戦略、と言ってよいだろうと思われる。

麻生太郎は二〇〇七年に刊行した『とてつもない日本』で「グレート・ゲーム」という言葉を使っている。「二十一世紀の今日、また「グレート・ゲーム」が始まったという見方がある」（一七三頁）。本来の意味での「グレート・ゲーム」とは、一九〜二〇世紀に起こった、中央アジアにおけるイギリスとロシアの情報戦のことである。すでにこの論で使った言葉で言えば「新冷戦」に近い認識である。

この政策は、文化や芸術、そして日常までもがある種の「戦争」であると感じる感性を必然的に醸成するだろう。そして、あらゆるものにプロパガンダ戦争の痕跡を見出しやすくし、危機感や不安感をも煽るだろう。この危機感・不安感の中にいる人々にとっては、そうでない人は「お花畑」「平和ボケ」に見えやすくなるだろうと思う。そして危機や脅威の感覚は、人間の反射的な情動を刺激しやすく「敵／味方」構図を作りやすいだろう。

かつては冷戦期のインテリジェンスや外交を担当する人々に限定されていたであろうこのような認識が大衆に普及したのが、二一世紀の日本なのではないかと思われる。その結果、冷戦期のように、「スパイが入り込んでいる」「洗脳される」という恐怖と不安と陰謀論もまた蔓延する。「在日が資源を奪っている」「日本人をアパルトヘイトしている」などの感じ方が、文化・芸術・感性における侵略という感覚と重なり、現在の「ヘイト」的状況を作っているのではないかと思われる。

❺ 内政におけるソフトパワー
――日本（人）のアイデンティティ

外交に使われる技術は、当然のことながら、内政にも用いられる。

「ソフトパワー戦略」「価値観外交」は、文化やイメージや作品などを通じて「魅了」し、味方を増やし同意を得る戦略である。それは、政府や自民党が、文化や芸術やイメージの力を活かして支持を得る戦略につながっていく。その様々な例は、枚挙に暇がない。

そのひとつに、「アイデンティティ政治」がある。アイデンティティ政治とは、本来はマイノリティの尊厳や権利に関わる多文化主義的なものであったが、ここではもう少し広義の意味で、アイデンティティを与えることが効果を持つような政治の状況を指して使うことにする。

麻生太郎は『自由と繁栄の弧』において、「中国、それからインドが台頭し、経済規模で日本を抜くのは時間の問題」であり、「日本人にはちょっとしたストレス」で、「アジアの先頭ランナーだという自負」（四頁）を揺るがしている「新しい現実」があるという。「日本人は、新たな自画像を持ちたいと切望している」「外交とは、日本人に新しいアイデンティティーを与える業となりつつあると思います。国民に穏やかで静かな自尊心を持たせることは、外交の隠れた重要な任務の一つ」だとも述べている。

アジアのトップランナーであるとか、科学技術立国であるとか、経済大国であるとか、唯一の被爆国として平和を願う国家であるとか、昭和・平成初期にナショナル・アイデンティティとして機能していたものが次々と打ち砕かれ、不況の中で自信を失っている。そういう状況は認識されている。「剝奪感」「不遇感」が生じるのも当然で、「あいつらが悪い」と思い込みたくもなるはずだ。

だからこそ、別種のアイデンティティを提供し、承認を与え、包摂する必要も出てくる。「若者のソフトパワー」という節で、アジアでポケモンなどが人気であることを主張し、「反日感情」が高まっている中国で谷村新司が人気であることを述べている。そして、アメリカと戦争し敗北し占領された国の人間であるが、自分はロックは大好きだとも述べている。「ソフトパワー」を、明らかに意識した発言である。

ナイが強調することだが、政策に反対でも文化が好き、ということが起こるのがソフトパワーである。現に、日韓の関係が政治的に悪化していても、韓流人気は衰えていないことが、それを証明しているのではないか。そして、だからこそ、クールコリア政策に基づいた韓国のポップカルチャーの世界展開の際に「嫌韓流」「嫌韓デモ」が起こる。これは単なる「差別」の問題ではなく、文化を通じた戦争という認識のフレームで捉えたほうが理解しやすい。

話を戻すが、麻生が「オタク」を承認する姿勢を示したのも、アイデンティティ政治の一環だろう。筆者の体感から言うのだが、本来、カウンターカルチャーのアイデンティティを持っていた「オタク」たちサブカルチャーの担い手が、「日本」と同一化する自己認識を強くしていったのもこの頃だったように思う（強い違和感があったので、よく覚えているのだ。オタク論の系譜を言説分析すれば実証的に明らかにできるはずだ）。

このような「日本スゴイ」的なアイデンティティを「与える」ことが排外主義を「生んでいる」のか、「抑制している」のかは、議論の余地があるだろう。日本会議的な、神懸り的なアイデンティティの副作用は、多くの者が指摘する通りだと思う。筆者の理想主義的な見解を示すことを許していただくなら、適切な尊厳やアイデンティティのポジティヴな効果を活かしつつ、排外主義を抑制する必要があり、それが可能なアイデンティティの物語を構築するべきだろうと思う。戦後の、アメリカの文化を受け入れ、雑種文化的に発展しユニークなサブカルチャーを生み出したことを誇りの軸にするのが、排外主義的にならず好ましいと思うのだが（『とてつもない日本』はむしろそれを志向する一冊であったと思うのだが）。

では日本政府が悪いのか、この政策そのものが間違っていると言うべきなのだろうか。そう言うのは簡単なのだが、日本がそれに加わるか否かにかかわらず、国際政治がこのような状況なのであれば、日本だけがそれに対して何もしないだけで解決になるとは思えない。不況などで自尊心を失っているのも、すぐにはいかんともしがたいことだろう。ヘイト状況は、おそらくこの政策もしくは状況に対する認識が大衆化したことによる副作用である。しかし、副作用があるからといって、薬を呑むのをやめればよくなるというわけでもないだろう。では、どうすればいいのだろうか。

❻ 新保守主義者の言説戦略

新保守主義についても、触れておく必要がある。田原牧は『ネオコンとは何か』で、新保守主義は「イデオロギーや戦略論にこそ、彼らの存在証明がある。メディアや言論界こそ、彼らの主戦場だった」(二五頁)と述べている。「シンクタンクや言論誌を主催」するというのが、彼らの戦略だった。

新保守主義の第一世代は、文芸評論家のアーヴィング・クリストルらニューヨーク知識人であり、しかも元社会主義者でトロツキストであった。

日本においても、この新保守主義の戦略はアカデミズムや言論界で展開されていると思える(岸俊光・志垣民郎『内閣調査室秘録——戦後思想を動かした男』に、江藤淳はじめ、多くの人々に「研究費」を渡していた記録が掲載されている。また、中曽根政権下においては、色々と怪しいものがある)。

イギリスやアメリカでは「新自由主義」と「新保守主義」が重なり合うことが多いが、日本もそのようである。破壊し新しくする思想と、守っていく思想がどうして両立できるのか不思議であるが、新自由主義で不安定化する人々のアイデンティティや心理に介入するために、宗教的・道徳的な「新保守主義」の思想を提供していると分析されており、私もそれに納得する。

だが、これをどう評価していいのかは、正直言って分からない。状況に対応するための必然性としてそれが必要であることもあるだろうし、国民の意識や考えにある程度は介入しなくてはならないときもあるだろう。現在のネトウヨたちがどの程度、この「戦略」の産物なのか(意図しているのかしていないのか)も、判断が付かない。一部の批判者が言うように、「自民党ネトサポ」や、工作員やＡＩが直接輿論操作をしているという可能性も充分にあるだろうとは思うが、そこまで単純でもなかろう、というのが正直な気持ちだ。

そしてこのことを考え出すと、「左翼・リベラル」の側は無垢で何も情報工作をしていないのだろうか、という疑念も沸く。「朝日新聞」や「日教組」が洗脳している、中国や韓国が工作をしているという言説は、本当に嘘なのだろうか。おそらく、そうではないだろう。「洗脳」「工作」と言えば聞こえは悪いが、「ＰＲ」「教育」であれば当然それを行っているだろう。

この「底」がなくなる感覚こそが、価値観や思想の根底のようなものの裏を掻き合うような価値観・認識・プロパガンダの戦争の齎す最大の効果だと思われる。人々は確信も根も失っていき、その不安の中で、あるいは「絶対的」と感じられるものにすぐに飛びつくだろう。

状況を左側――ポストマルクス主義の立場から見るとどうなるだろうか。

❼ ヘゲモニー論――ポストマルクス主義者の戦略理論

ポストマルクス主義者の政治学者、エルネスト・ラクラウは、ポピュリズムなどを観察し、「ラディカル・デモクラシー」の概念を提示した。理性的に討議をしていく「リベラル・デモクラシー」と違い、他者の存在がアイデンティティを脅かすがゆえに、理性的な対話では解決することが困難な「敵対性 antagonism」が存在し続ける、そのことを織り込んだ民主主義観をラクラウは提出している。まさに炎上・ヘイト的な現状を示しているだろうと思われる。

右か左か、と単純に考えると間違えると思われるのは、「アイデンティティ政治」のロジックはもともと、少数民族や障碍者、LGBTなどのために用いられているものだったからだ。現在はそれを、マジョリティ側も用いるようになっている。「ホワイトトラッシュ」「チャブ」などの虐げられた貧しい白人が権利を主張したり、「男」というだけでフェミニストに攻撃されていた非モテ男性（インセル）たちが「被害者」として自己を主張したり、第二次世界大戦後の世界秩序において悪役とされてきたナチスドイツや大日本帝国の（血縁的・精神的な）子孫たちが「尊厳」「尊重」を求めるようになる。これも、対立してはいるが、背景のロジックは共有されており、あるロジックが大衆に普及した結果としての矛盾の噴出であろうと思われる。

ラクラウの理論は、シャンタル・ムフとの共著『ヘゲモニーと社会主義の戦略』（邦題は『民主主義の革命』）というタイトルを持つ著作で、大々的に提示された。ヘゲモニーとは、イタリア共産党創設者の一人であるアントニオ・グラムシが『現代の君主』などで展開した概念で、一言で言えば暴力による強制ではなく、合意による支配のことで、「ソフトパワー」の概念にとても近い。人が何かに合意するのは暴力的な支配によるのではなく、文化、価値観、感性、慣習や信念などによってでもある。だから言説戦略が重要である、とグラムシは考える。

ラクラウとムフのヘゲモニー論が鍛え上げられ、説得力を持ったのは冷戦とその崩壊後、フェミニズム、環境問題、障害者運動など、多くの市民運動があちこちで乱立している状況下であり、経済的な下部構造のリアリティが減退し、言説のリアリティこそが増大するポストモダンの環境においてであった。そしてその理論は、現在、とても説得力を持っているように感じられる。

このラクラウとムフの「敵対性」「ラディカル・デモクラシー」の概念は、『人工地獄』のクレア・ビショップ、『ソーシャリー・エンゲイジド・アート入門』のパブロ・エルゲラなどの美術評論家・理論家に積極的に用いられ、それを通じて現代美術の作家にも影響を及ぼした。あいちトリエンナーレ2019に出品している作家の何人かは、確実にこの理論の影響を受けている。

右か左か、で考えるべきではなく、一見対立して見える両者の共通性と違いをこそ、見つめなければならない。私たちが不可避に巻き込まれている争いの性質を、理解するために。

❽ 芸術作品の戦い方

さて、最初の話題に戻るが、あいちトリエンナーレ2019および、「表現の不自由展・その後」それ自体と、それを取り巻く言説空間を理解するためには、このようなコンテクストが必要になるのではないか。出品作家には「冷戦」に言及している者がいたし（ドラ・ガルシア『ロミオ』）、ＣＩＡの文化政策や諜報戦に触れた作品もあった（タリン・サイモン「隠されているものと見慣れぬものによるアメリカの目録」「公文書業務と資本の意思」）ことも、私がそのように考えだすきっかけのひとつになっている。

繰り返すが、ネットでの衝突で目立っているとはいえ、単に「ヘイト」を述べる人間を「差別主義者」だと糾弾するだけでは問題は解決しないし、ネトウヨが言うように「左翼＝反日＝中国・韓国の手先」だとして攻撃すればいいという問題でもない。表面的な敵対関係の底には、共通している認識があるし、右と左で戦略やロジックは転移し続けているからだ。

ヘイトはこの「汎プロパガンダ」的な、イデオロギー戦争の副作用として生まれているように思われる。ヘイト問題を解決するためには、この状況を解決する必要がある。

だが、この「状況」が言説空間、イメージ、プロパガンダの結果として実態と関係なく構成されたものなのか、対応する「現実」が存在している問題なのかを見定めるのも、実に困難である。

「汎プロパガンダ」的世界観においては、原理上、自分に届くあらゆる情報の真偽が分からず、現実と対応しているのかどうかを確かめようがない。それゆえに、不安と懐疑が無限に亢進する。スパイ合戦、情報工作合戦、プロパガンダ合戦の中において「現実」「事実」が確かめられなくなった独裁者・為政者の恐怖と不安と疑心暗鬼に近いものが、大衆化・一般化した状況だと言える。

ネットの普及で、個々人がその「戦争」の当事者として、一兵卒として、戦士になれるようになった。「表現の自由戦士」「社会正義戦士」などの「戦士」という言い方には、若干その認識が滲んでいる。だが、このプロパガンダ戦争の一員としての「戦い」そのものが、さらにこの状況を悪化させるという悪循環が続く。

この状況の不安と懐疑に耐えがたいがゆえに、人は確固たるものを求め、本当はそうではない「真実」やら「事実」やら「ファクト」やらに飛びつきやすくなり、「敵はあいつだ」という号令や、国や皇室のような確固としてそうなものに寄り添いたい気持ちを生み出し、アイデンティティの物語を欲するようにさせる。それが「虚構」であり「物語」に過ぎないという批判は、いくら正しくても、不安と懐疑を生み出すがゆえに、心理的に拒絶されるだろう。

私は、しかしそれでも「事実」や「現実」を重視すべきだということを、かつてフロイトに影響を受けた者として言いたい気持ちを持っている。現実離れした「虚構」を信じたドイツの悲劇を知っているからだ。しかし、もう一方で、カート・ヴォネガットに影響を受けた者として、人間が「物語」を必要とするのであれば、せめて「安全な嘘」を、と言いたい気持ちも抱えてしまう（ヴォネガットは、原発メーカーであるゼネラル・エレクトリックの広報をしていたので、この発言の含意は深い）。

あるいは、あらゆる「物語」の相対性を意識し、並列化して生きていくことはできないだろうかとも想像する。冷戦期のプロパガンダが作り出す世界観の「虚構」の相対性を意識し、複数の世界観を次々と移行していく経験を寓意的に描いた作家のひとりであるフィリップ・K・ディックのことを私は今思い出しているが、彼は晩年には『ヴァリス』『聖なる侵入』などでお手製のジャンク神学を作り出した。オウム真理教や、ネトウヨたちの妄想的世界観と何が違うのか。これが帰結なのであれば、おそらくそれも解決にはならないのだろう。

では、解決はできないのだろうか。

おそらく、プロパガンダをなくし、素朴な現実や実体の世界に戻ることは不可能だろう。国際政治がいきなり安定することもないだろう。情報環境もしばらくはこのままだろう。

だが、こと問題が心理面であるならば——「本物」「真実」や、絶対的なものへの希求が問題の一端であるならば——それを和らげることはできるのではないか。曖昧で平凡な意見になってしまうのだが、本物や事実の「手触り」を回復させることが重要ではないだろうか。本当の人間がそこに生きているという手応え、ここに現実や事実があるという手触り、それを回復させる訓練や、体験させるメディアを増大させることが、解決につながらないだろうか。少なくとも、それが心理面において、「物語」を求める心情自体を鎮めるのではないか。それができるのは、文学や芸術なのではないか。

これは、結局は「ソフトパワー」に頼ることになり、循環は終わらないのかもしれない。しかし、ソフトの「質」次第で、それが可能だと、私は信じている。ヘイトの時代そのものと戦うこととは、汎プロパガンダ状況との戦いであり、そこには左右のイデオロギー対立とは異なる戦い方が必要となっており、作り手たちはそこまでおそらくすでに意識している。
　それこそが、芸術作品の戦い方である。イデオロギー対立の図式から抜けて、別種の角度からイデオロギーを撃ちつつ、それを超えた次元に人々を連れ出すことで、人類をより良い方向に導く。そのような芸術の力を、私は信じる。

参考文献

「少女像展示は「プロパガンダ」＝自民有志」 https://www.jiji.com/jc/article?k=2019080201251&g=pol（二〇一九年九月二日閲覧）
ボリス・グロイス『アート・パワー』石田圭子・齋木克裕・三本松倫代・角尾宣信訳、現代企画室、二〇一七年
「【主張】愛知の企画展中止　ヘイトは「表現の自由」か」 https://www.sankei.com/column/news/190807/clm1908070002-n1.html（二〇一九年九月二日閲覧）
「よくある質問集　外務省ホームページ　広報文化外交」 https://www.mofa.go.jp/mofaj/comment/faq/culture/gaiko.html（二〇一九年九月二日閲覧）
ジョセフ・S・ナイ『ソフトパワー――21世紀国際政治を制する見えざる力』山岡洋一訳、日本経済新聞社、二〇〇四年
麻生太郎『自由と繁栄の弧』幻冬舎、二〇〇七年
麻生太郎『とてつもない日本』新潮社、二〇〇七年
田原牧『ネオコンとは何か――アメリカ新保守主義派の野望』世界書院、二〇〇三年
岸俊光・志垣民郎『内閣調査室秘録――戦後思想を動かした男』文春新書、二〇一九年
エルネスト・ラクラウ、シャンタル・ムフ『民主主義の革命――ヘゲモニーとポスト・マルクス主義』西永亮・千葉眞訳、筑摩書房、二〇一二年

photo : Syrio, Hibiscus syriacus / Wikimedia Commons

【小説】

二〇二三年

櫻井信栄

※この作品にはヘイトスピーチ（差別扇動表現）が含まれます。

店の二階の窓から大通りを見ていた。日曜の朝にこの道を歩く人は少なく、歌舞伎町のほうから出てくる人の姿が見える程度だった。向かいのスーパーの店先に菜の花の葉が積まれていて懐かしい緑が目にしみた。子供のころ家の近くに市場と古書店通りがあって、母に連れられよく出かけていった。両手に重い荷物をさげて信号を待っていると、坂を下りた先にある海がちらちらと光る。港から汽笛が響き、春にはたくさんの桜が咲きほこるあの街。

ほうきで床を掃いて、コードレス掃除機で隅々まで埃を吸い取る。モップもかけた後に椅子をテーブルからおろす。癇性だと言われるが、女子高校の寄宿舎にいた時は部屋を少しでも汚くしていると先輩に怒られた。今も店が散らかっていたりすると落ち着かない。テーブルを拭き終わって下に降りると、厨房で夫が刻んだ日本の竹輪と玉ねぎを炒めはじめていて、ごま油の香りが換気扇のほうに流れていった。冷蔵庫にちりめんじゃこと獅子唐の和え物、白菜のキムチがたくさん入っているから昼のパンチャン《おかず》はこれで大丈夫だろう。唐辛子味噌《コチュジャン》も先週母の実家、英陽《ヨンヤン》から届いたばかりだ。

二代続いた釜山西面《ソミョン》の焼肉屋を売り、夫と娘と日本へ来て四年目になる。夫が子供の頃から練炭を熾して手伝った店だった。東京で飲食店などを経営していた夫のクナボジ《父の兄》が大腸がんで倒れ、夫が経験を買われて玄界灘を渡ることになった。

「食堂でも焼肉屋でもここで出来るのに、日本まで行くのはもったいないわね」
「これが人の生きる世の中さ。外国で入院した人の店を家族以外の誰が助けてくれるっていうんだ」
私よりきつい釜山訛りで夫はそう言って、日本の小学校の情報をインターネットで調べ始めたのだった。店がある新宿区大久保に住むことになり、娘は若松河田の東京韓国学校に入学した。学校周辺には韓国人の子供が通う塾や英語教室が並んでいる。日本語が分からない小さな子を公立学校に入れるのは不安だった。朝と夕方に私が都営バスで送り迎えをした。バスは東京の平和な街を本当にゆっくり走った。釜山では見かけない可愛い軽自動車が広い車道を悠々と進んでいるのを見ると愉快な気分になった。車椅子に乗った人、白い杖を持った人を車窓からよく見かけた。若松河田駅の出口の前で曲がり、東京女子医大へ続く道に大きな桜の樹があった。花の写真を撮るのが好きな娘は休みのたびにあちこちへ出かけていき、ムグンファ《むくげ》はよく咲いているがケナリ《れんぎょう》を見かけないと言った。今朝は北新宿の方の公園に行ってくると言って、日本の中古品店で運良く見つけたライカのデジタルカメラを首に下げて出かけていった。

　私は花なんてよく分からないけれど春の東京に桜がたくさん咲いて、どの木もきれいに剪定されているのには感心した。花見客が桜の花を持っていかないのも良かった。昔ハルメ《祖母》が桜の枝を折って手に持っている私を見つけて「お前は人の指もちぎって持っていくのかい」と怒ったことがあった。桜が枝を伸ばすのに何年かかったと思っているのか、とも言った。日帝時代の釜山で生まれ育ったハルメだから、ハルメは日本人の言葉を覚えていたのかもしれない。

　東京に移り住んでみると、街の清潔さを見て分かるとおり日本人の秩序意識は想像以上のものだった。大地震があった時、私たちはすぐに店を閉めて一週間ほど釜山に行ったのだが、その時も東京の街はパニックに陥ることはなかった。しかし皆が善良で万事に慎重であるのを良いことに、勝手な行動で他人を出し抜く人が得をする社会なのかと感じさせられることもあった。例えば原発マフィアと呼ばれる金の亡者が私たちの国にもいる。

　持つ者、持たざる者の両極化は韓国が日本より進行していて、保守政権下では解決されそうもない。報道番組や新聞などが全て与党寄りになってしまったこともそうだが、世の中がすさんできたと私が感じたのは、釜山の地下鉄の駅で「朝鮮族追放」という落書きを見た時だった。娘が大きくなった頃には一体どんな国になっているんだろうと思いながら、私は駅の化粧品店で除光液を買い、落書きを消した。

娘は来年中学校を卒業する。将来は韓国で花屋とカフェと書店をミックスした店を友達と出したいと言っている。どんな店になるのか見当がつかないけれど、娘の夢なのだからもちろん応援するつもりでいる。英語圏の国に留学させたいと思っていたが、やはり最後はあの子が自分で決めることだ。私たちの国にいる子供みたいに勉強ばかりして大人になるのが人生ではないと思う。韓国の子供たちが画一的だというわけではないのだけれど……。娘には、自分にはこんなことができる、あんなこともできるという可能性をたくさん発見してもらいたい。

ランチタイムの看板を外に置いた。近くのK－POPショップから音楽番組の甲高い声が聞こえた。看板が曇っている気がして、外で使う雑巾で表面をぬぐった。週末になると決まってあの人たちが来る。

たいくつだなあ。はやく出発すりゃいいのにいつまでならんでんだろ。公園にずっといたってしょうがないじゃん。前の人たちがプラカードをあげてるけど、うしろからだと棒に紙をテープではったのが見えるだけで、なに主張してんだかぜんぜんわかんないよ。その点、日の丸や旭日旗は裏からすかしてみても何の旗かすぐわかるからいいよね。ここに日本人がいて、日本が好きだってこと。神社で買ったポールつきの日章旗があったから、それもってきたのは正解だったな。けさ家を出たときあの人はいなかった。お母さんの再婚相手、俺が高校二年の時。俺はいやでたまらなくて何もしたくなくなって学校に行かなくなり、お母さんにジュースを買ってこさせて自分の部屋ん中で飲みながらずっとアニメを見ていた。ハルヒとかけいおんとか俺妹とか何度もくりかえし見てるうちにずいぶん太っちゃったけど。ジュースのペットボトルはあの人も捨ててくれてたらしい。いっしょに住んで何年か経つけど俺あの人をお父さんとか、なになにさんとか言って呼んだことがないんだよね。

プラカードのほかにも長い一脚に固定したビデオカメラが何台もあがってて、その下でネット中継用にノートパソコンを使ってる人もいる。丸いメガネのおじさんはデモの動画をあげてくれる有名人だ。ああいうふうにいつもカメラを使ってるんだな。ワイファイつながるとこに行ったらユーチューブとニコニコ動画を見てみよう。検索ワードは「日韓断交　デモ　新大久保」だ。

「言論の自由」や「表現の自由」もあるけれど、われわれ現代人には「ネット利用の自由」もあると思うんですよね。わからないことがあるときに調べるグーグルとかウィキとかまとめブログとか。いま思うと反韓デモの動画に出会わなかったら俺もやばかった。大学だって行かなくなってたかも。「反日外国人追放！　韓流撃滅デモ行進」っていう動画をたまたまクリックしたんだけど、ハングルの看板がいっぱい見える町でデモ隊が「韓国人をしめ殺せ」「朝鮮人をガス室に送りこめ」って言ってて、「仇なす敵は皆殺し　朝鮮人は皆殺し」「良い韓国人も悪い韓国人もどちらも殺せ」っていうプラカードがあがってた。自分もいっしょにさけび声を出しそうになって、頭のもやもやが一気に晴れた感じだった。東京には外国人がいっぱいいてうるさくて見ててむかつくことばかりで、なんで日本にいるんだよ自分の国で住めよっていつも言いたかったんだけど、こんな痛快な表現の方法があったんだな。べつに言ったっていいじゃん。不法滞在者も多いっていうしそんなのつかまえて追い出しゃいいんだし、竹島とか拉致とかミサイルとか、日本人は被害を受け続けでちっとも幸せじゃないんですよ。不安な世の中になったのに、それを口に出すと外国人差別とか言われちゃうんだよなあ。へえ、これが差別ですか。そうですか。次のデモの日程はツイッターを検索してすぐ見つかった。

公園の外では反対派が「帰れ」の大合唱を続けている。本当にうるさいなあ。町にメーワクかけてんのはどっちなんだよ。おまえらが帰れよ。こっちはケンポーで認められた表現の自由を行使して「日韓断交」「反日外国人を日本から叩き出せ」ってデモ行進してるだけですよ。おまえらが来なければ、日本を愛する人と法を守るおまわりさんが歩いてるだけなのに、やれ「ヘイトスピーチ」だの「レイシスト」だの「差別をやめろ」だのわめく反

対派が集まるからこんなさわぎになるんだろ。こんなの基本中の基本なのに、それがあいつらにはわからないのかねえ。「レイシズムも言論です。私は問題ないです」って大学で会った留学生が言ってたよ。あの学生は日本にいていい。俺が許す。サベツサベツと人のことを批判する前に、相対主義ってものを反対派には学んでほしいものですねえ。ところでメーワクとかケンポーって漢字でどう書くんだっけ。

　前のほうで白いマスクをした運営の女の人が、解散地点についたらすみやかに帰宅してくださいってアナウンスをしてる。前回のデモのあと、兄弟で参加してた二人が思い出横丁で飲んでたとこを反対派に見つかって、さんざんどなられたあげく店から出ていかされたんだってさ。ひどいことするなあ。

　そういえば今日は東中野のケータイ屋に寄って総武線のって大久保駅の南口から歩いてきたんだけど、職安通りに出たとこで反対派らしいやつに見つかったんだった。茶色い帽子から明るい髪がはみ出てて赤いジャンパー着てて背が一七五センチぐらいあった。やつは俺が持っていた日章旗を見るなり、いきなり肩に手を回してきた。

「なになに、どこ行くの？　デモ？」

「そうだよ」とだけ答えて横断歩道をわたろうとしたら、やつは「ねえ、人種差別って楽しい？　やりがい感じる？」と聞いてきた。こっちがだまってると「そうか、楽しいか。よーし行ってこい！」と言ってうしろから右肩をたたいてきた。いてっ。思わず声が出た。はげますようになんてもんじゃなく、平手だったけどほとんどなぐる感じだった。

　先頭のほうで横断幕をひろげはじめた。もうじき出発するみたいだ。デモ隊は百人くらいいるかな。警察のほうが多いよ。反対派を押しとどめて道をあけててくれてる。俺たちはだまってならんでるだけなんだけど、反対派はトラメガも使って超うるさい。「帰れ」「帰れ」ってずっと言ってたけど今は「のーぱさらん」「のーぱさらん」に変わった。韓国語かな？　デモに来てる人たちはだいたいふつうのかっこしてて女の人はサングラスかけてて、他にときどき変なかっこの男の人がいる。全身迷彩服に迷彩ヘルメットの人、まっしろい日本海軍の服着てなぜかゴーグルつけてる人、ワイシャツ着てんのにズボンはおなかま

で上げたジャージでシャツのすそを中にいれてる人、酒くさくて鼻がまっ赤なおじいさん、手にゴジラのフィギュアを持ってる人もいたぞ。かっこいい人なんてまったくいない。ひきこもってたころ男優をずっとうつしてるアダルトビデオとか女性向けのとかで男の人を見るのが好きだったから、男を見る目が肥えちゃったのかな。でも男が腰ふってるとことかその体を見てコーフンしてたなんて人には言えないや。なんだか自分が男じゃないみたいじゃん。これはひみつね。

列がうごきだした。公園を出ていよいよ出発だ。突撃ラッパの音楽がながれてる。機動隊の人垣のむこうで反対派が中指を立てている。海外のサッカースタジアムのスタンドで見るような人種差別反対のゲートフラッグが上がっていた。「仲良くしようぜ」っていうプラカードも見える。うわ、警察がいっぱいいると思ってたけど反対派はその何倍もいた。列からは勝手に出られないし、反対派に家まで尾行された人もいるからデモ行進がおわっても新宿駅の改札口まで警察といっしょに歩かなくちゃならない。反日は日本から出て行け、ぐらい自由に言わせてくれよなー。ここはどこの国で、おまえらは何人なんだよ。出発したばっかりだけど、ほんとうはもう帰りたくなってきた。来なけりゃよかったかなあ。

SHOW RACISM THE RED CARD

先頭でメガネを取られたとかいうもみ合いがあったみたいで、ようやく職安通りに出ることができた。今までインターネットでだけ聞いてきた愛国者のみんなの言葉が耳をつんざくぐらいのボリュームで聞こえてくるけど、歩道は反対派ばっかりだし、機動隊にはさまれてのろのろ歩いてただたいくつなだけだ。先導車から排気ガスがずっと流れてて気分が悪くなりそう。日の丸を一応高くかかげてたんだけど、疲れてきたからポールを肩にかついだ。ドン・キホーテの前でおびえたような顔でこっちを見ている女の子と、首にさげているライカの赤いロゴに見おぼえがあった。思い出した。きょうの朝、神田川を渡る手前、大東橋公園で花の写真を撮ってた女の子だ。

仲良くしようぜ

친하게 지내요

機動隊員が歩道にそってずらっとならんで、反対派がデモ隊に乱入してこないように警備をしている。反対派は歩道でプラカードを見せたりトラメガでさけんだりしている。あれ、こっちに向かって中指を立ててるのはさっき俺の肩をたたいてきたやつじゃん。なんだこの反日め。俺はまたポールをもって日の丸を高くかかげた。なんてきれいな旗なんだろう。

先頭のほうでシュプレヒコールが始まった。「新大久保をさら地にしてガス室を作るぞーっ！」「朝鮮人をガス室に送りこめーっ！」、いやぁ、急にもりあがってきたねぇ。そういえば大学の倫理学の授業で「ナチスからの転向者をどうやって許すか」っていうレポートの課題が出たことがあったっけ。何も書けなくて俺は単位おとしたんだけど。まず社会全体に許すフンイキがないとその人ひとりを許すこともできないと思うんだよね。たとえば俺がいまデモ隊を出てそっちに行ったら反対派の人は許してくれるのかな。いや、まったくそんな感じはしないな。中指立てられてるしなぁ。ほんとに、なんでこんなさわぎになってるんだろう。

（こわがらせたみたいでごめん。俺もなんで自分がデモ行進の中で歩いているのか、ほんとのとこはよく分かんなくて、家でユーチューブ見て一人で盛り上がってたころが一番たのしかったかも。たのしかったなんて言っちゃフキンシンかな。ただ、ああいう動画をあげたり告知のツイートしたりして人集めする組織があることは事実で、ずっとそういう活動をしてる人もいて、どっからお金が出てるんだろうとふしぎに思ってます。俺は自分を変えたくてデモに来たような気もするんだけど、こうやって歩いてても、ぜんぜん俺は前の自分のままで、ただ足をふみ入れてしまった感じがするだけです。あの、俺、春にきれいな花が咲くとこ知ってます。大島小松川公園っていって、春になると桜とれんぎょうがいっしょに咲いててきれいなんです。むくげも咲いてます。教えてあげたいけど、隊列を出てそっちがわに行くことはできないから。なんだか自分で自分に変なカベを作っちゃった気がしてます。ほんとに、なんでこんなさわぎになってるんだろう。）

「韓国のコチュジャンって、なんでこんなうめえんだろ」

「唐辛子が日本のとは違うんじゃないの。香りもいいし。これ、手作りだと思うよ。スーパーで売ってるのはなんか甘いけど、これは容赦なく辛い」

テーブルにはピビムパプ《まぜごはん》、パンチャン、テンジャンクク《味噌汁》のランチセットが並んでいて、ステンレス製のスプーンと箸を使いながら、俺は勤めている忠清南道の大学の教職員食堂を思い出していた。週末の郊外のキャンパスは静まり返って、寄宿舎からラフな格好で出てきた学生が構内をぶらぶら歩いている頃だろうか。教職員食堂と違うのはパンチャンに四角いオムク《魚の練り物》ではなく日本の竹輪を使っていること、それにビールの空き瓶が一本立っていることだ。

「エビスビールはうまいな。早く韓国でも売ってくんないかな」

「韓国には無いの？」

「あまり輸入されてない。韓国のビールは薄いから、ソメクって言って、ビールに焼酎を混ぜる飲み方があるよ」

「みんな酒強いからねえ」

店主らしき男性が階段をのぼってきて、俺と井上の皿にちりめんじゃこと獅子唐の和え物を足してくれた。そして窓を開けて職安通りを見渡しながら、韓国語で「畜生、週末に必ず来やがる」と呻くように言った。車道には機動隊の警備車が列をなしている。韓国人排斥を主張するデモ行進が今週もここで予定されていた。俺はテンジャンククをすすりながら、職安通りにいることを仲間にスマートフォンで伝えた。

伊東亮介
　西武新宿駅に着きました

佐々木　初
　伊東さん、お疲れさまです！

伊東亮介
　いまからそちらに向かいます　よろしく

皆さんこんにちは。私は職安通りで友達と食事しています。もうじき出ます

a.k.a こばやし
　桜井先生お疲れさまです！

Queer_fes
　おー、桜井先生。遠路はるばるご苦労さまです

ありがとうございます。空港から直接来ました

ヤンヨンホ
　大久保通りで警官発見

yo-suke
　明治通りで左折するルートでしょうか…

佐々木　初
　すしざんまいの前に警察が鉄柵出した

清真一
　歩道を封鎖する気まんまんですね

勘定を済ませて外に出ると、店のランチタイムの看板を恰幅の良い女性が拭いていて、その懸命な手つきと機動隊員たちの重いブーツの足音がいっしょに在ることがにわかには信じられなかった。超現実的、とはきっとこんな光景のことを言うのだ。

「カムサイ　モゴッスムニダ（感謝して食べました）」

「ネー、カセヨ（はい、お行きください）」

女性は笑顔で見送ってくれたが、俺は（なんで日本はこんなになっちまったんだ）と情けないやら申し訳ないやら、胸が詰まる思いをしていた。

俺は大学院を出て博物館で庶務の仕事をしていたが、韓国映画が好きになって韓国語の勉強を始め、次の年に

は仕事を辞めてソウルの大学付設の韓国語課程に入学した。学生時代に読んだ在日朝鮮人文学について韓国語で書かれた論文がたくさんあることを知り、それを読んで研究したいという思いもあった。そのうち俺は日本の財団奨学生に選ばれて韓国で日本言語文化の大学院博士課程を修了し、今の大学の日本人教授公募に合格して昨年からそこで日本語と日本事情を教えるようになった。

　自分が韓国文化に触れていた職安通りに反韓デモが侵入することが予告され、まるでナチス突撃隊の再来だと思い、居ても立ってもいられなくなり直接抗議に行くことにした。抗議する仲間たちとツイッターを通じてつながり、俺は日本の友人にも一緒に行こうとメールで誘ったのだが「こわいな」「いやー、怖いよ」「武闘派ですな。家のパソコンで注視してます！」というような返事ばかりだった。ただひとり「わかった、行くよ」と返信してきたのが井上だった。中学と高校の同級生で、K－POPが好きで韓国語を勉強していた。そういえば井上も俺も独身だ。

「ちょっと煙草買ってくる」と言って、井上はセブンイレブンに入っていった。俺はカーゴパンツをたくし上げて路地の方に目をやった。かばんを使っていると沿道からの抗議を制止しようとする警察官に手で引っ張られるので、財布もスマートフォンも充電器も全部ポケットに入っている。路地の韓国系商店に因縁をつけてから集合場所に行くデモ参加者がいるのだが、今のところその様子はなかった。

　俺は頭の中で来週弘大入口《ホンデイック》のブックカフェで韓国語で講演する内容の復習を始めた。韓国では現代日本の文化や社会に対する関心が高く、韓国語が話せる俺のところにも講演やマスコミのインタビューの依頼が時々来ることがあった。来週は「日本の市民たちは反韓デモとどのように戦ったか」というタイトルで、日本の経済不況と社会的疎外の拡大が人種差別主義者の集団を産み出し、安倍政権はそれを放置してきたが見かねた市民たちが立ち上がり、抗議活動や議会へのロビイングなどを多岐にわたって始めたことをまず説明する。そしてその新しい運動が持つ「戦うための原則」と目的を述べる。

ヘイトと戦うための六つの原則
혐오와 싸우기 위한 6가지의 원칙

【1】社会Aの差別問題解決は多数者である人種aがまず行わなければならない。

→これは例えば「日本の在日コリアンに対する差別問題は日本人が先に立って解決する」、また「韓国の外国人労働者に対する差別問題は韓国人が先に立って解決する」という意味です。マイノリティである在日コリアンに大きな力があるわけではなく、外国人労働者たち自身に社会を変える力があるわけではありません。

【2】人種a、人種b、人種c……それぞれの人種が持つ人権全てが大切であり、その「重さ」を比較しない。

→「外国人の子供の教育より日本人の子供の教育が優先だ」とか「性的マイノリティの人権より異性愛者の人権が重要だ」とかいう差別的な発想をしないということです。我々が行う様々な比較においては、無意識的に差別が含まれることが多いです。

【3】人々は人種差別に反対するという「ワンイシュー」で集まる。

→支持政党や政策に対する意見が違っても、人種差別に反対する現場においてはその立場を持ち込みません。人種差別を止めることが最優先です。

【4】差別主義者と戦う人に対してその「資格」を問わない。

→「この人は在日コリアンの歴史についてよく知らないね」とか「あの人たちは左翼(右翼)なんだって」とか「この人はいつも汚い言葉を使うね」とか、いろいろ言われることがありますが、この戦いに参加するための「資格」があるわけではありません(もちろん人種差別主義者の参加は絶対に寛容しません)。人種差別主義者たちの力を削ぐことが何よりも重要です。

【5】教育しなければならないのは差別主義者ではなく社会指導層である。

→マイノリティの人権に関心がない政府、差別主義者たちをかえって保護している警察、ともすれば差別主義の流布に加担するマスコミ、ヘイトの問題について全く知らない知識人。こういった人々をこそ啓発し、教育しなければなりません。

【6】上手に戦うため「集団知性」を構築する。

→ヘイトに反対する運動を様々な人が様々な方法で進めていますが、それらがお互いに作用して良い効果をあげるためには既存形態の運動ではないゆるい連帯を形づくる、いわば「集団知性」が必要で、その機能を今はSNSが担っています。

この「六つの原則」の目的は、ヘイトを許さないという社会的合意を作ることで、そのために日本の市民たちは今も戦っています。韓国の方々が応援してくだされば大きな助けになると思います。

……俺たちは山手線のガードに向かって歩いた。デモの日に壁に差別落書きをする奴がいるのだ。歩道にはヘイトデモに抗議するために人々が集まり始めていて、警察も歩道と車道をさえぎる準備を始めていた。何の騒ぎだろうという顔で通ってゆく人も少なくない。

寺院の前を過ぎて、角から路地のほうに目を配ると、顔に見覚えのある若い男がこちらに向かって歩いていた。旗竿つきの日章旗を肩にかついでいる。菅原佑真だ。都内私大の商学部に通っている。猫のアイコンのツイッターでヘイトスピーチを吐きまくっていた。埼玉スタジアムでの自撮り（顔にスタンプを付けていた）や、自宅前の道路から新宿駅西口のビルの遠景を撮った写真も載せていて、俺たちの仲間がそこが北新宿の住宅街であることを突き止めた。現地に行ってメモした表札と郵便受け、ゼンリンの住宅地図に出ている名前をみんなでかたっぱしから検索して実名のフェイスブックアカウントを見つけ出し、そこにあった自撮り写真がツイッターのスタンプ付きの写真と一致した。特定までに半日もかからなかった。
「ネットで特定したやつが来るから、無音カメラで写真撮っちゃって」
井上は指でＯＫサインを作ってアプリを起動した。俺は菅原が職安通りに出てきたことを仲間に知らせた。

富士そば向かいの信号で菅原発見。インドカレー屋の前。旗竿つきの日章旗持ってます

Terada Yoshikazu
すぐ行きます！

木村賢心
富士そばの近くにいます。デモに来た証拠写真撮りましょう

話しかけて足とめますから、ズームで撮ってください

木村賢心
了解！

yo-suke
旗竿ふりまわすことがあるから気いつけてくださいねー

a.k.a こばやし
大久保公園のまわり、排除始まった

MC_KOZAKURA
ハイジア側からも近づけなくなりました。くそー

MC_KOZAKURA

俺は帽子をかぶり直し、旗竿の先がこちらに向いていないことを確認してから、横断歩道の前で信号を待っている菅原の肩に手を回した。菅原はびくっと震えてこちらに顔を向けた。フローラル系の柔軟剤の香りが鼻についた。これが卑怯な差別主義者の素顔だ、よく拝ませてもらおうと思いたいところだったが、まつ毛が長く頬がふっくらして、大学生にしてはあどけない顔立ちであるだけで、俺の子供であってもおかしくない年頃なんだなと、ふと考えた。少し離れたところで井上がスマートフォンをタップしている。

「なになに、どこ行くの？　デモ？」
菅原は「そうだよ」と答えたが、視線を合わせようとしない。
俺は続けて「ねえ、人種差別って楽しい？　やりがい感じる？」と聞いた。菅原は黙っていた。信号が青に変わり歩き始めたので、俺は「そうか、楽しいか。よーし行ってこい！」と言って、後ろから菅原の右肩を平手ではたいた。横断歩道の向こうで仲間がこちらにカメラを向けていた。写真はデモの後で現像し、人種差別に反対する団体の名義で菅原の親宛てに郵送する。菅原が通う大学にも丁重な説明文をつけて送る。ツイッターで本人の名前をつけて写真を拡散する。これであいつは二度とデモに来なくなり、ヘイトツイートも吐かなくなる。世の中がほんの少しだけ良くなる。

……その日も日本の市民たちが路上であらん限りの抗議をしましたが、けっきょく差別主義者たちは警察の保護を受けながら出発しました。日本の警察は一体何を守っているのでしょうか？　歩道にはデモ隊の数倍を超える市民たちがいて抗議を続けました。その中には本当にさまざまな人たちがいました。プラカードを持った女性、市民運動家、サッカー競技場のフーリガンのような人、パンクロッカー。そして刺青を入れたヤンアチ《ちんぴら》やナルラリ《遊び人》としか言いようのない人たち。彼らは外見も行動も粗暴ですが、みんな人種差別を看過できずに集まってきた人たちです。私も大きな声をあげて中指を立ててデモ行進の中止を要求しました。ところで、私は自分が声を出せるのは条件がそろっているからだということを知っていました。私は日本人でありあの国のマジョリティで、あの国から追放されることはなく、きわめて健康で体の大きな男性であり、妻や子供はなく仕事は契約職で、言ってみれば失うものが何も無い立場にあります。私の後ろには声を出せずにデモ行進を見ている大勢の人たちがいました。ニューカマーの韓国人もオールドタイマーの在日僑胞もいたでしょうし、抗議はしたいけれどデモ隊と衝突するのが怖いという人もいたと思います。私はドン・キホーテの前でライカカメラを首にさげた中学生くらいの女の子が、おびえた顔でデモを見ていたのをよく覚えています。憎しみに満ちたあんな光景を子供がこれ以上見なくても済む、そんな社会を作るためにこれからも自分ができることをしていきたいと思っています。クッカジ　トゥロジュソソ　テダニ　コマプスムニダ（最後までお聞きいただき本当にありがとうございます）。

　立ち並ぶ韓国料理店を背景に日章旗と旭日旗が乱舞している。彼らは聞くに堪えない差別的な言葉を連呼し、在日朝鮮人が日本社会で数々の特権を有しているという実に馬鹿馬鹿しい内容のプラカードを掲げていた。両親が慶尚南道から日本に来て百年が経ち、僕は在日二世として七十年以上生きて、ほそぼそと小説を書いてきたのだが、この間差別を受けこそすれ特権なんてものにはついぞお目にかからなかった。小説の材料になるかと思い、僕はデモを見るため職安通りに来ていた。面妖な格好をした者もいるデモ隊の姿はおよそ真剣さというものからは程遠く、にやにや笑っているのもいて、僕はサルトルが反ユダヤ主義者について語った「彼らは不誠実であることに快感を感じている」という言葉を思い出していた。いや、高尚すぎたかもしれない。テレビのコント番組に毎週現れて珍妙な主張を繰り返すデモ隊。彼らが街頭に出てくるときっとこんな感じになるんだろう。
　むろんデモ隊の発している言葉はこれ以上無いくらいにまがまがしく、歩道から見ているだけでこちらが不安になってくるようなものだった。彼らは心の奥底では、本当はこの街ばかりかこの国全体に呪いをかけて、社会の均衡も発展も何もかも、自分自身をも滅茶苦茶に破壊したいと願っているのではないかと思った。僕の隣にはカメラを首にさげた中学生ぐらいに見える女の子が立っていて、怯えたような面持ちで機動隊の人垣の向こうを行進するデモ隊を見ていた。僕も少しく恐怖を覚えていた。だが僕にとってはその気持ちを打ち消してくれたのが、「仲良くしようぜ」「差別主義者は恥を知れ」というプラカードを持ってデモに抗議している人々だった。沿道で「レイシスト帰れ」「ヘイトデモ中止」というシュプレヒコールをあげている人々だった。そして警官による制止にもひるまずデモ隊に突進する人々の姿だった。

横断歩道が警察によって封鎖されたので、僕は新宿駅のほうに渡る道を探してドン・キホーテから韓国風中華料理店の前まで歩いてきた。そこにガラの悪い男たちが数人立ち止まり機動隊とにらみ合っていたかと思うと、男たちは一斉に突進して行き、警備線を突破してデモ行進の先頭になだれ込んだのだった。彼らと機動隊員、白いワイシャツ姿の公安警察、デモ隊の首魁を守ろうとする者が入り乱れて辺りは騒然となったが、警察は手慣れたもので程なく彼らは車道から排除された。その中に黒いTシャツを破かれてしまった、ひときわ屈強な若い男がいて、上半身一面に施された和彫りの刺青が露わになっていた。彼は行進を続けるデモ隊に対して怒りに満ちた強い眼差しを向けていたが、仲間たちと共にまた伴走を始めその場を去って行った。

僕は彼にそっくりな男を以前見たことがあった。その男に関する記憶は、僕が今ここで生きているということと分かちがたく結びついていた。

もう三十年ぐらい前になるだろうか。年の暮れ、僕は新宿駅で中央線を降りて西口の小田急百貨店別館に向かっていた。ひどく冷たい風の吹く日だったが、家で着ていたツイードジャケットと折り目が消えかけたスラックスのままで外に出てきた。年明けにソウルで講演をする件で、飲食事業のかたわら韓国との文化交流の仕事をしている釜山出身の友人と五階の喫茶店で待ち合わせをしていた。着いてみると僕は一時間近く遅刻をしていた。

「アンニョンハシムニカ。ソンセンニム《先生》、お体が悪いように見えますね、大丈夫ですか」

「えーっと、ちょ、ちょっとそのようです」

体調はこのところずっと良くなかった。酒を休むことは無かったがトイレで血便を何度も見て、眠れば悪夢に悩まされおびただしい寝汗をかき、原稿は深夜に家族が寝静まってから書くのだが、原稿用紙の自分の字を読み返すと拍子抜けするぐらい震え乱れていた。生来の吃音も更に嵩じていた。喫茶店には戦前に朝鮮から渡ってきた画家も来ていて友人と何かを話していたが、僕は会話に入る気にならず、コーヒーを啜り顔を横に向けてハイライトをやたらに吹かした。画家は用事を済ませたらしく一人で帰っていった。

「ソンセンニム、今日はお忙しいですか」

「い、いいえ」

「日程も確認できたし、この近くで一杯飲んでいきませんか。外はずいぶん寒いから、辛いものでも頼んで」

「えーっと、きょ、今日は体調が良くなくて。ビ、ビール一、二本ぐらいならお相手します」

「はい、ではそうしましょう」

電飾看板が輝き始める頃の新宿駅周辺は大変な混雑で、背の高い僕は行き交う人の頭を見渡しながら韓国の在来市場で見た豆もやしの束を思い出していた。何百本もの茎がひもで束ねられているのだが、どれもひげ根がきれいに取り除かれていて、その作業を考えただけで気が遠くなりそうだった。ここで皆さんお行儀良く歩いているけれど、本当にみんなどうやって生きているのだろう？　混乱した頭を凝った肩の上に乗せて、僕はどこをどう来たか思い出せないまま朝鮮料理の店に入り、最初はビールを飲んでいたが、メニューに日本酒があったのでアグチム《アンコウの蒸し物》と一緒に熱燗を頼み、そのうち物足りなくなって韓国の眞露焼酎を何本も頼むようになった。緑色のガラス瓶を傾けてビール用のコップに焼酎をなみなみ注ぐ。底まで一息で飲み干してはまた注ぐ。

「ソンセンニム、ピッチが速いんじゃないですか。日本にトングム《夜間通行禁止令》は無いんだからゆっくり飲みましょうよ」

「す、すみません。えーっと、そ、そんなつもりは、あの、な、な、ないんだけど」

友人は、敵を討つような勢いで酒を飲む僕をなだめようと、いろいろ楽しそうな話をしてくれた。日本の小説家たちをソウルに連れていった時の話、釜山の西面で弟が焼肉屋を開業した話、弟の長男が子供ながらに店を手伝っていて練炭を上手に熾して運ぶなど見どころがあるという話。僕はそれを聞くでもなくひたすら焼酎を流し込み続けた。酔えば気晴らしになる。僕にとっては死ぬまでの時間潰しだった。正月に茨城の実家に帰省する。寝床で睡眠薬を飲んで、枕元のガス管をひねって目を瞑ることに決めていた。（この体を親父に返すのだ）ということを本気で考えていた。

親父は日本で裸一貫から現在の事業家の地位と財産を築き、家庭内ではひどい暴君で母も僕も弟妹もさんざん殴られたものだが、地元の店の名義はお前のものにしてあるんだから遠慮するなと言って、僕の銀行口座に金を毎月送ってくれた。それが無ければ生活はたちまち行きづまるのだけれど、僕は自分の家庭を親父に支配されているような気がして嫌でたまらなかった。文筆で独り立ちしようと長年努力してきたが、韓国で北朝鮮の工作拠点を作って逮捕された在日一世の方の話を聞き、韓国にも取材に行って大きな意欲を持って書き、文芸誌の編集者たちも力を入れてくれた中編が今年ようやく雑誌に掲載された後、ほぼ黙殺の憂き目にあったことが、僕には本当につらかった。日本の文壇は在日朝鮮人の歴史性を一顧だにしない、そんな所だったのだろうか……。

夜中の二時を回り友人はもう飲めませんと言って勘定を済ませてくれ、握手をしてからタクシーを拾って帰っていった。僕も家に帰らなければならないのだが、（この国に俺の帰る所があるんだろうか）と混乱したことを考えながら新宿駅西口の思い出横丁まで、時々足をすべらせそうになりながら歩いてきた。共同トイレを借りて駅側の道に出てくると、車道のほうから怒声が聞こえた。

何事かと思って見ると、もつ焼き屋の向かいの街灯の下で、黒いロングコートの下に紫のネクタイをつけた体の大きな男が、眼鏡をかけた作業服姿の男の胸ぐらをつかんでいた。隣には派手なダブルスーツを着た男がいて、肩幅の広いコートを着た若い女性と一緒に立っていた。

「あ？　関係ねえだと？　なんだてめえなめてんのかこの野郎」

「なめてねえよ。ちょっとぶつかっただけじゃねえか、あんた何なんだよ」

「もういっぺん言ってみろ、俺の連れが朝鮮人だから何だってんだよ」

「だからあんた一体……」

男の拳が頬に叩きこまれたので言葉は続かなかった。後ろに倒れかかるところを捉えて男はさらに何発も殴り飛ばし、どさりという音が辺りに響いてそれっきり静かになった。

「高橋、そんぐらいにしときなよ。クルマ来てんだからさ」

「おう。おい、そこの日本の恥さらし。新宿で二度となめた口きくんじゃねえぞ。俺の連れを民族差別したら次はぶっ殺すからな」

男はそう言って、車道で待っていた黒塗りのクラウンに三人で乗りこみ、白い排煙を残して氷点下のビル街に消えていった。日章旗のステッカーが車のリアガラスの上部に貼られていた。殴られた男は仰向けに倒れ、眼鏡は外れてどこかに消え、口から血の泡を吐いていた。

僕はあっけにとられていた。生まれて初めて見るような光景だった。いずれ街のゴロツキの一行だろうが、肩がぶつかったか何かで口論になり、その時たまたま朝鮮語が口をついて出たのを聞いて馬鹿にしたのか、それとも（ひどい話だが）顔つきを見て朝鮮人を蔑む言動をしたのか、それを聞き捨てならぬと思った日本人の男が拳を振るった、ということだろう。横丁から出てくる酔客たちは、倒れた男にはちらっと目を向けるだけでそのまま冷たい風と一緒に通り過ぎていく。男がうめき声をもらしながら体を起こし始めた。僕はジャケットからハンカチを取り出して近づいて行き、男の手にハンカチを持たせ、大丈夫ですかと言おうとしたが声にならなかった。割れた眼鏡が落ちているのを見つけて拾い、それも男に持たせた。

いい加減酔ってくたびれていたこともあって、僕はその後すぐタクシーを拾って帰路についたのだが、暖かな車中で先ほどの光景を再び眼前に描き、胸が熱くなるような思いで煙草を深々と吸い込んだ。舌を荒らすだけではない、久しぶりのうまい煙草だった。ハンカチにアイロンが当てられ綺麗に畳まれていたことを思い出し、続いて妻のことを思い出した。仙台の大学に通っている長男を思い出し、語学留学先のロサンゼルスからこの年末に帰ってきた次女を思い出した。（生きよう）と唐突に僕は思い、書斎に残してきた草稿の続きを頭の中で練りはじめた。西荻窪の家に着くと食卓に次女の字でメモが置いてあり、テレビディレクター志望だという学生から、僕の小説を卒論で取り上げるので話を聞きたいと熱心な電話があったということだった。

……デモ行進が通り過ぎ、警察による交通封鎖が解かれて、人々がようやく横断歩道を渡り始めた。硬直していた街の雰囲気が元通りになったとは言い難いが、デモに反対する市民たちが赤いハート型の風船を配り続けていて、「LOVE新大久保」「なかよくしようぜ」とプリントされた風船が歩道のそこかしこに浮かんでいるのを見ると、冷たく凝固した空気がふっとほどけていくようだった。僕は職安通りを渡って新宿駅のほうに歩いた。デモ隊に伴走していった彼のことを考えた。あの勢いならきっと無事だろう、（心配ないさ）と僕はひとりつぶやいた。民族差別に憤る眼差しと原色の刺青を思い出した。どこかでまた彼に出会うこともあるだろうか。

少し遅くなったけれど、昼は新宿駅東口の回転寿司に入ることにしよう。昔から有るあの路面店は広いから、座るのを待たされることもない。客は外国人のほうが多くて、英語を話す若者が隣で空き皿の山を築いていたりする。テーブルには醬油以外にも岩塩の瓶が置かれている。向かい側から韓国語の響きが聞こえてくることもあって、席の案内や飲み物の注文をとっている女性は中国の人だ。今日は何を食べようかな。春だから鯛や生しらすがあれば嬉しいんだけど。もっとも僕は「タイ」や「ナマシラス」と、とっさに言うことができなくて、別の発音しやすいネタを、食べたくもないのに注文することがあるんだ。鯛が食べたかったのに鰺を食べる時の気分は妙なものだけれど、最近はそんな偶然も楽しめるようになってきた。デモに参加していた人がふだん何を食べているのか、美味しい食事をしているのか知らないけれど、一度あの店で寿司を食べてみるといいと思う。あの店は気楽でいい。何よりも平和だ。

（了）

【特集①】

分断統治に「加担しない」ために

星野智幸氏インタビュー

▼日本のマジョリティはいかにしてヘイトに向き合えるのか

【聞き手】杉田俊介

まだ続くヘイトの時代

杉田俊介――『対抗言論』という本誌名の「対抗」についてですが、たとえば、魯迅が用いた「掙扎《そうさつ》」という言葉には、もがくとか、耐えるとか、我慢するという意味があるそうです。そこには竹内好の「抵抗」とか、武田泰淳の「我慢」（『ひかりごけ』）という言葉にも通じる感覚があると思います。我々の雑誌名の「対抗」という言葉にも、レジスタンスという言葉からイメージされるような勇ましさというよりも、もがきながら内側から自分たちを変えていく、そういう意味を込めてみたかった。そもそも現在の中心メンバーは基本的にマジョリティのヘテロ男性でしかありません。マイノリティの価値観によって自己批判していくと同時に、マジョリティが生活の必然に従って自分たちを内側から変えていく。そ

う いう二重の「対抗」が必要ではないかと。

星野さんは一貫してマイノリティの人々の現実について敏感でありながら、まさにそれゆえに、マジョリティ男性たちが内側から変身していくことについて考えぬいてきた作家として、稀有だと思います。法律や制度を改革することの大切さについても言及しつつ、マジョリティが自分たちの欲望や身体、言葉の在り方、それらをどうやって変えていけるか。小説を通してそれを考え続けてこられました。

二〇一四年の『未来の記憶は蘭のなかで作られる』というエッセイ集では、マジョリティ男性の問題の他にも、民族差別のこと、ジェンダーのこと、障害のことなどが重層的に論じられています。この本の冒頭には、ご自身の突発性難聴のこと、補聴器についてのエッセイが置かれている。そこで星野さんは、難聴者としての自分を受け入れるのに五年かかった、と書かれているんですね。「内なる優生思想」という言葉がありますけれども、たとえリベラルでまっとうな感覚を持った人間であっても、自分の障害と向き合っていくにはすごく時間を要する、ということだと思うんです。

これからもヘイトの時代が長く続くだろうと我々は考えていて、持続的に長期的な時間をかけて対抗していかなければならない。現在はいわば複合ヘイト状況であり、異なる文脈や歴史をもつ民族差別と性差別と障害者差別などの問題が混じり合ってきて、何を足場にして対抗し、掙扎していけばいいのか、そもそもそれがわかりにくくなっている。こうした状況について星野さんが今どう考えていらっしゃるか。まずは聞かせてください。

星野智幸――この雑誌の企画の、マジョリティの内側から考える、マジョリティがどうするかということから考えるというのは、すごく大事な視点だと僕も思います。そこを変えることができないのであれば、多分何も変わらない。基本的なところが変わらないまま、多くの人々がひたすら「自分たちこそが被害者なんだ」という逆ギレ状態を悪化させてしまう。そういう状況を変えるための言説が出てくるのが、決定的にして最後の希望かもしれない、と思います。

現在のヘイトの状況が当面続くだろうというのはまったく同感です。ヘイト的な言説や力関係で世の中を動かしていくということは、二〇〇一年の小泉純一郎政権くらいからはじまっていた、と僕は考えています。もちろんそれ以前から進行してきた憎悪もありますが、本格的にヘイト的なものが解禁されてはっきり姿を現したのは、イラク日本人人質事件に対する小泉内閣の対応だったのではないか。あのとき、「自己責任」という線引きをして人を切り捨てる、というやり方が正当化されてしまった。

あれが二〇〇四年のことで

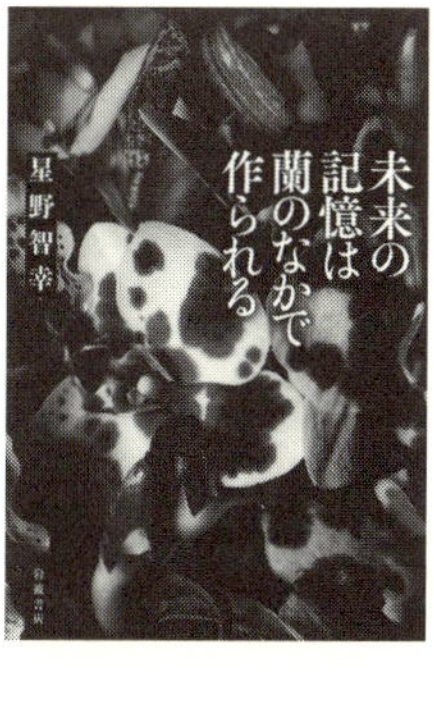

すから、それから一五年が経っている。つまり一五年かけて醸成されたのが現在のヘイトの姿であるわけです。もちろん日本だけではなく、世界中でもヘイト的な言葉や権力が世の中を動かす力の標準になりつつありますから、国内だけの問題ではないです。いずれにせよ、ヘイト言説を吐いていけば物事を動かせる、ヘイトした者勝ちだ、というのが日常を生きる我々の標準的な感覚になってしまった。こうなってしまった以上は、状況を押し戻すとしても、単純に来た道を戻るだけでも、最低一五年はかかるでしょう。

でも多分、今の状況は、戻るどころかもっと深刻化することになるでしょうから、変えていくには、一五年よりずっと長い期間、抵抗し続ける粘り強さが必要になるでしょう。正直に言ってしまえば、自分が生きている間にこの状況を本当に変えられるだろうか、ちゃんと変え切れるのだろうか、とさえ感じています。

だからやっぱり、粘り強く「待つ力」が大切なんでしょうね。つまり一発逆転で、三年ぐらいで急に何もかもが根本的に変わるなんてことを夢見てはいけない。そうすると、かえってただのガス抜きばかりを期待し続けることになってしまう。そうではなくて、本当に長いスパンで先を見つめ、安易に大きなものに頼らず、反省的で懐疑的な考え方で持ちこたえながら、状況を過不足なくしっかりと捉えていく。今はそういう段階にあるんだということを、まずはちゃんと認識して受け入れないといけない。さもないと、現在の状況を変えていくためのスタートもできないのではないか。

とにかくどこを見渡しても、世の中の標準がヘイト的なものに覆われている。何かあればすぐにあちこちから差別的な攻撃が飛んできますから。そういう言葉を吐くのは、もはや必ずしもネトウヨ的な人だけではない。思わぬところからそういう言葉が飛んできて、傷ついている人がさらに傷つけられるという事態が当たり前のようになってしまった。もちろんそれはあまりにも苦しくつらい事態ですから、状況を「変えたい」と思っている人たちはどうしても、「こんな異常な状況は、人々が目覚めればただちに正常に戻るはずだ」という楽観的な希望ばかりにすがりつきたくなります。

僕はそれを「希望依存症」と名づけています。「希望依存症」に陥ってしまうと、逆の「ヘイト依存症」と似たようなことになって、より強い刺激をもたらす希望がないと、今の自分を保てなくなってしまう。そうすると、とにかくもうや怒りの感情に自分が支配されてしまう。そしてそういう強い否定を共有する者たちの間で同志的な絆ができて、内輪の感覚がどんどん固まっていく。それは現実的に変革の力を持つというよりは、ガス抜きのほうに追い込まれているという側面のほうが強いのではないか、と思います。

僕自身もどこを見渡しても希望がない状況だから当然苦し

さを感じているわけなんですけど、しんどいなかでつねに自分がベースにしようとしているのは――特に自分をマジョリティ的な立場として考える場合ですけれども――「自分は加担しない」ということですね。つまり、何かを強く批判する以前に、まず自分はその暴力、そのヘイトに加担しないということ。それが大切なのではないか。加担しないという態度は、何もしないで黙って放置する姿勢だと思われるかもしれませんが、まったく異なる行為です。

杉田――どういうことでしょうか。

星野――二項対立の構造に巻き込まれない、という強い意志です。これを実践するのは、じつはとても難しい。

マイノリティの立場にある人たちは、日々様々な暴力が自分を襲ってくる現実を、無視したくても無視することはできません。日常の中でヘイトや差別を突きつけられているのは自分だから、一時的に避難することならできるけれど、全面的に頭の中から追い払うことは不可能です。自分が自分であることをやめることはできない以上。それが当事者性、マイナー性を持たされるということですね。選択できない。

それに対して、マジョリティの立場の人間の場合、直接攻撃されているのは自分ではないので、考えること自体を放棄することができちゃうわけです。また、マジョリティの人々は、被害を受ける側という意味での当事者性が薄いから、社会問題の中のどれが自分にとって一番切実な問題であるかを、はっきりとは決められない。恣意的に何らかの問題にコミットすることが、良くも悪くもできてしまう。ここでも選択できるという特権がある。

逆にいうと、選択できるという特権に甘んじないためには、マジョリティは世の中のあらゆる社会問題にコミットしなければならない、と強迫的に思えてくることもあるわけですね。マジョリティは可能性として、常に加害者と同じ側に位置してますから。加害側から離脱するとなると、すべての差別問題に責任があることを意識し、それを止めるために全力を尽くさなければならない。そうなると、やがて背負いきれずにパンクして、精神的におかしくなるかもしれません。僕もそうなりかけました。

でもそういう状態の中でも、多くの人がまず踏み出せる、難しくない行動があって、それが「加担をしない」ということだと思うんです。

ある場面でヘイト的な言説に出くわした時に、それをはっきりと批判をすることは最初のアクションとして重要です。「傍観」が加担になるから、加担しないために同調しない態度を示す。しかし、あいつがこんなヘイト発言をしているぞとSNSなどで拡散すると、それもまたヘイト的な言説をさらに撒き散らす行為になってしまいかねない。ここは難しいです。だから、ちょっといったん立ち止まって、まずその言説の拡散をしないでおく。

様々な問題が絡み合って複雑化した状況の中では、ある批判行為が何に加担してしまうか、ただちには判断のつかない場合があります。そういうときは、まずは立ち止まる。何かが起こったばかりの段階では、怒りや悲しみの感情によって自分もヒートアップした状態なので、感情のままに何かを言うと、内容は正しくても、怒りを憎悪に変えて他人にぶつけるという点ではヘイトに加担しているかもしれないし、あるいは先ほどの「希望依存症」を悪化させてしまうかもしれない。そういう感情の波が収まるまで、ひとまずは与しないことの大切さを、最近は感じるようになりましたね。

特に、あいちトリエンナーレの「表現の不自由展・その後」が抑圧されたことではっきりしましたが、今後は、個々人に「差別に加担しろ」という強烈な圧力が、権力や社会から不断にかかるようになるでしょう。だから、暴力を批判すること以前に、「自分は加担しない」という意思をどう保ち続けるのかが、きわめて重要になってきます。

「正義の罪」に加担しないこと

杉田——たとえば#Ｍｅ ｔｏｏというムーブメントは、基本的に、ハラスメントを受けた被害者の女性たちが声を出しやすいようにバックアップしていく、そのための「空気」を作り出す運動という側面があります。そのためには感情的な共感の力と、ＳＮＳを介した拡散力が役立ちました。あるいは近年、右派ポピュリズムに対しては左派ポピュリズムによる対抗の力が必要だという議論もあります。

しかしこれは微妙な言い方になりますが、星野さんは小説の中でくりかえし、そういう運動に伴う微妙な危うさを描いてきました。たとえば『呪文』という作品は、対抗的な集団が次第に草の根のファシズムのようになっていく物語であり、それは国会前の反安倍政権の運動の似姿かもしれない、という論評もありました（星野さんが彼らをモデルにしたかどうかはともかく）。つまり、ある強大な権力に対して抵抗しようとする集団が、自分たちが戦っていたはずのものと同質な集団になってしまう、敵に似てきてしまう、そういう怖さを初期から繰り返し描いてきたと言える。今の「拡散しない」「加担しない」という倫理には、その辺りの厄介な問題にも関わっているのでしょうか。

星野——そうです。その危うさをずっと考えながら小説を書き続けてきたと思います。初期からずっと考えているテーマに、「正義の罪」があります。暴力に抵抗していたはずの集団が、自らの無謬性を信じ始めたとたん、排除が始まるということ。

正当な怒りの感情を原動力とする言葉というのは、すごく力がある。もちろんそれはとても必要なものです。しかしそれがある閾値を超えると今度は無謬性を帯びてきて、自分たちは正しい、これだけは疑い得ない正しさなんだ、というように絶対性を信じ始める。そうすると、それに対して表現としては許されるはずの異論や反論すらも、許しがたくなっていく。それはどこかで社会問題がアイデンティティ問題に変質してしまった、ということではないでしょうか。

権力や暴力に抵抗しよう、批判しよう、と主張する言葉が、いつの間にか目的化し、それを表明し続けること自体がアイデンティティになり、自分たちの居場所になってしまう。自分たちの論理を他人から批判されると、あたかも自分の人間性そのものが傷つけられているかのような被害者意識を覚える。「加担しない」というのは、自分の存在を、共感する集団に同一化させすぎないということです。

もちろんつねに差別や攻撃を受けているマイノリティの人は、他人に勝手にアイデンティティを押し付けられているわけだから、批判する活動自体にアイデンティティの一部が重なるのは当然のことです。でも僕は基本的には、政治や社会の問題は手段であって、言葉を通じて他者との合意形成を目指すべきものではないか、と思っています。そこに過剰に自分のアイデンティティを置くのは危険だ、と。強い感情が入ってくると、どうしても自分の言葉と人格のすべてが一体化しやすくなる。強い感情を言葉に込めることが大切な局面があるのは間違いないですが、それを常態とせず、あるところから先に関しては、できるだけ言葉とアイデンティティを切り分けて考えないとまずい。ヘイト発言への依存と「希望依存症」が似たものになってしまう、という問題の根幹は、その辺りにあるのではないでしょうか。

杉田――差別論の難しいところは、感情的な問題がつねに出てくることです。ある普遍的に「正しい」意見に対して、どうしても感情的についていけない。特にマジョリティの人々にはどうしてもそれがある。それを被害者意識にしないためには、どうすればいいのか。

これは微妙な発言ですけれども、たとえば僕には今も女性恐怖があります。それはどうしようもなくある。しかし恐怖（fear）と憎悪（hate）は何が違うのか。恐怖をヘイトやミソジニーにしないためにはどうすればいいのか。逆に言うと、恐怖という感情まで否定されてしまって、「そんなはずがない」とか、それ自体が差別的であるとされてしまうと、すごくつらいことになって、被害者意識や逆ギレの温床になってしまうのかもしれません。自分の中に不安や恐怖の感情があるということをまずは認めて、それらを憎悪や暴力にしないためにはどうすればいいのか。そういう考え方の道筋も必要ではないでしょうか。

人間の感情や情念のままならなさにどうやって付き合っていくか。認知科学や進化生物学や行動経済学などの知見によれば、人間は予想していたよりも理性的でも進歩的でもなくって、原始的な感情や情念の問題に付き合っていかなくちゃいけない。ヘイトの時代にはそういうことも大事になる気がします。

星野さんの小説作品は、人間関係が内側から崩壊していく情景を初期から反復的に何度も描いています。たとえば『嫐嬲』の「オカマカオ」という結社、『目覚めよと人魚は歌う』の擬似家族、『毒身』の「毒身帰属の会」など。非正規的な人々やマイノリティたちによる解放的な集団が形成されて、一瞬のユートピアの輝きが生まれるんだけれども、生活の継続の中で同化圧力が生じたり、過激な急進化に走ったりして、メンバー間に殺伐とした空気がうまれ、あたかも共食いするように内部崩壊していく。そういう悪循環をどうすれば乗り越えていけるのか。そういう課題が初期からあったと思うんです。

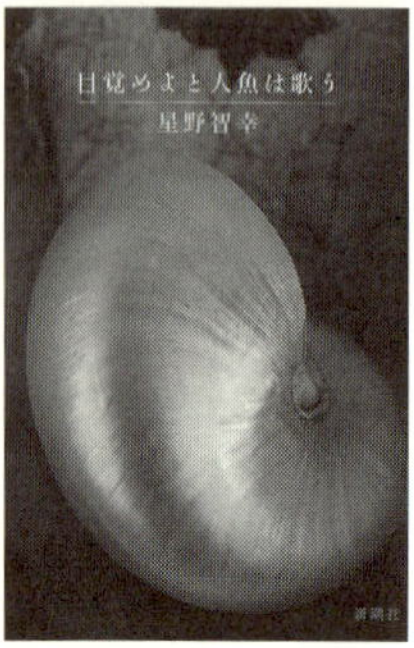

そのとき、ヘイトの時代の難しいところは、やはり二重の対抗戦略が必要だということではないでしょうか。一方では、大きなヘイトの流れを容赦なく批判しなければならない。

星野――対症療法的にね。

杉田――差別や暴力を正面突破で叩き潰して、制度を整えたり、法律で規制したりするという動きが必要です。

しかしそれと同時に、反ヘイトのアクションの中にすら生じる差別や暴力の問題があり、自分たちこそがヘイト側に似てきてしまう瞬間があって、たとえばフェミニズムにおけるトランスジェンダー差別の問題とか、リベラルな立場に基づいて移民排除の動きがあるとか。そういう微妙な危うさを丁寧に処理していく。外側に対する闘争と内側に対する闘争、そういう二重の闘争が必要なのではないか。いわば内なるヘイト、内なるヘイト感情と相渉っていかなければならない。

星野――そうですね。恐怖やフォビアなどの感情の問題をどうするかということが鍵でしょうね。恐怖という感情をいじくるとこんなにも簡単に人が動かせる。動員してしまえる。今ではそれが統治に悪用されています。

　恐怖の感情は、自分一人ではどうにもできませんよね。個人の意志の力の問題ではない。「こんなヤバい気持ち、誰にも理解はされない」という孤立感が、その恐怖を太らせるわけだし。だから、やはり他人からの受け止めが必要だと思います。でも今は、「そうだよね、やっぱりあいつらは怖いよね、異常だよね」という、恐怖を正当化する形での当事者同士の包摂が拡大しています。

　恐怖を抱いていること自体が苦しいのだから、それを正当化しても本当は苦しみは威力を増すばかりです。これも「加担」の一種ですね。

　必要なのは、「どうして怖いと感じるんだろうか」などと他人と一緒にあれこれ考えて相対化していくことで、恐怖が消えなくとも少しでも無力化していくことだと思います。恐怖の存在を認めることで、必要以上に抑圧せずに済む関係に変えていく、というか。

虚無への衝動に向き合う文学

杉田――星野さんの小説家としての一つの重要な転回点となった『ファンタジスタ』では、フットボールと選挙戦の問題がモチーフとなりながら、それ以前の作品におけるマイノリティ集団の内部崩壊というよりも、マジョリティの人々が陥っていく不気味なファシズム、あるいはポピュリズムの問題が正面から描かれるようになります。その場合、自分がずっと反対して危険性を感じてきた人物に、なぜか電子投票の瞬間、ふっと投票してしまう。その一瞬の不気味さですね。自分でも気づけなかった無意識の情動の怖さが露呈してしまう。しかも主人公は恋人と延々と政治的な議論をしてきて、そのことを常日頃から考え続けてきた。決してたんに感情的に決断したわけではない。ヘイト的な自滅的感情がじわじわとマジョリティの中にしみこんでいく、その不気味さ、怖さってそういうものかもしれない、と思いました。

星野――「自分もろとも人類が滅べばいい」という感情があるんですね。世の中のここを良くしていけばいいとか、少しずつ改良されているとか、そういう価値判断そのものに

もうすっかり絶望している。全部無くしてしまえば、もう良いも悪いもなくなりますから。そういう全滅への衝動が一番根底にあるものかもしれない。これは僕自身の問題としても、そうなんですよ。

たとえば僕の小説の中では、子どもを持つか持たないかというモチーフがしばしば出てきます。自己決定権の問題のはずですが、僕の作品の中では子どもを作らないという決断も、人類をこのまま滅亡させようという破壊衝動の、一つの形態ではあるのかもしれないですね。今多くの場面で発露されてしまっているヘイトや攻撃性、あるいはテロ的な事件などの根本にある絶望は、この絶滅への衝動と地続きなのかなと思います。

そういう感情や衝動はとても危ないものであるけれども、それを完全にゼロにすることもできないでしょう。そういう攻撃性や破壊衝動が存在するということ、そして、おそらく誰の中にもあって状況次第でスイッチが入ってしまうということ。そういう危うさを直視して受け入れなければならないと思う。特に現在のような社会状況では誰もがスイッチに手をかけている状態なので、全滅願望の存在を認めるところからしか、歯止めは見出せないと思います。

もちろん、他人から差別や攻撃を受けて苦しい状況の中にある人々に、自分も場合によっては人を殺すかもしれないという現実を直視するよう求めるのは、なかなか難しいとは思いますけれどもね。そういう困難な加害性は、文学という形でこそ表現されるものだと感じています。

杉田――最近、なるべく子どもを産まない方がいいという反出生主義や、エコロジーの立場から人類の数をある程度減らした方がいい、その方が倫理的に正しい、というような思想が流行っている気がします。資本主義やテクノロジーをどんどん加速させて、現在の人類は滅びて別の非人間的存在が生命進化の主流になればいい、という加速主義とか。ホモサピエンスの絶滅を思考する進化論などもあります。

先ほどから話に出ている障害者運動から出てきた「内なる優生思想」の究極として、近年では、障害者があまりにも自分の人生が苦しいから「産まれてこなければよかった」と主張して、自分を産んだ親を裁判で訴える、というロングフル・ライフ裁判も注目されています。星野さんの小説の中ではしばしば人々の中に、さっさと死んでしまいたい、日本人なんて消滅した方がマシだ、というような殺伐とした感覚が感染していきますね。そういう小説内の空気は、かなりの面まで、現実の空気と連続しはじめてしまっていると感じます。

星野さんはエッセイなどではリベラルな発言が多いですが、小説の中では非リベラル的な感覚の根源に触れようとする。大江健三郎の三島由紀夫に対する両義的なスタンスなどを思い出したりもするのですが。たんにリベラルなだけではない。つまり三島由紀夫が直面していた虚無みたいなものを、星野

さんはとても身近なものとして自分の中に感じているのではないか。内なる虚無、内なる三島由紀夫の怖さというか。だからこそ小説を通してそれを徹底的に批判しなければならない。右翼とかネトウヨとか、名付けられる以前の虚無のようなものですね。はっきりとした「思想」の形をすら取りえないような虚無。そういうものがあるのではないでしょうか。

星野――『ロンリー・ハーツ・キラー』という作品でも書きましたが、死にたいという衝動が、殺されたい、さらには他人を殺したい、という衝動とイコールになってしまう。それらが全部等価になってしまう。そういう虚無の手触りが日本社会の文化にはあると思うんですよ。まさに究極の虚無の在り方であって、その虚無に呑み込まれた人にとっては、「死にたい」「殺されたい」「殺したい」のいずれであっても構わないわけです。その外側にいる他者から見れば、そこには大きな違いがあるはずなんだけれども。

それがいつからはじまったのかはわかりませんし、僕は民族性という言い方は好きではありませんが、日本の文化、日本の社会の中にそういう虚無が根深く組み込まれていて、僕たちも無意識のうちにそれを次の世代に継承させるように行動してしまっているのかもしれない。例えば、子ども

から大人まで、日本的な組織の中に蔓延しているいじめの体質などを見ると、虚無性が根深すぎて理性のみでは変えられない、と感じてしまいます。

杉田——ヘイトの根源にあるような日本文化的な虚無に対して、少しでも免疫を作っていく、あるいは対抗ワクチンを作っていくには、何が重要になると思いますか。

星野——虚無に蝕まれていくと、どうしても正義とか真理とか善とか、絶対性を持ち出して対抗したくなりますよね。相対性って、突き詰めると虚無に行き着くから。先ほど言った「自分は加担しない」というのは、ある種の宙吊りにとどまることです。それはすごく相対的な倫理です。対立構造に組み込まれないようにする姿勢だから、悪や暴力と真っ向から対峙するという感じとは違う。だから、とどまり続けるのはとてもしんどいです。つい、何かしら絶対的な価値観や正しさに寄りかかりたくなります。けれど、それにすがって対立構造に組み込まれたとたん、いつの間にか、排除する主体になってしまう。だから、絶対性を持ち出さずに、その都度その都度考えたり言葉を交わしたりして、とりあえずの意味や価値を作り出していく。その繰り返しの先に少しでもましな未来が形成される、と思えれば、宙づりに耐えられるんですけどね。僕はそう思えるようになりました。

杉田——星野さんは初期からずっと、文学の歴史を継承するという覚悟について語られています。しかも、大江健三郎や中上健次以降の、文学という制度の自明性すらも完全に崩壊してしまった世界の中で、なおそれを継承しようとするんだと。文学とはある種の「悪あがき」としての意志の問題であると。

今我々の社会では、言葉の価値や意味が完全に崩壊して、権力や暴力によって何もかもを押しきってしまえる。物事の真偽や善悪がなし崩しになって、言葉の価値そのものがデフレ恐慌の状態にあって、きっと若者や子どもたちは政治の言葉を何一つ信用なんてできないのではないか。星野さんは第二次安倍政権になってからヘイトが始まったのではなくて、一五年以上前からそれは着々と進んでいた、と当時から仰っていた。一五年前に星野さんがそれを主張していた当時、じつはかなり孤独だったのではないでしょうか。その孤独の中にあって、星野さんはそれでもなお、言葉の価値が根本的に崩壊しているけれども、そこから言葉を信じ直そうとするんだ、という覚悟をステートメントしてきた。それが悪あがきとしての覚悟ということですね。星野さんが文学の出発点に込めたその初期感情が今はとても大事な気がします。我々でいうと、「掙扎」や「我慢」としての「対抗」とは、まさに「悪あがき」だと思うからです。文学趣味であるとか、現実的な実行力がないとか批判されるかもしれないけれど、本当に「現実的」に考えようとするならば、もう一度言葉の問題、文学の問題に立ち還るしかないのではないかと。

星野――今、一〇年前、二〇年前から準備されてきたことがはっきりと誰の目にも見えるようになってきた。それはたんに目に見えてなかったというよりも、本当は誰でもそれを見ることは可能だったはずなのに、みんながそれを「見たくなかった」だけではないか、とも思います。だから当時から、そうした状況に対して自分なりに言葉や表現を与えて、それをある意味で強引に可視化するような小説を僕は書いてきた。おっしゃるとおり、僕は当時からすごく孤独を感じていましたね。だから、こんなにはっきりとそれが目にも見えるようになってから反対反対と叫んだってちょっと遅いよ、という気持ちは正直あるんですけれどもね。誰の目にも明らかになった段階って、事態が始まったのではなくて、完成しつつあるということですからね。

いつも宇宙船とかの進路の例で考えるんですけど、軌道がわずかでもズレると、そのズレはどんどん拡大して、悲劇的な失敗を招いたりするわけですね。ズレが小さいうちに修正すればまだ元の軌道に戻れますが、もはや修正しても戻れない地点というのが確実にあるわけです。その地点を過ぎてしまったら、元の軌道復帰は諦めて、別の軌道を作り直すとか、探索の目的を変えるとか、次善の策が求められる。

僕の実感では、現在の社会は、もはや修正できる地点はとっくに過ぎている。だから、次善の策を考えていくしかない。目的地に着くのに、予定より倍以上の時間をかける必要があるのかもしれない。

「悪あがき」を続けてきた身としては、そこで次のやり方を考えるという作業は避けられない過程として受け入れているけれど、「まだ元の軌道に戻れるのだ。希望はある」と信じている人の多さに、希望を失いそうにもなります。軌道をどんどん悪い方へ変えようという人が増え続け、実際に修正可能な地点を次々過ぎてしまっているなかで、その姿勢はむしろ悪化に手を貸しているだけとも言えるのではないか。

僕はデビュー当時からずっと、自分たちは文学に関して後退戦を強いられている、という思いを持ってきました。後退戦とは、できることはどんどん減っていると認めて、そこから文学をはじめる、ということです。退きながらできるだけ損害を少なく済むよう戦略を練り直すことを繰り返すんだけど、その間にもどんどん状況は悪くなって、外堀は次々と埋められている。それでも少しでも何かを回復するためには、もう手遅れの面はたくさんあり、できることは乏しいのだ、という事実をちゃんと認めること。その正確な現状認識の上で、まだ変更可能な部分を見極め、そこにしっかりフォーカスして戦う。そういう努力をしないと、まだ戻せるはずのものすらも戻せなくなってしまうのではないでしょうか。

それが希望依存症的な考え方に陥ってしまうと、もうとっくに消えている選択肢を一生懸命取り返そうとして、逆に絶望感が強まって、さらに「希望」に閉じこもって、現実から隔てられていく。自分たちの手元に残された選択肢のなかで、しかもその実現には長い時間が必要になるというときに、大事なことは――さっきの「加担しない」ということと同時に――、遠い先の未来に対してある種の価値観を残していく、ということですね。それはたとえば、現在のような状況であっても自分は言葉を信じるということ、それでも文学の表現は可能なんだと自分個人は信じるということ、そういうことかもしれません。

僕が今こういうことをあらためて主張しても、きっと、冷ややかでシニカルな反応しか返ってこないかもしれない。その反応はしかし、僕が小説家としてデビューした時からそうだった、とも言えるわけです。

確かに、今の現実はそう悠長なことを言っている場合ではないのかもしれない。けれども、現在のように憎悪や差別が原動力になって社会が動かされていくような時代は、長期的にみれば、いずれ破綻をきたすか自滅するにきまっているわけです。それが永遠に続かないことも、歴史は証明している。排除の線引きを繰り返していけば、最後は自分以外すべて敵になりますから、自分こそが社会の敵となって終わるでしょう。だとすれば、その時のために、社会を取り戻すために、人間の関係性を取り戻すために、必要な価値観や言葉がまだあるんだと示しておく。それらの言葉をちゃんと準備しておく。継承して、ずっと保ち続ける。たんに保守するというのじゃなくて、自分の日々の生活の中で、今ここでそういう価値観を実践し続ける。そういう人が少しでも増えていけば、時代の流れにもだんだんブレーキがかかってくるはずなんです。

たとえ今すぐブレーキをかけることは不可能であっても、遠い将来の人間たちにそれを残そうとするための実践をみなが続けていく。今この場で。たとえ一見、誰にも届いていないかのように感じられても、自分は実感を信じられる言葉を発し続ける。

「追い詰めない」という倫理

杉田――最近気付いたのですが、『俺俺』や『夜は終わらない』では状況がどんどん悪くなって行くんですけれども、最後の最後に「逆流」が起こるんですね。星野さんの小説は無意識において現実を先回りして表現することが多いので、もしかしたら、我々の今の社会状況も濁流のように破滅に向かっているけれども、いつか何かが根本的に逆流するのではないか。濁流に呑まれて濁って流されながらも逆流を展望することが大事なのではないか。

『俺俺』においては、誰も彼もが「俺」になってしまう世界の中で、最後に「俺が俺に食べられる」という経験を通して、ゾンビみたいに「死ねない」のではなく、イエス・キリスト的な意味での真の人間復活が生じる。あるいは『夜は終わらない』では、物語内物語の虚構性がどんどん高まっていく中で、最終的には物語の軸が逆流するという感覚が訪れる。しかしそこには、状況がどんどん悪くなる中で、それでも根本的な何かを準備して来たからこそ逆流が起こったんだ、という手触りがあります。それは先ほどの希望依存症のような偽りの希望とは微妙に異なるものとして、星野さんの小説世界の中にあるものなのでしょうか。

星野――そうかもしれないですね。僕が大切にしているものは、日々のものすごく地道なもので、大きなヴィジョンのようなものではないんですよ。相撲の力士でいえば、一日一番、みたいなことですね。何らかの大きな希望を夢見るよりは、自分がそれによって曲がりなりにも生きてきた倫理なり価値観なりというもの、そういうものを今日一日譲らずに実践する。具体的に生きてみる。そういう感じでしょうか。

以前は僕も、理念的に大きな設計をしてから小説を書きはじめていたんですね。しかし今は小説の書き方も変わってきました。大きな構想とかヴィジョンはあるのだけど、その理念を作るのに、小さな現場の実例を積み上げてから理念を抽出し、実際に書く時は、今日書く分量だけを自分にやましくない形で正しく正確に書き終えられたかどうかを大事にする。そういうことを日々積み重ねながら長編小説も書くようになりました。

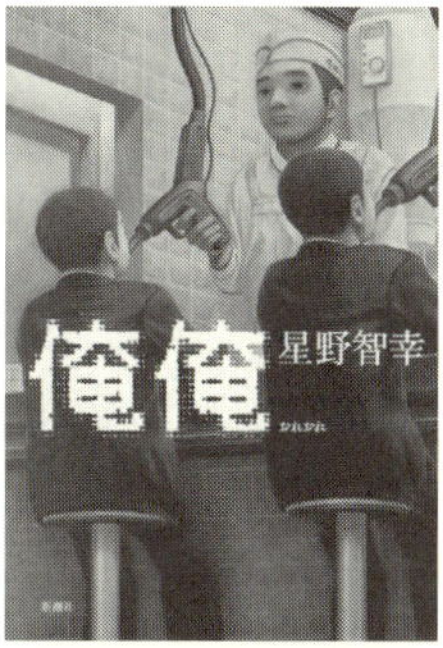

杉田――最初から小説の構想を決めておくのではなく、日々の積み重ねの先に何か視界が開けるような感じなのでしょうか。

星野――漠然としたイメージや向かうべき大きな方向はあるけれど、以前のようにそれを抽象的に考えて理論化してからそれに当てはまる人物や物語を書くのではなく、様々な小さな関係性や出来事について、一個一個を積み重ねるようにして書くことで、そのビジョンが具体的な姿を現す、という感じですかね。そうすると、考えていたことよりちょっと先にあるものというか、今よりもう少し自由な時空が見えたり、感じられたりすることが起こるので……。

ヘイトとか憎しみとか恐怖は、自分がそこから一瞬解放されるために他人にそれを向けて、そうされた人がまた別の誰かに憎しみをぶつける、という形で社会全体に広がってますよね。弱い人が、さらに弱い人に暴力を振るう、みたいな。皆そういう悪循環を生きているので、それを緩めるためには、互いに人を追い詰めない、というところが大事だと思うんですよね。

　普段は僕も、社会制度はこうあった方がいいとか、国家が強権主義を取らないように個々人が屈しない意思表示するのが重要だとか、そういう発言もします。けれども、日常的にはほんとに些細なことが大事だとも思うんです。たとえばスーパーで買い物をする時に、ちょっと前までの僕は、レジでもたもたしている人がいるといらいらして、この列に並ぶんじゃなかったとか、レジ打ちの人が下手だとか、いちいち頭の中で文句を言ったりしていた。

　でも今は、そういうのを意識してやめるようにしよう、と毎日思っているんです。早く買い物ができても得する時間って一分とかじゃん、と自分にそのつど言う。そういうことですね。こんなことを言うとアンガー・マネージメントの勧めみたいですけど、そういう「他人を追い詰めない」あり方というのを、本当に些細なレベルで続けるように心がけています。自分自身が追い詰められないために。

杉田――わかります。自分の子どももうすぐ一〇歳なんですけど、その行動にいらいらすることも多くて、正直これは下手すると虐待なんじゃないか、と悩まない日はありません。小さなことにある種の真実が宿ると思うのは、歴史偽造主義の人たちのメンタリティって、DVや虐待の加害者の心理にそっくりなんですね。自分が殴りながら被害者意識に満ちていて、お前のために暴力を振るっているんだと主張する。しかしそれが他人事だとも思えない。自分の子どもに対する日々の向き合い方を顧みると、ちょっとしたことにいらいらしたり怒鳴っちゃったりして、そこにどんな違いがあるんだろうとわからなくなってきて。

　以前僕は『非モテの品格――男にとって「弱さ」とは何か』という本を書いて、星野さんに新聞で紹介していただいたこともあるんですが、現実の差別問題を「ヘイト」として一括りにするとき、見えなくなっていくものもある。つまり、個々人の中で段階やレイヤーがあると思うんです。民族差別には黙っていられないけれど、女性差別にはあまり関心がないとか、トランスジェンダー差別に対しては感情電圧が高まるけれど、障害者差別には冷静でいられるとか。

　僕の中で感情電圧が高くなるのがジェンダー問題で、フェミニズム関連の本をどうしても冷静には読めない。そういうところが正直あります。自分の中に根深く男性としての被害者意識があって、否定しても否定してもそれが湧いて出てくるというか。

　たとえば『俺俺』の世界はある種、究極のホモソーシャルな世界であって、人類はみな「男＝俺」になってしまい、マジョリティ男性だけが生存する世界になってしまう。つまり日本的なヘイトや虚無的なニヒリズムについて考えるときも、ジェンダー問題が不可分であるはずです。もちろんそれもまた星野さんが対峙し続けてきたテーマです。あるエッセーでは、韓国における同胞、ウリ文化について、それはある面では上からの強権的なナショナリズムに対する対抗にもなるけれども、同時にホモソーシャルな同調性の危うさもあるんだと書かれています。

最近、川崎市登戸で男性が子どもたちを殺傷した事件、引きこもりの我が子を父親が殺傷した事件、あるいは京都アニメーションの放火事件などがありました。かつては若者の理由なき殺人とか、一四歳の心の闇とか言われていたのに対し、四〇歳過ぎの中年男性——就職氷河期のロスジェネ世代ですが——の暴力性が連鎖している。そういう印象をうけます。統計的にはわからないけど、それがある種の時代の空気を象徴するように感じられる。男性としての不幸や非モテを理由に無差別殺傷に走る人々のことが国際的に「インセル」と呼ばれたりもしています。

星野——僕はたぶん自分の中の男性性のようなものにどこか恐怖を感じてきたんですね。自分を生きづらくさせてきたはずの男性ジェンダーの価値観が、結局は自分の無意識を形作っているという恐怖。フェミニズム的な言説に対しても、それを暴き出すという意味で身構えてしまう面がないとは言えませんけれども、やはりホモソーシャルな空間に対しても強い嫌悪と恐怖があって、ジェンダーの問題を考えると本当にうまく言葉が出てこない。立ち位置がなくなるというか。

小説の中で僕は男性のジェンダー問題をあれこれ書いてきましたが、それを小説以外の言論によって的確に説明できるだろうか。それをうまく表現するための言葉が手元にないんですよね。だからジェンダーやフェミニズムに関して、いろいろな立場からの主張に理があると感じると同時に、どれを読んでも、心のどこかで、あたかも自分が攻撃されているような気持ちにもなってしまう。そういうときに、すでに認知されているマイノリティの人々の言葉とはまた違った言葉が自分には必要なのではないか、と感じたりもするんですよ。

杉田——星野さんの本を読むと、ヘテロ男性であることの特権性から脱しようとしているのだけれど、かといって性的マイノリティの方向にジャンプするわけでもない。つまり自分たちだってクィアでありトランス的な身体を生きているんだ、とまでは言わない。そういう男性たちが印象的です。マジョリティとマイノリティの間で、新しいセクシュアリティや代替的な家族関係を作ろうとしている男性たち。たとえば『毒身』や『植物診断室』などの作品ですね。そういう男性たち

の姿、その葛藤や悪あがき、我慢や努力をうまく日常的に言い表すための言葉が欲しい。その先には、マジョリティだけど抑圧的なマジョリティではないような、非暴力的なマジョリティのあり方があるのではないか。

星野――そう思います。でも今の段階では、小説以外ではうまく表現できないのかもしれないですね。そのような男性のあり方を語ろうとしても、どうしてももどかしい言い方しかできない。

ヘテロセクシュアルであるマジョリティの男性が構造的に社会制度や文化から恩恵を受けているということ、特権を与えられているということ。それはまったくその通りだと思います。だけど、その批判は正しいと感じる一方で、そういう特権を自分の意志で望んだのかというと、そうとも言えない面がある。この辺りは言い方がとても難しいですけれども、そうすると、その辺りのところですごく内面的な葛藤が生まれるし、釈然としないものが残り続けてしまうわけですよね。

自分が望んでその恩恵を要求したわけじゃなく、ただマジョリティとして生まれたから気づかないまま恩恵を受け続けてきた。そのことは――反省というとちょっと違うのかな――意識化すべきだし、認識するべきであると思う一方で、そんな恩恵、特権はべつに無くっても全然構わないんだ、って心のどこかでは思っているじゃないですか。だってその特権や文化に自分も苦しめられてきたわけだし。そう思っているけれど、自分の力ではどうにもならない。自分を苦しめもする、自分の力では脱することができない特権に関して、つねに批判され続けるとなると、どうしていいかわからなくなってしまう。言葉がないし、立場が存在しないように感じる。

だから、自分の中に常に、男である自分を厳しく処罰したい激烈な感情があって、ときおり、男性の暴力を政治的正しさで完膚なきまでに批判する、ということが起こる。それはヘイトと紙一重だと思うんです。ヘイトをする者の「正義の感情」って、こんな感じなのかな、と思う。

それでも僕なんかは、そうした問題を小説を通して何とか表現したり、個人的な人間関係の中で実践しながら考えようとしてきたんだけれど、それができないヘテロ男性の方が圧倒的に多いわけですよね。だから、もしマジョリティであることを自覚して何とかそこから離れよう、脱しようともがいている男性がいたら、その努力はもう少し見守られてもいいのではないか、とも思うんですよ。

まだ全然わかってないとかできていない、と批判したくなる気持ちはわかるけど、そういう努力がある程度認められないと永遠に状況は変わらないし、むしろそういう人々をさらに追い詰めるだけになる。少なくとも、努力をしている人を追い詰めないようにするためには――もちろん現状ではマジョリティの男性たちの努力は全然足りないですよ――、「できていないこと」をひたすら責め立てるだけではなくて、こういう努力をしているからもう少し時間をください、一緒に頑張っていきたいと思います、というようなマイノリティとマジョリティの間のやりとりが、もうちょっとあってもいいのかなとは思うんですけれどもね。この辺、難しいですね。

変わろうともがく人を見守る

杉田――自分を変えようと葛藤している過程に価値を認めるのが、今は難しいですよね。正しいか正しくないか、ＡかＢかでどうしても判断されやすい。でも葛藤し続けることそのもの、間違っているかもしれないけど自分を変えようとしていること、それってすごく意味があることではないでしょうか。

そういう余地や猶予を残さないと、特に若い人にとってはきつい気がしますね。ＳＮＳなどでリベラルやフェミニズムの洗礼を受けて火だるまにされてしまうと、反動形成が生じたり、極端な方向へと反感を持ってしまったりして、自分を変えようと努力しても無駄なんだから家父長制のマッチョイズムでいいじゃん、ということになってしまいかねない。そこは緩衝地帯というか、グレーゾーンがないときついのかなと。

星野――『新潮45』の問題があったとき、『新潮』の編集者らがおずおずと社の姿勢を批判する言葉をリツイートしはじめたら、そんなの手ぬるい、言い訳だ、と批判した人たちもいました。僕はそのときに、『新潮』の内部の人たちがそういう気持ちを持ったのならちょっと見守ろうじゃないか、実際に内部事情を知っているだろうし、その人たちと共に、ヘイト問題をネグろうとする新潮社のメインストリームと戦おう、と言いました。そうしたら、やっぱり批判も浴びたんですよね。共にいるべきはセクシュアル・マイノリティの人々であって、新潮社の社員ではないだろう、と。

もちろんマジョリティが真っ先にすべきことは、傷を負わされた人の側に立つことで、僕もその点は意思表示が欠けていたという反省があります。が、次の段階として、新潮社内部にも自己批判しようともがき始めた人が現れたなら、その人たちの力も借りるほうが、状況を変えられる可能性は高まるでしょう。

敵認定をしたらひたすら攻撃するのみ、だと、善悪の線引きは強化される一方になってしまう。すべてが二項対立の構造で解釈され、どっちつかずの人たちをむしろ「悪」の側に転ばせることになる。そういう線引きや対立ばかりになったときに、誰がいちばん得するかと言ったら、それは権力構造の上にいる人たちでしょう。放っておいても分断統治がうまく機能してくれるわけだから。ヘイトの根幹には、分断統治があります。それに対抗するためには、分断されないことが大切。だとしたら、まだどちらともいえない曖昧なゾーンを大切にして、そこにいる人たちができるだけヘイトの側に行かないようにする。そういう姿勢こそが、今後の社会のあり方を決めると思います。
　そもそも、誰の中にもヘイト的なものがありますし、誰の中にも曖昧なグレーゾーンの部分があるはずです。人生の全体をヘイトに完全に乗っ取られてしまった人は、じつは少数だと思います。

杉田――その辺りの時間もかかるところ、曖昧さもあるような領域に根ざすような言葉が大切になる、というか。

星野――そこが文学ですね。追い詰めない言葉でこの状況を表せるのが文学ですね。

杉田――近年、障害者運動の分野では、違う歴史を持つマイノリティたちがお互いの認識を参照しながら、大きな化学変化を生み出しています。たとえば脳性マヒ者であり医師でもある熊谷晋一郎さんは、身体障害者たちの自立生活運動の歴史を大切にしてきたのですが、綾屋紗月さんという発達障害の女性と協働でよく仕事をされています。あるいはダルクなどの依存症者たちが切り開いてきた知恵や実践があって、それらが交差しながら、様々な新しい知見が生み出されている。たとえば自立とは依存先が複数あることだ、とか、回復とは完治することではなく回復し続けることだから、自立とは自立し続けることだ、とかいうような。
　むしろ、バリアや壁によって不利益を被っているのは、マジョリティの側かもしれません。自分たちはものすごく不自由で退屈な生き方をしてしまっているのではないか。トランプがアメリカとメキシコの間に作った壁のようなものがじつはマジョリティとマイノリティの間にあり、その壁を内側からも外側からもどんどん崩して、風通しをよくしていかないと、むしろマジョリティの人々こそがはるかに歴史から取り残されてしまう。そう感じています。
　はっきりいって、マイノリティの人たちの方が圧倒的に豊かで生産的なことをしているし、文化的にも思想的にもはるか先にいる。マジョリティがマイノリティに恩恵を与えるなんて完全に思い上がりというか、逆でしょうと。壁の内側にいながらも、自分たちは様々な特権に恵まれて幸福ではあるんだろうけど、少しも自由ではないよね、解放されていないよね、という現実にはっきり気づいていかないと、文化的にも精神的にもどんどん貧しくなって干からびていく気がします。

星野――いま僕はまさに熊谷さんや綾屋さんやべてるの本などを読み漁っていて、それが『読売新聞』に連載している長編小説（『だまされ屋さん』）にダイレクトに影響しているんです。現在の息苦しい状況を突破する鍵はそこにあると思う。それは僕の言葉で言えば、線を引かない、ということです。この世界から線引きをなくしていく。これとこれとは違うという線引きをまずやめてみる。そこにあるのは本当は線でなくて、グラデーションなのではないか。そう考えてみる。

線ではなくグラデーションとして物事を考え、関係性を作っていくということを、実際の日常の生活や生き方の中でどうやって実践していけるのか。そういうことを考えてみたいんですね。理念としてそのように主張するのは簡単なんですけれども、それを日常生活にどう落とし込むかは、かなり難しい。線を引くっていうことは誰もが無意識のうちに行っていることだから、線引きをしないためには、自分が引いた線をいちいち意識化していかなきゃいけない。

杉田――バリアフリーって、マジョリティにとってこそ必要なのではないか。いろんな所に無意識のバリアを作ってしまっている。それは国境の壁のように目に見えるものではないから、壁やバリアを日常的に意識化するためには努力が必要なんでしょうね。

星野――精神的な鎖国とまでは行かないけれど、自分たちでゲットーを作ってその中に閉じこもっているように見える。そうなると、文化的にも精神的にも色々なものの供給が止まってしまいますよね。

「線引き」なき雑種たちの未来

杉田――我々の『対抗言論』の「対抗」というのも、ヘイトに対する対抗がテーマであり、民族、ジェンダー、優生思想の問題などを横断的かつ総合的に考えていきたい、という思いがあります。その場合、文学や芸術の役割をあらためて重視していきたい。編集の中心メンバーが文学や思想関係の学部の出身ですし、寄稿者にも文学や評論に関わる人が多い。つまり、複合的なヘイト社会の中でこそ、文学や芸術の力をもう一度回復したい。そう考えています。あらためて社会に対してやれることがあるのではないかと。

僕は最近、室井光広さんたちの同人雑誌『てんでんこ』に、星野さんの小説についての長い評論を書きました。サブタイトルが「ヘテロトピア文学論」といって、ユートピアでもなくディストピアでもない、ミクロな領域で様々な他者や異人が入り混じって異種混合が起こるような場所、そういうヘテロトピア（異他郷）的な現代文学について考えてみたかった。木村友祐さんや温又柔さん、あるいは村田沙耶香さんの世界もそうかもしれない。ヘテロトピア文学という言葉自体、「鉄犬ヘテロトピア文学賞」から学んだわけですけれども。

たとえば星野さんの『のこった　もう、相撲ファンを引退しない』という相撲エッセイ、相撲批評の本は今の我々にとってもかなり重要だと思います。相撲といういっけん純血的で純国産的だと思われ

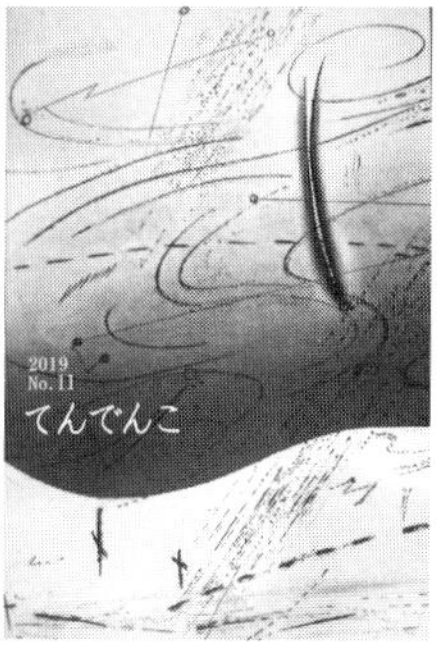

ている競技の中に、じつはアジア主義的な、あるいは世界的な異種混合があるんだと。国技の中心にこそ、様々なものが雑種的に混ざり合っていくヘテロトピア的な時空を見出していく。

あるいは短編集『焔』に収録された「世界大角力共和国杯」は、星野さんの中で何かが一つ突き抜けたというか、これまでは禁欲していた祝祭的な世界を一気に爆発させたようにみえます。しかもそれが『焔』という一冊の短編集をメタ小説的に繋げていくための構成上の仕掛けというか、構成原理になっている。『焔』によってつかまれた構成原理によって新たな長編小説が書かれたなら、それはまた重要な新境地になるのではないか、という予感がありました。

そもそも星野さんは以前からインドや韓国や台湾の小説家、詩人たちと交流しながら、ご自身の小説を書き続けてきた。現在はトランプ大統領や安倍晋三がある意味で積極的にユートピアを語って大衆を動員しているわけです。アメリカファースト、日本ファーストという形で。それに対してリベラル左派の陣営は、小さな陣地戦やファクトチェックはできるけれど、大きな理念やユートピア的ヴィジョンを語ることが十分にできていない。情念や感情のレベルのみならず、理想や理念のレベルで右派やポピュリストに負けてしまっている。

そのとき、小説の力によって大きな理念や、来るべき世界の理想像を語ることは不可能ではないのではないか、とも感じるのですが、星野さんは現在小説を書きながら、ヘイト的なものを凌駕するような新しい世界観が表現できるのではないか、という手ごたえを感じていますか。

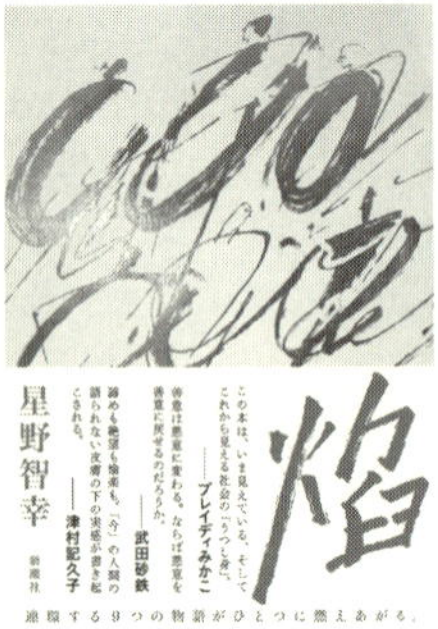

星野――『焔』はまさに今分析していただいた通りの理由で、ああいう形の作品集になりました。これまでの自分は基本的に、ある種のディストピア的な世界を書き続けてきたのですが、特に東日本大震災後、もはやそういう小説のやり方では通用しないと思った。というのも、現実を戯画的に描いても、現実そのものがすでにはるかに戯画的になっているので。

それではどうすればいいか。先ほども言いましたが、すぐ近い将来じゃなくて、もう少し中距離、遠距離の未来に向かって、いま自分が信じている価値を残すこと。ヘイトに飲みこまれないような生き方だって可能なんだということを示すこと。小説がリアリズム的になるか反リアリズム的になるかにかかわりなく、ヘイトに取り憑かれていない個々人の具体的な生活の感触をとにかく小説化していくわけですね。そこから新しい社会像を作っていく。そういう気持ちで『焔』は一つの作品にしたんです。

今連載中の小説『だまされ屋さん』は、そのことをもっと大きなスケールでやろうと思っています。新しい生き方は可能なんだと読者が信じられるような、しかも日常的な感触と地続きのところでそう感じてもらえるような、そんな小説にしたい。そういう社会がすぐに実現されるかはわからないけど、それはきっと目の前にある。少なくとも個人としては、ユートピア的なバラ色の世界ではないけれど、自分に対するある気楽さをベースにした生き方はできるんだ、と。読者にそういうことを伝えられる世界を描きたいと思っています。それが今、小説家として試みるべき使命だと感じているんですね。

杉田——たぶんこれまでもそうだったように、現実の方が星野さんの小説世界の想像力を追いかけていくような気がしますね。星野さんが内在的な必然に従って世界を描くと、現実がそっちの方へ行ってしまう……。

星野——自分が生きている間にこの世界が本当に変わっていけるのかはわかりません。ただ僕自身は、そういう世界は可能だ、もう、今すぐにだってそれは可能なんだ、という確信によって小説を書いているんですけれどもね。

杉田——マルクスや魯迅だって自分が存命のうちに本当の意味での革命が実現するとは思っていなかったかもしれません。一〇〇年後、二〇〇年後に起こるかもしれないことを考えていたんだと思います。

今日はありがとうございました。

（二〇一九年七月三〇日）

【特集①】

被差別者の自己テロル

檀廬影『僕という容れ物』論

赤井浩太

❶「小説家」の誕生

精神の烈しさゆえに己れを肉体もろともブチこわしてしまうタイプの人間がいる。だが、生き死にの境界線を引きちぎり、自己防衛の安全弁をたたき破り、人生の貸借表を踏み倒して、さらには一葉の自画像さえも破り裂いてしまう人間に知性がないとはとんだ偏見だ。抑圧された人間の内部で研ぎ澄まされてゆく怒りが理性的な殺意という絶対零度の極点へと到達した瞬間にそれが自己破壊に転化してしまう精神の逆説を生きるということ。それはくたばり急ぐことで活路を見いだそうとする倒錯的知性の一形態である。

SIMI LAB のメンバーとして知られたラッパー DyyPRIDE が、名を檀廬影《だんいえかげ》と改めて小説家として登場した。そしてその手によって「全ての苦しむ人々とマイノリティに捧ぐ」と書かれた小説『僕という容れ物』を読んだとき、俺は、出発の理由も、進路方向も、そして目的地も異なった二台の爆走する盲目的思想が思いがけなくクラッシュしたと思った。カチあったのは俺と檀のドタマ、つまり主語だ。批評であれ、小説であれ、主語には書き手の現実に対する態度が表れてくる。俺は檀廬影の分裂的な主語＝主体性に、檀がラッパーだけでなく小説家として立ち現れなければならなかった理由があるように思えたのだ。

『僕という容れ物』は自壊的に砕け散った主語たちが主人公である。本書の前半部ではガーナ人の血を引く主人公が酒や大麻や精神安定剤や自傷に溺れながら「私」「僕」「オレ」に分裂し、主語同士がはげしく対立したり、あるいは対話をしたりする。そして中盤からは、「悪夢」や「ヴィジョン」

や「瞑想」といった次元移動を経て、一人称から三人称へ、アフリカ系アメリカ人と日本人のハーフである「ギン」へ、そしてネイティヴアメリカンの「スネークシャドー」へ、さらにヒマラヤの奥地で修業する「行者」へと転生していき、再び「ギン」に戻ってシャブ漬けの果てに自爆死し、そうして「私」「僕」へと帰ってくる。

　分裂し、転生し、自己破壊にいたる廬影的な主語には、ラッパーたちがたびたび思い切りよく言い切るところの「俺は俺だ」というテーゼが欠落している。それはつまり秋山駿が言う「「一」なる観念と、「私（あるいは、自己）」という意識との間の、ひび割れ」[1]であり、そのひび割れたところに垣間見える空漠としての「容れ物」が本書における本当の語り手と言えるかもしれない。だが、こうした抽象的な説明では足りないのだ。

　無数のざわめきの中で混濁する意識を根っこからベロリと裏返し、そこに「深層としての表層」とでも言うべき皮膚の存在論を見るとき、初めて小説家・檀廬影の誕生を知ることができる。まず廬影的主語の問題はこう始まる。「僕は自分が誰かわからなくなった。というよりも自分自身が誰なのか、当たり前のように日々を過ごして来たこの土地が何処なのかを知らない事に気が付いただけなのかもしれない」[2]（傍点部引用者）。この言葉からは「自分」と「土地」が骨絡みになってひとつの小説的な主題を形成していることが見てとれる。それはすなわち、日本においては「ステレオタイプの黒人像」を押しつけられ、そして「親父のいる故郷の国」でもその父から拒絶された、小説家・檀廬影の問題である。[3]

　ラッパー DyyPRIDE として歌詞（詩）を書く傍らで、彼が小説家・檀廬影として散文芸術の方へ赴かねばならなかった理由はここに示されているのだ。それはつまり、ルカーチが言うように、小説の形式が「先験的な故郷喪失の表現」[4]だからであり、その内容が彷徨する苦悩、非行、発狂によって黒々と染め上げられるのも、やはり「犯罪と狂気とは、先験的な無故郷性を客観化したものにほかならない」[5]からである。

　そうして彼は帰ることができない、日本にも、ガーナにも、そしてこの世界のどこにも。引き裂かれるデラシネとしての廬影的な主語は、自身の不確かさゆえに発狂し、分裂し、彷徨するのである。その事態は本書において繰り返し描かれる「差別」が引き起こすことは言うまでもない。

❷「差別」と「自己テロル」

モロッコからシエラレオネあたりまでモコッと膨らみ、そしてリベリアとコートジボワールを境にグイッとカーブを描き、ガーナからナイジェリアまでを底辺にしてカメルーンへといたる西・中部アフリカ。その出っ張った後頭部のような沿岸地帯は、まず北部においては地平線の果てまで荒涼としたサハラ砂漠に覆われ、南下してゆくと、セネガルの国境付近から次第に濃緑の森林と赤い大地が広がり始める。そしてそこからは人びとの顔つきも肌の色も着ている服もガラリと変わる。ブラック・アフリカだ。

俺はそこで初めて「偏見に晒される」という経験をした。フランス語圏の街を歩けば、ガキんちょ共が俺を見て「Chinois! Chinois!（中国人！　中国人！）」と無邪気に声をあげ、アーモンド型をした両目の端を指で吊り上げる。いたるところに華僑が住んでいるからそう言うのだろうが、出歩くたびにそんなことをされたらたまったものではない。俺は思わず、「ジュ・スィ・ジャポネ！（俺は日本人だ！）」と怒鳴り返した。

しかし、しかしだ。あれから数年が経ち、俺も人並みに物を考えられるようになって思うことがある。つまり、自分は寸分の疑いもなく日本人であると叫び返す俺がいる一方で、廬影的な主語はどのようにして叫ぶことができるのか、という問題だ。意識と存在がズレるとき――否、「お前はズレている」と他者から言われのない不条理を押しつけられたとき、僕は……僕は……という述語なき独語に陥らざるをえない存在は、どうなってしまうのか。

大きなアフロにブレザー姿で電車に乗ると一際目を引いた。車中は静まり返り、人間の瞼と眼球がジトリと摩擦する音がハッキリと聞こえてくるようで恐ろしかった。もう何年もの間、思考という思考は分裂し、世界の全ては一つで、まるで僕という人間だけがこの世界で唯一バラバラの存在に思われた。どういうわけか、人間というのはよく出来ていて、思考や人格が分裂気味になってくると、それと帳尻を合わせるように、肉体までも破壊しようとする本能が働くらしい。脳内には何時も粉砕した僕が居た。そして彼らは粉砕された肉塊として生きていた。[6]

この「僕」は、不特定多数にして匿名の「眼球」に見られることで、「世界の全ては一つで、まるで僕という人間だけがこの世界で唯一バラバラの存在」だと思いこむ。アフリカを旅していたころの俺のように、まったき旅行者としての異邦人であるならこのような感覚を覚えることはない。つまり「大きなアフロにブレザー姿」という部分が、人びとをして不審がらせ、そして共同体のなかの異物として見なされる

「僕」は、肉塊としての「彼ら」へと引き裂かれてしまうのだ。

こうした存在‐意識の裂傷を見るとき、大江健三郎『叫び声』の呉鷹男を思い出すことは不自然ではないだろう。小松川高校事件の犯人李珍宇をモデルにした、朝鮮人と日本人のハーフの呉鷹男は、自身の哲学ノートのなかで、真正の、正しい、確かな、間違いない、本物の、間違いなくその土地の、という意味で「authentique」を定義し、そして「l'homme authentique」という存在を「この現実世界にちゃんと市民権を持って生きている人間」[7]として考え、さらに次のように書く。

> おれは違和感なしに確実に、カッと熱くなるほど充実して、現実世界と四つに組むことができるだろう、強姦殺人という手段でなら！　そしておれが強姦殺人の武器でこの世界の他人どもを攻撃し連中とおれとのちがいを積極的におれの方から見せつけてやるとき、連中はおれが別のauthentiqueな生活に属すべき人であることを認めるだろう。おれを敵だと、怪物だと認めるだろう。[8]

呉鷹男の言う「現実世界」と、盧影的主語の「僕」が言う「世界の全て」は同じものだろう。すなわち、日本（人）というauthentiqueである。そしてその内側でこの両者は見えない透明な壁によって遠ざけられている。だが、そこからが違ってくるのだ。世界と対峙するとき、呉は何者か分からない自分自身を敵＝怪物として確実にするために、自分の外部にある「世界」を攻撃する。換言すれば「世界を犯す」ために強姦殺人という方法を思いつく。一方で、こうしたある種の「テロル」が、盧影的主語の「僕」にいたっては反対に自分の内部へと向いてしまう。つまり、「自己テロル」である。「脳内には何時も粉砕した僕が居た。そして彼らは粉砕された肉塊として生きていた」という一文は、主語を分裂させ、さらに一人称から三人称までをまたいでしまう『僕という容れ物』の方法論そのものと言える。だから、この小説は形式からして差別された者の自己テロルなのである。

❸「完成」する遺書

「僕」は高校を卒業してからというもの、「工場などに工業用機械を設置する仕事」や「空調屋」や「解体屋」などの仕事を転々とする。つまり仕事が続かない。これはグローバル資本主義の自由市場における「柔軟な労働力」の一形態であり、とりわけ移民労働者によくあるパターンであろう。実際、作中には「僕」の同僚として「中年のイラン人」が登場する。彼は「軽ワゴン車に寝泊まり」し、「阿片」を吸うような労働者として描かれる。その一方、「僕」は十三番目の仕事を退職したのちに就いた「信号機及び信号機周辺機器の調査」の仕事で、「中国人が憎い」という中年男性に出会う[9]。「僕」はこうしたアンダークラスの世界を転々とし、そして二十二歳の春、「ただ何かを求めて」ロサンゼルスへ旅立つ。「僕は世界一自由な極東のniggaになった。生まれて初めて自由を体感した。それにより日本での不自由な人生がより明白に浮き彫りになった[10]」。

この旅を終えると、日本という「監獄」にふたたび閉じ込められた「僕」には、「破綻した世界と破滅というゴールだけ」があり、そして「何としてでもそこへたどり着かなくてはならない[11]」という強迫観念があった。「僕」は精神安定剤を大量に飲むことで、邪悪な「オレ」を毒殺＝心中することに成功する。つまり、「ゴール」だ。ここで廬影的主語は一人称から三人称へとスイッチし、幾度もの次元の移動を――「悪夢」「ヴィジョン」「瞑想」を媒介にして、繰り返す。彼は昭和四十六年の横浜に、ネイティヴ・アメリカンの聖地に、ヒマラヤの奥地に、そしてもう一度横浜に転生する。現時点の日本という「監獄」から逃亡するかのように、あるいは肉体という「独房」から脱出するかのように、そうして「僕」が体験した「旅」の続きをふたたび始めるかのように、廬影的主語はさまざまな時空間を彷徨いはじめる。

この旅人のひとりである「ギン」もまたロクな人生を歩まない。「政治」を商売にする裏稼業に迷い込んだ彼はシャブのヤリすぎで狂い始め、「死して完成すると共に、この社会を変革させなくてはならない」と熱望するようになる。そして彼は叫びだす――「俺は完成するんだ！　完成するんだ！[12]」と。つまりだ、「僕」にせよ、「ギン」にせよ、ドラッグをトリガーにして己れの破滅衝動を加速させるわけだが、その速さをリミットまで貫徹させて爆死する「ギン」のラストに、また「完成」と題された詩的遺書に、俺はどうしても病んだロマン・ノワールという一つの奇形を見てしまうのである。儚く、繊細で、それでいて暴力的な生の狂奔が、そこにはある。そして、それを染め上げるのは裏社会の黒さではなく、アナキズムの黒さでもなく、ましてや黒人の肌を彩る黒さですらない。それはアスファルトの路上に落ちた自分の影の黒さだ。しかしここでは影の代わりに言葉が落ちる、まるでポトリポトリと血が滴り落ちるようなリズムを刻んで――。

自分の影と睨めっこ、夜通し歩く散歩道、ドブに小便吹き掛けて、不意に影肩叩かれる、意外と静かな爆発音、安心出来る線路内、平凡、いやもっと冷淡で新しい次元で生きて行く。闇夜に輝く星屑と煙草の火種と吸殻が、今日も影絵と動いてて、線路に落ちて散らばった、神経達を眺めてる。今日、吹く、今日の風、手の皮膚溶かす少しだけ。全て連なる原子と原子。謎解き、渇望、細胞、打ち捨てられた断片。闇に煌めく光がファーを触るみたいに俺に軽々と突き刺さる。次の瞬間にはまた前と同じように闇が俺を包み込む。俺は何時でも真剣だ。その切っ先に自分の亡骸を引っ掛けて炸裂するんです。[13]

死んでは次の次元へと転生する廬影的世界観を抽象的なメタファーとしての「影」「闇」「光」に割り当てることでこの遠近感の秩序を欠いた視野全体に陰翳を与えつつもそこに「小便」「神経達」「手の皮膚」「細胞」「亡骸」という断片化された身体を散りばめることでテクストの平面にマテリアルな凹凸感を加えるこの空間的なアンバランスは読む者に世界の統一感が砕け散ったような奇妙なリアリティをたたきつけるのだが、しかし一方で読点と音韻のリズムという速度の論理がテクストを制御しているのを見逃すわけにはいかない。この破砕と統一をそのまま内包する巧妙な言葉の連なりがつい先ほどまで狂気の渦中でダイナマイトを抱えて駆けずり回っていた人間の手によるものとは到底信じられないのであるが、ともあれ虚空に消え失せるだけのモノローグに思われるこの詩的遺言が最後に「炸裂するんです」と「ですます調」で書かれるその一点に、幾度かの転生を経た孤独な廬影的主語がついに自身を閉じ込めている救いなき監獄としての「日本」を相手取って自爆するという絶望的な「完成」の宣言を確認することができるのである。

❹ 小説家としての檀廬影へ

ところで、廬影的主語はそのあとどうなるのか。「長い長い夢」から目覚めた「僕」は、みずからのボロボロになった心身に絶望するが、しかし片親ながら自分を育ててくれた「母の顔が脳裏を過る」。それによって「自殺衝動を乗り越えて、天寿を全うするのが僕の今世での目的の一つなのだ」という悟りに至り、そして草木から月にいたるまでの「すべての物に内在する意識を感じ」て、そのスピリチュアルな世界に現実との和解の兆しを見出す。[14]

これが友達の身の上話なら俺も黙って泣こう。しかしこれは小説と批評の関係だ。苦しんでいる人間が書いたものなら、あるいはマイノリティが書いた小説なら何であろうが褒めるなどという道理は一切ない。いいか檀廬影、袖擦り合うも多生の縁というらしいから言っておく。内部の対立から統一へ、葛藤から和解へというあまりにも素朴な弁証法で物語を書くだけなら、アンタは「俺は俺だ」という常套句に寄りかかる安易なラッパーと本質的に何も変わらない。[15]

酷なことを言う。逃げるな。小説家ならその対立や葛藤から逃げるなよ。あらゆる矛盾をなしくずしに溶解させる自然の、もしくは予定調和の物語の、その引力をかわしながら、己れの内部を規定する構造を分析することが必要である。マルクスは言う、「人間の本質とは、個々の個人の内部に宿る抽象物なのではない。それは、その現実の在り方においては、社会的諸関係の総体《アンサンブル》なのである」[16]と。実際アンタはその糸口をすでに握ってんだ。例えばすでに見たが、仕事が続かず転々とする「僕」が求人誌をめくる場面。

> 地盤調査スタッフ、八時〜十七時、日給一万円以上、交通費支給、社会保険完備、車通勤オーケー。なかなか悪くない、しかし待てよ。残業代支給の文字が見当たらない。（中略）これは書き忘れてしまったんじゃないのか？　イヤイヤご安心ください。これは何の間違いもございません。書いてない事までしてくれる会社は今までに見た事はない。そうです、どんなに体裁よく見せたって実質はいかに狡猾に渡り歩き自分は手を汚さず人を出し抜くか、それが資本主義社会を凌駕する為に必要な方法なのです。[17]

ここだ。省略したが、「僕」はこの記載から仕事内容を想像し、「時給は千円以下」ということに気付く。この分析的まなざしで自己意識の分裂を捉え直すことがまず必要だ。それから細かいことだが、一個人が資本主義を「凌駕」することはできない。あるいは労働ではなく、アメリカのロサンゼルスへ旅行に行くことで「僕」が味わった「自由」もまた、資本主義社会における「消費の自由」にすぎないのである。こうした「僕」の経験に対する自己批評がなければならない。そして、そこにこそ「主語の分裂」や「人称の変化」の可能性があるのではないか。それから、さらに惜しい場面がある。

> 自分と同じ他のバイトが一台バラして組み立てる間に、僕は二台近くやった。それでもやはりこの外見のせいで社会的信用を得るのは難しい。金庫室には僕は入れず、代わりに他の日本人が入り作業した。こういう事がある度に飲む酒の量は増えていった。[18]

もしアンタが「差別」と「資本主義」という超巨大な主題を相手取るというのなら、この場面をより子細に展開するべきだ。つまり、日本の市民社会には「共同体からの排除」と「階級社会への包摂」という二つの原理が同時に、そして共犯的に機能しているのであるから、この構造に対する批判的なまなざしが必要である。だから「マイノリティ」だけでなく、本当に「全ての苦しむ人々」へ向けて小説を書くのなら、この視点はぜひとも取り入れてほしい。それが俺の願いである。

さて、最後はコテコテだが、これで終わらせてくれ。

> It's a start, a work of art
> To revolutionize make a change nothin's strange
>
> (Public Enemy / Fight The Power)

注

●1 秋山駿『舗石の思想』講談社文芸文庫、二〇〇二年、一九〇頁。

●2 檀廬影『僕という容れ物』立東舎、二〇一九年、五頁。

●3 檀廬影「福音の地下水脈 第20回 DyPRIDE／檀廬影（前編）」『福音と世界』二〇一九年七月号、新教出版社、四六—四七頁。

●4 ジェルジ・ルカーチ『小説の理論』原田義人・佐々木基一訳、ちくま学芸文庫、二〇〇八年、三〇頁。

●5 同前、六六頁。

●6 檀廬影『僕という容れ物』、八—九頁。

●7 大江健三郎『叫び声』講談社、一九七四年、一五一頁。

●8 同前、一五五頁。

●9 檀廬影『僕という容れ物』、三一—三三頁。

●10 同前、五四頁。

●11 同前、九一—九三頁。

●12 同前、一九八頁。

●13 同前、二〇一—二〇二頁。

●14 同前、二〇四—二〇六頁。

●15 韻踏み夫が言うように、「平凡な日常」に対する、政治的社会的な「私」という戦略はありうるものの、本書ではその抵抗感が失なわれているように見える。韻踏み夫「ライミング・ポリティクス試論——日本語ラップの〈誕生〉」『文藝』二〇一九年冬号、河出書房新社、二八一頁。

●16 マルクス／エンゲルス『新編輯版ドイツイデオロギー』廣松渉編訳、岩波文庫、二〇〇二年、一三七頁。

●17 檀廬影『僕という容れ物』、三九—四〇頁。

●18 同前、三二頁。

「ネオリベ国家ニッポン」に抗して

テロ・ヘイト・ポピュリズムの現在

浜崎洋介

❶ スピノザに倣いて
——〈大衆―扇動者―知識人〉との「三位一体」について

「ヘイト」が導く世界について考えるとき、手掛かりになる言葉が一つある。〈悲しみ＝悪〉が運んで来る「道徳の精神」について語ったジル・ドゥルーズの言葉である。

スピノザはその全著作をつうじて、たえず三種類の人物を告発し続けている。悲しみの受動的感情にとらえられた人間、この悲しみの受動的感情を利用し、それを自己の権力基盤として必要としている人間、そして最後に、人間の条件や人間のそうした煩悩としての受動的感情一般を悲しむ人間（憤慨したり嘲笑したりするかもしれないが、その嘲笑自体にも毒が含まれている）である。奴隷〔隷属者〕と暴君〔圧政者〕と聖職者と……まさに三位一体となった道徳の精神。[1]

スピノザにおいて〈喜び＝善〉とは、私たちが、それ自身と適合する他者（糧）と出会うことによって己の「力能」を上昇させること、つまり「人間がより小さい完全性からより大きな完全性（能動性）へと移行すること」であり、〈悲しみ＝悪〉とは、私たちがそれ自身と適合しない他者（毒）と出会うことによって己の「力能」を低下させること、つまり「人間がより大きな完全性から小さな完全性（受動性）へと移行すること」である。そして、「愛」とは「外部の原因の観念をともなっている喜び」であり、「憎しみ」とは「外部の原因の観念をともなっている悲しみ」である。[2]

そこから改めて現代を振り返って見たとき、ここで挙げられている第一の「受動的感情にとらえられた人間」（奴隷・隷属者）とは、要するに、自らの力能（自由＝能動性）が何らかの原因によって阻害されていると感じている人間たち、つまり、孤独と不安の中に立ち竦《すく》む近代の大衆だと言うことができよう。また、第二の「悲しみの受動的感情を利用し、それを自己の権力基盤として必要としている人間」とは、そんな人々の不安を煽り、そこから生み出される「憎しみ」の力によって自己規定する為政者、扇動者、独裁者（暴君・圧政者）を指していると見なすことができる。そして、第三の「人間の条件や人間のそうした煩悩としての受動的感情一般を悲しむ人間」とは、まさしく、そんな大衆と扇動者との反知性的で感情的な結びつきを眺めながら、その愚かさを笑い、嘆き、嘲り、呪詛する知性主義者たち、つまり、近代の傲慢なメディアや知識人（聖職者）たちを指していると考えることができる。この〈奴隷＝大衆〉と〈暴君＝扇動者〉と〈聖職者＝知識人〉との「三位一体となった道徳の精神」を指して、ドゥルーズは、それを「生に対する憎しみ〔嫌悪〕」、「生に対するルサンチマン」だと言う。

　では、この「三位一体となった道徳の精神」を突き破るには何が必要なのか。

　むろん、それはポリティカル・コレクトネス（ＰＣ）などという知識人の更なる「道徳」ではない。一つのヘイト（憎しみ）を、もう一つのヘイト（ヘイトに対するヘイト）に取り替えてみたところで、それが更なる「ルサンチマン」に輪をかけることにしかならないことは自明である。だからこそスピノザは言うのだ。それがどんなに美しい言葉だろうが、「他人の権利を自己の権利と同様に守らなければならぬことを教えている」言葉は、「感情に対してたいした効果を及ぼさない」のだと。[3] そして、こうも言うのである、「感情は、それと反対の、しかもその感情よりもっと強力な感情によらなければ抑えることも除去することもできない」[4] のだと。

❷ 「ネオリベ国家ニッポン」の運命
——「自由化」の限界をめぐって

　しかし、だとすれば、私たちが、私たちの「憎しみ」から自由になる方法もすでに明らかではないのか。「悲しみの感情」を上回る「喜びの感情」を組織すればよいのである。まず個人的な「倫理」について言えば、「理性の努力」を持続すること、つまり、私たちの体と一つに組み合う「いい出会い」を見出し、その喜びの原因である「共通概念」（他者とのカップリングを可能にしている接続部分）を見定め、それを基礎にして、改めて自己にとっての「出会い」の秩序（他者との付き合い方＝生き方＝エチカ）を立ち上げることである。

　が、それで話が終われば訳はない。誰もが「いい出会い」を秩序立てることのできる賢者なら問題はないのだろうが、日々の生活のなかで受動的感情に晒され、余裕を失い、妬みと憎しみに傾きやすい大衆に「理性」を期待するのは、ほとんど「詩人たちの歌った黄金時代もしくは空想物語を夢みている」[5]のと同じくらいに馬鹿げている。だから、私たちの社会は、どうしても政治的な「術策」を必要とするのである。

スピノザは言う。

> 人間は、前述のように、理性よりは感情によって導かれるのであるから、このことから、民衆が一致してあたかも一つの精神によってのように導かれようと欲するのは、理性の導きによるのでなくて、おのずから何らかの共通の感情によるのであるということが帰結される。すなわち〔…〕共通の希望によるなり、共通の恐怖によるなり、あるいは何らかの共通の損害に復讐しようとする願望によるのである。ところで何びとも孤立しては自己を守る力を持たないしまた生活に必要な品々を得ることができないから、孤立を恐れる念はあらゆる人々に内在している。このことから、人間は本性上国家状態を欲求し、人間が国家状態をまったく解消してしまうことは決して起こりえないということが帰結される。[6]

しかし翻って、「孤立を恐れる念」がますます増大している現在、人々の不安を除去する努力、つまり「国家状態」への「欲求」に適切に応えようとする努力は存在しているのだろうか。

なるほど、安倍政権は一見「国家」について語っているかのように見える。が、それは文字通り、ただ語っているだけである（その点、安倍首相を、戦前回帰を目論むナショナリストだとする批判は完全に的を外している）。そのイメージとは異なり、安倍政権が実際に行っているのは、公約違反のTPP参加にはじまり、公共事業費の削減（インフラの未整備・劣化の放置）、電力・水道の自由化、働き方改革を含む労働規制の改正・緩和、競争原理に基づいた教育・大学改革（科学技術予算の削減）、漁業法や農協法の改正、種子法の廃止、国有林野管理経営法改革、外国人による土地取得の無規制、移民受け入れの拡大、消費増税（更なる緊縮路線の徹底）などなど、そのことごとくが、グローバル資本に「国家状態」（スピノザ）を譲り渡す施策（小さな政府）であり、その限りで、これまで人々の生業と生活を支えて来た自然環境・社会インフラ・制度資本などの「社会的共通資本」（宇沢弘文）に対する攻撃そのものだと言える。

たしかに、それらの政策は「自由化」の名で呼ばれている。が、それが国家による再配分と安全保障とを最優先してきた一九七〇年代初頭までの「埋め込まれた自由主義」（ジョン・ラギー）ではなく、まさしく国家の縛め＝規制から資本を解き放つ「新自由主義《ネオ・リベラリズム》」的実践であり、その限りで、人々を「恐れ」や「妬み」から守る防壁としての国家（civitātis-citizen）

の解体をこそ意図していることには注意すべきだろう。

　むろん、「国家」の解体は一朝一夕とはいかなかった。新自由主義イデオロギーは、最初、一九七〇年代以降の「脱工業社会」（ダニエル・ベル）――つまり、実物＝国民経済での成長が見込めなくなったポストモダン社会と言ってもいい――に直面した（主にアメリカの）資本が、国家的枠組みを乗り越えて「資本蓄積のための条件を再構築し経済エリートの権力を回復するための政治的プロジェクト」[7]として始まっていた。が、それが、実際に政治的ヘゲモニーを握るには、ブレトン・ウッズ体制の崩壊（変動相場制への移行）から、八〇年代のサッチャー政権（英国）とレーガン政権（米国）の「構造改革」に至るまでの時間が必要だった。そして、その後の冷戦の終結と共に、「地理的・物理的空間」の制約（国家規制）から解き放たれた資本は、特に一九九〇年代後半以降、「電子・金融空間」のバブルの波に乗って、交換し得ない人々の生活基盤（擬制商品である土地・労働・信用貨幣などの社会的共通資本）をも交換化＝商品化していくという、その「悪魔のひき臼」（カール・ポランニー）の相貌を次第に露わにしていくのである。

　その後、「ワシントン・コンセンサス」のパッケージ（危機の救済と引き換えに、途上国などに新自由主義政策の採用と緊縮財政を強要するというＩＭＦの戦略）に乗って世界中にばら撒かれた新自由主義イデオロギーは、たとえば、日本においては、商習慣などの規制緩和を要求する「日米構造協議」（一九八九年）から「年次改革要望書」（一九九四年―二〇〇八年）、そしてＴＰＰ協議（日本の協議参加表明は二〇一〇年。ちなみに米国は二〇一七年に協議から離脱した）に至るまでのアメリカによる対日政策を用意しながら、実際に、小泉政権の「聖域なき構造改革」から、アベノミクス第一の矢（金融緩和）と、第三の矢（投資を喚起する成長戦略――規制緩和）の政策パッケージまでを実現していくことになるだろう――ちなみに、世間のイメージと異なってアベノミクス第二の矢（機動的な財政政策）は、初めの一年を例外とすれば、ほとんど放たれていないというのが実状である。

　ところで、この新自由主義政策がもたらした結果を最も如実に示し出しているのが、「エレファント・カーブ」と言われるグラフである（冷戦終結期からの二〇年の全世界の個人所得の伸び率を縦軸に、貧困層から富裕層までの所得水準を横軸にとったグラフ――世界銀行リサーチペーパー二〇一二年一二月）。それが明らかにしているのは、この新自由主義的世界において「勝った」のが誰であり、「負けた」のが誰であるのかという身も蓋もない事実である。

　言うまでもなく、「勝った」のはＢＲＩＣｓ（ブラジル・ロシア・インド・中国）と呼ばれる新興諸国の大衆（中間層）であり、また、そこに投資した金融資本であり、さらに、新興諸国に生産拠点を移し得た一部の大企業（多国籍企業）である。そして、「負けた」のは、先進国の大部分を占める中小零細企業であり、そこで働くごく普通の国民（中間層）だった。

　事実、日本を例にとってみても、「国家」の防壁を失った多くの国内製造業（と、その下請け企業）は、新興国との価格競争に負けて衰退し、中間層を形作っていた多くの国民が職、あるいは賃金上昇の果実を失っていった。その後、失業者たちは低賃金の非正規労働者として再編され、それに伴って貧困層も拡大していくことになる――今や、日本の非正規労働者は一〇年前と比べて三五〇万人増の二一二〇万人、全労働人口の約四割（三八％）を占めるまでになっており、年収二〇〇万以下の貧困層も九〇〇万人以上に達しているという――。そして、さらに、地域産業からこぼれ落ちた人々が都市へと流れ込んだ結果、地方と都市との格差（地方の衰退と東京一極集中）は加速度的にひらいていったのである。

　ところで、ここで注目すべきなのは、「ヘイトスピーカー」たちの多くが、この「中間層」から現れてきているという事実だろう。なるほど、彼らのなかには、大卒・ホワイトカラー層も多く、それを単なる「見捨てられた人々」だと言うことはできないのかもしれない[8]。が、だからこそ、日々の「市場競争」に晒されている彼らが、「転落」の恐怖と焦燥に見舞われやすいのだという点は見落としてはなるまい。

　たとえば、安田浩一のルポ『ヘイトスピーチ――「愛国者」たちの憎悪と暴力』[9]は、「ヘイトスピーカー」たち自身が、被害者意識とマイノリティー意識の持ち主であることを伝えているが、その点、まさに、彼らの「憎しみ」に満ちた言葉の裏側には、「社会から守られていない」自分たち（日本人）に比べて、社会からの「手厚い庇護」を受けとっているかのように見える「在日コリアン」に対する嫉妬とルサンチマンが透けて見える（彼らの目に「在日」は、国家的「庇護」のみならず、文化人による言論的な「庇護」も受けているように見えている）。

　実際、在特会の広報局長である米田隆司は自分たちの運動を「一種の階級闘争であり、エリート批判でもある」と語っているが、それは、彼らの「ヘイト」が、国家的支えも、それを訴える言葉（エリートによる代弁）も失っている「中間層」の焦燥、つまり〈外部の原因の観念をともなっている悲しみ＝憎しみ〉の表出であることを示唆しているだろう。

　かつて、見田宗介が言ったように[10]、戦後直後（一九四五年～一九六〇年）には、新しい社会を建設しようという「戦後民主主義」の「理想」があった。高度成長期（一九六〇年～一九七五年）には、幸福を享受しようという私生活の「夢」があった。またポスト高度成長期（一九七五年～一九九五年）には、生活的リアリティを脱臭されてもなお演技ができるだけの「虚構」的枠組みが残されていた。が、一九九五年以降、ネオリベ化された日本にあって、共同体を纏め上げるための「共通の希望」（スピノザ）はどこを探しても見当たらない。国家と資本は対立し、企業と社員は対立し、また、富裕層と中間層とが対立するなか、人々は、受け取り切れないほどの過剰な流動性＝受動性に晒されながら、それでもなお近代個人主義の果てにある褒賞と懲罰の「自己責任原則」を強いられ続けているのだ。そんな彼らの転落への「恐怖」が辿りついた先、それこそが、〈俺たちこそが愛国者だ、非国民を殺せ！〉と叫ぶ「ヘイトスピーカー」たちの〈主観モード＝イマギナチオ〉ではなかったか。その〈ルサンチマンの表象＝差別のイデオロギー〉ではなかったのか。

しかし、だとすれば、この「ヘイト」を前に、今、必要とされている実践が、「自由」を加速せよと語ることでも、それによって刺激された受動的感情に捌け口を見つけ出してやることでも、その「悲しみ」に社会道徳を説き聞かせてやることでもないことは明らかだろう。

為すべきことは、だから、「どこにも実在しないような人間性をいろいろと賞揚し、現実に存在する人間性を種々の言葉で貶め」[11]ることではないのだ。今、目の前にある〈悲しみ＝憎しみ〉を見つめながら、それを除去するための具体的な〈術策＝規制〉を編み出すこと。すなわち、グローバル資本に対する「国家」の防壁を立て直すと共に、この二〇年間のデフレ状況を作り出した諸原因（グローバリズム、構造改革、緊縮）を追及し、それに対する処方箋（税と財政とを組み合わせた機能的マクロ経済政策）を提示し、さらに、ヘイトスピーチに対する法的規制を一刻も早く整備すること（ヘイトの定義＝範囲を明確化し、それに引っかかる行為に対して左右を問わず迅速に罰すること）である。そして、人々が、そのなかでようやく実存の根拠（交換不可能性）を紡ぐことのできる「国家状態」を回復することである。その「国家」による具体的術策を抜きにして、「悲しみの受動的感情にとらえられた人間」に、「生の喜び」、「能動性」、「善」を回復する道などありはしない。

❸ マルチチュードの「物語」を超えて
——防壁としての「国家」再考

かつて、スピノジストであるアントニオ・ネグリとマイケル・ハートは、この新自由主義化した世界のことを〈帝国〉と呼び、そのグローバルな形態として現れている「政治的主体」のことを、「全地球上の領域を、開かれた拡張し続ける自らの境界の内部に統合していく、脱中心化され脱領土化し続ける支配装置である」[12]と語っていた。

が、同時にネグリ＝ハートは、その〈帝国＝グローバリズム〉のシステムからこぼれ落ちてゆく〈群集＝多数多様体〉の存在を指摘し、その意識し切れない蠢きに対して「マルチチュード（multitude）」の名を与えてもいた。つまり、彼らは、市場原理によるヒト・モノ・サービスの交換システムには還元しきれない人間の〈自然権〉——コントロール不可能な人間の〈感情－衝動〉による〈結合〉－〈連携〉－〈離脱〉の事実、その自然の生成変化——を見出し、それを〈帝国〉に対する対抗原理として物語ろうとするのである。

しかし、そこで語られていた「マルチチュード」の一語が、スピノザの『国家論』からの援用であることを踏まえるのなら、〈帝国〉を崩壊に追いやるであろうその〈群集－多数多様体〉が、ネグリ＝ハートの思い描く革命主体である必然はどこにもないと言うべきである。

実際、〈帝国〉から逸脱する〈群集－多数多様体〉は、ネグリ＝ハートが期待した「グローバルなデモクラシー」の主体、つまり、NGOや学生、労働団体や農業団体による反グローバリズムの運動主体に限られているわけではない。その〈群集〉の内には、〈帝国〉のネガ＝ルサンチマンの表象としてのテロリズムが存在しており——それは〈帝国〉の周縁部でのイスラム国のテロはもちろん、〈帝国〉内部から生み出されるホームグロウン・テロまでを含む——、先進各国で亡霊のように蘇るヘイトスピーカーたちや、拡大し続けるポピュリズム運動が存在しているだろう。彼らは、およそ一切の社会システムの内に棲まいながら、それを内部から駆動し、ときに打ち崩してもいく普遍的な「力能」なのである。

しかし、だからこそ忘れるべきでないのは、スピノザが、「明敏なマキャベリ」に倣って、その〈群集－多数多様体〉による闘争状態（マキャベリが見た混乱－ホッブズ的自然状態－自由競争）を終熄させ、そこに平和な統治を持ちきたらすためにこそ「国家」（君主国家から民主国家まで）の概念を呼び出していたという事実である。スピノザは言う。

> 理性は我々に、道義を行なうことならびに平穏で善良な心でいることを教える。これは国家の中でのみ可能なことである。その上また多数者が、国家の要求するように、あたかも一つの精神によってのように導かれるということは理性の掟によって建てられた諸法律なしにはできない。このゆえに国家の中に住むのを常とする人間が、〔悲しみを除去し、喜びを求めるという〕理性の掟に反して起こることを罪と呼ぶのもあながち不当ではないのである。[13]

だが、それなら、テロ・ヘイト・ポピュリズムの現在を目の前にしている私たちが語るべき言葉は、単なる「自由主義」の言葉でも、単なる「反自由主義」の言葉でもなく、私たちの「自由の条件」をめぐる言葉、つまり、共同体の不幸を除去するために建てられる「国家状態」をめぐる言葉ではないのか。それに向けた「共同社会」の努力ではないのか。

それは、「多文化共生」などという歯の浮いたようなお為ごかしの「道徳」ではなく、何が私たちに「喜び」（能動性）の構成関係をもたらし、何が私たちに「悲しみ」（受動性）

の構成関係をもたらすのかを冷徹に見つめ、その善と悪との境界線を引き続けていく努力、すなわち、「どこで適合が終わり、どこで不適合が始まるか、どのレベルで「相違や対立」が形成されるか」[14]を内側から観察し、私たちに適合し得る糧を取り入れ、適合し得ない毒を除去することである。むろん、糧となる「術策」とは、取り替え不可能な家族、友人、仕事、地域などの保守であり、それらの営みを支える国家的再配分を可能にするためのナショナリズムの再建である。そして、毒となる「術策」とは、これ以上の移民の拡大、資本の自由化、過剰な規制緩和であり、さらに、人々への国家的再配分を不可能にしてしまうナショナリズムの解体である。かつて、情動の哲学者＝スピノザは語っていた、「理性に導かれる人は、自分自身にのみ服従する孤独の中にいるよりも、むしろ共同の決定に従って生活する国家の中にあってこそ、はるかに自由である」[15]と。

しかし、だとすれば、私たちが最後に問うべきなのは、戦後七十四年もの永きに渡って、「国家」の一語を忌避し続けてきた戦後日本人が、再び、この「国家」をめぐる思考を取り戻すことができるのかという問題なのかもしれない。「国家による義務」を道徳化するのでもなく、「国家からの自由」を道徳化するのでもなく、「国家による自由」を思考すること。それを思考すること以外に、あの〈奴隷＝大衆〉と〈暴君＝扇動者〉と〈聖職者＝知識人〉とによって、強固に打ち固められた〈道徳の精神＝偽善〉を打ち破る道はない。

注

●1 G・ドゥルーズ『スピノザ――実践の哲学』鈴木雅大訳、平凡社ライブラリー、二〇〇二年、四七―四八頁。

●2 スピノザ『エティカ』第三部定理十三。工藤喜作・斎藤博訳、中公クラシックス、二〇〇七年。

●3 スピノザ『国家論』畠中尚志訳、岩波文庫、一九九五年、一五頁。

●4 前掲『エティカ』第四部定理七。

●5 前掲『国家論』、一五頁。

●6 前掲『国家論』第六章・第一節。〔 〕内引用者。

●7 デヴィッド・ハーヴェイ『新自由主義――その歴史的展開と現在』渡辺治監訳、二〇〇七年。

●8 橋本健二『新・日本の階級社会』（講談社現代新書、二〇一八年）などを参照。

●9 安田浩一『ヘイトスピーチ――「愛国者」たちの憎悪と暴力』文春新書、二〇一五年。

●10 見田宗介『社会学入門――人間と社会の未来』（岩波新書、二〇〇六年）参照。

●11 前掲『国家論』、一一頁。

●12 アントニオ・ネグリ、マイケル・ハート『〈帝国〉――グローバル化の世界秩序とマルチチュードの可能性』以文社、二〇〇〇年。

●13 前掲『国家論』二章二一節。〔 〕内・傍点引用者。

●14 ドゥルーズ前掲書、一〇四頁。

●15 『エティカ』第四部定理七三。

【特集①】

差別の哲学について

▼日本のマジョリティはいかにしてヘイトに向き合えるのか

堀田義太郎

はじめに

差別とは何か、差別が悪いとして何が差別を悪くするのだろうか。このような問いについては、「差別が悪い」というのは常識であり、わざわざ今さら問う必要などないのではないかという疑問を抱く人もいるかもしれない。たしかに、「差別が悪い」というのはほぼ常識であり、そのことは差別の哲学においても前提である。しかし、そもそも差別とは何か、また何が差別を悪くするのかということについて、私たちはどこまで何を知っているのだろうか。

まず、差別は、人々を区別してその一方を不利に扱うような「行為」(法律や政策、方針も含む)であり、格差や不平等などの「状態」とは異なる。もちろん、差別は不平等な扱いであるとは言える。しかし、人々を区別して一方を不利に扱う行為、または不平等な扱いをすべて差別だとは言わない。たとえば、入学試験や学校や大学の試験などで合否が判定されるとき、不合格にされる人は得点に基づいて区別され、明らかに不利に扱われていると言える。また、一定の年齢以下の人は選挙権をもたない。希望者全員が特定の会社に就職できるわけではない。私たちは、何らかの基準で人々を区別し、ある人々を不利に扱ったり、権限を与えなかったりということを様々な場面で行っている。では、このような区別のなかで、どのような行為がなぜとくに悪い行為、たとえば「差別」と呼ばれるのだろうか。この問いに明確な根拠をもって答えることができる人は、少ないのではないだろうか。

差別の哲学の目的は、この問いに答えることである。そのためには、私たちが「差別」と呼んでいる行為、またそのなかでもとくに「悪質な差別」と呼ばれる行為について、それらに共通する要素を取り出して、他の類似する行為との違いを明らかにし、悪いとされる根拠を説明する必要がある。

このような問題設定は、差別に関心のある人にとっては新しいものではないと思われる。たとえば、かつてダグラス・ラミスは「差別の共同研究に向けて」という論考で、「あらゆる形の差別」を「一つのシステム」として研究することを提案していた（ラミス 1992）。ラミスは、様々な差別事例を列挙しつつ、一つの差別事例に見出される特徴が必ずしも他の事例にも見出されるわけではないと指摘した。たとえば、インドの不可触民差別に見られるような接触恐怖は女性差別にはない。また、下層民への差別のような経済的搾取を目的としている場合もあれば、東南アジアでの中国人差別のような裕福な人への差別もある。また、部落差別は、人種差別や性差別のような身体的差異を根拠にした差別ではない。さらに、集団間の長い闘争の歴史を必要とする場合もあれば、それがない場合もあるし、差別は直接会ったこともない人々をも対象にしうる。そして、奴隷制度や黒人差別のように、排他的・排外的な動機だけで成立するわけではない（ラミス 1992：135–6）。ここで取り上げられている事例に対する解釈については議論があるかもしれないが、ラミスの問題意識自体は妥当でありまた重要である。

ただ、このような問いを直接扱う哲学的な議論がまとまった形で展開されはじめたのは最近である。以下では、近年の差別の哲学の議論を踏まえつつ、何が問題になるのかについて私見を述べたい。

本論の前に、三点ほど予備的なコメントをしておきたい。第一に、以下の議論で、ある行為を「悪質な差別ではない」と評価するからといって、その行為自体を「悪くない」と言っているわけではない。悪質な差別というカテゴリーは、様々な悪い行為のなかの一つのカテゴリーである。他に、暴力などはもちろんとして、支配や抑圧や嫌がらせやいじめなども含めて、悪い行為は（残念ながら）たくさんある。

第二に、現実にはありえないような思考実験を用いることについて。これは、机上の空論を弄して現実の差別の深刻さを軽視していると思う人もいるかもしれない。しかし、もちろんそうではない。非現実的な思考実験は、差別に関する私たちの直観的な理解をテストし、より掘り下げて吟味するための重要な道具であり、その歴史は哲学の歴史と同じくらい古い（「ギュゲスの指輪」など）。

第三に、上記の問いに答えるための方法について。差別の哲学は、差別という言葉を対象とする以上――他の哲学的な分析にも共通するが――、その言葉の実際の使われ方を重要な手がかりにする。具体的には、典型的な差別事例を基礎として、それらに共通する要素や特徴を取り出し、難しいケースに当てはめてテストすることで、それらの要素や特徴を吟味するという作業になる。たとえば、マット・カヴァナーはその課題について、次のように述べている。

私たちは、どの差別が悪く、どの差別が悪くないのかについての私たちの直観に完全に適合しないということだけで、差別が悪い理由に関する説明を拒否してよいとはいえない。すべての直観に適合する原理は存在しないだろうからである。必要なことは、私たちの直観の最善の説明を見出すことである。つまり、どの差別が悪いのかについての最も深いところにある確信（deepest convictions）を説明しかつ正当化すると同時に、他の領域で受けいれがたい含意をもたないような説明である。

(Cavanagh 2002：166)

哲学者が言葉の使い方や意味を勝手に変えて、それを正しい用法として人々に押しつけることはできない。他方で、単に差別という言葉の用法を集めて、たとえば統計的な処理をしても答えにはならない。私たちの言葉の使い方自体が混乱していることもあるからである。もちろん、私たちの言葉の使い方がたとえば一部「混乱している」と言えるとして、その根拠もまた、典型的な事例から導き出された強固な直観――カヴァナーの表現では「最も深いところにある確信」――に求めざるをえない。最も深いところにある確信そのものについても全員が一致しているわけではないが、何が本当に正しいのかという問いへの答えは、私たち自身の言葉の使い方を越えたところにはない。哲学的分析が、ある概念の最善の説明を見出すために行うことは一種の（おそらく創造的な部分を含む）解釈である。この解釈が、私たちが非反省的なレベルで常識的に抱いている考えを改訂するように迫る場合もあるし、既存の言葉では切り取ることができない考えを表現するための新たな言葉が要請されることもありうる。とはいえ、その根拠もまた、私たち自身の考えのなかにしかない。この循環は不可避である。

❶ 差別とは何か

区別・不利益・特徴

差別とは何か、差別が悪いとしてその何が悪いのかという問いについては、多くの人が思いつく定型的な答えがいくつかある。差別の哲学の一つの課題は、誰もが思いつくような答えを手がかりにして、それを様々な事例に適用し、また別の答えと比較してその説得力を吟味することである。

まず、差別は区別の一種である。しかし私たちは、人々を区別する行為のすべてを「差別」とは呼ばない。たとえば、受験番号順に試験室を分けることは、区別ではあるが差別ではない。人々を区別する行為のなかでも、一方の人々に他方に比べて不利益を与えることが必要になる。これを「不利益を与える区別」と呼べる。しかし、不利益を与える区別のすべてが差別ではない。冒頭にも述べたように、試験の合否な

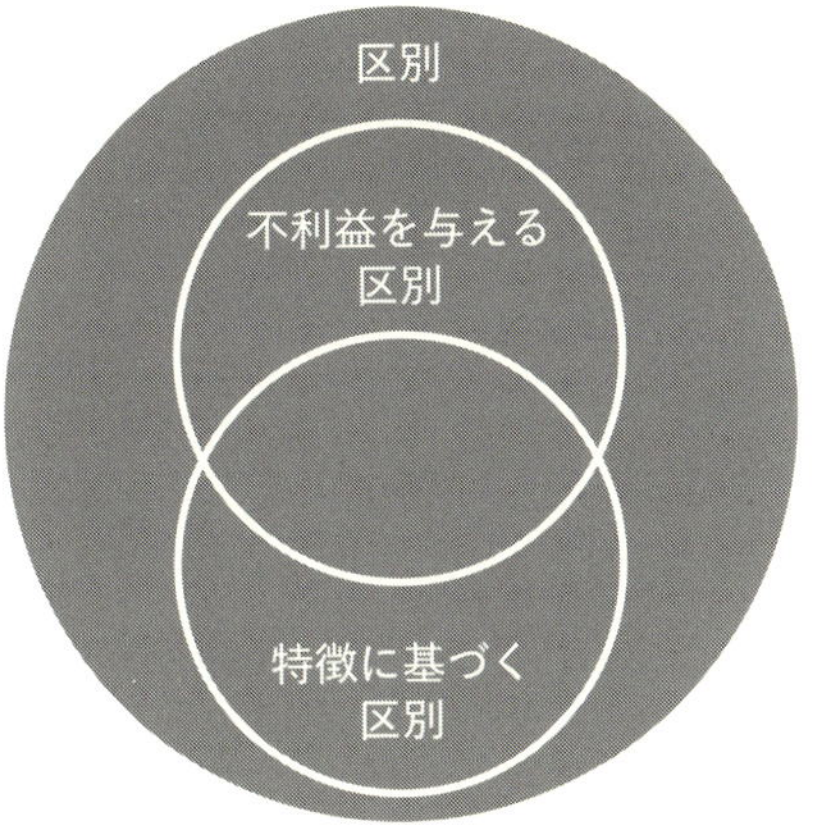

ども含めて、一方の人々に（他方に比して）不利益を与える行為は多々ある。では、不利益を与える区別のなかで、とくに「差別」と呼ばれる行為はどういうものか。

ここでも、典型的な差別事例が重要な手がかりになる。女性であることを理由に試験の点数を下げることや、黒人であることに基づいて選挙権を与えないことなどである。それに対して、たとえばくじ引きなどで当落を決めたり、コイン・トスで当たり外れを決めたりすることなどは、差別とは呼べないだろう。不利益を与える区別のなかでも、人々がもつ何らかの特徴に基づいて不利益を与える行為が差別と呼ばれる。少し考えてみれば分かることではあるが、誰かがある行為を「差別だ」と主張するとして、それが何に基づく差別なのか、つまりその差別の種類を言えないならば、その主張は無意味である。何に基づく差別かは分からないがなんとなく差別だと思う、というのは、その行為が差別であるという判断には至っていない。つまり、差別とはつねに特定の特徴に基づく「〇〇差別」である。

以上の考察を仮に図示するとすれば、上のようになるだろう。

特徴の限定

内側の二つの円が重なった部分を、ひとまず「差別」と言える。

しかし、さらなる問いがある。単に、何らかの特徴に基づいて不利益を与える区別であれば、全部差別だと言うとすると、その範囲がかなり広がるからである。たとえば、誰かの子であるということも特徴だと言える。また、知的能力や身体能力なども、他の人と異なる特徴だといえる。これらも含めて、人がもちうる特徴はほとんど無際限に挙げることができる。手の小指の長さ、目と目の離れ具合、顔の長さや耳たぶの大きさなど。では、これらに基づく不利益扱いも、すべて差別なのだろうか[1]。

差別の哲学では、中立的な差別と悪質な差別を分けて、中立的な意味ではすべてこれらは差別だとしつつ、悪質な差別を限定するという方法を取ることが多いが、ここでは「差別」をひとまずは悪質な差別として考えよう。

ここでも典型的な差別が考察の軸になる。たとえば「女性であることを理由に大学入試で減点される」ことや「黒人に選挙権が与えられない」ことなどである。これらは、「十八歳未満の人に選挙権が与えられない」ことや「自分の子を可愛がる（会社を継がせる）」ことなどと、共通点もあるが違いがあるように思われる。では、どこがどう違うのだろうか。

この問いに対しても、いくつかの回答案が提出されてきた。それらは、少し考えれば誰でも思いつくような答えでもある。たとえば、⑴本人が選択できない特徴に基づいているという答えがありうる。あるいは、⑵「女性は何々である」などといった不正確な一般化やステレオタイプに基づいているという答えもある（恣意的で不合理な理由に基づくという考え方もここに入れてもよい）。さらに、⑶問題の扱いにとって重要な関係がない（irrelevant）特徴に基づいている、という答えもある。これ以外にもありうるかもしれないが、ここではひとまずこの三つを検討してみよう。

⑴本人が変更できない特徴に基づいている（変更不可能性）。
⑵ある特徴に対する不正確な一般化、ステレオタイプに基づいている。
⑶合否や資格に無関係な特徴に基づいている。

しかし、これらはすべて、典型的な差別と他の類似する行為との違いを説明するためには過不足がある。順に簡単に確認していこう。

⑴は変更不可能性という基準で差別を説明しようとする議論だと言える。たしかに、性別や人種は本人が選択した結果でもなければ、変更することもできない。しかし、変更不可能性という基準については、反例に基づく批判がある。

第一に、変更可能な特徴に基づいていても明らかに悪質な差別だと言えるものがある。典型的な差別として「宗教差別」がある。宗教は思想信条なので本人が選択し、変更する余地がある。また、服装に基づく差別でも、たとえば異性装の人への差別などは典型的な差別の一種と言える。とすれば、変更不可能性は特徴を限定するために必要な条件ではない。

第二に、変更不可能な特徴に基づいて、ある人々を不利に扱うとしても、差別ではない、または少なくとも議論の余地があると思われる事例がある。たとえば、自分の子どもを優遇するというエコヒイキである。もちろんこれを、「自分の子ども以外への差別」と呼ぶことも不可能ではないが、たとえば自分の子どもに会社や店、家業を継がせることなどをすべて人種差別や性差別と同じようにカテゴリー化するとすれば、その議論は繊細さを欠くだろう。また——これは議論があるところだが——、アファーマティブ・アクションはたとえば白人や男性に対して不利益を与えることがありうる。人種も性別も選択や変更はできない。だがこれを、黒人であることを理由に入学を拒否する例と同じだとは言えないだろう。このように考えると、変更不可能な特徴に基づいているという条件は必ずしも必要ではないし、また十分条件でもない。

⑵は、ある特徴をもつ人々に対する不正確な一般化やステ

レオタイプに基づいているという議論である。たしかに、差別は、たとえば「女性は何々だから」などといった過度な一般化や思い込み、さらには誤ったステレオタイプなどに基づいていることが多い。しかし、これにもよく考えると様々な問題がある（Hellman 2008=2018 ch. 5）。

第一に、不正確な一般化はありふれている。入試の得点や就職の際の採用試験が、学業や業務の内容にとって本当に正確な基準になっていると思うとすれば、それはナイーブすぎるだろう。それらは結局、ある程度正確な場合もあれば、大まかな目安にすぎない場合もある。喫煙や飲酒の年齢制限も、身体的成熟度の基準としては不正確である。第二に、正確な情報に基づいているとしても差別として問題にできる事例がある。統計的性差別が典型的である。たとえば第一子出産後離職率などの統計に基づいて、企業が同じ能力のある男女のうち、女性を雇用しないと決定するとする。もちろん、統計調査も母数などによって正確さは疑いうる。しかし、いま仮に、この企業の決定が完全に正確な統計に基づいているとする。それでもこの扱いは性差別だと言えるだろう。もしそうだとすると、不正確な一般化やステレオタイプに基づいているかどうかも、必要条件でも十分条件でもないということになるだろう。

(3)は、合否や資格に無関係《イレレヴァント》な特徴に基づいているという議論である。たしかに、たとえば、入試にとって試験の得点は（不正確な部分はあるとはいえ）一定の関係があるが、性別はほぼ無関係だろう。また、たとえば選挙権には一定の判断能力が必要であり、年齢でそれを区切るのは（不正確ではあるが）個別に判断することのコストを考えると致し方がないと言えそうである。他方、人種は選挙権の付与にとって明らかに無関係だと思われる。では、ある有利／不利な扱いにとって無関係な特徴に基づいているという条件で、差別を識別できるのだろうか。これは差別論の領域では「レレヴァント説」と呼ばれる。これは一見説得力があるが、しかしこれにも強力な反例がある。

第一に、無関係な特徴に基づいているとしても、典型的な差別とは呼べないケースがありうる。たとえば、名字の頭文字が「あ」で始まる人を、得点にかかわらず入学試験で落とすとする。入学の可否にとって名字の頭文字はまったく関係がないだろう。これは悪いと言えるだろう。だが、女性であることを理由に落とすことと同じ程度に悪いと言えるだろうか。マット・カヴァナーは「名前の母音の数」を例にして次のように述べている。

> 私たちは、名前の母音の数に基づいて人を差別する人を、悪い（bad）のではなく頭がおかしい（mad）と考えるだろう。
> （Cavanagh 2002：156）

このカヴァナーの指摘は「頭がおかしい（mad）」という表現に問題はあるとしても、両者の違いの指摘としては妥当だろう。また、リッパート＝ラスムッセンは別の例を考察している。たとえば、大学が能力のない人を雇用するとする。これはその理由は、学長の子の婚約者だからだったとする。これは一般的に「縁故採用」と呼ばれる。だが、これを悪質な差別だと言えるだろうか。少なくとも、黒人を雇用しないという人種差別と同等に評価することはできないのではないか（Lippert-Rasmussen 2014：23）。また、アファーマティブ・アクションの例も同じである（Moreau forthcoming：ch1）。このように言えるとすれば、無関係な特徴・理由に基づいていることは十分条件ではないだろう。

第二に、では必要条件だと言えるだろうか。先の統計的差別を考えよう。女性は統計的に育児休業取得率と第一子出産後離職率が男性よりもはるかに高い[2]。企業がこの統計に基づき、同能力の候補者のうち男性を採用するとする。たとえば仕事にOJTが必要で、継続的な勤務が会社にとって新人トレーニングのコストという観点から重要だとする。この場合、会社の利益にとってこの統計情報は関係《レレヴァント》している。だがこれを性差別だと言えるとすれば、関係性があるからといって差別ではないとは言えないことになる。また、たとえば客や同僚の好みに基づいて、能力以外の要素（たとえば人種など）で労働者を選別するとする（これは英語では「reaction qualifications」と呼ばれる）。これもまた、ビジネス（売り上げ）にとって関係《レレヴァント》のある理由になると（一応）言える。だが、同時にこれは間接差別だと考えられるだろう（Lippert-Rasmussen, ibid.）。とすれば、問題の場面に関係のない特徴であるということは、必要条件でもない[3]。

以上の考察が妥当だとすれば、関係のない特徴、変更不可能な特徴、ある特徴への不正確なステレオタイプなどは、どれも典型的な差別と他の類似する事例との違いを説明できない[4]。近年の議論でも、こうした考察を経て、次のような仕方で「特徴」を限定するという考え方が提案されている。つまり、歴史的・社会的に、様々な場面で不利益や劣位化扱いの理由になってきた特徴に基づく不利益扱いに限定するという提案である。

もちろん、歴史的・社会的な文脈が重要だということ自体は、とくに目新しい認識ではない。たとえば、「差別の問題は……歴史性を伴うある種の日常的な相互行為と、それに基づく関係性を前提にする」（西原 1996：45）という指摘はほとんどの差別論で指摘されてきた。また、江原由美子は次のように指摘している。つまり性差別とは、「社会慣習や文化を背景として行われる社会的相互行為の中に、かなりの頻度で繰り返し現出する社会関係として、把握される必要がある」（江原 2001：65）[5]。それは、「男／女という類型使用を、特定の関連性領域のみに限定している社会は少なく、非常に多くの関連性領域に関与する類型として使用している社会が多い」（江原 1988：136）ということでもある。これは女性差別の例だが、女性である（正確には「女性とみなされる」）ということは、様々な場面で高い頻度で、不利益または劣等扱いの理由にされているということである。

近年の差別の哲学では、このような特徴のことを「社会的に顕著な（socially salient）」特徴と呼んだり、歴史的に酷い処遇と現在の不利な社会的地位の理由となる特徴と呼んだりしている。それは要するに、広範な社会的な相互行為のなかで、当の特徴が不利益扱いや劣等処遇の理由とされてきた特徴のことである。具体的には、女性や有色人種、日本ではそれに加えて、部落出身であることや在日朝鮮人など、要するに社会的マイノリティの特徴に限定される。

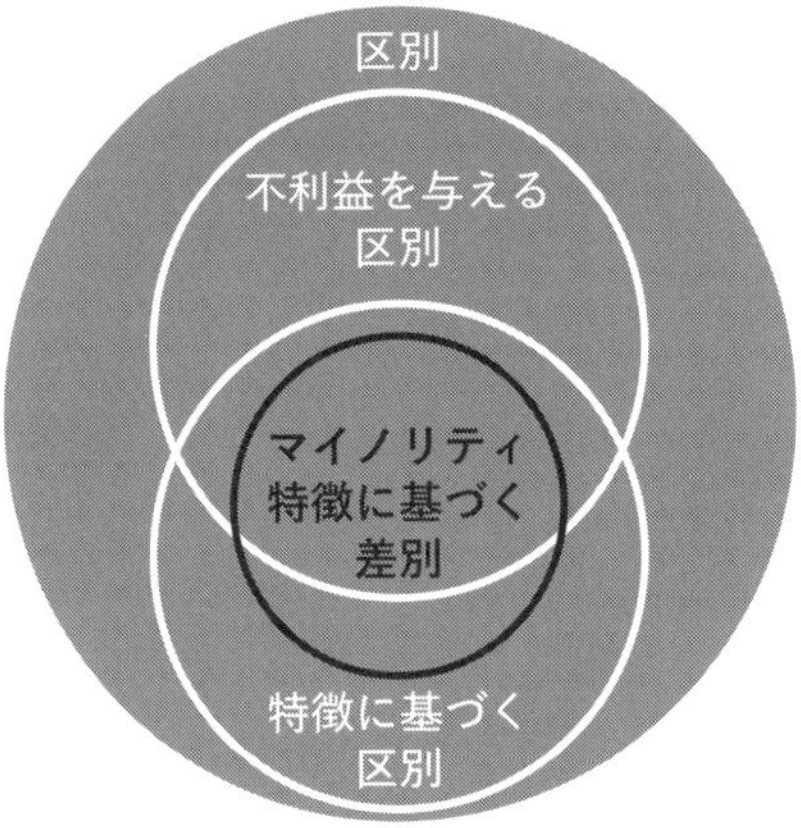

先の図にこの限定を加えるとすると、上のようになるだろう。

❷ 差別の悪質さについて——害とディスリスペクト

では、仮に以上のように悪質な差別を限定できるとして、その何がなぜ「悪い」のだろうか。悪の根拠については、伝統的な倫理学の枠組みを踏襲して、大きく二つの議論が展開されている。

一つ目は、マイノリティ特徴に基づく差別がとくに悪いのは、それが、差別される人々に対して甚大な「害」を与えるからだという議論である。たしかに、たとえば名前の頭文字が「あ」であることに基づく不利益扱いよりも、「女性」であることに基づく不利益扱いのほうが、私たちの社会のなかでの他の不利益扱いの歴史と現状を背景として、より大きな害を与えるように思える。これは「害説」と呼べるが、差別という行為の結果に基づく議論である。

もう一つは、差別がとくに悪いのは、それが、差別される人々を、同じ価値をもつ人間として認めていないからだという議論である。これも日常的な直観に合致するだろう。私たちは、差別者を道徳的に非難することがある。この非難は、相手を同じ人間としてみなさないような態度や考え方や意図を、差別者がもっていることに向けられる場合が多いからである。これを差別の哲学では「ディスリスペクト説」と呼ぶ。リスペクトとは尊重や尊敬という意味だが、「ディス」とはその否定、つまり人として相手を尊重しないことに問題があるというわけである（このディスリスペクト説はさらに「意図説」と「意味説」に分かれる）。

以下では害説とディスリスペクト説のそれぞれについて概観しよう。

害説

害説は、差別が悪いのは、差別される個人に多大な不利益や害を与えるからだという立場である。その有望な解釈として、たとえばリッパート＝ラスムッセンは次のように論じている。とくに、社会的に顕著な特徴――つまりマイノリティの特徴――をもつ人々は、その特徴に基づいて様々な場面で不利益を受けている。だから、その同じ特徴に基づく不利益扱いは、仮に個々の場面では大きな害がないように見えても、「累積」して多大な害を与える（Lippert-Rasmussen 2014）。

たとえば、オバマ前米国大統領は次のような経験を語っている。

> 私と同世代で、知的職業についている黒人男性であれば、レストランから出て迎えの車を待っているときに、誰か知らない人に（駐車係だと思われて）車の鍵を預けられた経験がない人はいないでしょう。[6]

車の駐車係と間違えられることそれ自体を、他の文脈から切り離してしまえば、それだけで大きな害を与える経験だとは言えないかもしれない。しかし米国で、黒人が下働きの人だとみなされることは、黒人が被ってきた歴史と社会的な状況、イメージを反映していると言える。オバマ氏自身はこの経験を軽いエピソードとして語っているが、このことが単に一度限りの偶然の事柄ではないということは示されている通りである。

また、ソフィア・モロー（2013）は次のような印象的な物語（とはいえ現実に十分にありうる状況）を提示している。

> キムはアフリカ系カナダ人の高齢女性で、仕事の面接に行こうとしている。彼女はバスに乗ろうとして自分の高齢者カードを見せながら、高齢者割引きのバス代を払おうとする。そのとき、運転手がカードを見て言う。「待て、これはあんたの顔じゃないだろ。あんたみたいな奴らはいつもバス代を誤魔化そうとして友達のカードを使うんだよ。俺たちはあんたのような奴のカードを特にちゃんと見るように指導されている。俺のバスから降りろ」。本当は自分のカードだったが、降ろされてしまったため彼女は歩く。しばらくして、彼女は足を引きずりながら仕事の面接の場所に着く。ストッキングは破れてしまい、髪の毛も風でぼさぼさになっていた。そして、三十分遅刻してしまった。面接する雇用主は彼女を見て

思った。「まともに生活できない不幸なアフリカ系だな、面接にも時間通りに来れないのか」、と。そしてこの日の夕方、彼女は、白人たちが多く通う学校まで、孫を迎えに行く。そして教師に「ジャクリーンを迎えに来ました」と言う。教師は彼女の肌の色を一瞥し、運動場に向かって大声で叫ぶ。「ジャクリーン、子守のばあさん（nanny）が来たよ！」

（Moreau 2013 : 84. なお、表現は少し変えている）

モローによればこの物語の重要なポイントは、キムは自らの人種を忘れることを一時たりとも許されていないということである（モロー自身は「自由」の侵害の特別な形態として差別の悪を論じる立場だが、ここではそれは措く）。たしかに、直接的な問題は交通機関へのアクセスを拒否され、面接に遅れさせられたことだが、単にそう述べるだけでは、彼女の困難とその人生に対する実際のインパクトを十分に理解したことにはならない。この物語の特徴は、一人の人が、人種を理由として、様々な局面で別々の個人から不利益や劣位化を被っているということにある。そしてこれは、差別の一つの典型的な描写であると言える。

たしかに、社会的に顕著な特徴を持つ人々は、様々な場面で、その特徴に基づく不利益扱いや、劣位化扱いを受けてきていることが多い。したがって、個別の場面での一見些細な不利益しかないように見える扱いでも、多大な不利益や害を感受する可能性が高いだろう。

しかし、害に基づく議論は果たして妥当だろうか。まず、本人が害や不利益を感じなければ差別は悪くない／不当ではないと言えるかどうかが問題になる。次の二つの例を考えてみよう。

あるクラスに知的障害をもつ子がいるとする。周囲の者はその行動や容姿を見てあざ笑っている。本人は、周りの人が楽しんでいると思って嬉しく感じている。

富裕層の黒人の子が、貧困な白人店員から、人種を理由に入店拒否されるとする。この子自身はそれまでの人生で差別を受けたことがなかった。

とくに一つ目の例は胸が締め付けられるような事例だが、残念ながら実際にありうるだろう。害説では、個人が多大な（累積的）害を感受していなければ、悪質な差別ではないということになる。これら二つの仮想事例では、累積的害はない（一つ目は害そのものがない）。だが、これらは悪質な差別だと思われるのではないか。そうだとすれば、害は必要条件ではないということになるだろう（これはリッパート＝ラスムッセン自身が「被害者に着目した反論」と整理している論点である。彼はこの反論に応えようとしているが、私の見るところ彼の応答は失敗している（堀田 2014））。

害説の問題はこれにはとどまらない。害は、差別の悪質さにとって十分条件でもないと思われるからである。問題は、当人が多大な害・不利益を感じさえすれば悪い差別になるのか、という点にある。当人が多大な害を感じていても、典型的な差別ではないと言えるケースがあるからである。たとえば、先にも述べたアファーマティブ・アクションがそうである。また「累積的害」は、特殊な生育環境の個人にとって、とくに社会的マイノリティの特徴をもたない人にも与えられうる。たとえばここに、男性であることを理由に様々な場面で（なぜか）不利益を受けてきた人がいるとする。この人は、女性専用車両が存在することに対して非常に大きな害を感じているとする。同じ特徴に基づく不利益処遇による害が個人に累積しているかどうかという基準では、このケースも悪質な差別になりうる。しかし私は、この人は不幸だとは思うが、女性専用車両を悪質な差別だとは言えないと考える。以上から、当人が感受する不利益や害の大きさは、差別を悪く／不当にするための十分条件でもないと言える。

とはいえ、このように言うからといってもちろん、差別が被差別者に対して多大な害や不利益を与えることを否定しているわけではない。あくまで、個々人が経験する害の大きさは、差別を悪質にする根拠としては過不足があるということである。[7]

ディスリスペクト説

次に、ディスリスペクト説はどうだろうか。ディスリスペクト説によれば、差別が悪いのは、他者を同等の価値をもつ存在としてリスペクト（尊重）しないからである。この立場にとって、互いに人々を同等の価値をもつ存在として尊重すべし、という義務はそれ以上遡れない基本原理である。差別が悪いのは、この重要な義務を（著しく）侵害するからである。それは相手が感じうる害の大きさなどとは独立して特定できる。

「リスペクト」されることが、たとえば経済的利益などの物質的利益とは別のレベルで重要性をもつことについては、アイデルソンが印象的な例で示している。次の二つの例を考えてみよう（Eidelson 2015 : 32, 34. なお表現は一部改変している）。

航空会社が、スミス氏が黒人であるという理由で搭乗拒否する。だが、その飛行機は後に墜落してしまい、乗客乗員は全員死亡する。

学術雑誌Aに投稿しようとしていた女性が、何らかの手違いで別の学術誌Bに投稿してしまった。当人はBに論文が掲載されることに対する利害関心がなく、それを望んでいない。

学術誌Bの編集者たちは、彼女の論文を、性別を理由にリジェクトする。

これらはいずれも、当人の別の次元にある利益や不利益（とその大きさ）にかかわらず「悪い」と言えるのではないか。一つ目の例は、結果的に搭乗拒否されて「良かった」とさえ言える事例である。なぜなら、スミス氏は飛行機に乗っていたら死んでしまっていたからである。生命は、人が関心をもちまた価値があるとみなすもののなかで、おそらく最も重要なものだろう。この観点からみれば、スミス氏はとくに害を受けているとは言えない。しかしそのことは、この事例について、悪質な差別だと言うことを妨げない。

また二つ目の例も、この女性にとっては、雑誌Bに掲載されないほうが良かった。なぜなら、まったく望まない雑誌Bに掲載されてしまうと、その論文は、本来望んでいた雑誌Aに投稿できなくなってしまうからである。この女性は、論文が落とされてむしろホッとしたかもしれない。だがこのことは、このBの編集者の行為を悪質な差別にすることを妨げないと思われる。

リスペクトが重要なものであることは前提として、以上の例でも示唆されているように、ディスリスペクト説は通常、差別者の意図や動機、または信念や価値観の歪みや偏見に帰される。他方、もう一つ、行為の「意味」に求める議論もある。ここでは仮に前者を「意図＝ディスリスペクト説」、後者を「意味＝ディスリスペクト説」としておこう。私自身は、この二つのうち「意味」に求める立場、「意味＝ディスリスペクト説」に説得力があると考えている。意図や信念などに依拠する議論には重要な批判があり、その批判は妥当だと思われるからである。

では、「意図＝ディスリスペクト説」にはどのような批判があり、どんな問題があるのだろうか。第一に、ある行為が、意図せざる意味や、意図せざる結果をもつことは多々ある。むしろ差別は、当人が自分の意図を自覚していない場合のほうが多い（無意識的な偏見を「インプリシット・バイアス」と呼ぶ）。これを適切に組み込めないとすると、かなり多くの現実を取り逃がすことになってしまうだろう。第二に、もし意図が悪の帰属先になるとするならば、「差別するつもりはなかった」「悪気はなかった」という言い訳が通ることになる。しかしこれはおかしいと思われる。第三に、相手を同等の人としてみなさないということ自体は、マイノリティ特徴には限定されない。仮にここに奇妙な趣味をもつ人がいるとする。その人は、なぜか名前が「あ行」で始まる人を嫌悪し、他の人と比べて価値が劣ると考えている。そして、「あ行」で始まる人の採用を拒否する（または教師だとして大幅に減点する）。意図に依拠する議論は、この特徴に基づく差別と歴史的・社会的マイノリティへの差別の違いを説明できない。第四に、統計的差別や間接差別は、「悪意や偏見」に基づいていない場合が多い。

以上の批判はどれも重要であり、悪意や偏見、信念などに依拠する「意図＝ディスリスペクト説」をそのまま採用することは困難であると言えるだろう。

他方、先に「意味＝ディスリスペクト説」と仮に呼んだ立場はどうか。この立場は、差別者の意図や信念などではなく、行為そのものがもつ意味にディスリスペクトを帰属させる。この立場は「社会的意味説」と呼ばれている。「社会的」が付いているのは、意味は社会的・歴史的な文脈によって与えられるとするからである。

意味説の代表的な論者のデボラ・ヘルマンによれば、行為は、行為者の意図や動機、またそれがもたらす結果（害や不利益）とは別に、社会的な文脈によって特定の「意味」をもつ（Hellman 2008=2018）。たとえば、白装束を着て十字架を焼く行為は、米国では、ＫＫＫが黒人へのリンチを予告するパフォーマンスとして行われてきたため、その当人たちの意図とは独立して、人種差別かつ脅迫という意味をもつ。他方、同じ行為でも、こうした歴史や社会状況をまったく欠くところで行われたならば、このような意味を帯びることはないだろう。

また、当人が感受する害や不利益の大きさも重要ではない。デボラ・ヘルマンは次のような例を挙げる。

> 教師が学生に、「黒人はバスの後ろに、白人は前に」座るように命じる。

バスの後部座席に座ることは、それ自体として大きな不利益や害はないだろう。むしろ若者は好んで後ろの方に座りたがる。また、この教師はとくになんの悪意も偏見ももっていなかったとする。だが、米国では歴史的な文脈から、この扱いは悪質な差別になるだろう。人種隔離政策をはっきりと想起させるからである。

差別は相手を尊重しないことだが、単なる侮蔑や侮辱とは異なる。単なる侮辱ももちろん悪いのだが、歴史的・社会的な文脈が重要になるからである。ヘルマンによれば、特定の歴史的・社会的な文脈を背景として、マイノリティ集団に対する不利な扱いや劣位化は、他者を同等の価値をもつ存在としてリスペクト（尊重）しないという意味を非常に強く帯びる。強いディスリスペクトをたとえば「貶価《へんか》（demean）」と表現する。

ただし、「意味＝ディスリスペクト説」にも問題はある。第一に、「間接差別」を分析できない。ヘルマンは「貶価」を差別の悪の根拠と論じるが、しかしたとえば、発音などを理由にして移民を店員として雇用しないのは「貶価」ではないだろう。だがこれは間接差別でありうる（Lippert-Rasmussen 2014：136–7)。第二に、「意味」とはそもそも何か、という問題もある。また「文脈」がどれだけ揃えば「意味」が生じるのか。これらの点については十分な説明はなされていない。第三に、行為の「意味」がディスリスペクトするということ自体への批判もある。つまり、人が人を尊重したりしなかったりするのであって、行為そのものが尊重したりしなかったりするとは言えない、という批判である（Eidelson 2015)。

これらの批判すべてに十分に応えることは今はできないが、私自身は次のように考えている。つまり、ある人々への差別的な慣行や価値観がある場合、その人々の特徴に基づく不利益扱いは、それら既存の慣行や価値観などを助長または強化または是認する意味をもつと言えるのではないか。そしてその意味は、被差別者が被る害の大きさとも、行為者の意図や動機、信念などとも独立して、行為に帰属できるのではないか。

おわりに

差別とは何か、その何が・なぜ悪いのかという問いに対する哲学的な議論はおおむね以上のような仕方で展開されている。害説や意図説、意味説のうちどれが最も優れているかに関する議論には、いまだ決着はついていない。しかし、歴史的・社会的文脈によって特定の差別がとりわけ悪質／不当になるという点は、ほとんどの議論で共有されている。議論が分かれるのは、その文脈がなぜ・いかにして、ある差別行為を、文脈を欠いた行為に比べてより悪いものにするのか、という問いに対する答え方である。

とはいえ、実践的に重要な課題は、ありきたりだが歴史的・社会的な文脈を認識し、とくに自分が社会的マイノリティではない場合、マイノリティの人々の経験を知ることだということは言える。

最後に、英語圏の議論ではあまり焦点化されないが、日本では様々な文脈で語られる表現について触れておきたい。それは、「差別的」または「差別につながる」という表現である。じっさい、明確に「差別」だと言えない言動は多々ある。たとえば、女性を「褒める」ような言動――「女性らしく整頓されている」「女性らしく細やかな気配りができる」などである。または、性的な特徴を過度に強調した女性の図像や表象などである。これらについて、「女性差別的」である、または「性差別につながる」という指摘がある。他方、それに対してはしばしば、「細かいことを気にし過ぎではないか」、「差別だとはっきり言えないなら問題はないのではないか」といった反論がある。あるいは「被害妄想ではないか」というものさえある。

私は、差別の理解にとって「差別的」「差別につながる」といった指摘は非常に重要だと考える。むしろ、これらの事例を除外せずに考察することは、差別の分析論にとって本質的な課題の一つだと考えている。そしてこうした事例を考えるのに、「意味説」は適している。これらは、典型的な差別の事例からすれば――経済的な損害を与えたり機会や権利を制約したりしないという意味では――明確に差別だとは言えない境界事例と言えるかもしれない。しかし、差別が様々な行為の集合によって成立すること、そして単に諸行為が複数存在するだけでなく、それらが相互に是認または正当化し合う意味をもって関係していると考えれば、こうした事例はむしろ差別にとって中心的なものとして理解できる。諸行為の中には、単独で取り出すと「差別」とは断言できないようなものもある。しかし、それらが意味をもって相互に関係しているという点が重要だと思われる。

◉注

◉1　Eidelson（2015）はそれでよいと述べている。たとえば、ある病院が喫煙者を雇用しないとすると、それは喫煙者差別だと言えるとされている。彼の議論にはきわめて重要な示唆が多数含まれているが、私は、とくにこの「特徴」の限定という点において重大な問題があると考えている（堀田 2020 近刊）。また、以下で論じるようなマイノリティ集団の特徴に限定する議論への批判は Thomsen（2017）でも展開されている。しかしトムセンの議論でも悪質さの程度の違いは認められている。

◉2　育児休業取得者中、女性は八二・二％で男性は六・一六％である。また、第一子出産後離職率は、女性は四六％ほどだが、男性は統計に出ないほど少ない（二〇一八年度）。

◉3　レレヴァント説については Halldenius（2005）が重要である。

◉4　ただしこのことは、変更不可能性や不正確な一般化、無関係さなどが組み合わされることで、ある差別が「より悪質に」なるという可能性を排除するわけではない。

◉5　なお、江原（2001）は「性差別」ではなく「性支配」を主題としている。だが私の見るところ、ここでの江原の議論は「性差別」をめぐる議論へと読み替えても、基本的な論点は妥当する。この点については、堀田（2016）を参照されたい。

◉6　http://www.huffingtonpost.jp/2014/12/21/obama-racial-profiling_n_6364244.html

◉7　この点、害を個人ではなく「集団」が被る害として考察する立場はありうる。たとえばアイデルソン（Eidelson 2015）の第六章はこの可能性を探求している。この議論の検討はここでは十分にはできないが、私は「集団」に依拠したとしても、本文で個人に即して示したのと類似の問題が指摘できると考えている。

文献

Cavanagh, Matt（2002）*Against Equality of Opportunity*, Oxford University Press.

Eidelson, Benjamin（2015）*Discrimination and Disrespect*, Oxford University Press.

Haldenius, Lena（2005）“Dissecting Discrimination,” *Cambridge Quarterly of Healthcare Ethics*, Volume 14, Issue 4.
Hellman, Deborah（2008）*When Is Discrimination Wrong?*, Harvard University Press.（池田喬・堀田義太郎訳『差別はいつ悪質になるのか』法政大学出版局、二〇一八年）
Lippert-Rasmussen, Kasper（2014）*Born Free and Equal? A philosophical inquiry into the nature of discrimination*, Oxford University Press.
Moreau, Sohpia（2013）“In Defence of a Liberty-based Account of Discrimination,” Hellman, D. & Moreau, S. eds. *Philosophical Foundations of Discrimination Law*, Oxford University Press.
――（2020 forthcoming）*Faces of Inequality: A Theory of Wrongful Discrimination*, Oxford University Press.
Thomsen, Frej Klem.（2017）“Direct Discrimination,” *The Routledge Handbook of the Ethics of Discrimination*, Lippert-Rasmussen［eds.］Routledge.
江原由美子（1988）「性別カテゴリーと平等要求」『フェミニズムと権力作用』勁草書房
――（2001）『ジェンダー秩序』勁草書房
堀田義太郎（2014）「差別の規範理論――差別の悪の根拠をめぐる検討」『社会と倫理』29号
――（2016）「性差別の構造について――江原由美子の性支配論をめぐって」『〈抵抗〉としてのフェミニズム』（生存学研究センター報告、24号）
――（2020近刊）「ベンジャミン・アイデルソン『差別とディスリスペクト』の紹介と検討」（仮）『女性・戦争・人権』18号
西原和久（1996）「差別の複合性への視座――差別と排除の現象学的社会学のために」、栗原彬編『講座　差別の社会学1　差別の社会理論』弘文堂
ラミス、ダグラス（1992）「差別の共同研究に向けて」『差別問題研究』一巻、明石書店

王宮近くの路地（タイ・バンコク）

【紀行文】

アジアの細道

バンコク、チェンマイ、ハノイ、ホーチミン市

藤原侑貴

酒量が増えた。

ストレスのせいか。きっとそうなんだろう。日々の疲れが徐々に溜まっていき、感情の淀みが底の方に蓄積されて、一つまた一つとその沈殿物が固まっていく。自意識から逃れるためにしろ、あるいは自分を突き落とすそぶりを見せるためにしろ、いずれにしても酒が必要だった。

何の不満があるんだ。これで良いじゃないか。まだマシな方だ。仕方がないじゃないか。最初は自分にそう言い聞かせもしたが、これはほとんど意味がなかった。そのうち、これだけ飲むのも当然だ、酒ぐらい飲ませろと誰にともなく言い訳するようになった。

海外へ行ったのはただの偶然だ。好奇心は摩耗していた。

いや、そもそも始めからそんなものはなかった。下調べも大してせず、まあ酒が飲めればいいかと思っていた。ゆっくりしたいという思いはあったが、どこか投げやりな気持ちだった。

最初に行ったのはタイだ。次に香港と深圳《しんせん》。二度続けてベトナムのホーチミン市。カンボジアの首都・プノンペン。バンコクから入ってウドンタニに寄り、ラオスのビエンチャンとホーチミン。バンコクからカンチャナブリーに寄り、ミャンマーのヤンゴン……。旅自体が徐々に長期化しながら東南アジアに通い続けるようになった。

何が良かったのかと訊かれてもうまく答えることができない。安く酒が飲めるからといつも答えていたが、それは嘘っぱちだ。航空券代と宿代を考えたら日本にいるのが一番安上がりである。ただ、日本を離れ、向こうにいると、何となくホッとするのは確かだった。

端的にこの国が自分に合っていないのか。それもあるだろう。しかし、ひょっとすると、僕はありもしない〝外〟を夢見始めてしまったのかもしれない。酒を飲んでただ日々を耐える〝内〟と、そんな日常からつかの間でも解放され、ここでだったらうまく生きられるかもしれないと夢見てしまう〝外〟……そんな短絡的な、と思いつつ、そして途方もない陥穽にはまりこんだのを感じつつ、確かにそれは僕を魅了してやまない。

初めてバンコクに行ったときに知り合った日本人のことをよく思い出す。終電を逃した者同士、ひょんなことからタクシーを相乗りした青年だ。彼は車内での短い会話で僕が東京出身だと知ると「いいなあ」と呟いた。聞けば彼は地方出身で家の周りには「何もない」という。

「何も、ということはないでしょう」

僕がそう言うと彼は寂しく笑いながら、

「何も、ですよ」

と繰り返した。

それが真実なのかどうかはわからない。第一、彼とは置かれた場所も立場も違う。希求するものも異なるだろう。だが、彼もまた何かを、言ってみれば、あり得るはずのない〝外〟を求めていたのではないだろうか。そして、おそらく彼もその狭間でもがく日本の一青年ではなかったか。

以下は二〇一九年五月二七日から六月一二日までタイとベトナムを旅した、ごく私的な記録である。

❶ バンコク

氷が溶け、コーラが水っぽくなり出した頃に、ようやくKは姿を現した。

彼も僕も四度目のバンコクである。最初に僕がタイに来たのは二〇一七年一月だった。Kは今から十年ほど前、十代の頃にボクシングをするため、日本からバンコクに短期間移り住んだことがある。

旅の出発地としてのバンコクは間違いのない選択だ。宿は無数に存在し、屋台、レストラン、ショッピングモール、ナイトスポット、バーと何でもある。慢性的な渋滞のせいでバスとタクシーは時間に余裕のあるときしか使えないが、高架鉄道のBTSと地下鉄MRT、運河を走る水上バスを駆使すれば移動で困ることもない。何よりバンコクの人は外国人慣れしている。こちらが金を数えるのに手間取ったり、勝手の違いで挙動不審な行動をしてしまっても彼らは意に介さない。それどころか、かなり寛容な精神を持って、極東の島国から来た旅行者に笑顔で接してくれる。

だが、久しぶりに見たKは疲れた表情を浮かべていた。長旅のせいだけではない。昨日すでにバンコクに着いていた僕は、二時間前にこんなLINEを受け取っていた。

「財布をタクシーに忘れた」

とりあえずオンヌット駅前のマクドナルドで待ち合わせよう、と取り急ぎ伝えた。彼の取った宿が駅のすぐ近くだったからだ。

旅行にトラブルはつきものとはいえ、初日から大事になってしまった。話によると、Kは空港のSIMカード売り場で知り合ったサラリーマン風の日本人とタクシーを相乗りした。そして、その旅行者が泊まる予定のチャオプラヤー川沿いのホテルに着いて、車を降りた後に全財産の入った財布がなくなっているのに気づいたそうだ。英語の達者なその日本人はタクシーのナンバーをすぐホテルマンに伝え、五〇〇バーツ、日本円で約一七〇〇円をひとまず貸してくれたという。

こんなとき、真っ先に言うべきタイ語がある。マイペンライ。大丈夫とか何とかなるとかそういう意味だ。しかし、その言葉は頭に浮かぶものの、譲ったコーラをKが飲み終わらないうちに、僕は手持ちの日本円をいくら貸せばいいのかという計算を始めていた。二日後には彼と別れ、チェンマイ行きの飛行機に乗らなければならないからだ。

ひとまずKが泊まるホテルまで行き、荷物を部屋に置いて、オンヌット駅近くの食堂に入った。トタンの屋根が店先に出っ張っている、屋外に開け放した形のレストランだ。客は多く、メニューもちゃんと用意されている。僕はシンハービールを、Kは鶏肉入りの辛そうな炒飯を二皿頼んだ。

よほど腹が減っていたのだろう、Kはあっという間に料理を食べ終えたが、どうしても財布のことが頭にちらつき、うまく会話を進められなかった。いっそ今すぐ宿に帰り、いくらか金を渡した方が気が楽かもしれない。持ち合わせの日本円がなくなっても、僕にはクレジットカードもキャッシュカードもあるのだ。

そんな風に考え始めた頃、Kのスマホが鳴った。件のホテルからの電話だった。相手もこちらも英語を使わざるを得ないので、傍から聞くだけでは一体何がどうなったのかわからない。

しばらくした後、Kは「オーケー、センキュー」と言って電話を切った。

「グッドニュースだって。見つかったみたい。早くホテルに来いって」

僕らは急いで会計を済ませ、BTSに乗った。

それにしても人間というのは、ほとほと疑い深くなっていく生き物である。Kの話によれば、財布は乗車していたタクシーの運転手が発見したらしい。それをすぐ停車先のホテルへ知らせるのは見上げたものだ。しかし、どうしても裏があるのを感じずにはいられない。日本であれば、財布の中に入っている現金の一割を拾った人間に渡さなければならないはずだ。いや、金がすべてなくなっていても、それを証明する手立てもない。そもそもここは外国なのだ。第一、相乗りした日本人も怪しいのではないか……。

電車に乗っている最中にホテルから再び電話があり、タクシー運転手が待っているから早く来て欲しいと伝えられたことも疑いをさらに深くさせた。なぜ待つ必要があるのか。やはり財布の中身が目当てだからに違いない。

アソークで降り、すぐそばにあるMRTスクンビット駅からフアランポーン駅まで行った。スマホで調べる限り、そこからならばホテルに歩きで辿り着ける。

街灯もまばらな中、十五分も歩くと、タクシーやトゥクトゥクが多く停車している道の向こう側に目立って大きな建物が見えた。壁面にはシェラトングループのマークが掲げられている。

ドアマンが扉を開くと、冷房の涼風がシャツの内側に入り込んできた。ホールは広く、宿泊客の姿も多い。

Kはすぐにレセプションへ行った。ホテルの照明のせいか服装のせいか、ホテルマンの褐色の肌は余計に日焼けして見えた。彼はKの顔を見かけると、即座にレセプションにある電話を使い、タクシー運転手を呼び出した。

一体いくら渡せばいいのか。シェラトンに来る途中、そんなことを僕らは話し合った。そもそも現金がなくなっていても諦めなくてはならないが、仮に入っていたらやはり一割、それぐらいは渡すべきだ……。

しばらくすると、ホテルの入口から運転手が姿を現した。年齢は二十代後半か三十代前半、僕と同い年ぐらいだった。かなりの時間待たせたわりにはそれを気にする風でもない。彼はルイヴィトンの長財布を取り出すと「これでしょう?」と顔で訴えた。

Kは声をあげた。財布そのものは見つかった。問題は中身だ。

ところが、こちらが中を確認する間もなく運転手が言った。

「今ここで中身を見てくれないか?」

Kは頷き、財布の中を見た。そして、運転手に笑顔で伝えた。

「確かに」

ほっと息を吐いた。何も盗まれてはいなかった。というより、相当に真面目な運転手だったことに感謝しなければならない。

運転手は続けてポケットからスマホを取り出し、Kと財布が写っている写真を撮りたいと言ってきた。ここに来て、徐々に僕は自分が恥ずかしくなってきた。僕たちがシェラトンに着くまで彼はまるで仕事にならなかったに違いない。このまま会社に帰ったら、何をしていたんだとどやされるに決まっている。つまり、この写真は今回の顚末の証明なのだ。

Kはピースサインで写真を撮ろうとした。運転手もホテルマンも思わず笑ってしまい、一気に和やかな雰囲気になる。驚くのはまだ早かった。数枚の写真を撮り、財布をしまおうとすると、運転手が「良かった、それじゃ」とだけ言って去ろうとしたのだ。

Kは急いで彼を引き止め、レセプションに行った。チップの両替を頼むためだ。しかし、始終応対してくれたホテルマンは申し訳なさそうに告げた。

「すみません。事情はわかります。ですが、あなたは当ホテルの宿泊者ではありません。ですので、両替はできないんです」

この対応はむしろ誠実なものとして僕の目に映った。そもそもこのホテルマンは客でもない人間の面倒を見た。彼にも相応のチップを受け取る権利がある。だが、それよりも彼は規則を重視したのだ。

仕方なくKは入口で待っていたタクシー運転手に空港で両替した数百バーツを渡した。運転手は戸惑った表情を見せたが、身振り手振りで説明すると納得し、「センキュー」と言って数えもせずに紙幣をシャツの胸ポケットに入れた。

連絡先を交換していたので、相乗りした日本人ともホテルで再会することができた。運転手にバーツをすべて渡したせいで結局Kは僕に借金しなければならなかったが、五〇〇バーツを返した。

一仕事終えた気になってホテルを出ると、雨が降り出していた。さすがに巨大なホテルだけあって、道には乗り物の客引きも多い。だいぶ気が楽になったのだろう、Kは「マイダイ」と口にして笑いながら首を横に振った。いらないという意味のタイ語だ。

急ぐ必要もないので、帰りはお互いの宿が近い場所まで八バーツのエアコンなしのバスに乗ることにした。薄暗い照明の車内で、首を汗で濡らしながらKは少し愚痴っぽくなって言った。

「何だか今回のバンコクは優しくないな」

どの口が言うのかと一瞬思ったが、きっとそれは安心から出た裏腹の言葉だっただろう。いや、優しいか優しくないかは別としても、この考えはあながち間違っていないのかもしれない。つまり、Kが最初にタイに来た頃と今とでは一切が変わりつつあるのだ。

これは街やタイの人だけに限らない。われわれ旅人の側もそうだ。僕にとってのバンコクとKにとってのバンコクとでは、同じ土地でも作用するものすべてが異なるだろう。バンコクで何かにぶち当たったときの感慨は、その時々のタイミングによってまったく別の姿をして現れるに違いない。

翌朝、定宿にしているゲストハウスの女将さんにこのことを伝えると、かなり驚いた表情でこう言われた。

「ユアフレンズ、ラッキー！」

なるほど、確かにな、という気がした。Kが幸運なのは間違いない。女将の話ぶりからして、財布が戻ってくるなんて滅多にないことなのだ。世界中のどこでもそれは同じだろう。逆を言えば、戻ってくるときは戻ってくることもある。そこが日本だろうとバンコクだろうと同じことだ。これは端的に運不運の問題でしかない。

ろくに食べずに眠り込んでしまったせいで、僕は空腹だった。ゲストハウスの外には大きな水たまりができていたが、天気は良かった。屋台の並んでいる路地に向かうほんの数分で、Tシャツの内側に汗が伝ってくる。

道を行く途中、僕は自分が妙に浮足立っているのに気がついた。あわよくば、今回の旅もまた「ラッキー」なものに恵まれるかもしれない……。

幸運なのはKであって僕ではない。いや、そもそも財布を失くすこと自体はまったくの不運である。

それでも僕は自然と出てくる奇妙な笑みが抑えきれずに、右手で顎のあたりを押さえながら、陽の光が反射する水たまりを避けて屋台のある路地へ向かった。

❷ チェンマイ

半シャツ半パンの女、大きな腹を抱えてビリヤードに興じる白人、カウンターでは華奢なボーイを相手に老人が酒を飲んでいる。クラブミュージックが抑えめの音量で流れ、ビリヤードの球が奇跡的な軌道を描いてポケットに入ったときだけ小さな声が上がる。

僕は霞がかかったような頭で立て続けにタバコを吸い、ビールを飲んでいた。連日飲み過ぎたせいで腹の調子が悪いが、酒を飲む以外にすることもない。

象乗り体験だとか虎と記念撮影ができるとか、遠方への一泊二日ツアーの勧誘の看板が街のいたる場所に立っているところを見ると、もちろんアクティビティはあるのだろう。だが、タイの地方都市の過ごし方はひたすら酒を飲むに限る。事実、長期滞在している西洋人、いわゆるファランは昼夜を問わず酒を飲み続けるのだ。僕もここチェンマイで、ドイステープに代表されるいくつかの寺院を巡った後は、ホテルと安く酒が飲めるバービアを往復するだけの生活だった。

　いつもと違い、妙に考え込んでしまっているのは、日本のあるニュースを目にしたからだ。

　バンコクにいたときから、川崎で無差別殺傷事件が起きたのは知っていた。正直なところ、別段それは衝撃ではなかった。たった一言、まさか、と心の中で呟いただけだ。それが今になって、どうしてここまで動揺しているのか。

　過去に行ったことのあるウドンタニとカンチャナブリー同様、チェンマイも地方都市特有のゆるやかな空気が流れる街だった。王朝時代に建てられたレンガの城壁が旧市街を囲み、散歩のときは東西南北にある門と点在する寺院が目印になる。東側のターペー門を抜けてロイクロ通りを進むと、バービアの密集地帯にぶつかるが、バンコクのナナプラザやソイカウボーイのような苛烈さはなく、女性相手にビリヤードをするも良し、ひたすら酒を飲むも良し、さらに深みにはまるも良し、自由な雰囲気だった。バービア群の中央にはリングが据えられていて、ドサ回りのムエタイを観戦することもできる。

　いくつかの店を周ってみると、どこに入っても珍しがられた。気に入ったバーに腰を落ち着け、理由を尋ねると、日本人は滅多に来ないからとのことだった。

　この手の店にはリタイアメントビザを取得したファランが多い。だから概して年齢層は高めだ。彼らにとっても日本人は珍しいらしい。

「コリアン？　チャイニーズ？」と最初に言われて、首を横に振ると「オーウ」。じゃあどこから来たのかと問われ、「ジャパン、アイムジャパニーズ」と答えると「オーウ」である。そして、英語でべらべらと喋りかけられる。当然すべてを聞き取れるわけではない。むしろ理解できないことの方が多いが、相手の声を延々と聞いていると、何の話題なのかぐらいは摑めるようになる。

「日本人って休暇が一週間しかないって本当か？」

　こう訊いてきたのは中年のドイツ人だった。質問自体はありきたりなものだ。正月休みはそれぐらいでしょう、と僕が答えると、そのドイツ人は目を見開いて肩をすくめ、わざとらしく驚く仕草をした。

「日本の税金ってどれぐらいだ？」

　これもありきたりと言えばありきたりな質問だが、どう答えていいものか迷い、スマホの翻訳アプリに「累進課税」と入力して相手に見せた。彼は納得し、「ドイツと同じだな」と言った。

　話をしていくうちにわかったが、彼には母国に対する、特に税金面での不満が相当にあるらしかった。

「日本は働いてる奴が多いだろ？　ならいいんだ。全員が税金を納めてることになるからな」

多い少ないの基準がわからないので、どうとも答えられない。まあ大体の人は、という意味で頷くと、今度は母国の失業率の高さを嘆いてみせた。彼は目を虚空に放ち、何かを計算しながら言った。

「そう、多分……ドイツにいる奴の二〇パーセントは働いてない」

そんな馬鹿な、と思った。ドイツと言えばEUの中でも経済的優等生ではないか。だが、数値的なものをスマホで調べて引っ張ってきても無駄のような気がした。彼のその実感が一体いつ湧いたものなのか、ドイツのどの地域に彼が住んでいるのかもわからないからだ。

「仕事を紹介しても続かない。そんな奴らに、国は金だけやるんだ。それでどうすると思う？　昼間から酒だよ」

今の自分と大して変わりはない。僕は矛先を変えようとして言った。

「チェンマイは良いところですね」

いささか唐突かとも思ったが、彼はふっとバーの外を眺めながら答えた。

「ああ、良いね。タイは良いところだよ」

次に話した比較的若いアメリカ人の問いは少し捻りが効いていた。

「どうして日本人はあんなにハワイへ来るんだ？　何でも高いのに」

綺麗な海、快適なホテル、暖かい気候、美味しい食事、彼にとってはそのいずれも、だからどうしたとでも言うべき代物らしい。聞けば彼はハワイ出身の元軍人とのことだった。トレーニングの賜物だろうか、確かに二の腕の太さが尋常ではない。

「それにしても、政府は信用できないぞ。今ならビットコインをやった方がいい。絶対に値上がりする」

酔っ払ってはいないようだったが、どんどん彼は饒舌になっていき、こちらが一つ一つに頷いていると、ビールを一杯おごってくれた。金離れが良いところを見ると、恩給だけで生活しているわけではないらしい。なるほど、それで仮想通貨かと納得したが、わざわざ移住したからには彼にとってのタイは非常に過ごしやすい土地なのだろう。

「日本人はもっとチェンマイに来るべきですね？」

僕がそう言うと、元軍人はその腕のせいでやけに小さく見える瓶ビールを傾けながら、「ああ、そうさ」と呟いた。

バービア群を出たところにある立ち飲み屋のような小さなバーにも立ち寄ってみた。五席しかないスタンドの中を覗くと、男の店員が一人スマホを見ながらひっくり返っていたが、席に座ると笑顔で応対してくれた。

「どちらから来られたんですか？　お仕事でこちらに？」

大抵の人と同じように店員は言った。

「日本から来ました。観光です」と答えると、彼は「そうですか」と微笑し、目の前にコースターとジントニックのグラスを慣れた手付きで置いた。

「どちらにお住まいで？　トーキョーですか？」

「横浜です」

「ヨコハマ……」

このやり取りも何度目だろうか。

「東京の近くです。電車で一時間くらいで着きます」と付け足すと「わかりました」と彼は頷いた。

「ヨコハマは大きな街ですか？」

「東京の周りでは、東京の次に大きい、ですかね。いや、どうかな……チェンマイはバンコクの次に大きい街なんでしょう？」

今度はこちらがそう訊くと、彼は苦笑しながら「うーん」と言い淀んだ。第二の都市となると候補が多いのだろう、彼は何度か口を開きかけては止めるのを繰り返し、

「ここらでは一番栄えてるんですがねえ……」

と言った。

「良いところだと思いますよ、チェンマイは」

僕はスタンドに座ったまま、路地の方を振り返った。まだ時間が早いせいで人通りは少ない。道路にはスクーターが所狭しと並び、マッサージ屋の前では薄着の女が暇そうに突っ立っている。地方都市のゆるやかな時間を十分に味わうためにも、この道筋は間違いのないものだっただろう。


次の店に入り、ビールを注文してからスマホを眺めた。ブラウザのトップ画面には、バンコクにいる頃と同じで例の連続殺傷事件のニュースがよく目に付く。

ビールを飲みながら見ていると、新しい記事が目に入った。元エリート官僚の父親がひきこもりの息子を殺したという。

僕はその中の父親の言葉に思わず目を引かれた。彼は川崎の事件がきっかけで息子を「殺すしかない」と思ったそうだ。

「殺す」という身も蓋もない言葉に凍りつき、固まったまましばらく動くことができなかった。いや、この言葉自体はかなりありふれたものだ。現に今持っているスマホでSNSを眺めれば、「殺す」なんて言葉はすぐ見つかる。

だが、何を考えようとも動揺は去らなかった。急いでビールを立て続けにあおったが、酔いも中々やって来てはくれない。

彼らは一体どんな気持ちで殺し、殺されたのだろうか。きっとそこにはとてつもなく大きな絶望が横たわっていたはずだ。チェンマイにやって来たら彼らは何を感じただろう？

ここまで考えて、僕は自分の安っぽさに気がついた。チェンマイに来たところで、どこに行ったところで何が変わるはずもない。だからこそ、彼らは絶望の果てに究極の手段を実行したのだ。

ただ、チェンマイで何日か過ごすうち、僕の気の持ちようは少しばかり変わってしまったようだった。現にそのニュー

ターペー門（タイ・チェンマイ）

スを目にし、途方もない殺意を感じて、僕は日本へ帰るのが怖くなっている。

タイにだってもちろん殺人は存在するし、日本が殺意に溢れた社会だとも思わない。しかし、その一端に触れなかったことがないと言えば嘘になる。いや、意識しないようにしているだけで、いたるところに殺意は転がっているはずだ。

むしろ、人間同士が近ければ近いほど、この感情は容易に起きうるもののような気がした。だから怖くなったのだ。あるいは僕自身、いつひっくり返るともしれないそんな感情を、日々抱いて生活しているのではないか。こう何度も東南アジアに来るのは、その感情と向き合わずに済む時間が欲しいからではないか。それが仮初めのものだとわかっていたとしても……。

「どうしたの？」

タンクトップ姿の若い女に声をかけられてハッとする。何となくこういったバーでは、顔見知りの従業員が一人はできるものだ。酒を奢れば延々と話し相手にもなってくれるが、そういった気分にもなれず、「何でもないよ」と笑って答えた。

のんびりしすぎたかな、とふと思った。あるいは旅人に対する優しさに触れ、それに甘え過ぎているのかもしれない。

今日はホテルに帰って早く寝てしまおう。そう思ったが、中々席を離れることができず、店の女にもう一戦ビリヤードを挑もうとする白人を横目に新しいビールを注文した。

❸ ハノイ

ハノイに着き、空港で両替をしていると、白タクの運転手に声をかけられた。残ったタイバーツをベトナムドンに変えるときにその姿を目撃されてしまったらしい。この商魂のたくましさが妙に懐かしく、久々にベトナムに来たのだという実感が湧いてくる。

「いらないよ」

聞きかじりのベトナム語でそう答えると、白タクの運転手は目を丸くし、次に恨めしげな表情を浮かべて去っていった。

空港から市内までは、基本的にどの国でも公共のバスを使うことにしている。ぼったくりの心配がない上に、ある程度の金銭感覚をバス代で摑めるからだ。特に交通費が安く、通貨の単位が多くなるベトナムのような国ではなおさらである。空港からハノイ市内まではおよそ三〇分。料金は三万五〇〇〇ドンだった。一〇〇〇ドンが約五円、ゼロを三つ削って五をかければ日本円だ。

オペラハウス横で降りて徒歩で宿まで行く途中、いかにもな高級ホテルの前に灰皿が置いてあるのを見つけた。近くに立っているドアボーイと目が合ったが、彼は「どうぞどうぞ」と言う風に笑顔で応じてくれた。

お言葉に甘えてその場で一服したが、さすが政府のお膝元と言うべきか、経済成長著しいにもかかわらず、まるで景観は乱れていなかった。古い写真の中にそのまま放り込まれたように、周囲には西洋風の建物が立ち並び、並木や花壇など緑も多い。

歩き出すと、そのうちシクロのたまり場にぶち当たってしまった。移動手段としてではなく、観光客向けのアクティビティとして利用される乗り物だ。悪評も多く聞く。しかし、運転手たちはこちらを一瞥するでもなく、座席にひっくり返ってただぼんやりとしているだけだった。

アパートメント式の宿に荷物を置いて、グラブバイクを使い、次にシンツーリストまで行った。グラブは配車サービスアプリだ。現地の人も多く利用するのだろう、緑色のヘルメットとジャケットを身に付けたドライバーが道のいたるところにバイクを停め、忙しくスマホをいじっていた。

シンツーリストは有名なツアー会社である。どれぐらい有名かというと、名前もロゴも真似た偽物のオフィスが町中に点在するほどだ。オフィスはかなりこぢんまりとしていて、お世辞にも綺麗とは言えなかったが、受付の若い男は慣れた感じでこちらの要望を聞き、ハロン湾へのツアーを申し込むことができた。

翌日の早朝に集合場所のオフィスまで行き、やって来た大型バスに乗ると、乗客は十人程しかいなかった。おそらくオフシーズンなのだろう。大きなバックパックを抱えた白人のカップルがいる他は全員アジア系だ。走り出した車内で耳をすませた限りでは、若い女性の二人組以外に日本人の姿はない。

ハロン湾に行くまでには相当の時間がかかると聞かされていたが、途中土産物屋に立ち寄ったにもかかわらず、三時間程度しかかからなかった。どうやら高速道路が完成して、劇的に時間が短縮されたらしい。

入り口の建物を通って、まずはクルーズ船に乗った。船内で昼食を取った後に中継地点で船を降り、そこからバンブーボートに乗って湾を一周する。笠をかぶった老齢の女性が櫓を使って船を漕ぐ古典的なスタイルだ。希望者はカヤックに乗ることもできる。湖面は緑と青の中間のような不思議な色をしていて、二〇万ドン紙幣にも描かれている巨大な岩の数々は確かに壮観だった。

しかし、それよりも興味深かったのは、バンブーボートの群れの一つで「キエーッ!」という奇声が突然上がったことだ。振り向くと、大人数の若者が乗ったボートの上で漕ぎ手の女性が大騒ぎして天高く片手を掲げている。

「コリアン、ヤングメン、ナンバーワン!」

笠を被った老女は、そう言って何度も手を掲げた。よく見ると、その中にはベトナムドンが握られている。おそらくそれはチップなのだろう。ボートに乗っている学生風の若者たちは少し恥ずかしそうにしていたが、やがて漕ぎ手と一緒に写真を撮ったり騒いだりし始めた。

ここでもか、と思った。まず韓国人旅行者の多さである。僕の乗っているボートは三人しか客がおらず、僕以外の二人組はそれぞれシンガポールとマレーシアから来た中年女性だった。だが、向こうの大騒ぎしているボートは倍以上の人数が乗っている。ともすれば、すぐさま転覆してしまいそうだ。

これに似た光景はレストランや飲み屋でもよく見かけた。韓国人や中国人の団体客がおひねりを多めに出している場面に出くわすのも、これが初めてではない。盛り上がっているそんな団体を目にすると、いつも一人旅の身としては羨ましい気持ちも湧いてくる。

ハノイ市内に戻り、宿で休憩してからラーメン屋で夕食を取った。どういうわけかカップルが多く、自撮りを始める人たちまでいて少し肩身が狭かった。窓の外を見ると、小雨が降り出している。ハノイではあまり飲まずにシンプルに済ませるつもりだったが、妙な寂しさがこみ上げてきて、僕はガールズバーに行ってみることにした。

街の中心地に位置する日系ホテルの向かいにあるバーに、スマホを頼りにグラブバイクで行った。入り口の扉を開けると若い女性がカウンターにずらりと並んでいて、入店した僕の方に目をやった。他に客の姿はない。笑いかけてはくれたが、どことなくよそよそしい雰囲気だ。席に座っていいものかどうかそのまま入り口で立ち止まっていると、奥からボーイが現れ、流暢な日本語で料金体系を説明してくれた。

この店に限らず、どの飲食店でもコンビニでもハノイの人はひどく真面目である。確かに南部のホーチミン市とあらゆる面が綺麗に真逆だ。実際、カウンターの女性たちはかなり緊張しているらしく、聞きかじったベトナムの国歌とホー・チ・ミン主席の歌を披露してようやく打ち解けた感じになった。

店の趣旨からははずれてしまうが、一番仲良くなったのはボーイさんだ。

「日本語がお上手ですね」

そう言うとボーイさんははにかみながら、

「私、日本に行ったことがあります。北九州の自動車工場で一年働きました」

と答えた。

ただ、そこで日本語を勉強したのかと訊くと、彼は微妙な表情を浮かべた。

「すごく働きました。だから、勉強はあまりできませんでした。五十七秒に一台、車を作るんです」

「五十七秒に一台!」

聞き間違いではないらしく「はい」と彼は笑った。

「最初は大変でした。でも、すぐ慣れました。ただ、疲れてしまうので、帰ったら寝るだけです」

「食事も外で済ませて?」

「いいえ、私は日本食があまり好きじゃなくて……。食事は友達に教えてもらって、自分で作りました。食べたら寝るだけ、ですね」

とすると、彼はどこで言葉を学んだのだろうか。ここまでの日本語を駆使するからには、どこかできちんと勉強したに違いない。そう口にすると、彼は「日本語学校と……あとは歌です」と言ってキャッシャーのそばにあるノートパソコンを開いた。

「これ、日本語でしょう?」

画面にはプロモーションビデオが映し出されていた。甘いルックスのグループが踊りながら歌を唄っている。知らない曲だ。僕が疑問の表情を浮かべると、ボーイさんは言った。

「これ、韓国のグループです。K－POP、知ってますか?」

「え!」

僕はまたしても素っ頓狂な声をあげた。何でもこの手法で日本語を覚える若いベトナム人が多いという。様々な文化が混ざり合った言葉を異国の若者は受け止めているのだ。

その事実が妙におかしくて、僕は笑いながら言った。

「もう一度日本に来たいですか?」

しかし、彼は「うーん」と言い淀んだ。

「本当はベトナムでも自動車関係の仕事につきたかったたん

宿の前，ホンハー通り（ベトナム・ハノイ）

です。でも、北部に自動車の大きな工場はありません。……悩んでいます。日本へ行くのは、親に止められているんです。行っても、勉強があまりできませんから。それに僕は長男で、父ももう若くないんです」

父親の年齢を尋ねると、まさにベトナム戦争の頃が青年期だったらしい。そのボーイさんはもちろんまだ生まれていないし、失礼かとも思ったが、好奇心が勝り、「戦争の頃は」と言うと彼は微笑しながら答えた。

「はい。戦争の話は時々します。父も兵隊に行きました。けど、父は運転手だったので……」

「運転手」とだけ僕も呟くと、彼は「そうです。運転手だったので……」と繰り返した。

その後は声に出さなかったが、言葉の続きは言われずとも理解できた。父は後方勤務だったので負傷せずに生き残ることができた、とももちろん伝えたいのだろう。しかし、きっとそれ以上に、彼はこう言いたかったのだ。だから父は人を殺さずに済んだ、と。

彼の父親にとってその戦争は勝利で終わったが、彼ほどの若い世代の感覚では、そこにヒロイズムは存在しないだろう。同じ民族同士が殺し合うなど、まったくナンセンスなことに違いない。父親が戦後どのような仕事につき、彼を育てたのかはわからないが、おそらくそんな父を彼は尊敬している……。

ボーイさんが他の仕事をしに階上へ消えた後、ちょっとした酔いも手伝って、僕はカウンターにいた女性にヴォー・グエン・ザップ将軍の名前を伝えた。すると彼女はキョトンとした顔のまま黙ってしまった。

まさか知らないわけはないだろう。そう思い、軍隊の中で一番偉かった人ですよ、と言ったが、どうにも名前だけでは伝わらないらしい。発音がまずいのかと思い、身振り手振りで風貌を説明してもまったく伝わる気配がない。仕方なくスマホで検索した画像を見せると、ようやく「あー」と合点がいったようだったが、切れ長の目をした黒髪の女は大声ではしゃぎながら続けてこう言った。

「この人、もう、死んだ！」

言葉の真っ直ぐさに思わずドキリとさせられる。しかし、軍人の名前を出して、若い女性がすぐ反応するわけもないということに後から気がついた。もう戦後四〇年も経っているのだ。ひょっとすると、異国人である僕の方が、映画や書物で見ることのできる過去への郷愁じみたものを余計に抱え込んでいるのかもしれない。

最後にボーイさんにお別れを言い、店を出た。雨上がりの風が心地良かった。

❹ ホーチミン市

ホーチミンは評判の悪い街である。こう書くと身も蓋もないが、今まで出会った旅人からホーチミン市の悪口を何度も聞いた。

ラオス・ビエンチャンで知り合った元バックパッカーの日本人はぼったくりの度が過ぎると言って、二度と行きたくない街の一つにホーチミンを挙げていたし、ビエンチャンの空港で話した韓国人の青年はタンソンニャット空港に降り立ち、タクシーで市街に行くときにベトナムドンを財布からごっそり抜かれたという。

「どうしてあんな街、そんなに行くんだい？　博物館ぐらいしかないじゃないか」

すでに僕が何度もホーチミンへ行ったことがあると知ると、英語の達者なその韓国の青年は半ば呆れながらそう口にした。

ぼったくりは個人差があると思うが、ホーチミン市内の観光となると確かに博物館巡りがメインである。市場も一度行けば大抵の人が満足するだろう。立派な商業施設もたくさんあるが、そこで見られるもののほとんどは日本と同じだ。

どうしてそう何度も行くのかと訊かれると、これまた身も蓋もない答えしかない。つまるところ、それはミナがいたからである。彼女とは二年前にタイバンルン通りの横丁、ベトナム語で言うとヘムにあるガールズバーで知り合った。そして、彼女もまたホーチミン市が嫌いだった。

初めて顔を合わせたときのことは鮮明に覚えている。肩まで届く黒髪で、頭に猫耳バンドを付けており、店内で一番背が低いのがミナだった。僕よりも五つ年下の彼女がその時点でどのくらいバーに勤めていたのかはわからないが、ミナはお世辞にも日本語が上手いとは言えなかった。いつも店の他の女の子に通訳してもらって会話するといった具合で、彼女は中年の駐在員に言葉遣いをよく馬鹿にされていた。

ミナは頻繁に連絡を寄越してきた。日本へ帰ってきてからもほぼ毎日ＬＩＮＥが飛んでくる。最初は「konichiwa」「kombawa」とローマ字の文章が来ていたが、そのうちそれは「こにちわ」とか「たのし」といったひらがなに変わり、数分でも通話するのがやがて日課になった。

端的にウマが合ったのだろう。どうしても世の中にいけ好かない人間がいるのと同じで、顔を見合わせただけで何となく仲良くなることもある。今回の旅の終着点をホーチミン市にしたのも、ミナがいるからだ。

かつていたバーは従業員の出入りが激しく、彼女も他の店に移ったことは日本を出る前に知っていた。だが、いざホーチミンに着き、アパートメント式の宿からミナに連絡すると、次の店もすでに辞めたとのことだった。今はほとんどの時間、学校に行っているらしい。昼食を一緒に取ることになり、待ち合わせ先のタイバンルン通りのヘムに行くと、五分遅れで彼女はやって来た。

近くの日本食屋に入ると、彼女はドイツ語の語学学校の話を始めた。それは最初に会ったときから何度も話されたことだった。何でもドイツに親戚一族がいるらしく、いずれ引っ越したいと言うのだ。旧東ドイツが社会主義国だったのを考慮すれば、それはあながち無謀なことでもないのだろう。事実、ベルリンにはベトナム移民が多く住む地区もあるという。若者が夢を抱く街は各々異なるが、彼女の場合はそれがドイツなのだ。

昼食が済んで、僕らは一区にあるビンコムセンターに行った。ほぼ観光地化された市街の中でも屈指のショッピングモールだ。やはりここにも大勢の観光客がおり、ミナは異国の言葉を耳にしては「あれは日本人？」とか「中国？」と耳打ちしてきた。あらゆる音が反響する中でかろうじて聞き取れるのは日本語だけだ。苦笑しながら何度か「うーん」と呟くと、ミナは唐突に言った。

「わたし、韓国、きらい」

聞き間違いかと思った。知らんぷりをして再度聞き返すと、また彼女は「きらい」と繰り返した。

歴史的な事情を知らないわけではない。だが、彼女の言葉の真意がわからない以上、僕にはとぼけるしかなかった。何を訊いても、おそらくその会話は空中分解を起こす。ただ一言、「俺には韓国人の友達がいるよ」と口にするのが精一杯だった。するとミナは目を丸くして「ホントに？」と素っ頓狂な声をあげた。

妙な気持ちがした。タイバンルン通りのヘムは観光地化が著しく進み、白人も黒人もアジア系も、リトル・トーキョー化された区画に毎日やってくる。彼女はそこで働いていたのだ。

ミナがいたバーで日本人駐在員に女性たちが小馬鹿にされている様子がふと思い起こされた。大抵は言葉遣いに対するものだ。そもそも彼らだってベトナム語が話せるわけではない。そんなことをして一体何が楽しいのか理解できなかった。いや、僕だって五十歩百歩かもしれない。第一、それとこれとは話が違う。だが、頭の中でいったんそれが繋がってしまうと二度と離れてはくれなかった。

いくつかの店を周った後、レタントン通りとタイバンルン通りの交差点でミナと別れた。滞在中再度会うつもりで別れたし、ミナの言動からしてもそうだと思っていたが、以後彼女からの連絡は途絶えた。

僕は時間を持て余した。何せ四度目のホーチミンである。市場や博物館はもちろん、スカイデッキにも登ったし、ブイビエン通りでビールも飲み、クチトンネルやメコンデルタやカオダイ教のツアーにも参加した。もはや行くところがない。こうなると酒でも飲むしかないが、ミナのいないバーに行

タイバンルン通りのヘム（ベトナム・ホーチミン市）

く気にもなれず、かといってコンビニでビールを買ってアパートメントに戻る気もせず、僕はタイバンルンのヘムを行ったり来たりした。

小道の中は相変わらずだった。ラーメン屋や牛丼屋、日本式の居酒屋があるかと思うと、ガールズバーや怪しげなマッサージ屋が隣に建っていたりする。以前は「おにいさん！」「飲みほうだい！」の呼び声の中に見知った顔もあったが、彼女たちもどこか別天地に行ったようだ。

行き止まりにぶち当たっては戻るのを繰り返すうち、僕は路地裏に迷い込んでしまった。目の前には一件のバーがある。

軒先の横にはみ出して灯されているネオンには蝶の文様が象られ、“DRINK BAR”と英語で大きく表記されていた。中を覗くと二人の女性がいる。ウイスキーのボトルが綺麗に壁に並べられているところを見ると、オーセンティックバーのようだ。まあ、もし危ないようなら一杯で止めてしまえばいい。どこかヤケのような気持ちも相まって、僕は店の扉を開いた。

カウンターの内側には背の高い痩身の女性が立っており、止まり木では彫りの深い顔をした黒髪の女が一人で酒を飲んでいた。座ってビールを注文すると、背の高い女性が言った。

「あなた日本人ですか？　私はスーと言います。よろしくお願いしますね」

丁寧な日本語だった。聞けば彼女は通訳として日系企業に就職を希望しており、大学で勉強しながら語学学校にも通っているという。僕の隣に座ることになった黒髪の女も客ではなく、従業員とのことだった。彼女の名前はリカと言い、日本語ではなく流暢な英語を話した。昼間は外資系の企業で働き、夜はここでアルバイトをしているそうだ。彼女もまた、いずれカナダに行きたいと僕に話した。

飲みながら店内を眺めると、ここはガールズバーとは勝手が違い、やはり純粋に酒を楽しむ場所のようだった。スーとリカ以外の店員はおらず、メニューにも女性に手を出さないように強めの警告文が記載されている。キープボトルもいくつか棚にあり、エアコンの臭いが少し気になることを除けば静かで落ち着ける店だ。

飲みながら三人で話すうち、スーがこう尋ねてきた。

「どうしてガールズバーに行かないんですか？　向こうの方が、男の人は楽しいですよ」

直接的な訊き方に思わず笑ってしまったが、ここで嘘をついても仕方がない。

「以前は行ってましたよ。だけど……」

正直にミナのことを話すと、スーが笑いながら言った。

「大丈夫。彼女は、きっと忙しい。また連絡来ますよ」

スーはベトナム語でそれをリカに説明した。すると彼女も微笑しながら頷いた。まさかベトナムまで来て人に励まされるとも思わなかったが、どうやら良い店を引き当てることができたようだ。

「このお店は長いんですか？」

「そうですね。長いと思います。でも、ここは今月で閉めるんですよ」

「それは残念だな」

そう呟くと、スーはあらましを話してくれた。彼女が言うには、このお店には日本語が上手く、美貌も兼ね備えたカリスマ的ママがいた。相当に流行った時期もあるという。しかし、そのママさんがもうすぐ結婚するので店を閉めざるを得なくなったそうだ。そして、ママさんがいなくなってから店にはまるで客が寄り付かなくなってしまったらしい。

「その結婚のお相手は」

僕がそう言うと、スーは「日本人ですよ。こっちで働いています」と答えた。

不意に、盛り場で飲み屋を十年続ければ銀行も無担保で金を貸す、とどこかで聞いた与太話を思い出した。その十年の間にママと客の男ができてしまうからだ。そうなると客は現金なものでその店に来なくなり、結局店は潰れてしまう。

もちろんこれは勝手な想像である。しかし、しばらく店にいるうちに僕は妙な義務感にかられていった。最後までこのバーを見届けたい。いや、見届けなければならない……。

おかしな撞着を起こしているのは十分わかっていた。だが、そんな気まぐれな旅行者がいてもいいではないか。自分にそう言い訳し、僕はそのバーに毎日通うことに決めた。

通ってみてわかったが、二人の女性従業員も優しく、気配りが利いていて確かに居心地の良いバーだった。さらに言えば、ママさんのカリスマ性も理解できた。「ママは？」と言って客が時折入ってくるが、いないとわかると一杯も飲まずに帰っていくからだ。

開店時間の夜七時に合わせて毎日そこで飲んだ。いるのはいつもスーとリカと僕の三人だけだった。スーはかなり勉強熱心で漢字についてよく尋ねてきた。意味を説明すると彼女はスマホを取り出し、忘れないうちにその漢字を実際に書いてみせた。いずれは日本にも来てみたいという。桜が好きだと言うので、近所の河川敷に咲いていた桜並木の写真を見せると、彼女はうっとりとした表情で「いいなあ」と呟いた。

最終日、バーの扉を開くと、リカだけがカウンターの内側に立っていた。何とか英語でやり取りしたところによると、スーは用事で来られないという。別れを直接告げられないのは残念だったが、すでに連絡先は交換してあったので別段落ち込みはしなかった。

二人だけで飲むうち、彼女は僕にこう訊いてきた。

「あなたはベトナムが好き?」

「大好きですよ」

すると彼女は微笑し、「日本は?」と言った。

「日本は……」

頭が真っ白になった。根本的な問いだ。それに、そう、もう日本へ帰らなければならない。旅には絶対に始まりと終わりがある。

「日本は今……レイシズムがあるんです。大声で差別をする人たちがいます。ほとんどの人はそんなことしませんが」

どうして急にこんなことを口走ったのだろう。気がつけば、僕は母国に対する不満を大声でぶちまけていた。

ひょっとすると、それは日本に帰らざるを得ない自分に対する苛立ちの裏返しだったかもしれない。さらに言うなら、何だかんだ言っていつも日本に帰っている自分への苛立ちもあるのかもしれない。

リカは言葉の一つ一つに頷きつつ、笑みを浮かべたまま話を聞いてくれた。

「またホーチミンに来る?」

唐突に彼女が言った。

「もちろん!」

僕はろくに考えもせず、そう答えた。そして、気がついた。ミナがいたから僕はホーチミンに通い続けた。それは事実である。しかし、もう僕はこの街自体を愛してしまっているのだ。いや、今回行ったどの街もすでに愛し始めているのではないか。

最後のウイスキーを飲み終え、入り口の方に顔を向けた。今まで様々な人が来て、去っていった扉がある。次にホーチミンに来たとき、この扉は開くことができない。だが、きっと代わりは見つかるはずだ。いや、そんな場所はそこら中に、ひょっとしたら日本にだって転がっているかもしれない……。そう願うのは、日本にも自分にも酷なことなんだろうか?

「それじゃあ、行きますね」

妙に高揚した気分で立ち上がり、僕はリカに握手を求めた。彼女は少し面食らったようだったが、やはり微笑をたたえながら手を握り返し、「またね」と言った。


（了）

辺野古の砂浜にて（2010 年）

特集②

歴史認識とヘイト

排外主義なき日本は可能か

歪んだ眼鏡を取り換えろ

「嫌韓」の歴史的起源を考える

加藤直樹

❶「嫌韓」は感情ではなく世界観

二〇一八年一〇月の徴用工判決以降、安倍政権による韓国への攻撃がせり上がっていく中で、「嫌韓」ムードが日本を覆い続けている。ネットメディアや雑誌は韓国叩きの記事を大量生産し、テレビのワイドショーも、一時は毎日のように韓国ネタを取り上げ、コメンテーターは韓国や文在寅政権を激しく非難し、嘲笑していた。

毎日飽きずに繰り返されたそのさまは、まさに洪水のようだが、その論調は一本調子なものだ。韓国は異常で程度の低い国である、韓国は反日国家だ、韓国は日本をなめている、韓国人は思慮が浅く感情的だ、だから日本に刃向かう韓国の目論見は必ず敗北する――というメッセージを飽きることなく反復している。

その思い込みの激しさと執拗さには眩暈がする。しかもそれは、昨日今日始まったものではない。二一世紀に入って以降の「嫌韓ブーム」のなかで、ずっと再生産されてきたものだ。それどころか、実は、こうした言説は日本の歴史のなかで繰り返し現れてきたものなのである。その根底には、歴史的に形成された日本人の朝鮮観がある。それは単なる感情ではなく、一つの世界観であり、認識の枠組みである。

人間は世界を目に映るありのままに見ることはできない。必ずある物差しや枠組みを通じて編集された世界を現実として眺めるのである。それは、たとえて言えば「眼鏡」のようなものだ。いくら韓国について最新のニュースを追いかけようが、現地の情報を収集しようが、この眼鏡を外さない限り、結局はおなじみの韓国像がそこから自動的に再生産される。

この眼鏡をかけている限り、全ての情報や知識が、既知の韓国像の正しさを証明するようにしか思えないのだから、仕方がない。

この循環から抜け出るには、それを生み出す眼鏡に注意を向けなければならない。眼鏡を疑い、対象化し、それ自体が見えるようにするのだ。

私は、この「眼鏡」――一言で言えば「朝鮮蔑視」は、三つの歴史的起源をもつと考える。尊王思想、進歩主義、植民地経験である。

❷ 尊王思想

第一の尊王思想から見てみよう。

近代国家はナショナリズム運動を通じて形成される。日本の場合、それは幕末に尊王攘夷運動として現れた。近代的な権力に必要な正統性を、彼らは天皇に求め、ついには「万世一系」の天皇を正統性の起源とする大日本帝国を確立した。

尊王運動の思想的源流は水戸学であり、さらにその起源は国学ということになる。国学は、『古事記』や『日本書紀』のなかに本来の日本、本当の日本を探す思想だった。江戸時代後期の日本に、記紀神話が特別なオーラを帯びて甦り、新しい日本をつくるための「神話」となった。

そもそも、『古事記』『日本書紀』自体が、八世紀に「日本」という新しい国をつくるために編纂されたものだった。その一つの柱となるのが、朝鮮は日本に臣従しているという神話＝ファンタジーである。

七世紀、倭国の王たちは、朝鮮半島の諸勢力の抗争に深く関わっていたが、まずは高句麗、次いで唐と同盟を結ぶ新羅といった強力な敵に直面するようになると、日本列島を中心とする新しいアイデンティティーを創出する。「天」との特別な結びつきを示唆する「日本」という国号を創出し、中国から与えられる爵位としての「王」の称号を捨て、自ら「天皇」を名乗ることだった。「天皇」は、場面に応じて「天子」「皇帝」とも呼び分けられた。つまり、新国家「日本」は、自らを中国と並ぶ「帝国」として規定することにしたのだ。

中国がそうであるように、帝国には自らに臣従する「蕃国」とその「王」がいなければならない。そこで日本は周辺諸国に日本への臣従を求める。当時、朝鮮半島を統一した新羅に圧迫されていた耽羅（済州島）はこれを受け入れたが、新羅と渤海は拒否した。それでも、中国は対等な隣国で朝鮮諸国は臣下の国である（「隣国は大唐、蕃国は新羅なり」）[1]というファンタジーをつくり上げることで、当時の日本は自らを帝国として演出した。

『古事記』『日本書紀』編纂の目的の一つは、そうした帝国日本の神話をでっち上げることであった。神功皇后が「西方に宝の国あり」という神のお告げに従って朝鮮半島に渡り、新羅を討ち、百済、高句麗を服属させたという「三韓征伐」の物語は、こうしてつくられたのである。

朝鮮＝属国神話は、江戸時代後期、記紀神話と共に復活する。そしてそれは、実際に朝鮮を征服しようという構想につながっていく。農政学者の佐藤信淵《のぶひろ》（一七六九―一八五〇）は著書『宇内混同秘策』において、全世界を支配する第一歩として、まずは朝鮮を攻略することを提唱する。[2] 朝鮮人たちを「撫育」「駕御」し、朝鮮を「支那を征するの根幹」、つまり中国侵略の拠点とするべきだというのだ。

吉田松陰（一八三〇―一八五九）は、野山獄から、兄に「朝鮮のごときは古時我れに臣属せしも、今は則ちやや倨《おご》る」と書き送っている。本来は属国なのに日本に対して傲慢だと朝鮮を非難しているのである。松陰はさらに、「師をおこして三韓の無礼を討」つべきであり、「神功（皇后）の未だ遂げざりし所を遂げ」るべきだと主張する。[3] ちなみに佐藤信淵も吉田松陰も、朝鮮攻略の中間拠点として竹島／独島に注目している。

このほか、幕末の勤王家としては、平野国臣や真木和泉も征韓を唱えている。

その後、「天皇」を掲げた新政府が成立すると、日本はそれを伝える国書を朝鮮に送付した。だがその中に、従来の「国王」に代わって「天皇」や「勅」といった文字があることで朝鮮側が反発し、受け取りを拒否する。清の皇帝に冊封を受けた朝鮮「国王」としては、「天皇」（＝皇帝）を認めてしまえば日本の下位に置かれてしまうことになるからだ。これに対して日本側は、朝鮮は「皇国を蔑視」していると反発。「朝鮮は討つべし」とする征韓論が吹き上がった。下位に置かれることを拒否することは日本に対する「蔑視」だというのだから、それこそ傲慢な理屈である。

近代日本の権力の正統性は「万世一系」の天皇に基づくのであるから、明治以降、こうした尊王論に基づく朝鮮属国視は様々な言説、学問、教育を通じて、近代日本人の朝鮮観を底から規定していったはずだ。嫌韓報道のなかに見られる「韓国は生意気だ」「日本をなめている」という「上から目線」の言説は、その延長線上にある。

❸ 進歩主義

明治以降、尊王思想に由来する朝鮮蔑視の上に接ぎ木するように登場したのが、進歩主義に基づく朝鮮観である。古代日本が華夷秩序という当時のルールのなかで朝鮮を低位に置こうとしたように、近代日本は、今度は「進歩」という近代世界のルールを使って朝鮮を低位に置くようになった。日本近代のイデオローグたる福沢諭吉の言説を中心に、それを見てみよう。

「発展段階論」を日本に導入したのは福沢諭吉（一八三五

—一九〇一）である。彼は『文明論之概略』[4]において、文明は「野蛮」「半開」「文明」という「順序階級」を踏んで進んで行くものであり、その頂点にあるのが西洋諸国だとする。そして、すべての国は西洋を目標にするしかないのだと言う。この発展段階によって、すべての国は相対的に評価される。例えば、「半開といえどもこれを野蛮に対すればまたこれを文明といわざるを得ず」として、中国は西洋に比べれば半開だがアフリカに比べれば文明だという具合に説明する。

これは、私たちにとっては今もなじみのある世界観である。世界の多様な地域は、「遅れている」「進んでいる」といった具合に、西洋を頂点とする進歩へと流れる一本の時間軸の上に相対的に置かれており、西洋に比べて「遅れている」日本も、他の諸国に比べれば「進んでいる」というわけだ。

その福沢が朝鮮と出会ったのは、一八八一年のことだった。来日した朝鮮の知識人から朝鮮の状況を聞いた福沢は、それを「三十年前の日本なり」と形容した。朝鮮はこれ以降、時間軸の上で日本の後ろを走るだけの存在となった。そこには、日本が向き合い、何かを学ぶべき他者性は存在しない。

福沢は、日本のような近代化を目指す金玉均などの開化派の官僚たちを支援する。だがそれは、「亜細亜東方に於て此首魁盟主に任ずる者は我日本なり」[5]、「武以て之を保護し、文以て之を誘導し…止むを得ざるの場合に於ては、力を以て其進歩を脅迫するも可なり」[6]という傲慢な進歩主義に立つものだった。だが、日本の軍事力を背景とした金玉均のクーデターである甲申事変（一八八四年）が失敗すると、福沢は思い通りにならない朝鮮に愛想をつかし、翌年、有名な「脱亜論」を発表する。

朝鮮半島の覇権をめぐって日清戦争が始まると、福沢はこれを「文野（文明と野蛮）の戦争」と呼んだ。こうした認識は、当時の日本人の一般的な自己認識となっていた。当時の新聞のポンチ絵には、こんなものがある。赤子のように小さい朝鮮人を腕に抱いた日本軍人が、中国人の頭に「文明」と書かれた銃弾を撃ち込むのだ。

進歩主義は、言うまでもなく、「進歩派」の思想でもある。朝鮮史研究者の梶村秀樹（一九三五—一九八九）は、明治から昭和期にかけての進歩的な経済学者やマルクス主義者たちについて、朝鮮には内在的な発展の可能性はないとする「朝鮮停滞論」に理論的な装いを施したと批判している。梶村は、それがよってきたるところを、「西欧に基準をおいて……日本の「封建的」要素、「特殊性」のみを一面的に強調していく方法論自体に発して」いるとする。西欧に遅れている日本という視点をそのまま朝鮮に向ければ、朝鮮は「一段と遅れている」という図式になってしまうというのである。[7]

近代以降の日本を、アジアにおける進歩の「首魁盟主」とする世界観は、福沢諭吉からマルクス主義者までを貫く頑強なものであり、その中で朝鮮は日本の下に置かれることになる。韓国が持つ日本との差異を、すべて「韓国は日本より遅れている」という時間軸上の解釈に流し込む言説の起源がここにある。

三つ目に挙げるのは、植民地経験そのものだ。それは、民衆次元での経験と、植民地支配を通じて形成された権力関係の二重の意味においてである。

日本の民衆にとっての植民地経験について、本稿では、そのディテールを詳細に語る余裕は与えられていない。だが、たとえば日清戦争下の東学農民軍掃討に動員された兵士たちの日記を引用する井上勝生『明治日本の植民地支配』[8]を読めば、火縄銃で武装した農民たちを近代的な火力で一方的に射殺する経験を通じて、兵士たちが「百発百中、実に愉快を覚へたり」と書き残しているような非人間性を朝鮮人に対して発揮したことはよく分かるし、水俣から朝鮮に渡った庶民の言葉を聞き書きした『聞書水俣民衆史5　植民地は天国だった』[9]を読めば、朝鮮人を酷使することに慣れて、「ああ、こいつらは馬鹿だ。下等だ。こいつらには徹底的にやってもいいんだな」と考えるようになったことが分かる。庶民は、植民地経験を通じて朝鮮人を非人間的に扱うことを学んだ。植民地における関係の現実が、庶民の日常世界に朝鮮人差別を生んだのだ。

もう一つの権力関係とは、尊王思想がファンタジーとして描いた朝鮮属国視、福沢が記した「朝鮮は日本の藩屏《はんぺい》なり」という主張が、植民地支配の完成によって現実となったことである。正確に言えば、朝鮮を手放すことのできない「日本の藩屏」、つまり防壁と考える意識が、植民地支配によって強固なものとなったということだ。そのことが生み出す強烈な執着は、二一世紀の今に至るも日本人の意識に大きく作用している。

❹ 一九四五年以降

一九四五年、日本は戦争に敗れ、すべての植民地を失った。この大きな転換を経た戦後、日本人の朝鮮観の枠組みはどうなったか。私はそこに、本質的な切断は生じなかったと考える。

なるほど、象徴天皇制と平和主義が掲げられた戦後社会では、神功皇后の名が人々の口に上ることはなくなった。だがそれは単に忘れ去られただけであった。

進歩主義は敗戦を無傷で生き残り、むしろ全盛を迎える。教育勅語から軍閥の横暴に至るまで、日本を敗戦へと導いた負の要素は、すべて「半封建性」「封建制の残滓」といった具合に、進歩の時間軸の過去へと押し込める方式で否定された。要するに、日本は「遅れていた」のであり、「進歩」がまだまだ足りなかったというわけだ。日本人が誇る「進歩」が、朝鮮や東アジアの人々にとって何だったのかという問いは、竹内好のようなごく一部の人を除いては、提起されることもなかった。

民衆世界における植民地主義は、「在日韓国・朝鮮人」という地位の創出によって継続する。

「日本の藩屏」としての朝鮮は、反共前線基地・韓国というかたちで継承される。朝鮮戦争特需で経済的に復活した日本は、韓国に軍事的負担を押し付け、後方基地としてアメリカの庇護を受けながら高度成長を果たす。経済大国となった日本は、韓国・台湾（その後は中国）の雁行的発展を牽引する。

その頂点は八〇年代だった。「ジャパン・アズ・ナンバーワン」となった日本では、多くの人がごく自然に、自国を東アジアの進歩の「首魁盟主」と考えていた。テレビに映し出されるソウルは「アジアの熱気あふれる街」と紹介され、スタジオのコメンテーターは、「まるで二〇年前の日本みたいですね」と感嘆の声を上げた。それは、福沢の「三十年前の日本」という朝鮮観となめらかに接合していた。日本とは異なる民主化の道を、苦しみながら歩み始めていた、他者としての韓国社会の姿は、日本人には見えていなかった。戦後の日本は、意識においては、依然として東アジアの帝国だった。

❺ 一九九〇年代以降

だが一九四五年に起こらなかった切断が、一九九〇年代初に始まる。福沢諭吉以来の近代日本人の東アジア観、朝鮮観が、初めて、大きく揺さぶられ始めたのだ。

九〇年代初、日本を暖かく包んでくれていた冷戦構造が終焉を迎える。それと同時に、日本経済は長い長い停滞期へと沈んでいく。

韓国の変化は、これと対照的だった。経済のグローバル化によって世界経済の中心は新興国（多くは旧植民地国である）に移っていくが、そうした変化のなかで韓国資本はグローバルな市場に商機を拡大し、日本を頂点とした東アジアの雁行的分業構造は解体していく。民主化を成し遂げた韓国には、知性と活力を帯びた市民社会が成立し、そこから世界性を持ったオリジナルな大衆文化があふれ出していく。

こうした展開は、日本人の朝鮮観を正面から否定するものだった。「二〇年前の日本」だったはずの韓国は、二〇年経っても、ついに日本になることはなく、むしろ日本とは異質なままで世界性を獲得している。最近では、ネトウヨですら「韓国の文化はぜんぶ日本のパクリ」などとは言わなくなった。

日本人は一五〇年来初めて、韓国のもつ他者性を認め、それを通じて、日本を唯一のモデルとする単線的な発展段階論を否定しなければならない事態を突きつけられているのである。

その上、民主化が進む韓国からは、普遍的な道理に立って近代日本の侵略行為を非難する声が聞こえてくるようになる。「文明」どころか、あなたたちの近代こそが「野蛮」だったのではないかと。

ここに至って、日本人は激しい否認の叫びを上げざるを得なくなった。それが九〇年代後半から今に至る歴史歪曲と「嫌韓」の隆盛の歴史的脈絡だと私は考える。

その否認の激しさは、明治新政府の国書の受け取りを朝鮮が拒否したときに、奴らは「皇国」を蔑視していると激高した征韓論や、一九一九年の三一独立運動に際して「群集心理的衝動」「緩むれば附上がり、嚇せば縮む鮮人の通有性」と書き立てた日本メディアと同様、「朝鮮」が他者性を見せたときに日本人がいつも発揮するヒステリーの反復の様相を呈している。

そこには、尊王思想に根ざす古くからの朝鮮属国視や、福沢以来の日本中心の進歩主義(ベストセラー嫌韓本の『儒教に支配された中国人と韓国人の悲劇』[10]という進歩的なタイトルを見よ)、植民地支配に由来するむき出しの民族差別から、植民地以来の日本の藩屏たることを拒否して南北和解に進む韓国のリベラル派政権に対する激しい憎悪に至るまで、近代一五〇年にわたって形成されてきた日本人の朝鮮観がほとんど戯画的に再演されている。

だが、歴史の流れは止められず、時計の針を逆さに回すことはできない。日本人はいずれ、尊王思想、進歩主義、植民地経験を通じて作り出された「眼鏡」の方を捨て去らなくてはいけなくなるだろう。それでも、断末魔に陥った人ほど恐ろしいものはない。私たちが「早く眼鏡を取り換えろ」と叫ぶ必要が、ここにある。

注

1 神野志隆光『古事記と日本書紀――「天皇神話」の歴史』講談社現代新書、一九九九年。
2 韓桂玉『「征韓論」の系譜――日本と朝鮮半島の100年』三一書房、一九九六年。
3 同前。
4 福沢諭吉『文明論之概略』松沢弘陽校注、岩波文庫、一九九五年。
5 「朝鮮の交際を論ず」『福澤諭吉著作集 第8巻』慶應義塾大学出版会、二〇〇三年
6 「時事小言」、同前。
7 梶村秀樹『排外主義克服のための朝鮮史』平凡社ライブラリー、二〇一四年。
8 井上勝生『明治日本の植民地支配――北海道から朝鮮へ』岩波現代全書、二〇一三年。
9 岡本達明・松崎次夫編『聞書水俣民衆史5 植民地は天国だった』草風館、一九九〇年。
10 ケント・ギルバート『儒教に支配された中国人と韓国人の悲劇』講談社+α新書、二〇一七年。

戦後史の中の「押しつけ憲法論」

そこに見られる民主主義の危うさ

賀茂道子

❶ はじめに

「押しつけ憲法論」とは、文字通り、現行憲法は占領期にＧＨＱに押しつけられた憲法であるという主張である。この理論は、ゆえに当然の帰結として自主憲法を制定すべきとの「自主憲法制定論」につながっている。

日本の占領統治を行った連合国最高司令官総司令部（General Headquarters, the Supreme Commander for the Allied Powers 以下ＧＨＱ）は、日本を二度と米国の脅威とならない民主主義国家に再建するという目的を達成するため、様々な政治制度改革および国民への啓蒙を行った。その改革の一つとして実施されたのが、大日本帝国憲法の改正である。民主主義国家の根幹となる憲法改正は、国体護持を望む日本側と民主化を実現しようとするＧＨＱの間で、激しいせめぎあいを引き起こした。

新憲法制定が占領という統制下で行われ、当時の支配層にとって不本意な内容であったことは疑いようのない事実である。それゆえ、「押しつけ憲法論」は、憲法制定時の支配層の捉え方の一面としては、必ずしも全面否定されるものではない。しかしながら、「押しつけ憲法論」を改憲の根拠とすることには、様々な問題点がある。結論から言えば、「押しつけ憲法論」は、国民の意思に反するという意味で戦後民主主義の否定にもなりかねない。また、狭量なナショナリズムのイデオロギーに裏付けされたものであり、歴史否定や排外主義につながる恐れもある。

本稿では、「押しつけ憲法論」の誕生から現在までの軌跡を、国民意識と対比させながらたどり、こうした問題点を明らかにしていきたい。

❷ 新憲法草案に対する反響

最初に、現行憲法制定時の国民の反応および各党の姿勢を簡単に紹介したい。

一九四五年一〇月、マッカーサーから憲法改正草案の作成を命じられた日本政府は、松本烝治国務大臣を長とする憲法問題調査委員会を設立し、改憲案作成に取り組むことになった。ところが一九四六年二月一日、『毎日新聞』が政府案（以下松本案）の内容をスクープしたことで、その内容が事前に明らかにされてしまった。ＧＨＱは、松本案が天皇を統治権の総攬者とするなど大日本帝国憲法の微修正程度であったことに驚き、急遽自らが憲法草案を作成することを決めた。二月一三日、ＧＨＱ作成の憲法草案（以下マッカーサー案）が民政局ホイットニー局長から吉田茂首相、松本国務大臣に手交された。日本側はその進歩的な内容に驚いたものの、結局受け入れを決定し、ＧＨＱ側と折衝の上で日本語に訳された憲法改正草案要綱は、三月七日に新聞紙上で発表された。

この直後、政府は新聞ラジオを通じ国民に憲法草案に関する投書を呼びかけている。その結果、二八二二件寄せられた投書のうち、九四五件（三三％）が天皇制に関するものであった。大多数が天皇制自体は支持していたが、主権は天皇に、もしくは拒否権および国民投票に訴える権利を天皇に付与すべしなど、立法府の強大化に対する不安から天皇の権力を増大すべきとの意見が多く見られた。戦争放棄に関しても、自衛権に関する不安や危惧の感情が見られたが、その趣旨には賛意を示すものが多かった。[1] 投書を見る限り、天皇制、戦争放棄とも、その趣旨に関しては概ね賛成とみていいだろう。

一九四六年五月二七日発表の『毎日新聞』による有識者層対象の世論調査では、象徴天皇制については、「支持する」が八五％、九条の戦争放棄条項の必要性については、「必要がある」とした人が七〇％となっていた。一般の国民を対象とした調査は、一九四六年一〇月に時事通信が行った世論調査がある。この調査では、「今議会に提出されている憲法改正をどう思いますか」との質問に対し、「満足に思う」と答えた人は四三％、「不満足に思う」は三〇・九％であった。不満足に思うのは、共産党や学者などの一つの主義主張を持ったもの、キリスト教者が多かったという。[2]

実際、新聞各紙の中で、最も憲法草案に不満を示していたのは、当時労働争議により共産主義者の鈴木東民が編集権を握っていた『読売報知新聞』であった。『読売報知新聞』は、三月八日の社説において、松本案に比べて画期的な内容であると評価しつつも、天皇制が残されたことに不満を表明し、占領が終了したのちに国民投票を行うことを提案している。

その後この案をベースに憲法小委員会で審議を重ねて修正

を行ったうえで、一九四六年一〇月、新憲法は大日本帝国憲法を改正するという手続きをもって成立し、一一月三日に公布された。採決では、政党としては唯一共産党が、天皇制が最初の一条に置かれていることや、天皇制そのものに反対であることなどを理由に反対票を投じた。一方で、後に九条改憲に意欲を見せる保守政党の議員は競って九条を支持する発言を行い、のちに護憲派が唱える九条護持の主張と同様のものを展開した。

このように、新憲法は概ね好意的に受け止められたものの、個別の内容に関しては様々な意見があった。また、議会では保守政党が歓迎の意を表し、共産党は反対であったことを確認しておきたい。

❸ 再軍備をめぐる議論をきっかけに

憲法公布後、占領政策の最高意思決定機関である極東委員会では、新憲法が国民の自由な意思を反映しているか否かに対して疑問が付された。そのため、一九四七年一月三日、マッカーサーは吉田茂首相宛の書簡にて、憲法施行後一、二年以内の憲法改正の検討を提案し、憲法改正の国民投票も容認する旨を伝えた。これに対し吉田首相は、「内容を子細に心に留めました」とのみ返信した。[3] ところが吉田は結局、国民の総意が盛り上がっていないということで憲法改正を行わなかった。

改憲論議が活発化したのは、サンフランシスコ講和条約を締結して日本が独立し、再軍備問題が社会の関心となった頃である。すでに朝鮮戦争勃発時にＧＨＱの命により警察予備隊が創設されていたが、冷戦の激化とともに日本を極東安全保障の要にするという米国の思惑もあり、再軍備論が急速に勢いを増していた。

こうした状況下、保守政党を中心に九条を改正して再軍備をすべしとの議論が起こり、一九五四年に入ると、三月に自由党が、四月に改進党（のちの民主党）が憲法調査会を設けて憲法改正議論を開始した。中でも改進党では中曽根康弘議員をはじめとして、いわゆる「押しつけ憲法論」に立って憲法改正を主張する議員が多かった。[4]

その自由党設置の憲法調査会で、松本烝治が、ＧＨＱ民政局ホイットニー局長からマッカーサー草案を提示された際に、「この案をのまなければ天皇の身体（person）は保証できない（天皇を戦犯にする）と脅迫されたため従うしかなかった」という趣旨の発言をした。ＧＨＱの命令で憲法草案を作成したときの責任者であった松本の発言は、「押しつけ憲法論」のさらなる後押しとなった。

一九五五年、自由党と民主党が合併して、自主憲法制定を党の政綱に掲げた自由民主党（以下自民党）が誕生すると、翌年の施政方針演説で鳩山一郎首相は、「日本国民自らの手により自らの憲法を作り上げる準備を進めるため、内閣憲法調査会を設置して、慎重に日本国憲法を検討する」と述べ、内閣に憲法調査会が設置された。その目的は「日本国憲法に検討を加え、関係諸問題を調査審議し、その結果を内閣及び内閣を通じて国会に報告すること」とし、改憲ではないとしていたが、当然憲法を改正する準備と考えた学者や社会党議員などの護憲派勢力は参加を拒否した。

もともと改憲論は、再軍備を可能にするために持ち上がった。しかし、この時点では、「押しつけ憲法論」が改憲の論拠となっていたことは、改憲論者の委員から「憲法制定過程を明らかにすることが調査会の第一の任務である」との意見が出され、その結果制定過程を調査するための小委員会が設けられたことからも明らかである。再軍備を論拠とした改憲では国民の支持が得られるか非常に微妙な情勢であったこともあり、「押しつけ憲法論」を用いることで改憲が容易に進むという思惑があったのである。

調査会は、多数の参考人から意見聴取や調査を行うなど精力的に活動し、一九六四年に一二〇〇頁にも及ぶ報告書を内閣に提出してその任を閉じた。結論から言えば、具体的な憲法改正案は明示せず、「押しつけ」か否かに関しても、制定過程の歴史的事実を明らかにしただけで両論を併記した。「押しつけ憲法論」否定の根拠としては、占領中連合国の監視と指導の下に制定されたのは明白な事実であるとしたうえで、ホイットニー局長の発言は「脅迫」ではなく「勧告」に過ぎず、それを受諾したのは天皇制維持のための日本政府及び国民の意思であったこと、また、憲法九条については、当時の幣原首相の発意によるものであり、「日米合作」とすべきであることなどが挙げられた。

❹ 改憲の機運が薄れた理由

憲法調査会の目的は具体的改憲案を提示することであり、メンバーの大半は全面改訂か一部改訂かは別として改憲支持者であったにもかかわらず、改憲案が作成されずにうやむやに終わってしまったのはなぜだろうか。

簡潔に説明すれば、自民党が改憲発議に必要な議席の三分の二を得ることができず、改憲の見通しが立たなかったからである。サンフランシスコ講和条約の発効直前の一九五二年四月一四日付で発表された『読売新聞』調査では、憲法改正に賛成は四二・二%、反対は一七・一%であった。賛成の理由は「現状にそわぬから」三六・一%、「再軍備のために」二一・四%、「外国から与えられた憲法だから」九・六%となっている。

憲法改正審議の際に、九条に対して金森徳次郎国務大臣や吉田首相が、日本に自衛権はあるが自衛のための軍備は一切持てぬという解釈を採ったこともあり、[5] 多くの国民は独立に際し軍備がないことに不安を覚えていた。この調査の後に自由党と改進党が憲法調査会を設置している。ただし、ここで注意を払わなければならないのは、憲法改正を支持する声が多数派であったものの過半数は越えておらず、憲法改正ができるかどうかは微妙な状況であった点である。先に述べたように、この微妙な状況が「押しつけ憲法論」の誕生に関係しているからだ。

ところが、一九五四年に自衛隊という軍備を備えた組織が創設され、政府が自衛隊合憲論を打ち出したことで、国民は現状を受け入れていくようになった。そのため、改憲に対する支持に変化が見られるようになる。一九五五年一二月一三日付の『朝日新聞』調査では憲法改正賛成が三〇%、反対が二五%であったが、一九五七年一一月二七日付の調査では賛成が二七%、反対が三一%と逆転した。

また当初、九条以上に関心が高く、天皇の権限を増大すべしとの意見も見られた一条の天皇に関する条項に関しても、次第に象徴天皇制という現状を追認していくようになった。

自由党の憲法調査会が一九五四年に公表した改憲案も世論の転換に影響を与えた。自由党案は、天皇を元首とし、知事の公選制の廃止などを含み、さらに男女平等や言論の自由などの条項を検討すべき問題点とした非常に復古的なものであったからである。また、独立後に公職追放されていた保守政治家の多くが復帰し、復古主義的な法案が次々と出されたことも同様に国民の反発を招いた。一方で共産党に代表される、当初は新憲法に反対であった勢力が、復古的改憲案に対抗するために大同団結し、「護憲」への転換を促すという副産物をもたらすことになった。[6] 結局、国民は護憲派政党の議席を増やすことで改憲を阻止したことになる。

❺「押しつけ憲法論」のその後

この後、世論調査では憲法改正反対が賛成を常時上回るようになり、また政権側も世論に連動するように改憲消極政策に転換していった。

以後、改憲はタブー視されるようになっていくが、「押しつけ憲法論」はしばしば間欠泉的に噴き出している。一九七二年には、参議院予算委員会で山中貞則総務庁長官が「現憲法は押しつけ憲法だと思っている」と発言し、結局陳謝の後に発言を取り消した。一九八〇年には、奥野誠亮法務大臣が再び「押しつけ憲法論」を展開した。政府は、この流れを受け提出された自民党森清議員の質問書にこたえる形で、「憲法は占領軍当局の強い影響のもとに制定されたものであるが、最終的には帝国議会で議決されたと考える」という公式見解を閣議決定した。

憲法をめぐる議論に大きな変化が起きたのは、一九九〇年代に入ってからである。湾岸戦争やカンボジアへの国連平和維持活動（ＰＫＯ）をきっかけに、自衛隊の海外派遣を含む国際貢献と憲法九条との関係について、国会のみならず社会でも議論が起こってきた。これにより、これまで改憲反対派が多かった世論も、賛成が上回るようになっていく。こうした状況下、二〇〇〇年一月、衆参両院に憲法調査会が設置され、憲法改正議論が推し進められることになった。

　ここで「押しつけ憲法論」を主張し、憲法制定過程から議論すべきとの意見が自民党から出される一方で、民主党および公明党からは「押しつけ憲法だから改憲すべきとの短絡的な議論にはならない」と反発の声が上がった。結局、衆議院憲法調査会では憲法制定過程に関して参考人を招致して意見を求めたが、「日本側の意見も取り入れられている」「占領下の憲法であっても無効ではない」とする参考人と、「形式的には民主的な手続きで制定されたとしても国民の意思としての憲法ではない」とする自民党側は、平行線のままであった。

　二〇一五年自民党憲法改正推進本部制作の「日本国憲法改正草案Ｑ＆Ａ増補版」には「なぜ、今、憲法を改正しなければならないのですか？」との問いに対し、「現行憲法は、連合国軍の占領下において、同司令部が支持した草案を基に、その了解の範囲において制定されたものです。日本国の主権が制限された中で制定された憲法には、国民の自由な意思が反映されていないと考えます[7]（一部抜粋）」との回答が付されている。

　また、安倍首相も、しばしば「押しつけ憲法論」に言及していることからも明らかなように[8]、独立直後に噴出した「押しつけ憲法論」は、その後も常に改憲の根拠として存在し、一部で支持されている。

❻ 本当に押しつけられたのか

　ここで、そもそも「現行憲法は押しつけられたのか」という根本問題に立ち戻ってみたい。先述のように、「押しつけ憲法論」が広く世間で認知されるようになったきっかけは、松本烝治が、「この憲法案を受け入れないと天皇の身体の保証はできないとホイットニーから脅迫された」と述べたことがきっかけであった。実際当時の支配層にとって天皇制を残すことは絶対条件であり、脅迫か勧告かは別として、これがマッカーサー案を受け入れた理由の一つであることは疑いのない事実である。しかしながら、マッカーサー案を受け入れた背景には別の側面もあった。一九四六年二月一三日の会談で、ホイットニーは次のように述べている。

> しかしながら、マッカーサー将軍はこの案に示された諸原則を国民に開示すべきと考えている。できれば、あなた方が行えればよいが、もしできなければ将軍自身が行うつもりである。

マッカーサー将軍は、反動的と考えられているあなたがた保守派にとって、これが権力を維持するための最後のチャンスと考えている。あなた方が生き残るためには、左寄りへの急旋回こそが、残された道である。もし、あなた方が憲法草案を受け入れるのであれば、最高司令官はあなた方を支持することがすぐに実感できるはずである。この憲法草案を受け入れることが生き残りの唯一の道であること、そして最高司令官は、日本国民がこの草案か、もしくは、こうした諸原則を含まない別の草案のどちらかを自由に選択すべきであると確信していること、これらをいくら強調しても強調しすぎることはない。[9]

つまり、この案を受け入れないのであれば、これを国民に提示するが、受け入れれば彼らを支援すると勧告したのである。この発言はすでにいくつかの論考でも明らかにされているが、憲法草案受け入れにおけるこの発言の位置づけに関しては、検証が不十分であるように思われる。というのも、この時期の保守派、ここでは政府関係者のみならず保守系の国会議員なども含めるが、彼らが政治的に非常に厳しい立場に置かれていたことが見逃されているからである。

占領開始当初、政府は何とか自身に都合の良い占領体制を構築しようと、占領軍に対し様々な抵抗を続けていた。これに業を煮やしたマッカーサーは、かなり強硬な姿勢をとった。GHQは戦前に打ち出すなど、かなり強硬な姿勢をとった。

に政府と距離を置いていたリベラル派の台頭を望んでおり、保守派が退いたのちに彼らが日本の政治をリードすることを望んでいた。GHQ高官は、「保守派を引き継ぐべき新たなグループ（リベラル派）は浮かび上がることを躊躇してなかなか表に出られない」[10]、「リベラル派は手探りで臆病にしか進んでいない」[11]といった苛立ちを抱える一方で、保守派に対しては、「脅威なのは軍国主義ではなく共産主義だとプロパガンダをしている」[12]と懸念を示していた。[13]

GHQが期待するリベラル派には共産主義者は含まれていない。それでもあえて共産主義者を利用して保守派を抑えようとするなど、この時期はかなり急進的な姿勢をとり、共産党もGHQの威光を最大限に利用して急速に勢いを増していた。また、まさにこの時期に延安から帰国した共産党幹部の野坂参三に対しては、メディアのみならず国民、さらにはGHQまでもが歓迎の意を表していた。加えて、一九四六年一月に発せられた公職追放によって勢力がそがれたことも重なり、保守派はかなり追い込まれていたという事実がある。こうしたことから、当時厚生大臣であった芦田均は、マッカーサー案が発表されれば新聞はこれに賛意を示し、来るべき総選挙の結果に大影響を与える懸念を閣議で伝えている。[14]

つまり、当時GHQに目の敵にされ危機感を強めていた保守派は、総選挙での勝利のために、GHQと国民に対し進歩的な面をアピールすることで自身の生き残りをかけたのである。憲法改正案発表時に保守政党がこぞって賛意を示したのも、こうした背景があった。自由党は憲法草案に対し「若干修正を要するものの、概ね自由党の草案と理念を同じくす」と発表し[15]、四月におこなわれた衆議院選挙では一四一議席を獲得し第一党となった。

❼ 本質はナショナリズムのイデオロギー

昨今、国民の間で憲法改正に対する理解が深まっていることもあり、自民党内でも「押しつけ憲法論」を根拠とした改憲論に否定的な向きもある。一方で、先述のように変わらず「押しつけ憲法論」が存在し続けているのも事実である。もともと「押しつけ憲法論」は再軍備のための改憲に対して支持を得んがために後押しされた理論である。なぜ改憲が国民の理解を得られるようになっても、「押しつけ憲法論」にこだわるのであろうか。その答えは「押しつけ憲法論」者の主張から読み取ることができる。

ここに至った一連の原因は、敗戦と初期の占領政策の過誤にある。……初期の占領政策の方向が、主としてわが国の弱体化に置かれていたため、憲法をはじめ教育制度その他の諸制度の改革にあたり、不当に国家観念と愛国心を抑圧し……[16]

（傍線部筆者）

（「新党の使命」自民民主党結党のための文書、一九五五年）

敗戦した日本にGHQが与えたままの憲法ではいつまでたっても日本は敗戦国なんじゃ

（自民党改憲推進漫画「憲法改正ってなあに[17]」に登場する祖父のセリフ、二〇一五年）

つまり、「押しつけ憲法論」の支柱となっているのは、占領改革が日本人の精神に悪影響を及ぼしたと捉え、それゆえ戦後を否定するという偏狭なナショナリズムであり、歴史改竄にも通じる粗雑なナショナリズムのイデオロギーである。「押しつけ憲法論」者は、敗戦と占領を屈辱ととらえ、自身の手で憲法を作り直すことで、真の独立国としての誇りを取り戻すことができると考えている。そして押しつけられた憲法を否定することこそ、自己の確立のための条件なのである。

二〇一二年に公表された自民党の改憲案は、全面改正に近い形になっており、議論となっている九条のみならず一条の天皇条項や二四条の家族条項などが対象に含まれている。当時自民党は野党だったこともあって、実現性よりも自身の理念を優先したと思われるが、その内容は一九五四年に自由党が発表した改憲案にも通じる。結局、「押しつけ憲法論」を支えているイデオロギーは変わっていない。[18]

❽ おわりに

「押しつけ憲法論」の軌跡をたどると、現行憲法成立の背景、これまで改正されずに維持されてきた背景に、国民の意思が関わっていたことがわかる。そもそも、マッカーサーから改憲を提案されたにもかかわらず、吉田首相が改憲に動かなかった時点で、現行憲法は国民の意思により選択されたものとして判断されるのではないか。

また、「押しつけ憲法論」は、再軍備を可能にするための改憲の援軍として誕生した理論であり、当時の政権が押しつけられたと感じたこと以上の明確な根拠があったわけではない。国民の間でも、「押しつけ憲法論」による改憲を支持するものが多数派になったことは一度もない。こうした点からも「押しつけ憲法論」は過去の遺物であり、声を大にして主張すべき理論でないことは明らかである。

「押しつけ憲法論」に固執することは、主権者たる国民の意思に反するという点において戦後民主主義の否定となり、この理論の根底にある狭量なナショナリズムは、行き過ぎれば排外主義にもつながりかねない。憲法改正の必要性が生じているのであれば、むしろ「押しつけ憲法論」を封印し、現行憲法のどの部分がなぜ問題なのかを挙げて粛々と議論を重ねるべきであろう。

注

1 「憲法草案に対する投書報告」内閣審議室輿論調査班（昭和二一年四月二二日）、芦部信善他編『日本国憲法制定資料全集（4）-I』（信山社、二〇〇八年）、三〇—四〇頁。

2 吉田裕・川島高峰慣習『時事通信占領期世論調査・第3巻』（大空社、一九九四年）、特別付録「日本民主化の歩み」二八頁。

3 袖井林二郎編訳『吉田茂＝マッカーサー往復書簡集 1945–1951』（法政大学出版局、二〇〇〇年）、一六七—一六八頁。

4 植村秀樹「内閣憲法調査会と戦後平和主義」流通経済大学法学部『流経法学』第一三巻一号、二〇一三年、六三頁。

5 高柳賢三「憲法調査会七年の回顧——内部からみた一学究の感想」『世界』一九四六年六月、岩波書店、五一頁。

6 小熊英二『〈民主〉と〈愛国〉』新曜社、二〇〇二年、四九二頁。

7 自民党憲法改正本部「日本国憲法改正草案Q&A増補版」http://constitution.jimin.jp/document/faq/

8 二〇一八年三月六日、安倍首相は、首相公邸で開いた当選一回の自民党参院議員らとの会食の席で「GHQによってつくられた今の憲法を日本人の手で（変えるための）条文づくりに積極的に参加してください」と語った（『朝日新聞』二〇一八年三月七日付）。

9 「GHQ草案手交時の記録」国立国会図書館資料と解説 https://www.ndl.go.jp/constitution/shiryo/03/077shoshi.html

10 Latimore Diary, 11 November 1945, Pauley Reparations

Mission. RG59 E1106C Box24.　米国国立公文書館。

●11　The Acting Political Adviser in Japan (Atcheson) to President Truman, November 5,1945, Foreign Relations of The United State, 1945, Japan.

●12　Report dated November 8 from Bradford Smith to State Department, RG208 E392 Box598.　米国国立公文書館。

●13　占領初期における保守派とＧＨＱのせめぎあいについては拙著『ウォー・ギルト・プログラム――ＧＨＱ情報教育政策の実像』（法政大学出版局、二〇一八年）を参照のこと。

●14　芦田均『芦田均日記・第一巻』（岩波書店、一九八六年）、一九四六年二月一九日の日記、七七頁。

●15　『朝日新聞』一九四六年三月八日付、朝刊一面。

●16　宮本吉夫『新保守党史』（時事通信社、一九六二年）、四一二頁。

●17　自由民主党憲法改正推進本部・漫画政策パンフレット『憲法改正ってなあに』二〇一五年。http://constitution.jimin.jp/document/pamphlet/

●18　なお、現在自民党が示している改憲案には、一条と二四条の改正は含まれていない。

朝鮮人から見える沖縄の加害とその克服の歴史

呉世宗

❶ はじめに

沖縄を生きた朝鮮人に関しては、沖縄戦に限定したとしても、日本政府はもちろんのこと、沖縄県によってもこれまで公的な調査は行われていない。公的な調査が行われないことによって生じている空白は、例えば一九七六年に発表された沖縄県庁援護課による沖縄戦での被害についての報告に見られるような影響を、今現在においてなお残している。同まとめによると、沖縄戦において亡くなった日本軍の軍人軍属の人数は九万四一三六人、一般住民は九万四〇〇〇人、米軍人は一万二五二〇人となっている。しかし朝鮮人「軍夫」「慰安婦」の被害者数は「不詳」とされているのである。[1]

沖縄戦の際に連行されてきた朝鮮人男性は一万人ほど、朝鮮人女性は千~千五百人ほどという推測がある。また沖縄戦を奇跡的に生き抜いた朝鮮人「軍夫」は三千人ほど、「慰安婦」は二~三百人ほどだという数字を信じるならば、[2]「軍夫」は七割から八割以上が、そして「慰安婦」は五~七割以上が亡くなったことになる。沖縄戦では沖縄住民の四人に一人が亡くなったと言われているが、それをはるかに超えた被害があったかもしれないのである。このことからすると「不詳」、つまり「詳しく分からない」は、計りしれない被害があったことを冷たく示唆する言い回しとなっている。

この援護課のまとめが発表された直前には、『沖縄県史　第九巻　各論編八　沖縄戦記録一』(琉球政府、一九七一年。以下『沖縄戦記録一』)と『沖縄県史　第一〇巻　各論編九　沖縄戦記録二』(沖縄県教育委員会、一九七四年。以下『沖縄戦記録二』)が出版されている。この『沖縄戦記録一』『沖縄戦記録二』が重要なのは、そこに収められた沖縄住民の戦争体験についての証言の中に朝鮮人に関わるものが多数収録されているからである。沖縄県庁援護課のまとめが公表されたときには、沖縄戦の際に朝鮮人が多くいたことがある程度分かっていたことになる。もちろんまとめが公表された当時であれば、朝鮮人についての調査が不十分であったとしても致し方ないところはあろう。だが、その後一度として「不詳」の内実を明らかにする公的調査がなされていないことからすれば、沖縄の朝鮮人は公的に不可視化され続けてきたと言わざるをえない。

❷ 沖縄が抱える加害の側面

しかし空白とされたその朝鮮人に焦点を合わせると、沖縄が抱え続ける加害の問題を浮き上がらせ、しかもそれは否定的なことというより、東アジアとの関係において沖縄という場所を豊かにするものだということが見えてくる。加害を克服しようとする歴史があるためである。

言うまでもなく沖縄も帝国日本の被害者であることは間違いない。琉球処分により沖縄県として日本に組み込まれたこと、その後も経済的に搾取され続けたこと、皇民化政策で政治的文化的な抑圧を被り続けたこと自体、沖縄に対する巨大な暴力であった。また米軍統治下においても、一九五〇年代の土地収奪やキャラウェイ琉球列島高等弁務官の「沖縄の自治は神話である」発言などに見られるように、この地は抑圧を被り続けてきた。現在においても日本政府による辺野古新基地建設の強行などを見るに暴力は一層強まってさえいる。

だが植民地に組み込まれ、「日本及び日本人になる」ことを強いられたからこそ生まれる、被抑圧者側の加害も残念ながら存在する。沖縄戦に限定するならば、朝鮮人への暴力を沖縄の人々も行使したという歴史が厳然としてあるのである。

知念《ちねん》朝睦《ちょうぼく》は、渡嘉敷島に配属された沖縄出身の将校だったが、三人の朝鮮人「軍夫」を刀で切りつけ、処刑したという証言を自ら残している。知念は、三人の朝鮮人が民家から米を盗み、また女性を強姦したという疑惑があるということで殺害したが、しかし実際のところそのような事実はなかった。疑惑だけで朝鮮人は処刑されたことになる。

しかも知念は処刑する際、「靖国に祀ってやる」と「説得」したうえで切り殺した。戦争で亡くなった朝鮮人を遺族の同意なしに合祀するという、現在の靖国問題に通じていく出来事が沖縄でも起きていたのである。

もちろん兵士だけでなく、学徒兵や防衛隊とよばれる組織に組み込まれた沖縄住民たちも加害の側に立った。学徒兵であった具志堅均は次のように証言している。

> 僕たちの感覚ではもう当たり前みたいな、（朝鮮人は）奴隷

みたいな意識があったんでしょうね、三等国民というような。日本の統治下にあるということは、台湾・朝鮮も植民地的な見方はありましたからね。日本の軍隊の下働きをするのが当然という考え方はありましたね。そういう意識がないと使うことはできませんからね。[3]

これは比較的誠実な証言ではある。しかし「使う」という言葉は奴隷的に使用するという意味であり、朝鮮人を奴隷のように見ていた意識が証言をした際にも持続していたことを滲ませている。

朝鮮人を露骨に見下す発言も残されている。防衛隊に所属していた大城良平は次のような証言をしている。

朝鮮人も使いよう一つです。私の所では一人だに殺しはしません。(…)日本軍は無やみやたらとは朝鮮人は殺さなかったと思います。誰が考えても自分の召使いを斬ることはありますまい。[4]

朝鮮人を「召使い」だと露骨に述べるあたり、当時の、そして証言当時にも続く朝鮮人蔑視を憚ることなく示す発言となっている。加えていえば日本軍が無やみやたらと殺さなかったという件も間違いである。戦時中、朝鮮人には食事がまともに与えられず、空腹に耐えかねてゴミなども漁った彼らを、日本人兵士たちはスパイ行為とみなし殺している。このことだけを見ても、無やみやたらと殺していないという発言は事実と異なる。

差別的に眼差すだけでなく、実際朝鮮人を働かそうとして殴りつける沖縄の人々もいたし、さらに一般住民が「慰安婦」と性的関係を持ったという証言も存在する。これらのわずかばかりのことを見ても、朝鮮人「軍夫」「慰安婦」に対する沖縄の加害がないとは言えないのである。

本節最後に沖縄の人々と朝鮮人のあいだの加害と被害の関係が極限的な形であらわれた事件、久米島で一九四五年八月二〇日に起きた朝鮮人の虐殺事件についても触れておきたい。八月一五日の敗戦から五日後に久米島では住民虐殺事件が起きているが、この事件は七〇年代はじめに日本「本土」でも「沖縄のソンミ事件」として広く知られたものであった。鹿山正を隊長とする部隊によって島民二〇人が直接的に殺害され、食料がもらえないために餓死した人を含めると七〇人以上が亡くなったためである。

このとき久米島在住の朝鮮人と妻の沖縄人女性、そして五人の子どもたち全員が虐殺されている。殺された朝鮮人は「谷川昇」と名乗っていた、具仲会《ク・チュンフェ》である。具は一九三〇年代頃すでに沖縄に渡って来ていたと推測されるが、いつ来たかは正確には分かっていない。最初は沖縄本島にいたが、いつの日からか久米島にわたり、針を販売したり、鍋の穴をふさぐ修理屋をしたりして生計を立てていた。

この朝鮮人一家の虐殺は、久米島の他の住民のそれとは異なる位相を持っている。一家虐殺事件は、久米島の島民が具という朝鮮人は米軍のスパイだと鹿山隊に密告したことによって起きたためである。要するに密告する住民がいて、殺害を命令した日本兵がいて、実行した奄美出身の兵士がいて、殺された朝鮮人がいる、という歪な秩序がこの事件の背後にあったのである。言うならば植民地主義的秩序のもとで起きた殺害事件であった。[5]

とりわけ久米島住民が軍に朝鮮人を売りわたしてしまったことは問題であろう。沖縄で長く暮らし、近所の人たちや住民たちとも顔なじみであっても、朝鮮人というだけでつねに密告対象になる可能性があったからである。

この可能性の背後には、暴力を誘発する差別的な視線があったわけだが、それは具の妻、美津の母親も例外ではなかった。

> 私は朝鮮人がどういうわけか、うす汚れていて、きたなく、また怖い人たちのように思っていました。朝鮮人は、当時、那覇でも田舎でも、そういうように見られておりました。／美津が朝鮮人といっしょになったというので、私は世間に顔向けもできませんでした。[6]

このような朝鮮人に対する否定的な視線が、島民だけでなく母親にも共有されていたのである。そしてこれは久米島だけのことではなかった。

帝国日本の植民地主義的な秩序とは、頂点に天皇がおり、その下に将校などがいて、序列的に下へと人を組み込んでいく差別的な秩序のことである。もちろん沖縄の人々も抗いつつここに組み込まれた歴史を持っており、複雑な関係の様相がこの秩序の内側には存在している。しかし久米島の朝鮮人虐殺からは、そのような植民地主義的な秩序の最底辺に朝鮮人が置かれていたこと、しかもそれは沖縄戦以前から形成されていたことが見えてくるのであり、複雑な関係様相の中で維持された秩序の歴史的厚みがあったのである。

わずかであるがこれまで引用した証言などだけを見ても、沖縄の加害は浮かび上がってくる。加害の経験は証言として残りにくいが、それは殴った、殺した、レイプしたなどといったことが本人にとって負債となり、語ることにより自分の責任が問われ続けることになるからである。しかし沖縄の人々が自らの加害を語らなければ、沖縄で生きた朝鮮人の存在は「不詳」のままに留まるだろう。したがって被害者を浮上させるためにも加害を語ることが、沖縄に残されている課題の一つであると考える。

❸ 加害を乗り越える──一九六〇年代沖縄

しかし沖縄には加害者としての立場を乗り越えようとした歴史があり、その過程で朝鮮人の存在が人々の証言を通じて浮上したことは、日韓関係の軋轢が増している今だからこそ想起されるべき事柄である。

現在、韓国と日本の関係は最悪と言われ、とりわけ日本側の歴史認識のあり様は目を覆うばかりであり、そのため「徴用工」問題でも「慰安婦」問題でも解決が見えていない。しかしこれは今に始まったことではなく、「戦後」から続く問題である。

この持続する植民地主義の問題の主原因の一つは、改めて言うまでもなく一九六五年締結のいわゆる日韓協定にある。同協定を結ぶまでには一三年の時間を必要としたが、それは日本側の代表が日本は植民地期に善いこともしたといったことを放言し、しばらく両者が決裂するなどしたためである。交渉段階からすでに歴史認識が問題となっていたのである。

しかし、李承晩大統領を辞任に追い込んだ一九六〇年の四月革命の直後、一九六一年に朴正熙が軍事クーデターにより政権を掌握すると、韓国は南北朝鮮間の体制間競争を勝ち抜くために歴史問題を棚上げし、日韓協定を強行的に締結する。もちろんこの締結にはアメリカの軍事戦略が大きな影響を及ぼしたのだが、しかし今に至ってなお歴史認識問題が解決されずに残っているのは、このときの日本側の歴史の否認と韓国側による棚上げに大きな原因があるのである。

他方、同じころ沖縄では、自らが抱えた加害の克服に向けての大きな前進が現れることになる。そしてこのプロセスにおいて朝鮮人の存在の可視化も起こるのである。

六〇年代沖縄の歴史を語るときに重要な柱の一つとなるのは、日本への復帰運動である。復帰運動については現在、やや否定的に捉えられがちなところがある。七二年五月の施政権返還は、米軍基地の運用の仕方や「思いやり予算」など、アメリカに大きなメリットを与えるものとなったためである。関連して岡本恵徳、新川明、川満信一といった人たちによる反復帰論──復帰反対というより国家を廃絶すべきという思想──がラディカルなものであったこともあり、復帰運動に対する否定的な眼差しは今も残り続けているように見える。

しかし復帰運動を丁寧にたどると、この運動がアジア、アフリカ諸国との国際連帯を模索していたことが見えてくる。つまり復帰運動は沖縄と日本の関係だけに閉じられた運動ではなかったのである。例えば一九六三年にタンザニア・モシで開催された第三回アジア・アフリカ人民連帯会議では、「沖縄を返せ！ 国際共同行動四・二八「沖縄デー」」が提案されて承認されている。沖縄からの代表団は米軍の許可が降りずに出席できなかったが、沖縄での平和を求める闘いがアジア、アフリカでも知られ、高く評価されていたことの証左であった。それだけではなく、ベトナム戦争が本格化する一九六五年からは、沖縄県祖国復帰協議会（復帰協）定期総会でベトナム戦争反対が毎回決議されているのである。決議文はアメリカにも送られ、復帰協は戦争を中止せよと訴え続けた。

ベトナム戦争期においては、沖縄から米軍の爆撃機がベトナムへ飛んでいっただけではなく、「特殊戦争」のための訓練もこの地で行われた。数年前に米軍のヘリパットがつくられた高江村には、当時ベトナムの戦場に見立てた訓練場があり、この村は「ベトナム村」と呼ばれていた。そのため復帰協は、ベトナム戦争のための訓練も中止せよと訴えた。

そのように沖縄の復帰運動は、アジアやアフリカにも開かれた運動であったからこそ、パレスチナや朝鮮民主主義人民共和国など、いわゆる第三世界から共に闘おうという連帯のメッセージが送られてくることとなった。沖縄を「悪魔の島」と呼んだベトナムからも連帯のメッセージが届けられたことは、復帰運動が普遍的な平和を目指す運動であったことを示すものであった。そのようにして復帰運動は自らを外に開き、第三世界との連帯を模索したからこそ、自分たちの加害性に向き合う土壌を作り出していくことになる。

その復帰運動と連動するようにして展開した、六〇年代沖縄でのもう一つ重要な運動として記録運動が挙げられる。記録運動とは軍人の証言中心、軍事史料中心に語られた沖縄戦を、住民たちの証言を多く収集し、それを通じて新たに再構成しようという運動である。住民の経験を中心にして戦争の語り方をドラスティックに変更しようとするこの運動の成果は、『沖縄戦記録一』『沖縄戦記録二』に結実し、現在でもすばらしい成果として残り続けている。

この運動で重要なことは、住民が自らの戦争体験を語るプロセスのなかで朝鮮人の証言が多く現れたことである。「そういえば……」あるいは「あそこに朝鮮人がいた……」という語りが次々と現れるのである。例えば次のような目撃証言のようにである。

> 陣地構築の場合は、朝鮮の人ですね、彼らを使役して陣地構築はやって、さあ、機械を取り付けるという時は、朝鮮人は全部追い出して、兵隊だけで、その大砲を打ち出すまで取り付けるんです。[7]

もちろん記録運動は、朝鮮人についての証言を得ることを目的としていたわけではない。にもかかわらず彼／彼女たちについての証言が集まるのは、沖縄の人々の戦争体験と朝鮮人のそれが密接に絡みあっていたからである。自分たちの経験を語るときには、朝鮮人のことをどうしても語らざるを得ない状況が沖縄戦時にあったということである。意図の有無や経緯は置いておいたとしても、そのように朝鮮人についての証言がたくさん集まったことは、記録運動のあまり目立たないけれども重要な意義の一つと言ってよい。

　加えて朝鮮人の存在の可視化は、たんに彼／彼女たちに関する証言が集まったというにとどまらず、沖縄が抱える加害性も問い直させるように作用することとなった。一九七四年出版『沖縄戦記録二』の総論を書いた安仁屋政昭は、次のように記している。

> 加害というとき、見落としてならないことは、アジア人民にたいするそれである。〔日本帝国主義〕がアジア諸国を侵略してその人民に大きな惨禍をもたらしたことは、ともすれば忘れがちである。その場合、支配階級の犯罪はいうに及ばず、日本人民のそれへの加担も追及されねばならない。[8]

　安仁屋がここで言っている「日本人民」の中には、沖縄の人々も含まれていた。そして誰のために、何のために証言を集めるのかをもう一度考えてみようという趣旨の安仁屋の発言は、朝鮮人、台湾人の存在から記録運動のあり方自体の検討を促し、この運動をより深めるための批判的な認識の提示であった。この場合の「誰」には、同じように被害をうけたアジアの人々も含まれるべきであり、「何のために」というのは、沖縄の加害も視野に入れて歴史を振り返るべきだ、ということを意味したからである。安仁屋が、民衆の体験を記録するときは朝鮮から強制連行された「軍夫」や「慰安婦」を、あるいは八重山を中心に連行されてきた台湾人労働者を歴史の語りから見落としてはいけないと繰り返し指摘したのも、この批判的認識に基づいていた。

　公的な調査もされずに不可視化されつづけてきた朝鮮人たちは、上述したように六〇年代中盤以降、復帰運動の他者に開かれた思想を基盤にしつつ、とりわけ記録運動を通じて現れてくる。言い換えると沖縄の人々が自分たちの経験を語ることは、沖縄の内側に目を向けることとなり、そしてそれは沖縄の内側にいたアジア人である朝鮮人の発見につながったのである。そしてこのことは自らの加害に対しても批判的に眼差しを向けさせることになった。

　復帰運動および記録運動の経験は、沖縄が持つアジアとの連帯の可能性を示すものであり、いまも継承されるべき思想的資源であると考える。自分たちの歴史の中にはアジアの人たちがいて、彼／彼女らの歴史と自分たちの歴史を別々のものとして分けることなく絡みあっているままに受け入れていく、そのような歴史の見方や思想が六〇年代の運動のなかで生まれていたためである。それは民衆の側から他者を可視化し、自らの責任に向き合う契機を作り出した、沖縄固有の驚くべき出来事であった。この経験に基づいた公的な調査の実施や、沖縄が主軸となっての日韓の民衆連帯の形成が期待される。

注

●1　沖縄県庁援護課のまとめ及び算出根拠については新崎盛暉『沖縄同時代史　第三巻　小国主義の立場で』凱風社、一九九二年、一〇六頁。

●2　野添憲治は、朝鮮人「軍夫」のうち、「戦後に生き残ったのは三千人ぐらいでした。その実数は明らかではありません。慰安婦の生き残りは数人しか確認されていません」と述べている（野添憲治『遺骨は叫ぶ――朝鮮人強制労働の現場を歩く』社会評論社、二〇一〇年、一五八頁）。また新崎盛暉は、収容者名簿などにより二〇〇〇名ほどが生き残った数ではないかと述べている（新崎盛暉『沖縄同時代史　第三巻　小国主義の立場で』、一一三頁）。関連して『沖縄タイムス』は一九九一年四月に朝鮮人強制連行の名簿、約一六〇〇名分が国会図書館で発見されたことを報じている（『沖縄タイムス』一九九一年四月一日付朝刊）。そのうちの約一〇〇名が朝鮮人女性であった。一九九三年には、一九四九年一〇月頃に沖縄から朝鮮半島に送還された朝鮮人女性一四七名の名簿が発見されている（『沖縄タイムス』一九九三年四月一〇日付朝刊）。また沖縄県糸満市に平和の礎が建設中であった一九九四年、厚生省が沖縄県に連行され戦没した朝鮮人名簿を渡している。合計四二一名の名簿であった。関連して『琉球新報』は一九九九年に、沖縄に連行された朝鮮人「軍夫」二八一五名分の名簿を入手している（『琉球新報』一九九九年六月二二日付朝刊）。また菊池英昭『旧日本軍朝鮮半島出身軍人・軍属死者名簿』（新幹社、二〇一七年）には、「伍長」「大尉」「少佐」等の地位にある者を抜かせば、沖縄でなくなった二八〇名の朝鮮人軍属についての記載がある。言うまでもなくこれらの名簿は、全体のうちの一部でしかない。なおこの方面での研究としては、沖本富貴子「沖縄の朝鮮人――数値の検証」（『地域研究』№21、二〇一八年四月）がすぐれた成果となっている。沖本は、存在する資料をもとに、今のところ三四六三名の朝鮮人が沖縄に連行されたことを確認している。

●3　名護市教育委員会文化課　市史編さん係編『名護市史叢書16』、一九八五年、三五―三六頁。

●4　沖縄県教育委員会編『沖縄戦記録二』、七八二頁。

●5　なお一九三〇年代の奄美では、世界的な糖価暴落に対する救済を求める住民と、それに乗じて軍機保護に向けた住民統制をはかろうとする軍の意図の交錯が生じている（鳥山淳「1930年代前半の奄美で交錯する救済と軍機保護」『南島文化』第四一号、二〇一九年三月）。具一家の殺害を実行した奄美出身の兵士は、この統制を内面化していた可能性がある。

●6　沖縄県教育委員会編『沖縄戦記録二』、八一〇頁。

●7　琉球政府編『沖縄戦記録一』、六四〇頁。

●8　安仁屋政昭「総論」、沖縄県教育委員会編『沖縄戦記録二』、一一一三頁。

われわれの憎悪とは

「一四〇字の世界」によるカタストロフィと沈黙のパンデミック

石原真衣

　案外、ヘイトされた人がたくさんいる。そう知ったのは、私自身がインターネット上の掲示板で顔写真を貼られ、一八〇件ものデマに基づくコメントや悪意または嘲笑を含むコメントを書き込まれ、そのことを周囲に伝えてからだった。ヘイトには、特定の個人への攻撃と、ある属性を有する人への無差別な攻撃がある。いかなるヘイトによる攻撃も、された側に恐怖と悲しみが生まれることは変わらない。しかし、ヘイト感情における無差別性という側面を取り上げれば、その両者には明確な区別がなされる。属性に対するヘイトは、ときに虐殺を生む。ナチスによるホロコーストから七〇余年。関東大震災朝鮮人殺害事件からほぼ一世紀。相模原事件から三年。人類におけるヘイト感情による虐殺を、人類は克服できていない。

　私は、ここで、憎悪や排外主義に関する問いを、私自身をふくむ「われわれ」の問題として思索したい。ヘイトという憎悪感情を、病原菌のようにあるいはそれ以上に瞬時に、爆発的に感染する現象としてとらえ、その感染のプロセスについて、浮かび上がらせてみたい。本論による思索は二つのプロセスを提示する。一つ目のプロセスは、「沈黙」を媒介する。そこには、攻撃する人と、攻撃される人、そして傍観する人が関与している。その三者には、それぞれの沈黙があると仮定する。それぞれの沈黙は、憎悪感情の爆発的な感染を可能とする装置なのである。

　二つ目のプロセスは、「正義」を媒介する。古代ギリシャの哲学者ソクラテスが提示した言葉は、色褪せず、それどころか、現代の人類を取り巻く深刻な排外主義やヘイトという憎悪感情の克服という点において、ますます重要性を増している。ソクラテスはいう。「智慧と愚昧を持たずにあるがままでいる」こと。自分の知識は完全ではないこと＝「無知の知」を知っているということにおいてのみ、ソクラテスは、自分が他者よりもわずかながら優れていると考えた。当時アテナイに存在した正義に疑義を向けたソクラテスの言葉は、これからのわれわれの歩みを戒め、勇気づけ、導いてくれるに違いない。

❶ 排外主義者の島宇宙は組織化する

世界的ベストセラーとなったユヴァル・ノア・ハラリの『ホモ・デウス』では、個体としては脆弱なサピエンスが、なぜ地球全体を支配するに至ったかについて以下のように述べられている。人類は、見知らぬ他者と、物語や宗教や資本主義などを含むフィクションによって、連帯し、組織化できる。一対一では決してライオンに勝つことができない人間は、唯一組織化を通じて力を持つことができる。さらにハラリは、政治的な覇者もまた、組織化ができるかどうかによって命運が分かれることを述べた。一九八九年のルーマニア革命や、二〇一一年のエジプト革命などのように、権力の転覆は一夜にして起こりうる。しかし、一般大衆は、次なる権力を掌握するには至らない。組織化のプロセスがわからないからだ。ハラリはいう。勝利は、ほぼ例外なく、協力が上手だった側が得るのだと。主導権や支配を握るのは、組織化できるかにかかっているのである。

さて、日本における排外主義者の組織力はどうだろう。日本型排外主義を考える際に最も重要な点は、東アジアの地政学に基づいて理解することであるという（樋口 2014 を参照）。排外主義によって誰かを攻撃する人びとは、これまで「近代化の敗者」と捉えられてきた。しかし、ある日突然、気晴らしや憂さ晴らしにヘイトするのではなく、排外主義者の組織化が一定の成功を収めている背景には、彼らを動員する様々な装置がある。あらゆる社会的要因が、インターネットという、人類がこれまで経験したことのないような組織化のツールと結びつき、動員は拡大される。深刻な問題は、そこに集う人びとが、しばしば不可視化されていることだろう。

かつて社会学者の宮台真司は、価値が共有される人びとによって形成される場を島宇宙化と呼んだ。島宇宙化によって、いわば道徳の消滅が訪れる。それは、道徳が世間の眼差しによって自らを規範する作用であるためだ（宮台 1994：87）。宮台が島宇宙という概念を提示したのは、二〇世紀末のことだった。あれからインターネットという新しいコミュニケーション方法が誕生し、人びとはより簡単に、負荷がなく、島宇宙を形成できるようになった。それは、「世間の眼差し」が届かないことによって、さらに道徳が消滅する場といってよいだろう。排外主義的志向をもつ人びとは、時に、単なる同じ価値観を共有する場である島宇宙を超えて、樋口が詳細に明らかにしたような組織化・社会化を進めているのである。

❷ 沈黙のパンデミック

ここでは、憎悪感情を感染させる経路の一つとして、沈黙について考えたい。私はこれまで、アイヌ民族の出自を持ちながら沈黙する人びとを「サイレント・アイヌ」と呼び、自伝的民族誌《オートエスノグラフィー》と当事者研究を掛け合わせ、互いを補い合う方法論とすることで、文化人類学的にその実態を明らかにしてきた。その理論的帰結として、沈黙には様々な段階や種類があること、「サイレント・アイヌ」とは既存の分類体系から零れ落ち、その社会構造にアクセスできないサバルタンであることなどを明らかにした。その研究成果である自伝的民族誌《オートエスノグラフィー》[1]と家族史《ファミリーヒストリー》について、少し触れたい。私はアイヌと和人の出自を持ち、そのどちらの社会にも属さない。「私」の沈黙の内実は、隠蔽（出自を隠すこと）から、言葉の不在（一五〇年にわたる「縦と横の分断」によって歴史や物語を失い、自己を語るための言葉を持たないこと）、そして第三項の排除（沈黙から言葉を獲得し、語ろうとしても秩序や分類体系に阻まれること）へと変化していった（石原 2020 近刊）。

突如日本社会に組み込まれた曽祖母は、唇の入れ墨というスティグマによって、生涯アイヌの運命から逃れられなかった。そして、八歳から和人の農家で労働を始めた祖母は、あらゆるアイヌの要素を退け、和人との結婚にこだわり、〈日本人〉になることを志向した。母は、和人の祖父の出自をもち、民族的なものは何一つ継承しなかったにもかかわらず、平取という特殊な場所で、アイヌと名指されてきた経験を持つ。民族的な分離とレイシズムによる排他性は、母に混乱をもたらした。

私は、アイヌの出自に触れさえしなければ、ただの日本人だった。二八歳まで、そうして生きた。しかし、どうしても最愛の祖母の歴史を、私の物語からなかったことにしたくなかった。だから、「祖母がアイヌ女性だった」ことを隠したくなかったし、自己の歴史的背景や出自の複数性から「アイヌでも和人でもない」ということにこだわる必要があった。

私の父方の祖母のルーツは、「開拓のリーダー」であった琴似《ことに》屯田兵（会津藩が斗南へ移り、北海道へ入植した人びと）である。私は複数の歴史性と出自を持つが、いつも一方的に、アイヌと分類されてきた。それは、悪意がある人よりも、善意を持つ人びとによってなされた。「私はアイヌではない。そして和人でもない」という私の声は、善意や正義の徴づけによっていつもかき消され、私の存在には社会的な死が与えられた。アイヌのイメージやアイデンティティが一元化される世界のなかで、私は、アイヌの中にも、和人の中にも、生きる場所をみつけられなかった。

どこにも存在できず打ちのめされた私は、奇しくも、日本社会の外にその要因を発見する。民族や人種といった概念や問題について、特に植民地を失って以降の戦後の日本では、社会全体としての議論が要請されなかった。国勢調査に民族や人種の問いがないことはその証左である。一方で、カナダやアメリカでは、国勢調査で様々な出自が確認される。二〇一六年のカナダ国勢調査では、二五〇もの多様な出自が確認され、それが掛け算によってそれぞれの自己認識を形成し、社会がそれを受け入れている。一〇人に四人は、二つ以上の出自を持つという。一方で、日本では民族や人種などの出自は考慮されず、「日本人」が想定されているのみである。

近年、多文化共生に関する議論が推進されている。しかし、それは主として、移民や外国人問題を射程に入れており、国内にもともと内包されていた異文化や民族・人種問題は提起されていない。既存のグループに一致しない人びとを、リミナーズと呼ぼう。リミナーズの可視化は、アメリカやカナダでは社会的に受け入れられているが、日本では受け入れられていない。アメリカやカナダなどの移民国家では、先住民以外は別の大陸から移住してきたことが前提とされる。その結果、長い時を経て、出自とそれに基づく自己認識は実に入り組んでおり、よって、リミナーズが前提とされる国家がそこにはあるのである。

これまでの日本社会には、「〈日本人〉かそれ以外か」という二項対立的な秩序や分類体系しかなかったことに注目されたい。また、日本型の排外主義が形成される土壌に、このような国内における民族・人種問題とその市民権に関する知識の欠如や排除があることも指摘しなければいけない。哲学者の今村仁司は、『暴力のオントロギー』で、共同体形成の原理としての「第三項の排除」を概念化した。今村の概念を「私」の経験に照らし合わせれば、これまで言語化されていなかった状況や歴史や存在を言語化してもなお、それが受け入れられず不可視化されたままでいることは、当事者の言葉が第三項の排除として、社会の秩序から退けられていることを示す。

かつての人類は、曖昧《アンビギュイティ》なるものや異例《アノマリー》なるものを社会的に受容し、それに対峙するために儀礼を要した。近代において、世界が「脱魔術化」し、科学やテクノロジーが深化するなかであらゆる物事が解明されるという信奉のもと、「言葉の不在」がもたらす事象への想像力は、失われてしまったのである。

このような知見に基づいて、排外主義の周辺の沈黙を問題《プロブレマ》領域《ティーク》と定めるならば、以下のような状況が浮かび上がる。樋口の研究では、日本において「外国人排斥を主たる目的とした継続的な組織化（傍点ママ）は、現今の排外主義運動が初めてのものといえるのではないか」（樋口 2014：10）と述べられていて、排外主義運動がもはや「病理的な通常」状態になっている以上、通常の民主主義の一部とみなすべきだといわれている。とするならば、私は排外主義者の側の「言葉の不在」を読み取りたい。排外主義者の中には、言語化できなかった思いを持つ人びとがいる。それが、様々な形で動員され、他者への攻撃の言葉へと変容している。もちろん、ただの憂さ晴らしにヘイトをしている排外主義者もいるであろうし、排外主義者による行き過ぎた行動は、いかなる理由でも社会において統制される必要がある。しかし、一方的に「近代化の敗者」として彼らを無視するのではなく、他者への攻撃を叫ぶ彼らの声のうちに「言葉の不在」を読み取ることで、別の未来を拓けないだろうか。

　次に、攻撃の対象となった人びとのうちなる言葉の不在を考えよう。私自身がインターネット上でヘイトされる経験を通じて、沈黙を強烈に意識せずにはいられなかった。実は、この原稿を書くために排外主義について学んでいるなかで、某インターネット掲示板に私のことが書かれているのを発見した。私はそれが、排外主義的なヘイトであることにすぐに気が付くことができた。これまで当事者研究や自伝的民族誌《オートエスノグラフィー》の方法論を使いながら研究してきたことによって、自己の痛みを再帰的に思考し、言語化するプロセスになじんでいたためだろう。

　しかし、こうした経験がなかったら、私はそれが排外主義的なヘイトであることに気づけなかっただろうし、それをただたんに「近代化の敗者」が行っているわけではないことも理解できなかったろう。この経験によって私のいのちや身体が深く傷つけられたことについて、言葉を紡げなかっただろう。排外主義者による組織化が進む現代において、私にもありえたかもしれない「言葉の不在」をかかえている人びとが多くいると想像できる。アウシュヴィッツ強制収容所からの生還者であるプリーモ・レーヴィや、広島に投下された原爆によって被爆した原民喜[2]が、「言葉が通じる人々を生者の側に見出すことは困難を極め」（鎌倉 2015）、その後自殺したことにも、彼らと彼らを取り巻く人々とのあいだにおける「言葉の不在」を見出したい[3]。彼らにとって、周囲に言葉が通じる人をみつけられないのは、「死ぬほど苦しんでいるのにやり過ごされる。それこそ耐え難い苦痛[4]」だった。

　プリーモや原の生命を奪ったのは、アウシュヴィッツ強制収容所や原爆被爆体験のみではない。彼らは、二度、殺された。傍観者たちがその痛みを「やりすごす」眼差しが、彼らを死に向かわせた。傍観者の沈黙（言葉の不在）を焦点化しよう。ヘイトを助長させる要因の一つは、メディアや政治の責任であるという（有田 2013：138–141）。排外主義やヘイトに関する書籍で多く言及されているのは、傍観する人びとのあまりに無関心な姿勢や言説だった。私も、自分への攻撃を見るまでは、同様の感情を持っていた。

　「インターネット上のヘイトは、便所の落書きと同じ」とも言われた。路上で起こっていることが現実で、インターネット上で起こっていることは、どこかリアリティがないと感じられるのだろう。傍観者による「みなければいい」「気にしなければいい」「かわいそうな人びとがやっているだけ」という言葉は、翻って、状況の深刻さを把握せず、それがゆえに適当に言葉を当てはめるだけの――つまり適切な言葉ではないという意味での――「言葉の不在」である。傍観者による無関心や「不理解[5]」は、排外主義の対象となった人を時に死に向かわせ、排外主義者たちの組織力を高める結果を招くだろう。かくして、排外主義をとりまく状況のあらゆる場で、沈黙（言葉の不在）のパンデミックが起こり、それは憎悪感情の感染を促す装置になるのだ。

❸ 島宇宙化社会における「正義」の多元性

私がこれまでの沈黙に関する研究のなかで最も注目したのは、「正義[6]」の介入による、言葉の排除だった。沈黙とは、既存の分類体系や秩序から零れ落ちるはざまのあらゆる領域で、「言葉の不在」と不可分に生まれ続ける人類的現象であるとするならば、そこに存在する分類体系をもっとも強固にするのは、人びとが信じる「正義」が媒介するときだったからである。正しいことやあるべき姿のイメージを強固に持つ人びとによる分類体系は、容易に揺らぐことがない。

「サイレント・アイヌ」である私の沈黙は、「アイヌ／和人」という分類体系が確立しているときに、最も深くなる。正義は、第三項の排除を正当化する。正義に優先順位をつけなければいけないのであれば、アイヌとして生きる人びとの生活の改善を優先することのほうが、私の歴史的複数性や、リミナーズの承認という日本の社会的課題について言及することよりも大切であろう。私は、いつでも「最後の沈黙」の準備を整えている。もしも私という第三項的な存在が、アイヌ民族の未来を阻むのであれば、もう二度と、アイヌの出自を持つことを他言しない。

また、インターネット上で誤解による攻撃を受けたことで、私の「最後の沈黙」の可能性は高まった。自分自身をアイヌと捉えず、アイヌ協会やアイヌ社会に属さず、アイヌとして生きていない私は、攻撃されるときにも、たった一人である。自己を守る術を持たない。だから、誤解やデマによって、攻撃されることは、あまりに理不尽であるし、徒労である。

しかし、このようなとても「一四〇字の世界」で表せない物語は、他人には容易には伝わらないのだろう。「一四〇字の世界」では、短く平坦な言葉が必須であり、そしてそれがゆえに、事実がどうあれ一瞬で拡散される。言葉を尽くさないことこそが、言葉を拡散させるために最も重要な点である。インターネット上のヘイトコメントを規制する法律等を持たない日本社会では、誤解やデマが拡がってしまえば、私のような人間はまったくなす術がない。しかし、「最後の沈黙」

へ向かいつつある現在の地平から、今後の議論のための糧を見出したい。

それは、島宇宙化社会の形成によって、正義の多元性が促進されるという視点である。相模原のやまゆり園で一九名の障がい者を殺害した植松聖被告はその行為について自分は正しかったと振り返っている（神戸・雨宮 2019 を参照）。植松被告が信じた「正義」とは何だったのか。植松被告の行為が正しくないと信じる人々の正義と、植松被告の正義との間になぜ齟齬が生じるのか。注目すべきは植松被告が自分を役に立たない人間として位置づけており、世界における人間を役立つ人間と役立たない人間とに分類していた点である。植松被告は役に立たない人間を殺害することが国益にかなうのだと主張した。まるで、「役に立たない側の人間」である植松被告自身が、みずから虐殺を行うことで、わずかに自分に役割を見つけたかのように感じられる。事件から三年が経過した今も、植松被告は、彼自身の正義を信じている。

当然、私も、おそらく読者も、植松被告の正義を信じないだろう。しかし、なぜ、決して重なり合うことのない互いの正義が同じ社会内に存在するのか。排外主義者が信じる正義と、そうではない人の正義との齟齬は、なぜ生じるのか。最も重要なことは、第二、第三の植松被告を誕生させないために、排外主義者がもつ正義がいかにして形成されるかについて、さらに実証的に捉えていくことだろう。紙幅が限られる本論では、そのための叩き台として、インターネットによって形成される島宇宙との連関で考えたい。

「一四〇字の世界」が、人類にカタストロフィ（天変地異）をもたらし、それと表裏一体に、沈黙＝「言葉の不在」のパンデミックが起こる。まるで光と闇が共依存するように、「一四〇字の世界」による言葉と沈黙は同じ質量で増大する。伝統的なムラ社会は崩壊し、無数の島宇宙が誕生しつつあるのが、現代社会の特徴の一つであるとしよう。あらゆる島宇宙の内部には、そこで共有されるそれぞれの正義がある。

深刻なことは、島宇宙が多くの場合、不可視化していることである。不可視化しているために、それを内包する社会全体としてその深刻さを共有することが難しい。島宇宙は、時としてインターネット上で形成され、同じ価値観を共有する人びとで形成されるがゆえに、批判性を内包しえない。そして、それぞれの島宇宙内で醸造される正義は増幅し続ける。そうであれば、もはや、何らかの正義でもって暴力的に一元化することは最も危険な行為なのではなかろうか。無理やり抑えられた「正義」は、暴発を免れないからだ。

原始社会では、共同体を維持するために、抗争に関する厳密なルールと処罰が存在した。そうすることで、権力を集中する国家形成に抗い、それぞれの共同体を自立・維持させてきた。共同体間の境界も、それぞれの共同体の存続のために、重要な要素であった。境界によって、それぞれの正義は干渉されない。一方で現代を生きるわれわれは、つながりを失い、行き場をなくし、無縁社会に生きている。かつてのムラ社会から、島宇宙へ。両者とも排他性を含む点では相違はないが、前者は既存の体系による排他性を、後者は同じ価値観を共有する者が集まるからこそそうではない者への排他性を持ち、道徳は消滅する。深刻なことは、原始社会やかつてのムラ社会のようには、現在の島宇宙では棲み分けができないことだろう。それぞれの島宇宙がもつ正義は、同じ社会の中に存在し、あるとき暴発する。われわれは、その弊害を日々目撃している。

無縁社会といわれる現代は、まさしく、島宇宙が増え続ける社会なのかもしれない。その数だけ正義が生まれるのかもしれない。私は、排外主義者の叫びの中に、日ごとに強固さを増す彼ら・彼女らの「同じ価値観」、あるいは正義をみる。排外主義者の島宇宙は、世界中のいたるところで発生しうる。なぜなら、今やインターネットの浸透は、あらゆる場所へ拡がったからだ。そして、正義が媒介する憎悪感情や排外的な感情は、沈黙のパンデミックと不可分に、「一四〇字の世界」の中で、瞬く間に病原菌の拡大のように拡がり続けるのである。

❹ われわれの憎悪とは

フロイトは、人間から暴力衝動をなくすことは本質的にありえないという。今村仁司は、「それらの現象は社会形成と社会体の運動や歴史の基礎にあるものであり、単なる逸脱的病理現象ではない」(今村 1982：1) とし、さらに「世界は原理的に暴力を内在させていると言わなくてはならない。続けて言えば人間とは暴力的存在である」(今村 2005：129) と述べた。今村は悲観的に暴力について思索したのではない。物理的強制力をもつ暴力 force を解体するための暴力 violence、すなわち「暴力をなくす力」についても述べている。

暴力の前提のひとつは排除なので、憎悪感情による排外主義を考える際にも示唆的だろう。本来、原始社会には、物理的強制力をもつ暴力 force と、それを解体する、あるいは、共同体の形成や維持に必要とされる類の暴力 violence が備わっていた。しかし、文明社会を迎えると、暴力はよくないという前提が、force のみを現存させることになった。われわれは、暴力や憎悪の起源や発展、現状について知ることもなしに断罪し、排除することを慎まなければいけない。そのような態度は、物理的強制力のほうを膨張させるのみなのだ。

ムラ社会では、世間による制裁を恐れて、知性や資本やつよい言葉に抑圧されるばかりであった声は、匿名性を備えるインターネット上では、大いにつぶやくことができるようになった。樋口による研究の最も参考になる点のひとつは、排外主義者が動員される過程としての、インターネットの役割である。かつてのようなムラ社会的な世間の制裁が通用しなくなった島宇宙化社会で、われわれは突発的に暴発する憎悪を食い止める術を未だ持たない。一四〇字に制限されるツイッターが、今や世界情勢や国内政治を左右するような時代を迎えて、私は知性やことばや芸術の敗北を感じずにはいられない。知性とことばに価値を置く人びともまた、島宇宙化し、一四〇字以内の言葉にしか関心を持たない人びとに対して排他性を見せている。しかし、ハラリの言葉を思い出そう。勝利は、ほぼ例外なく、協力が上手だった側が得るのだと。われわれは、社会がどこへ向かうかについて考えるとき、常に、誰が組織化に成功しているかに重きを置く必要がある。

短く平坦なことばは、SNSを通じて一瞬で拡散し、世界を変えてしまう。事実かどうかよりも、センセーショナルかどうかが優先される。インターネットの浸透によって、人類史において初めて、直接、大衆のイメージが言語化されるようになった。たった一四〇字の言葉に動員される大衆の勢力があまりに大きいことは、攻撃されたり迷惑をかけられたりするまで、見逃されがちである。また、この現実に気づき、立ち向かう人の多くは、自らの島宇宙の価値観から、「一四〇字の世界」をただ断罪してはいないだろうか。

私は、沈黙を「言葉の不在」と呼ぶ。沈黙はあらゆる場所に見出しうる。排外主義者がヘイトを叫ぶ声の後ろに。ヘイトされる側がその痛みを表現する場に。傍観者がこの状況を眺める時に。沈黙は、ある言葉へと変化する。他者を攻撃する言葉へと。「気にしなければいい」という、状況や痛みを無化してしまう言葉へと。それは、社会をさらなる不穏な場所にし、匿名で不可視の憎悪感情が病原菌よりも早く感染することで、われわれ人類のいのちを脅かすだろう。まだ間に合うのだろうか。今こそ、暴力や憎悪感情を、第三項として一方的に排除するのではなく、われわれ人類に本質的に備わっている根源的な性質として、想起し反省したい。われわれの憎悪とは、そして暴力とは、どのように生まれ、どこへ向かうのか。島宇宙化が進む現代において、われわれは「正義」をどのように扱うことができるか。「一四〇字の世界」で答えを出さずに、ソクラテスの「無知の知」を携え、問い続けたい。

現代における排外主義への問いは、哲学・倫理学的、政治経済的、法学的、社会学的、心理学的、文化人類学的、歴史学的に、人類の本質にかかわる重大で根源的な知見をもたらしてくれる。今こそ、「われわれの憎悪」に関する問いを構造化しよう。そして、正義を暴力的に一元化させることなく、自らの正義と他者の正義の齟齬について問い続け、あらゆる沈黙の声に耳を澄まそう。われわれ人類は、これからも憎悪と暴力と沈黙を生み続けるだろう。そのなかで、わずかな希望を見つけ続けたい。そして「一四〇字の世界」を迎えた新しい時代に、希望へとつながる言葉たちを、共に紡いでいきたい。

参考文献

有田芳生（2013）『ヘイトスピーチとたたかう！——日本版排外主義批判』岩波書店

石原真衣（2020）『〈沈黙〉の自伝的民族誌《オートエスノグラフィー》——「サイレント・アイヌ」におけるサバルタン化のプロセスとdecolonization（仮）』北海道大学出版会、二月刊行予定

今村仁司（1982）『暴力のオントロギー』勁草書房

——（2005）『抗争する人間——ホモ・ポレミクス』講談社選書メチエ

神戸金史・雨宮処凛（2019）「第1章　植松被告は私に「いつまで息子を生かしておくのですか」と尋ねた」、雨宮処凛編著（2019）『この国の不寛容の果てに——相模原事件と私たちの時代』大月書店

鎌倉英也（2015）「「記憶の遺産」が問う現在　プリーモ・レーヴィと原民喜の言葉を手がかりとして」、日本平和学会二〇一五年度春季研究大会部会4報告（二〇一五年七月一五日発表）、日本平和学会ホームページに掲載

ハラリ、ユヴァル・ノア（2018）『ホモ・デウス——テクノロジーとサピエンスの未来』上・下、河出書房新社

樋口直人（2014）『日本型排外主義——在特会・外国人参政権・東アジア地政学』名古屋大学出版会

宮台真司（1994）『制服少女たちの選択』講談社

山下祐介・市村高志・佐藤彰彦（2013）『人間なき復興——原発避難と国民の「不理解」をめぐって』明石書店

注

●1　和人とは、現代において未解決の概念である。それは国民的概念でも民族的概念でもない。アイヌとの対概念としてしか存在できない概念である。私は、なぜ、家系のなかで和人の出自の者のほうが多くても、アイヌの出自が暴力的に付与されるのかについて、疑問を抱いてきた。もし、和人という概念を包括するものが、「アイヌの血を引いていないこと」だとするのであれば、和人とは民族という分類体系による対概念というよりも、より排他性を内包する「人種概念」に相当するのではないか。人種差別主義《レイシズム》とは、出自や「血」や属性によって、徴づけ、人間を排除する装置といえるだろう。本論で和人というとき、このような人種概念的なカテゴリーを示す。

●2　排外主義者の攻撃は、ほとんどの場合、直接、被爆者へは向かわないのかもしれない。しかし、広島・長崎で被爆した人びとやその子孫、福島の原発事故後の福島住民が結婚を忌避されるなどの報告がある以上、「特定の属性に対する憎悪感情」は深刻だろう。

●3　レーヴィや原の生涯を、私の経験や研究に関連させ、個人的なメールを通じて示唆してくれたのは、フォーラム福島支配人の阿部泰宏氏である。阿部氏との出会いや交流について

は別稿がある（「北から南へ、そして」台灣東亞歴史資源交流協會 East Asia Popular History Exchange, Taiwan　https://eaphet.blogspot.com/2019/06/blog-post.html）

◉4　これは、阿部氏が私に宛てたメールに記した言葉である。ご本人の了承を得て掲載した。

◉5　『人間なき復興』で提示された言葉。「無理解」は理解が無いことを示す一方で、「不理解」は、理解したつもりになっている人びとに対して、「あなたの理解が理解ではない」ことに気が付いていないことを示すために用いられた（山下・市村・佐藤 2013：26）。

◉6　本論が指し示す「正義」とは、哲学や倫理学、法学や政治学などの学問領域が対象とする正義概念というよりも、島宇宙内のそれぞれの住民が信じるフィクションのようなものを含意する。言い換えれば、「正しいと信じる振る舞い」である。両者の相違は、文化人類学者が使う「文化」と市井の世界で使われる「文化」のあいだのそれのようなものだろうか。学術的議論が対象とする正義と、それぞれの住民が信じる「正義」がどのように接続可能なのかについては、今後の課題としたい。

アイヌのこと、人間のこと、ほんの少しだけ

川口好美

『日高文芸』に掲載された「対談・アイヌ」[1]（一九七〇年）は当時、アイヌ差別についての被差別者側からの鋭い証言・告発として人々の耳目を集めた。主な発言者である鳩沢佐美夫は議論の前提として「この地域では、双方ともに、アイヌ問題の、問題という言葉がタブーなんだ」と述べている。「双方ともに」とは、アイヌの側も、シャモ（和人）の側も、という意味である。さらに別の対談での他の会員の発言——「相手から話しかけられたときは、アイヌという言葉を使ってもいい。が、こっちからは、絶対にアイヌという言葉を使っちゃならない、という意識だかなんだかがある」——を紹介した上でそれが「この地域一般住民の、偽らぬ心境だと僕は思うんだ」と付け加えている。

事実、一九六一年に「北海道アイヌ協会」は「北海道ウタリ協会」に名称を変更している（協会がふたたび「アイヌ」を名乗るのは二〇〇九年である）。差別の助長を避けるねらいがあったのだろう。「アイヌ」と口にすれば必然的に「アイヌ問題」が発想されざるをえないというそのことが、「地域一般住民」の人間関係に厄介な影を落としていたのだ。もちろん状況によって様々な濃淡があったには違いないが、「双方」に〈今から話すのは「問題」としての「アイヌ」のことではない〉という暗黙の合意がよほど強く存在しない限り、アイヌは日常において「アイヌ」と言うことが出来なかったのである。アイヌ同士の関係にすら、そういうことはあったのかもしれない。

押さえるべきは、鳩沢佐美夫というアイヌの青年が身を賭して断ち切ろうとしたその厄介な問題が、国と地域とメディアが一体となってアイヌ文化を振興し称揚し、アイヌも非アイヌも堂々と「アイヌ」と言える環境が整いつつあるように

見える現在の日常に、じつは根深く連続しているということだ。それも他人事ではないわたし自身の問題として。まずはそのことをはっきりさせておきたい。

　わたしは関西地方の出身で、部落差別・在日朝鮮人差別については小学生のころから繰り返し教えられたが、現在の北海道への和人の侵入、それ以来続くアイヌ民族からの搾取、差別の歴史となると、耳にした記憶はまったくない。大学を出て道東に移り住んでからようやく、そうした事柄についてわずかに知るようになった。集落にはアイヌ民族であることを公けにしているご家族がいる。それなりに親しい関係でもあることだし、これを機にそこのお婆ちゃんから話を伺ってみよう——本誌から執筆の依頼があった時、そんな考えが頭に浮かんだが、結局そうしなかった。わたしが「問題」を忌避した結果である。

　彼女はアイヌ文化にかんする地域の講座の講師等を積極的に引き受けている。以前雑談していた折には「またヘンなことを言ったひとがいるね」と、地方議員によるアイヌ民族にたいする差別煽動発言について彼女のほうからこちらに話題を向けて来たこともあった。客観的に判断すれば、彼女とのあいだで「アイヌ」を話題にすることはそれほど不自然ではないはずだ。

　歴史や差別にかんして、学問的にわたしはズブの素人である。なにより、他人から話を聴く最小限のレッスンさえ積んでいないのだから、踏み込むべきではないことを不躾に質問して相手を傷つけてしまうのではないか、という危惧も遠慮もあった。だが、わたしは自分自身を疑う。それは後から貼り付けたもっともらしい嘘に過ぎないのではないか、はじめから話してみる気などなかったのではないか、と。しかし同時に、そうであるからこそもっと奥深いところに理由を探らねばならないとも感じる。覚悟が足りないと言われれば、そのとおりと応えるほかあるまい。たしかにこんな程度の覚悟で原稿だけ立派に書き上げるのは都合が良過ぎる。とはいえ他方で、差別者への力強く明快な指弾も、あるいは被差別者に丁寧に寄り添う言説も、今述べたような自分自身への疑惑とまったく無縁であるならばその闘い方は偽物だという気がしてならないのだ。

　一人のシャモとして一人のアイヌに対峙することをわたしが避けたという無惨な事実を正当化したり糊塗したりは、したくない。したくても出来るはずがない。しかし無惨を無惨として突き詰めることがまったく無意味だとも思えない。おのれの無惨さを否認せず、また馴れ合うことなく、ぎりぎりまで接近してそれを見詰め続けること。そうすることで無惨さの内部に或る種の希望の可能性を開くこと。希望が鈍い痛みとともに意想外に開かれてしまうこと。文学の言葉を読み、書くことには、こうした逆説的な効能が存在するのではなかったか。

＊

「対談・アイヌ」によって脚光を浴びた鳩沢はその後、全国向けのニュース番組にも出演したそうだ。しかしそうは言ってもどれほどの数の人々が、対談の随所に散見される言い淀みや断念の意味を真剣に考え、受け止めようとしたのだろうか。鳩沢をテレビに呼んで喋らせることは、善意を装ってはいても、じつのところはアイヌ青年のわかりづらさを強引にわかりやすさに転換したい大人たちの欲望から発想された企画だったのではないか。少なくとも呼ばれた当人はそう疑わざるをえなかったのではないか。

アイヌ学者、研究者の類は全部、「害虫の一種でしかない」。対談中、鳩沢はそう「断言」している。彼等は免疫のない素朴なアイヌに接近し、枯死させる。「とるだけとると、あとは、死のうが、偏見の吹きだまりでスラム化していようが、観光地で、猿真似踊りをしていようが、まるで彼たちは、関知しないというふうだ」。この激しい憤りは「彼たち」の視線を内面化し、自ら「商品」として観光客に迎合するアイヌの側にも向けられる。同様に、悲惨な貧困に苦しむアイヌという、政治の場でしばしばクローズアップされるアイヌ像についても、鳩沢はシャモ、アイヌの双方を厳しく批判している。

しかし、その批判はつぎのように屈折せざるをえなかった。

「が、とにかく、僕は、ことさらに差別という視点と、貧困という対策の枠のなかでのみ、アイヌ問題を論じないでくれ、と叫びたい！――。エゴイスチックな発言のようにも思う。でもね、僕は、アイヌ、という問題点を考えれば考えるほど……、そーっとしておいてくれ……と、言いたくなるんだ」。ここに鳩沢のわかりづらさが凝縮的に露呈している。アイヌ差別、そこから派生する貧困、という枠組みの中だけでアイヌを論じるのはやめろという感嘆符まで付いた正当な「叫び」が、どうして、「そーっとしておいてくれ……」というような気弱でか細い声と連接しなければならなかったのか。

鳩沢は重層的な困難に直面している。彼は差別、貧困という既成の枠組みを取り払おうとする。それはそうした枠組み自体が差別的な諸関係の所産である以上、その枠内のみで為される闘いが闘う者の善意、悪意にかかわらず非対称的な力関係の再生産に帰着してしまいかねないということを皮膚感覚で知り抜いていたからにほかならない。だからこそ対談の序盤、アメリカの黒人差別に触れるながれでこう言っておいたのだ。「ね、だから、僕は、人間！というあたりからこの黒人問題を見つめたいんだ。すなわち、そういう視点がね、アイヌ問題にも当て嵌まるんじゃないか、ということ――」。突き詰めれば和人もアイヌも同じ、たんなる「人間」ではないか。差別だ貧困だと騒げば騒ぐほど、その単純な事実が見えなくなり、同じ土俵で議論することが出来なくなってしまう、と。「だから、特別立法や優遇を求めるより、くどいようだが、あくまでも、アイノ、すなわち、人間という平等の権利と能力、この次元で、われわれは活動を考え、おし進めなければならないと思う」。

だが、「人間」はほんとうに、もうそれ以上は問う必要のない、どん詰まりなのだろうか。それを言いさえすれば「双方」が「平等の権利と能力」を前提として対峙することが可能になる、そういう言葉なのだろうか。いや、違う。それは便利な言葉ではなく、むしろ過剰な問いを強いる奇怪な性質の言葉なのだ。差別や貧困に問題を限定することの危険性を知っていた鳩沢は、そのことも直覚していたに違いない。あの気弱なか細い声は、この認識の直撃によって身動きが取れなくなった者の痛切な呻き声だったのだ。

まず、山城むつみが、詩人佐々木昌雄のテクストと佐々木についてのマーク・ウィンチェスターの研究を踏まえて述べている、つぎのような歴史の事実がある。「起源の暴力は、それまで「カムイ」との関係において意味づけられていた「アイヌ」を〈シャモ〉（和人）との関係においてしか意味づけられない「〈アイヌ〉」にしたのだ」（「カイセイエ――向井豊昭と鳩沢佐美夫[2]」）。ここで言う「起源の暴力」とは、江戸時代、明治時代をとおして、和人がアイヌにたいして大規模に振るって来た「本源的蓄積と近代的植民の暴力」を指している。この「暴力」によって「アイヌ」＝「人間」に変化が生じた。神々にたいする「人間」から、侵略者である和人にたいする「人間」へと、その「意味づけ」の仕方が決定的にズレたのである。言うまでもなく、それはアイヌ共同体の生活や経済や文化の根幹にかかわる取り返しのつかない切断であった。「彼らが〈アイヌ〉だったから暴力を振るったのではない。暴力を振るったことで彼らを〈アイヌ〉にしたのだ」。「［……］起源にあるそのような転倒的暴力が彼らに、〈滅びゆく〉という枕詞とともに〈アイヌ〉という運命を刻印したのだ」。

もちろん、こうした事実から、鳩沢の主張する「人間」なるものは和人との関係で定義された相対的な概念に過ぎず、それを持ち出すことでは和人とアイヌの非対称的な関係は結局廃棄されないのだとか、それどころか、一度「アイヌ」の意味が切断され、原初的な信仰や生活が崩壊したのだからもはやアイヌなど存在しないも同然だとか、そんな小賢しい皮肉めいた論理を引き出すとすればそれこそ笑止である。「起源の暴力」は現在時にも連続しており、だからこそ論理上アイヌは今も存在するし、これからもますます存在するのだと言うべきだ。

ただ他方、「人間」なるものの歴史的な相対性あるいは恣意性ということを、軽く、甘く見るべきではない。なぜなら、その相対性・恣意性こそが、本来的・絶対的な真正の「人間」の基礎であるのかもしれないからだ。別言すれば「人間」とは、そのことの徹底的な認知の経験、すなわち「人間」など果敢《はか》ない概念に過ぎず、じっさいは非対称的な力関係しか存在しないという現実を心臓で理解させられる苛酷な経験をとおしてのみ摑まれうる、別種の新しい存在なのかもしれないからだ。歴史的な暴力も、それのせいで一部のひとびとが堪え続けている辛い思いも、すべてまるごと受容し肯定した上で、あくまでもその肯定の内部で、にもかかわらず歴史の底を踏み破り「起源の暴力」から派生するあらゆる力関係をねじり切ってしまう、恐るべき矛盾にみちた「人間」。「人間」という言葉が過剰で奇怪であるとは、そういう意味だ。その「人間」は、「そーっとしておいてくれ……」という悲痛な願いを聞き入れる耳を持たないだろう。鳩沢の直覚にはこうしたことさえ含まれていたと思える。彼の屈折した言葉は底深い冥さを湛えて、今もわたしたちの前にある。

＊

「問題はアイヌの繁栄と幸福のために、何をどのようにして祭るかということです」。武田泰淳『森と湖のまつり』の登場人物の一人、アイヌ女性であり敬虔なキリスト者である風森ミツの台詞である。精神上、物質上のあらゆる生の領域を和人たちに徹底的に踏み荒らされ、ずたずたに寸断された以上、もはや純粋なアイヌの神々の信仰（まつり）は不可能だという厳しい現状認識に立った上での、これは問いである。ならば彼女が問うているのは、それでもわれわれアイヌに可能かつ必要な信仰（まつり）とはなにかということであり、突き詰めれば、前節で述べた意味での「人間」を可能にする信仰とはどんなものであるか、ということなのだ。登場人物たちはミツ自身明確な答えを持っていたわけではないこの問いに吸引され、激しい衝突を繰り返す。

どのような宗教を信じていたとしても、信仰がどれほど真面目であったとしても、いざという時にはひとは教養の枠を踏み越えざるをえない。おそらくそのような瞬間なのだ、「人間」の種子が孕まれるのは。たとえばミツは長年にわたって思い続けた男と死別した際、天国に行くのだから死んでも終わりではないはずですよ、という雪子（彼女は和人で、アイヌをモチーフにした絵を描く画家である）の慰めにたいして、雪子を睨みつけ、意地悪に突き放す。そのとおり、みんな天国に行く、でもそれがどうした、天国には女を棄てるようなひどい男はいない、男を憎みたくても憎めない、ということは愛したくても愛せないということと同じだ、神さまの命令どおり天国に行ったたって、そこでこの男を愛せないんじゃ仕方がないじゃないか、と。

だが、自分がアイヌであることに複雑にねじれた感情を抱いている鶴子という女の言葉を踏まえ、ミツはこの怒りと悲しみにおいて信仰の根底に触れていると言うべきである。鶴子は雪子にこう語っていた。「あんたみたいに、同情したり、可愛いがったり、見よう見ようとして近寄ってきたりするうちは、「アイヌ」の方で遠くへ行っちまうんだよ。ピッタリひっついてると安心してるときこそ、「アイヌ」も神様もどこかへ行っちまってるときなんだ。そうじゃなくて、苦しまぎれに厭がって、外へ外へと逃げ出そうとしてるときが、ほんとは神様や「アイヌ」の奥へ奥へと入りこんでいるときなんだよ」。

　ミツは天上的な神の愛を否み、卑近な他者との地上的（性的）な情愛を、汚らわしい生命を肯定する。鶴子もまた、理想化された「アイヌ」像から絶えず逃れるが、その裏側には同種の肯定が張り付いている。したがって神様にせよ「アイヌ」にせよ、それがほんとうに見出されるのは、ひとが他の一切の観念を否定してまで人間的あまりに人間的な欲望を肯定するときなのだ。それは、そうした欲望を駆動する自己と他者の差異を、否定せず、反対にすすんで認めることである。たとえばミツは、自身の恋愛において、自分がアイヌの女生徒で男がシャモの教師であったことが重要な要素だったことを隠そうとしない。彼女だけではない。『森と湖のまつり』では、関係において、男／女、アイヌ／和人、貧乏／金持ち等々の世俗的かつ歴史的な差異こそが決定的に重要であるということが執拗に露出される。

　ならば作中、「人間」はどのような様態で孕まれているか。小説の末尾、雪子が風森一太郎の子どもを身ごもっていることが明かされる。たった一度のセックスの後二人はこんなやり取りをしていた。一太郎は雪子に、今のセックスにはなにかしら不純な感じのする「厭ったらしい黒いようなもの」がくっついていたと言い、雪子はそれに同意する。たしかに「今夜のこと」にはそれがあった、と。だが注意すべきは、男がその同意をすぐさま打ち消し、突き放すことだ。「あい槌を打ってもらわなくてもいいんだ。一晩、いっしょに寝たからといって、違った物が同じ物には、なれっこないんだから。……ああ、女みたいに、こんなことを喋るのは、男らしくないな」。雪子は直接間接にアイヌを搾取する和人の女である。一太郎は和人と裏切り者のアイヌの混血児である。たしかに二人のセックスには「起源の暴力」に淵源する暴力の歴史が錯綜し凝結し、「厭ったらしい黒いようなもの」として覆いかぶさっていた。だが、そうだとしても、俺の欲望とお前の欲望を混同してはいけない、俺の欲望を駆動する歴史的諸差異とお前の欲望を駆動する歴史的諸差異を絶対に混同するな、二つはまったくの別物なのだから——一太郎はそう言っているのだ。このとき男の嗅覚は、二人が「同じ物」であるという感覚において「起源の暴力」が忘却・隠蔽されてしまう危険を鋭敏に嗅ぎ取っていたはずだ。

　雪子という他者からの同意を拒絶しても、一太郎が自分一個の欲望の複雑な中身を守りとおそうとしたこと。にもかかわらず、その絶対的に単独な欲望の結果として一人の子どもが雪子の腹に孕まれたということ。これはどういうことなのか。つぎの文章が示唆するのは、希望としての「まだすまない」が一人の「人間」のかたちで雪子の胎内に宿され、そのために彼女自身その瞬間から新たな生を生き始めたということである。「「もうすんでしまった」一太郎との関係のおかげで、「まだすまない」博士との関係が、色濃くねばりついてくるのだ。［……］そして彼女が、この二人の男のあいだで、性的に生きることになったのは、息苦しいと同時に、また彼女の感覚を活き活きと緊張させもしたのである」。二人の交わりは、「もうすんでしまった」ではなく「まだすまない」を孕むための行為だった。「まだすまない」とは、差異が「活き活きと」感触されている状態であり、その感触の内側で「起源の暴力」の存在がありありと思い出されていることである。そうして、和人は和人でありアイヌはアイヌであって「違った物が同じ物には、なれっこない」のだという単純な事実を繰り返し認知するためだけに互いに交わり続けることである。一太郎と雪子の子どもは「まだすまない」の象徴としての「人間」であり、彼／彼女もまた、自分一個の欲望を肯定しながら他者と交わり、子を孕み、産むだろう。

「人間」のそのような営み、無限の過程こそ、アイヌが祭るべきもの、かろうじて祭ることの出来るものなのだろう。もちろん和人の側にも和人なりのやり方で可能かつ必要な、それは祭りであるに違いない。

＊

『森と湖のまつり』に触発されて考えて来たことと、鳩沢が提起した「平等の権利と能力」のこと。二つが、この現実においてどんなふうに結び合うのか、結び合うべきなのか、正直に言って今のところわたしにはわからない。それがアイヌ女性から話を聴くことをわたしが忌避した理由かもしれない。鳩沢もそれがわからなかったから「人間」をめぐってあのような屈折した態度を取らざるをえなかったのだろう。しかし、文学の言葉は、認識の言葉であると同時に実践を強いる言葉でもある。どれほど消極的なもの（たとえばアイヌ女性に会いに行かない、というような）であっても、その意味を徹底的に問い詰めることが求められる。言葉がそう要求する。もはやわたしが「アイヌ問題」から逃れられないということとそれは同じことである。

追記

本文の『森と湖のまつり』を論じた部分について、後日、編集委員である杉田俊介氏から「池博士」への言及がまったくない、という指摘を受けた。「世俗的かつ歴史的な差異」

を強調しておきながら、著名なアイヌ研究者という立場上、和人／アイヌという図式を抜きに他者と関係することがほとんど不可能である、マジョリティ中のマジョリティたるこの人物に自分がまったく言及しなかった。池の「植民地主義」を批判した上でそれを「拒絶」するための「精神の条件」としての一太郎へと向かう、鎌田哲哉の論考（「知里真志保の闘争」[3]）に引っ張られて、一太郎と雪子の関係に読みが偏ったということもあっただろうが、それ以前に池という人間そのものに奇妙なわかりづらさがあり、そのために彼が見えなかったのではないか。

　池のわかりづらさは、深さにではなく、ある種の浅さに由来するものである。作中雪子は、一太郎とだけでなく池とも一度、肉体関係を結んでおり、その経験を「ややこしさ」という言葉で括っている。一太郎との場合には「肉体や精神の内側で、根源的なところで、焼けつくようなむずかしい事にぶちあたったという感じ」があったが、池との場合には「外側の表皮のあたりで、モヤモヤしている「ややこしさ」に、まといつかれた気持がした」と。池との関係には深さが欠けているが、にもかかわらず、ややこしい。実際、不思議なことに、雪子はセックスの最中池に向かって「アイヌの神様が怒るわよ」と口走るのだが、その直後、池が長年かけて蒐集した貴重なアイヌ関連のコレクションが火事で失われる。このとき彼は非常に屈折した経路で、たしかに「アイヌの神様」の怒りに触れたのだ。池の「植民地主義」への批判は必要だが、そこにのみとどまっていては、この出来事についてほんとうに思考することが出来ないだろう。また、どうして博士を熱烈に崇拝するアイヌがいるのか、あの一太郎でさえ「先生の前では、まるっきりウジウジし」てしまうのはなぜなのか、そういう大事な疑問が取り落とされてしまう。

　とはいえ、抜き書きしながら読み返したものの、彼の浅さの意味が十分に理解出来たわけではない。それは作者自身も同じであったのかもしれない、と思う。とりあえず予感的なことを記しておく。

　雪子が一太郎の子を孕んだということは、池の子は孕まれなかった、ということである。それだけでなく、池は最後に鶴子と共に再び生き始めるのだが、彼女とのあいだにも子どもは孕まれないのではないか。保存し継承すべきアイヌの宝はすでに失われている。つまり保存や継承という事柄は二重に禁止されており、だとすれば彼に可能な生とは、自らの浅さを観念し、徹底することだけなのだ。作中、池博士と、乞食同然の暮らしをしている和人の男（先生おど）とが、彼らの「キリストじみた」顔貌において重ね合わせられているが、それは池が今後もっと多くのものを手放さなければならないことを、アイヌから蒐集するのではなく、アイヌにたいして先生おどが死の間際まで行なっていた奇妙な贈与を彼もまた行なわなければならないことを、彼がこれから死んだように生きることを、幽霊のような生を生きることを、示している。そのようなかたちで彼は「人間」に、祭りに、あからさまにではなく静かに寄り添い続けるのだ。

新しい「人間」を、新しい祭りを、熱烈に渇望し、想像＝創造しながら、しかしそのとなりに博士の幽霊を幻視すること。皮肉にではなく、ユーモラスな眼差しでそれを見出すこと。それは、けしてニヒリズムへの転落ではなく、むしろ「人間」への渇望が真剣で真摯であればあるほど強くわたしたちを捕えてやまない悪の威力を和らげそれを意味あるものとする、ひとつの大事な方途であるだろう。

注

●1　鳩沢佐美夫『若きアイヌの魂——鳩沢佐美夫遺稿集』新人物往来社、一九七二年。

●2　山城むつみ「カイセイエ——向井豊昭と鳩沢佐美夫」『すばる』二〇一八年三月号。

●3　鎌田哲哉「知里真志保の闘争」『群像』一九九九年四月号。

ヘイト・スピーチの論理構造

真珠湾とヒロシマ、加害者と被害者のあいだで

秋葉忠利

本稿では、「ヘイト・スピーチ」の典型的な型である、「〇〇は死ね」のような表現が、「〇〇」の人権剝奪を目的としていることに注目するが、この表現そのものは、「〇〇は、何々だから、死ね」の短縮形だと解釈する。そして「何々だから」の部分こそ、この問題を理解し解決するためのカギであることを示したい。特に、「何々だから」の具体例として、「パール・ハーバーが先だったから」、そしてそれと一体不離の関係にある「原爆投下は正しい」に焦点を合せる。それは特に、「ヘイト・スピーチ」の発信者と受信者との間の対話の可能性について、二つのエピソードを通して考察するためである。

❶ 三つの「ヘイト・スピーチ」エピソード

以下、この問題の本質を「論理」という視点から考えるために、舞台をアメリカに移す。アメリカで、人種や宗教、職業、性別等に基づいた差別が長い間続いてきたことはよく知られている。それにともない、「憎悪」に基づく犯罪や差別的な言動によって多くの人の生命が奪われたり自由が制限されたり、また社会全体がこうした傾向によって大きく傷つき、またそれが元になった権利の回復運動が起こり、希望が生まれ社会的問題が改善されたりといった歴史が繰り返されて来たこともよく知られている。

これから報告する事柄は、こうした激動する社会の中でのほんのいくつかの小さな経験なのだが、私にとってはアメリカ社会、日本社会そして世界を考える上での貴重な視点を与えてくれたものばかりである。

まず私のアメリカとの関わりは、一九五九年に高校生として一年間シカゴ郊外の小さい町で過ごした。日常生活を通し

てありのままのアメリカ社会を体感できた貴重な一年だった。一九六八年からは大学院の学生として二年間、その後大学で数学の研究と教育に携わり、一九八六年までボストンとニューヨークで生活。その間、核廃絶運動にも関わり続けた。そして、アメリカで原爆を話題にすると必ず直面しなくてはならない「パール・ハーバー」との格闘も経験した。

〈ケースA〉（以下、略して単に（A）と記す）

一九八〇年、ワシントンDCのラッセル上院議員会館で、共和党の重鎮だったマーク・ハットフィールド上院議員の肝煎りで、広島の青年会議所主催の「広島・長崎原爆展」が開かれた。アドバイザーとして、当時、広島の平和記念資料館館長だった被爆者の高橋昭博さん、そしてボストンから通訳も兼ねて私が参加した。

この展示会には五〇〇〇人もの人が訪れ大成功だったが、展示会の初日のことだった。始まってから間もなく、一人の中年男性が会場に足早に入ってきた。身嗜みの良い、白人のしかも保守的な雰囲気の持ち主だった。会場内にはまだほとんど人がいない状況だったが、彼は主催者である私たち日本人のいるところまでやってきて、「パール・ハーバーが先だった。それを忘れるな。さっさと国へ帰れ」と叫んで会場を後にした。そのときのこの男性の憎しみに満ちた目を今でも忘れることができない。

〈ケースB〉

次に、アメリカ人ではなく日本人の発言を取り上げる。一九八八年、国連の軍縮特別総会に広島からも代表団が参加した。もう広島に腰を据えて活動していた私も一員として渡米した。私たちは慣例として、被爆者とともに国連の日本政府代表部を表敬訪問した。対応した外務省の職員は怒りと憎悪を露わにして、「あなた方がアメリカに来るのは大きな迷惑だ。それも、アメリカ人が嫌がる被爆者を連れてくるなどもっての外だ。すぐに出て行け」と言い放った。彼が表現した「嫌悪感」そして「憎悪」は、私たちの胸に突き刺さった。特に被爆者にとってのショックは大きかった。

〈ケースC〉

「〇〇は死ね」あるいは「〇〇は殺せ」が、ヘイト・スピーチを示す言葉の典型例だが、相手の生命を奪う意思を示す表現がヘイト・スピーチであるための必要要件だとすると、例えば、一つの都市の住民全てを殺戮するという意図を表明することは、当然、ヘイト・スピーチになるはずだ。

ここで私が想起しているのは、（A）の原爆展が開催された際、広島のテレビ局、中国放送の取材のため、高橋昭博さんと原爆を投下した爆撃機エノラ・ゲイの機長だったポール・ティベッツさんとが、ワシントンDCで会った時のことだ。ケロイドの後も痛々しい高橋さんを前にティベッツさんは、「将来、万一、戦争が起きて、原爆投下を命じられれば、私は再び同じことをするでしょう」とはっきりと宣言した。

次に、（A）と（B）とを元に、ヘイト・スピーチの持つ論理構造を明らかにした上で、それに基づいて、実は（C）が、ヘイト・スピーチに対抗する可能性を示唆していることを示したい。

❷「ヘイト・スピーチ」を正当化する「印籠」

構造的には（A）も（B）も同じことなので、（A）に的を絞る。（A）を、ヘイト・スピーチの典型的な形である「○○は死ね」流に短くすると、「お前たちは、日本に帰れ」になる。幸いなことに、私たちに投げかけられた言葉には、それに加えて、このような短縮表現の背後にある考え方のキーワードが使われていた。それも勘案して、メッセージ全体を次のようにまとめることが可能だ。

「私はあなた方の人権を制限すべきだと考えている。それは、私にとって自明の理である、○○という考え方があるからだ」辺りになる。「○○という考え方」は「差別の理由」とでも呼べばいいのだろうが、もっと分かりやすい表現を使えば、水戸黄門の「印籠」と同じ役割を果している。「この印籠があるのだからお前の人権は制限されて当然だ」という主張だ。

ここで、（A）の場合の「印籠」は、多くのアメリカ人が信じている日米関係の基本にある歴史的「事実」である。つまり、日本が宣戦布告なしの卑劣極まりない戦争をアメリカに仕掛けたことだ。この考え方はしばしば次のような形でも表現される。「真珠湾攻撃」は、一国が他国に対して取り得る最悪の行為であって、温度の単位で表現すれば、絶対零度に匹敵するような位置づけなのだ。

このような考え方に賛成するかどうかは別として、相手の価値観がこのようなものであることを知れば、確かに不愉快ではあり、自分の人権が侵害されることに対しては、法的その他の対抗措置を取らなくてはいけないにしろ、相手の言い分にもそれなりの「根拠」のあることが理解できる。その「根拠」は自分の価値観・世界観では受け入れがたいものではあっても、「言語化」された「理解」を出発点にして、相手との対話を始めることは可能かもしれない。

❸「ショート」の結果が「ヘイト・スピーチ」

面倒なのは、私たち人間には、このような対話を続けるだけの忍耐力がしばしば欠けていることだ。「パール・ハーバー絶対零度説」を何の疑いもなく信じ込んでいる人たちのほとんどは、それに対する疑問を感じている私たちに、その正しさを説明する必要のあることなど理解できない。仮に説明の必要があることは理解できたとしても、丁寧に説明するだけの時間的、あるいは心理的な余裕があるかどうかは別問題だ。となると、その説明は省略して、結論だけを述べるという選択肢が自然に浮かび上がる。そのような形で、極端なレベルにまで短縮してしまった表現が「ヘイト・スピーチ」なのだ、という解釈さえできるかもしれない。

楽観的過ぎるとの批判があるかもしれないが、ある人間が他の人間の人権を侵害したいと思う場合、しばしば無意識ではあっても、実はその根底には一種の説明が付いているということを「仮定」として採用しておきたい。「差別の理由」である。限りないほどの権力を手にした独裁者や為政者でさえ、何らかの説明をしなくてはならないと感じてそのような行動を取っている。ヒトラーでさえ、『我が闘争』という大著をものしてその説明をしているではないか。

しかし、他人からの説明を聞いて分かったつもりになっていても、自分でそのような説明をできない人も多い。数を恃んで、そのグループの「マントラ」として短い言葉で、こうした説明が表現できたつもりになってしまう場合も多いだろう。あるいは、「説明」という時間のかかるプロセス、それを「回路」と呼ぶが、それを飛び越して、いわば、「ショート」してしまった結果が、「ヘイト・スピーチ」だと定義することも可能だろう。

さらに厄介なのは、このように「ショート」してしまった結果としての人権の侵害が実際に起こり、侵害をした側がそれを「成功した」と認識してしまう場合だ。その結果、差別する側からはこれが「成功例」のカテゴリーに整理された上で、「ヘイト・スピーチ」がリピートされる根拠になってしまう可能性もあることになる。

さて、それに対して私たちの側からどう対抗するのかを考える際に、「ショート」を起こした結果だけを見て、その部分に対してだけの対策を練るのではなく、省略されてしまったより大きな「回路」に目を向けて、その論理性についての議論を行うことも大切なのではないかと考えられる。それは、相手を説得する可能性が高まるからだ。もちろん説得できない可能性も大きいのだが、法の「力」に頼って相手の言説を抑える作業と並行して、「教育的」な要素も勘案した対策が同時に存在したほうが、改善や変革を目指す私たちのエネルギーはより大きくなるのではないだろうか。

❹「原爆投下は正しい」派は減っている

「パール・ハーバー絶対零度説」と原爆投下については、いくつかに分けて考えたほうが論理的な整理がしやすくなるので、次のように分解しておく。

①日本が宣戦布告なしに真珠湾を攻撃して太平洋戦争が始まった。

②その行為は、歴史上比べものがないほど卑劣かつ唾棄すべきものであった。

③それに対する「正義の剣」としての原爆投下は正当化できる。つまり、原爆投下は正しかった。

④とは言え、次に核兵器が使われる場合には、人類の存亡が懸かる可能性もある上、その結果は非人道的であり許されない。

どれを取っても難しい議論が必要になるが、①は歴史的事実なので、議論の余地はない。④も、世界的な理解が進んでいる。それを根拠にして、だから原爆投下は間違っていた、という結論と結び付けようとするとそれに対する反発が現れることはあるだろうが、④自体はアメリカにも浸透してきている。また、②はあくまでも①の事実を情緒的にどう受け止めるべきかという主観が関わってくるので、一筋縄では行かない面がある。しかし、③が受け入れられれば、それと同時に変化することが期待できる。残った③を考えてみよう。

③の原爆投下は正しかったとの主張について、アメリカの世論はどう反応してきたのだろうか。一九四五年の秋には八五パーセントもの人が「正しかった」と考えている。しかし、一九四六年にはジョン・ハーシーの『ヒロシマ』が投下後の惨状を人間的視点から克明に描いてベスト・セラーになり、また長年にわたっての被爆者や平和運動家たちの努力の結果として、長期的に観察すると「正しかった」と考える人の率、つまり肯定率、は減ってきている。

それをドラマチックに、過半数以下の数字に変えたのが、オバマ大統領の一連の発言であり広島訪問だった。それを数

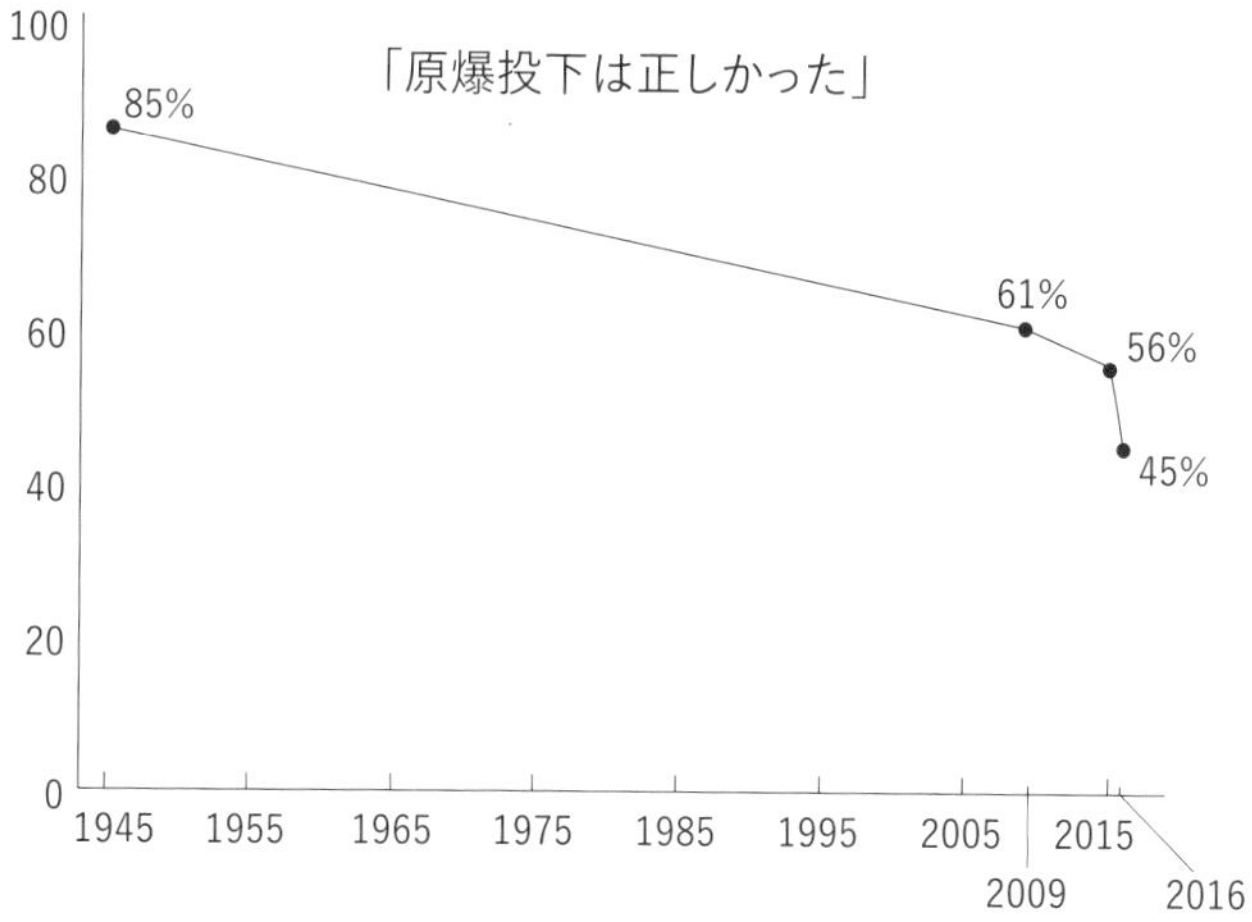

各年の数字と調査機関は次の通り。
1945 年（ギャロップ社） 85%[◉1]
2009 年（キニピアック大学） 61%[◉2]
2015 年（ピュー・リサーチ・センター） 56%[◉3]
2016 年（YouGov 社） 45%[◉3]

字とグラフで見てみよう。
まず、過去の傾向が続いていたとするとどうなるかを見てみよう。一九四五年から二〇〇九年までの間の六四年間に肯定率は二四%減少しているので、年平均では、〇・三八%である。その割合で、減少し続けたとすると、二〇一五年には五八・七%、二〇一六年には五八・三%になるはずだ。しかし、世論調査はそれぞれ、五六%と四五%である。特に、二〇一六年は差が大き過ぎる。念のため、別の視点から見てみよう。

二〇〇九年の統計を元にして、世論調査の対象になる大人の率は八〇%[4]、死亡率は、〇・七%[5]と仮定し、二〇〇九年からの一年間で亡くなった人の肯定率は八五%だったと仮定する。次に、これも二〇〇九年の統計によって、米国の出生率は一・三%だと仮定し[6]、二〇〇九年には一四歳で、二〇一〇年には一五歳になった人たちの肯定率は〇%だと仮定する。

この仮定で二〇一〇年の肯定率を計算すると、五九・八%である。肯定率の減少は一年に一・二%だということになる。

この推計値を使うと、二〇一五年には肯定率が五三・八%、そして二〇一六年には五二・六%となる。二〇一五年の世論調査の数値五六%よりは低いが、四五%との違いは余りにも大きい。亡くなる人すべての肯定率が八五%という大甘の仮定でも、二〇一六年の数値は説明できないのだ。つまり、こちらの計算結果からも、人口構成の変化以外の説明の必要性が分かる。

❺ オバマ効果

世論調査の数値変動の理由を特定するのは大変難しい。世界的に核戦争による非人間的な結果についての理解が進んでいることが大きな要素になっていることは間違いがない。それに加えて、ここでは敢えて、オバマ大統領のプラハ演説と広島訪問がアメリカの世論にかなり大きな影響を与えたのではないかという「仮説」を提示して、なぜそう考えられるのかを説明しておきたい。これを「オバマ効果」と呼ぶことにしよう。一国のリーダーが、道義的な面で勇気ある発言をすることが世論を変えるという結果につながることは常識的に納得できる範疇の事柄なのだが、大切なのは、それを何らかの形でバックアップする数字があるという事実だし、それを促したかもしれない理由が存在することだ。

オバマ大統領は二〇〇九年のプラハ演説で、それまでの大統領がこの種の演説では使わなかった表現をいくつか使っている。重要なのは、「核兵器を使ったことのある唯一の核保有国」と「道義的責任」だ。正確には、「核兵器を使ったことのある唯一の核保有国として、(核なき世界実現のために)行動する道義的責任がある」という使い方だ。

演説の全体を考えると、ここで「核兵器を使ったことのある唯一の」と「道義的」は本来は不必要な言葉なのである。「核保有国として、（核なき世界実現のために）行動する責任がある」と言えば意味は通じる上、それでも名演説の一つとして評価されたはずなのだ。

しかし、不必要な言葉を使った理由はある。ほとんどのアメリカ人が、ほぼ同時に発せられたこの二つの言葉を聞いて、反射的に「原爆投下についての道義的責任」を思い浮かべるからだ。だからこそ、プラハ演説後に、『ウォール・ストリート・ジャーナル』をはじめとしてアメリカの保守系媒体はオバマ大統領のプラハ演説を非難した。「トルーマン大統領に対する侮辱」「愛国心のない証拠」といった論調だ。オバマ大統領は、実際にはそう言っていないので、批判には耐えられたのだが、論理的な分析をしようと待ち構えていた人ならいざ知らず、普通に演説を聞いた人の受け止め方は、保守系の媒体と同じだったと考えられる。

その結果、多くの人は、オバマ大統領が原爆投下の「道義的責任」についても考えていることを理解した。演説中ではそう述べてはいなかったが、誤解を生みやすい、そして必要のない言葉を使うことの意味は伝わった。また、誤解を生むことを承知で不必要な言葉を使ったもう一つの意味は、アメリカだけではなく、世界そして広島・長崎や被爆者に自分の考えていることを伝えたかったからだ。このことを私は、オバマ大統領が広島を訪問する意思表示だと解釈した。

アメリカの大統領は、ある意味「絶対性」を象徴している存在だ。その大統領が、「原爆投下」と「道義的責任」を同時に語ることで、「原爆投下は正しかった」という、アメリカ社会の中では長い間「絶対性」のイメージとともに語られてきた命題を、実は絶対的には肯定していないかもしれないというメッセージが伝わったのだ。

それは、アメリカ人の多くが心の隅に感じていた、「原爆投下を正しいと言い切ってしまってよいのか」「アメリカは実は飛んでもないことをしてしまったのではないか」という「内なる声」に正当性を与えることになった。端的に言ってしまえば、「原爆投下は正しかった」を問い直してもよい、というメッセージが伝わったのだ。

とはいえ、心の奥ではそう感じ始めていても、それを公言するかどうかについてはまた別次元の配慮も必要だ。政治的な課題と結びつけて、支持政党を変えるといったことが起こるのにはまだ時間がかかるかもしれない。しかし、表に出しては言えないまでも、世論調査のアンケートで、「原爆投下は正しかったか」と聞かれた場合、これまでは躊躇なく「イエス」と答えていた人が、「分からない」あるいは「ノー」と言えるくらいの変化があったとしてもおかしくはない。私は、それが、二〇一五年の五六％という数字の意味だと思っている。そして、二〇一六年に、広島訪問の意思表示をした直後には、さらに大きな変化が生じたのだと考えられる。

大統領の価値観が世論に大きな影響を持つという事実が世論の変化という数値によって裏付けられているのであれば、リーダーの役割により大きな比重をかけて考える必要性のあることにも重みが加わるように思える。

トランプ大統領の場合は、「ヘイト・スピーチ」派の旗手として、自ら「ヘイト・スピーチ」を生むだけではなく、「ヘイト・スピーチ」を広め社会的影響力を増す役割を果たしてきた。ここではそれとは逆に、「ヘイト・スピーチ」問題の解決のためにもリーダーの果たしうる役割が大きいことを示したかったのである。

もちろん、すべてをリーダーに託しておけば問題が解決するという話ではない。私たち一人一人が何らかの努力をすることで、「ヘイト・スピーチ」という問題を解決しなくてはならないことは言うまでもない。その努力の方向性を示唆してくれているのが、（C）なのだ。実は、最初に（C）としてまとめたエピソードは、「ヘイト・スピーチ」という側面を強調するために、ほんの一部を切り取ったものだった。詳細は次のようなストーリーである。

❻ 加害者と被害者の間の和解

一九八〇年六月のその日、ワシントンでの歴史的な対面で、私は通訳としてお二人の会見に立ち会った。

高橋さんが「今さら、あなたに恨みを言うつもりはありません。安心してください」とティベッツさんに握手を求めたところ、彼はケロイドが残る高橋さんの右手に気づき、「これは原爆によるものですか」と尋ねた。「そうです」と答えた高橋さんの右手を両手で握りしめたティベッツさんは、会見の三十分間、最後までその手を離さなかった。

高橋さんは、原爆投下当時の自分は一四歳で、長い間、トルーマン大統領はじめアメリカの指導者に憎しみを抱いてきたこと、しかし、憎しみのあるところに平和は生まれないことに気づき、憎しみを乗り越えなければならないと考えるようになったと話した。続けて「私たち被爆者はどんな国に対しても、どんな立場の人々に対しても、再び核兵器を使う過ちが繰り返されてはならないとの決意で、国の内外に被爆の実相を知らせ、「ヒロシマの心」を訴え続けてきました。あなたも核兵器廃絶のために努力してください」と訴えた。

ティベッツさんは「よく分かりました」と答えたあと、「しかし、あれは戦争だったのです。将来、万一戦争が起きて、原爆を投下しろと命令されれば、私は再び同じことをするでしょう。それが戦争の論理であり、軍人の論理です。戦争が起これば、その論理で対応していくしかありません。だから、戦争は絶対に起こしてはなりません」と述べた。最後に二人は、互いに核戦争を起こさないために努力することを誓い合い、その後も二人は長い間、文通を続けた。

高橋さんは、常に戦争そのものを否定する立場からの発言をしてきた。一方ティベッツさんは戦争肯定の立場だ。会見中には話題にならなかったが、「パール・ハーバー絶対零度説」の信奉者だったかもしれない。しかし、この場での二人は、それぞれの「印籠」には固執せず、「戦争」を客観視することで、双方の立場を包含する共通の土台に立った。「戦争を起こさないように」「核戦争が起きないように」協力し合う立場だ。原爆投下という大きな歴史的事実における、「加害者」と「被害者」の間の「和解」と言ってもいいかもしれない。

　この二人の到達した境地に至るためにはどのような準備が必要なのか、「ヘイト・スピーチ」に隠されている「回路」または「印籠」が顕在化することに加えて、どのようなステップを踏めばこのような対話の可能性が生まれるのか等、まだまだ研究は必要だ。しかし、「ヘイト」という素地がある案件であっても、それが「ショート」せず、それだけではなく、より高次元の立場からの未来志向の協力関係が創造できた事実は、この問題解決のための一つのヒントにはなるのではないだろうか。

注

●1 Video News「原爆投下が正しかったと考えるアメリカ人が減少　抵抗権は民主主義の重要なツールです」（https://www.videonews.com/commentary/150808-01-2/　二〇一九年八月三〇日閲覧）

●2 Quinnipiac University Poll 「August 4, 2009 - Bombing Hiroshima Was Right, Amercian Voters Say 3-1, Quinnipiac University National Poll Finds」（https://poll.qu.edu/national/release-detail?releaseid=1356　二〇一九年八月三〇日閲覧）

●3 Huffpost「【被爆70年】「原爆投下は正しかった」アメリカ人の56％　しかし若者を中心に徐々に減少（調査）」（https://www.huffingtonpost.jp/2015/08/10/atomic-bomb-injustice_n_7963898.html　二〇一九年八月三〇日閲覧）

●4 Wikipedia「Demography of the United States」（https://en.wikipedia.org/wiki/Demography_of_the_United_States#Percent_distribution_of_the_total_population_by_age:_1900_to_2015　二〇一九年八月三〇日閲覧）

●5 PubMed「Deaths: final data for 2009」（https://www.ncbi.nlm.nih.gov/pubmed/24974587　二〇一九年八月三〇日閲覧）

●6 Statista「Birth rate in the United States from 1990 to 2017 (per 1,000 of population)」（https://www.statista.com/statistics/195943/birth-rate-in-the-united-states-since-1990/　二〇一九年八月三〇日閲覧）

「だったらあんたが書いてくれ」と言わないために

康 潤伊

今年の一月に出版された『わたしもじだいのいちぶです——川崎桜本・ハルモニたちの生活史』(日本評論社)に、編著者として関わらせていただいた。在日コリアンを中心に、複合的な差別によって長いあいだ非識字状態に置かれてきた女性たちが、識字学級でつづった文章を収めた本である。彼女たちは、朝鮮語で「おばあちゃん」を意味する「ハルモニ」と呼ばれている。

識字学級は川崎桜本の「ふれあい館」という場所で開かれているのだが、在日コリアン高齢者の交流クラブ「トラヂの会」とも連動している。この会のハルモニたちの語りを収めた本に、『在日コリアン女性20人の軌跡』(明石書店、二〇〇九年)がある。この書籍は、ひとりひとりの人生に焦点を当てた構成となっている。『わたしもじだいのいちぶです』の構成を考えるとき、やはりこの本との差異化は念頭にあった。作文もオーラルヒストリーも、同じ団体が主導した活動から生まれた貴重な記録/記憶である。だが、だからこそ、読者に届ける方法は『在日コリアン女性20人の軌跡』と少し変えねばならないと考えていた。

それで考えついたのが、テーマ別に構成するということだった。こうすることで、個別の軌跡は多少追いにくくなってしまったかもしれないが、『わたしもじだいのいちぶです』の特徴にはなったと思う。こうした事情から選択されたテーマ別構成だったが、出版から約一年が経って気づいたことがある。それは、ふれあい館の識字学級という場の特徴を、よく写し取ることができているということだ。

識字学級は、まずテーマを設定して相互に意見を交わし合い、次に話し合いをもとに自分の考えを書いていき、最後に発表会という流れで行われる。ハルモニたちの作文は、インタラクティブな営みによって生み出されたものなのだ。そのため、それぞれの考えや体験は相対化され、作品も相互批評されていく。

「私は木のおもいではない。」

金芳子さんによる作文の書き出しである。記憶が語られる際、「こんなこと／ものがあった」といった見聞に即した表現は多いだろう。しかし、「おもいではない」という気づきはそう見かけないのではないだろうか。なぜこうした表現が生まれたかというと、芳子さんは、父親が木を植えてくれた思い出を語ったハルモニの話を聴き、炭鉱で育った自分には木にまつわる思い出がないことに気づいたのだ。印象的な一文が、相互作用によって紡ぎ出されていることがわかる。ちなみに、父親と木の思い出を語ったハルモニの作文は、この芳子さんの作文の直前に収録されている。語り合い学び合う識字学級の特徴を写し取ったといえる所以は、こういった並びがつくられた点にある。

ここでひとつエクスキューズさせてもらいたい。本に関わるにあたって私は、なるべく彼女たちに直接会うことを避けた。ハルモニたちにお目にかかった回数は、同じ編著者の鈴木宏子さんや丹野清人さんと比べると雲泥の差である。そうしたのは、ハルモニたちから影響を受けた私の取る言動が、この本が世に出る意義を薄めてしまうだけでなく、彼女たちの安寧を損ねてしまう未来が、自分で嫌になるほど見えていたからだ。

私は、小学校から大学まで朝鮮学校に通った。当然、植民地支配や差別については幼い頃から聞かされていたし、実際にチマチョゴリを着ていることで通行人に絡まれたことも一度や二度ではない（私は日常的にチマチョゴリで通学していたほぼ最後の世代ではなかろうか）。こういう環境下で私は、社会を加害者／被害者でくっきりと分け、もちろん自分を被害の側に置き、加害側を過剰に敵視するようになった。ことわっておきたいのだが、こうなったのは私の持って生まれた性質に依るところが大きい。もっと早くに生まれていればカバンに鉄板でも仕込んでいたのではと思われるほど、なんというか血気盛んだった。

今となっては、それが負のスパイラルとも呼ぶべきものであることが多少はわかるが、この「多少」といわざるを得ないところが厄介で、今でも加害者を糾弾する被害者としての貌を時折のぞかせてしまう。ハルモニたちを前にするとこの自分が出てくる、そう直感したのだった。

加害糾弾モードになってしまえば、私はきっとハルモニたちに「被害者らしさ」を求めてしまう、そして「社会的不正を糺す」という名目のもと、自らの（非常にあやしい）「正義」をふりかざすための「道具」にしてしまう。それは、ハルモニたちの紡いだ言葉とその魅力をより多くの人に届けようという本の主旨から決定的にずれるし、あまつさえ彼女たちがようやく獲得した自己表現をゆがめてしまいかねない。さらにいえば私は、加害／被害の枠取りにとらわれている限りにおいて、他者と歩み寄ることなどできた試しはないのだ。

こうしたなんとも情けない理由で、私はハルモニたちと直接向かい合うことを避けた。批判は受けて然るべきだ。だが、これもあくまで結果的なものだが、彼女たちの言葉そのものには、じっくり向かい合えたと思う。彼女たちひとりひとりの来歴やエピソードは、長年の伴走者である鈴木さんや丹野さんが随時教えてくださったので、私は文章や表現の分析に専念することができた。何が書かれているかよりも、なぜこう書かれているのか、こう書かしめるものは何なのか。これについてはそれこそ時間をかけて考えこんだ。ささやかではあるが、当時の私にできるすべては本に込めたといえる。

加害／被害にとらわれている限り、負のスパイラルは続いていくということを私に気づかせてくれたのは、鷺沢萠《さぎさわめぐむ》という作家である。私は修士論文を鷺沢萠で書き、ちょうど先月提出した博士論文でも、三分の一を彼女を論じることに充てた。加害糾弾モードを搭載してしまっている私は、植民地支配責任を問うような在日朝鮮人文学（研究）を読む自分にどうにも嫌気がさしていた。否応なく当のモードが起動してしまい偏狭になってしまうからだ。そうした私をむしろはらはらさせたのが鷺沢萠だった。

彼女は朝鮮人の（だがそれを生涯隠し通したかった）祖母を持つ、自称を用いれば「四分の一」である。彼女はそれゆえ、「在日か否か」と問われ続けていた。以下の引用は、鷺沢が韓国留学時に連載していたエッセイである。

正直に言えば、もう書きたくないなあ、と思うことがある。この国について書くことにも、書いたことについていろいろ言われるのにも、結構疲れてきている。かといってわたしは読者を想定しているわけでは全然なく、ただ自分が書きいいように、気持ちいいように書いているだけなのだ。にもかかわらず、もっと書きやすい立場の人が書いてくれりゃあいいのに、と心の中で呟いて、たった今の自分の言動不一致性に我ながら啞然とする。

『ケナリも花、サクラも花』（新潮社、一九九四年）

鷺沢が仮に「四分の一」ではなく、かつ「李」や「金」と名乗っていたら、こうした葛藤を感じることはなかっただろう。彼女は常に「書きやすい立場」ではない場所に置かれ、「いろいろ言われ」つつもなお何かを発信しようとしており、それが私をはらはらさせ時に苛立たせもした。私にとってそれは、加害／被害の枠取りを攪乱するようなものだったのだ。「そうまでしてなぜ、そして何を」という問いが、私を鷺沢萠研究に向かわせた。鷺沢萠は、『ケナリも花、サクラも花』以後も、あの手この手を使って「より語りやすい場所」を探り続けている。そして『わたしもじだいのいちぶです』の全体解説でも少し触れたように、その場所のひとつが識字学級だった。その出会いは鷺沢萠『私の話』（河出書房新社、二〇〇二年）に書かれているので、興味を持った方はぜひ手に取っていただきたい。

私が鷺沢萠から学んだことを一言でまとめるならば、「だったらあんたが書

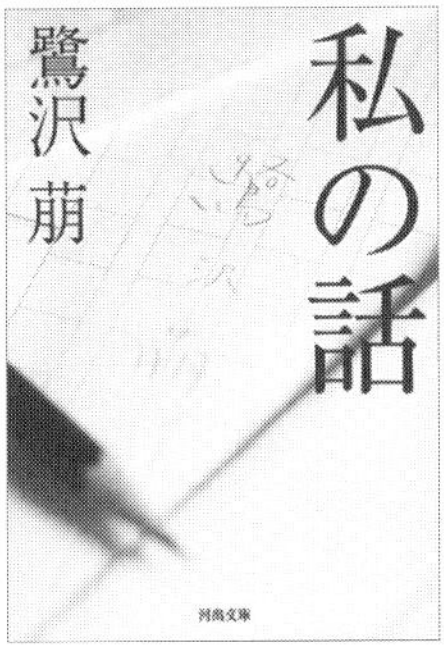

いてくれ」と言わない気概である。『ケナリも花、サクラも花』で彼女はこう書く、「けれど「だったらあんたが書いてくれ」と、そのひと言をわたしが口に出すのはとてもずるいことだと思うのだ」と。私はこの一文に射抜かれたような気がした。

私が鷺沢萠を丹念に読み始めたのは、ヘイトスピーチが重大な社会問題になりつつあった時だった。向き合うにはあまりにしんどく、「日本社会の問題なんだから日本人でどうにかしてよ」と逃げ口上を弄していた。またしても加害糾弾モード、それもネガティブバージョンである。この逃げ口上は、カウンター活動をしている日本人（と思わしき人）が「自分たちの問題なんだから自分たちがどうにかせねば」とTwitterで発信していたのを拝借したものである。この方には敬服する。だが、それを「わたしが口に出すのはとてもずるいこと」だった。被害者性を盾にしているからだ。

それにどこかで気づいていながらも右往左往していたなかで、編集を手伝わないかと声をかけていただいたのが、『わたしもじだいのいちぶです』だった。二つ返事で引き受けたのは、全体解説に書いたように自分の祖母のこともあったが、断ったら天国の鷺沢さんにどやされそうだったためもあった。

段ボール箱いっぱいの作文が家に届いてさっそく読み始めると、そこには絶対に「だったらあんたが書いてくれ」とは言わない人たちの言葉があふれていた。それまでも私家版の作文集は読んでいたが、生の原稿用紙に刻まれた強い筆跡はまったく印象が違った。私のことは私が語る、そうした気概が感じられて、鷺沢萠がハルモニたちに惹かれた理由がわかったような気がした。

加害糾弾モードは対話の可能性を絶つものだと、今なら言い切れる。対話を呼びかける切実さ、それは痛みを伴うものだけれど、高踏的でいては何も変えられない。私もハルモニたちのように、鷺沢萠のように、呼びかけ続ける気概を持っていたい。『ケナリも花、サクラも花』の締めくくりの一文は、こんな私に指針をもくれるのである。「だから、わたしは、書こうと思う。」

特集③

移民・難民／女性／LGBT

共にあることの可能性

屋台のメッカ，ソウル・鍾路３街。ゲイタウンでもある

【特集③】

▼移民・難民／女性／LGBT——共にあることの可能性

不寛容の泥沼から解放されるために

雨宮処凛氏インタビュー

【聞き手】杉田俊介

「ゼロ・トレランス」の末期的社会をむかえて

杉田俊介——雨宮さんは二〇〇〇年代のロスジェネ論壇の頃から、右も左もよく知っていて、底辺というか下のほうの人たちのことも、政治家や右翼の大物みたいな上のほうの人たちのことも知っている方です。いろいろな立場のリアリティを知りながら、継続的に最前線で、ロスジェネ世代としてはもっともジャーナリスティックな場で活動し、発信し続けてこられています。

そうしたなか、二〇一一年の東日本大震災があって、原発の公害事故があって、脱原発運動があり、ヘイトデモとそれに対するカウンターがあり、国会前のSEALDsが代表するような民主主義運動があり、そういう中で二〇一九年現在、ヘイト状況が日に日に悪化し、泥沼になってきています。何が真実で、何が嘘なのか、フェイクニュースが普通に飛び交ってしまうような状況で、もはや日韓関係が行き着くところまで行き着くしかないのかな、というところに来ている。そうした状況を最前線でつねに報告してきたと思うんですね。

　ぼくなんかも二〇〇〇年代の反貧困運動とかロスジェネ論壇から出てきた人間なのですが、個人的には障害者介護の仕事をバーンアウトしてしまったり、雑誌『フリーターズフリー』（二〇〇七年創刊）の内部崩壊があったりして、震災以降の状況に対してうまく対応できなかった、という気持ちがあるんですね。しかしそれはたんに個人的な問題というよりも、震災の前後の社会運動でうまくつなぎ損ねたものがあるのではないか。非正規問題や反貧困運動の成果が、震災以降の、脱原発運動からヘイトデモなどに対するカウンター、あるいはＳＥＡＬＤｓが象徴するような民主主義運動（戦後民主主義をもう一度甦らせようとする国民的運動）などと結びつかず、切り離されてしまった。ヘイト問題がどんどん過激化し、複合化しつつも画一化していく中で、そのへんのことをあらためて考えなきゃなと思っているのです。

　すでに複合的なヘイト状況になっていて、最初は在日コリアンの人たちに対する差別を中心に、在特会が出てくる。そのあと、相模原の植松青年の事件を筆頭に、障害者差別や優生思想によるヘイトクライムが出てくる。さらに女性差別やミソジニー、性差別などもどんどん争点化して、ほとんどデイリーで新たな問題発言などが出てきて、それらがごった煮になって煮詰められていく感じ。そうした状況のなかで、雨宮さんがヘイト状況の核心に何を見ているのか、お聞きしたいと思いました。

雨宮処凜——新刊のタイトルが『この国の不寛容の果てに』（大月書店）なんですが、「不寛容」「ゼロ・トレランス」というのが、自分にとってはこの十数年を見ているうえでの大きなキーワードですね。「剝奪感」というのもそうだけれど、「不寛容」と言うともっと広く捉えられます。ヘイトも外国人差別もそうだし、生活保護者や貧困バッシングもそうですね。公務員バッシングの次に生活保護バッシングが出てきたときに、この流れは本当に危険だと思ったんですよね。福祉を受けること自体が特権だ、みたいな言い方になって。それが特権だという批判が出てくるのは、もう末期だと思う。さらにいまは「障害者の人たちは特権に守られている」みたいな話になっているじゃないですか。

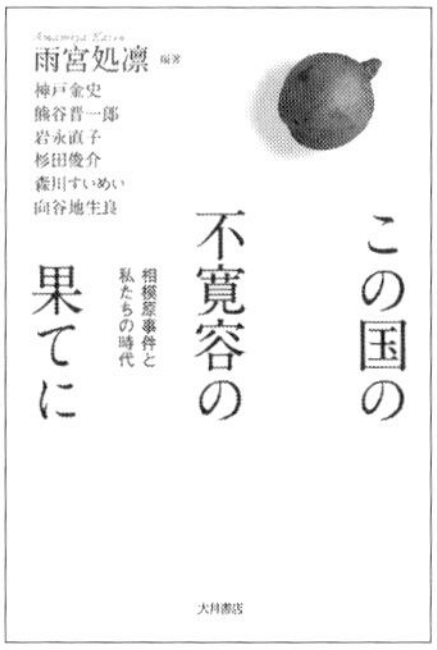

　象徴的なのが、一六年に出てきた貧困バッシング。生活保護世帯の女子高生の家にアニメグッズがあったりとか、

千円のランチを食べていたとか、それくらいのことで炎上する。それ以降、「本当におまえは正真正銘の、清く正しく美しい貧困者なのか、証明してみろ！」みたいな言い方が次々と出てきて、これは本当にもう末期だなと。少子高齢化で社会保障費がないから命を選別するのも仕方ない、という意味のことを政治家や有名人がもう言っちゃっている。麻生（財務省）発言の、「たらたら飲んで食べて、何もしない患者の医療費を何で私が払うんだ」とか、人工透析に対する長谷川豊の発言とかですね。そういうひどい不寛容がじわじわと広がり、どんどん許されてしまっている、という時代ですね。

杉田――われわれのようなロスジェネ世代、就職氷河期世代と、ＳＥＡＬＤｓの若者たちが象徴するような新しい世代との断絶が強調されることもありました。ロスジェネ世代は物言いが「暗い」とか（笑）。震災後は、反差別運動のようなアイデンティティ政治や、国民運動的なデモクラシーの回復が中心となって、非正規問題・経済問題・貧困問題はやや二の次になっていた。けれどもいま雨宮さんが仰った「不寛容」という言葉をキーワードとするときに、それらの間の連続性が見えてくる。

反差別としての反ヘイトと言ったときに、たとえばそれこそ、「希望は戦争」と言った赤木智弘さんのようなロスジェネ世代を象徴する存在は、どこか置いていかれる感じがする。女性やマイノリティの人たちがヘイトされたり差別されることは、人権上の問題であるのはもちろん、民主主義の根幹に関わることであり、社会の秩序を守る上でも許されないというロジックがあるときに、そこではへたをするとフリーターや非正規雇用者の現実は、多数派の人々の「自己責任」として置いておかれてしまう。つまりヘイトの問題とは別の問題として語られてしまう。マイノリティの人たちは、アイデンティティや人権をめぐって闘えるけど、別に何の特性もないマジョリティ男性は、自分の苦境を訴える公共的な回路がないとされてしまう。

それに対し、「不寛容」という言葉は、ヘイト問題であると同時に、生活保護バッシングとか若者の非正規雇用の問題なども含み込んでいるので、その言葉ならばもしかしたら、非正規雇用系のプレカリアートの人たちと、ヘイトや差別の被害を受けている人たちとが連帯できるのかなと、話を聞いていて思いました。

ただ、二〇〇〇年代後半のロスジェネ運動のときも「自己責任」というバッシングはひどかったですが、あの頃はまだ、命の選別までは行っていなかった気がするんですね。

雨宮――そう、行っていなかった。

杉田――「死んで当然」とまでは言われてなかった気がするんです。そこで出てきた自己責任論や自業自得論が、近年、ものすごく強くなっているというか、また何かギアが一つ上がってしまった気がします。

雨宮――年越し派遣村は二〇〇八年末から〇九年明けまででしたが、〇八年までは自民党がすごく「自己責任」と言っていたのに、年が明けた瞬間に「自己責任」とは言わなくなって、「セーフティネットが必要だ」と言い出したのを鮮明に覚えています。そのときの派遣村はもちろん意義があって、派遣村に四〇〇〇万円寄付金が集まって、ボランティアも一〇〇〇人以上が来た。でも、ボランティアの中には、派遣村を見て「ホームレスもいるじゃないか」と怒って帰ってしまった人がいた。それこそが一番の問題点で、派遣切りにあって三日前にホームレスになった人と、もっと長くホームレスをしている人とを選別する必要がどこにあるんでしょう。けれどもあの頃は世の中の空気として、まだまだ「派遣切りで大変な若者は何とかしなきゃ」という議論が主流であって、長くホームレスをしている人には目が向いていなかった。つまり、正規雇用と非正規を選別するみたいに、自己責任の線引きがズラされただけで、派遣切りは気の毒だけどホームレスは自己責任だ、みたいな。「助ける価値のある人」と「助ける価値のない労働意欲もない人」というふうに選別がなされた。寄付やボランティアに来る人の中にもそういうことがあって、これは危ないなと感じていたんですけど、社会全体でそれがより露骨になっていった。今はもう、そういう人間の命の選別とか不寛容は当然だという空気になっている。

二〇一五年から毎年、年末の炊き出しに行っているんですが、寿町なんて五〇〇人とかいて、一〇〇〇食の年越しそばがなくなるんですね。結構三十代も四十代も多いですし。でもメディアは全然、それを問題にもしない。というかメディアはそもそもそういう現場に来ない。

杉田――二〇〇〇年代ではまだ、貧困者や非正規労働者などの社会的に排除された人々は、社会保障やセーフティネットで社会的に包摂すべきという前提があったと思うんですけど、今はもうソーシャルな包摂ではなく、不寛容によって問題そのものを解決しよう、なかったことにしようと。

雨宮――そう、完全に麻痺してしまって、もうそれに慣れている。私たちの社会がそれを容認したんだな、という感じ。

「一人で死ね!」という「正義」

杉田――すっかり死語になっていた「ロスジェネ」という言葉が、最近また注目されていますね。「人生再設計第一世代」とかいう、非常にありがたくない、問題そのものを塗りつぶすような、新しいレッテルを貼られています。やっぱり就職氷河期世代の人々の問題が解決されず、中年以降になってしまった、という事情があるのでしょう。それを象徴するかのように、近年は四十代男性の犯罪が目立ちますね。

雨宮――京都アニメーションの事件とか。

杉田――川崎市登戸の児童殺傷事件があり、その明らかな影響関係のもとで、父親が引きこもりのわが子をめった刺しにして殺した事件があった。その延長上に、京アニの放火事件も何らかの影響関係があったのかもしれません。

雨宮――犯人は完全にロスジェネの典型というか、「もう失うものはないんだ」と口にしていたとか。

杉田――「若者の理由なき犯罪」とか「十四歳の心の闇」とかではなくて、「中年男性のわかりやすすぎる犯罪」なんですよね……。

雨宮――もう中年になって、結婚していないし妻子もいないし、賃金も不安定だし、行く先が見えないし……。

杉田――われわれの世代を代表する言葉として雨宮さんの「生きさせろ!」があったんですけど、もう一つ、赤木智弘さんの「希望は戦争」という言葉もありました。いまはちょっと「希望は戦争」どころか普通に戦争になってもおかしくはないから微妙な状況ですが……。しかしそもそも「希望は戦争」というのは、赤木さんなりのアイロニーであって、自分みたいな格差社会や貧困の犠牲者、ワーキングプアを放置するなら、戦争になってみんなが平等に不幸になったほうがマシなんだと。でも本当はそんなことになってほしくないという、問題提起というか、アイロニーだったわけですね。だけど、今やそれがもう、アイロニーでなくなっている。自分が不幸になるくらいなら、自分より弱い人たちを巻き込んで、無差別殺傷するんだというのが、加藤智大の秋葉原事件以降は当たり前になってしまった。

雨宮――「不寛容」ということで言うと、いま自分でも苦しいのは、京アニの事件の犯人の話ができないこと。もう六月の川崎市登戸の事件の時点で、「死にたいなら一人で死ね」がすごかったじゃないですか。そのあと練馬の事件があって、京アニの事件があって、その加害者について物を言うことがものすごくハードルが高い。ちょっとでも加害者の人生に社会問題を見て取ろうとしたり、「彼も苦しかったのかも」とでも言おうものならすべて失うくらいの恐怖がすごくある。それはつまり、犯人を絶対に共感しちゃいけないモンスターにしないといけないということだし、芸能人の薬物とか不倫スキャンダルに対しての条件反射的な炎上もそうですが、「一人で死ね」に対してちょっとでも異議をとなえると、そ

の人自体が壮絶にバッシングされるみたいな。

杉田――秋葉原事件くらいまでは、もちろん犯罪は許されないけれども、その犯罪は時代の病理や構造的問題を表しているから、それを読み解くことで社会が改善されて良くなるはずだ、という感覚がまだありました。

雨宮――まだメディアではそういう報道もされていましたよね。加藤智大の労働問題とか、家族の背景とか。

杉田――いまはそういう視点がなくて、加害者に対する圧倒的不寛容というか、人間扱いすらしちゃいけないというか……。

「死にたいなら一人で死ね」というのは、やっぱり重要な言葉で、あれって要するに「安楽死の勧め」なんですよね。迷惑かけるくらいなら、世の中や社会の役に立てないなら、安楽死すべきだと。安楽死というのは、死刑ですらない。死刑の場合、国家がその責任において死を与えることなので、国民も何らかの責任や負い目をシェアしなきゃいけないけど、誰かが一人で勝手に死んでくれれば、誰も責任を負わずにすむ。究極の自己責任論の行き着くところが、死刑ですらない安楽死のススメであり、「一人で死ね」なんじゃないか。

雨宮――一人で誰にも知られず消えてくれ、という。

杉田――安楽死という、障害者の生を選別する優生思想とも親和性が高いロジックがあるわけですが、今では脳死の人や植物状態と呼ばれる遷延性意識障害の人たちだけじゃなくて、重度障害者や、認知症の高齢者や、統合失調症の人たちすらもがターゲットになりつつある。それくらい安楽死のロジックがじわじわ広まって、ついに、ひきこもりの人たちにまで向けられるという……。

そもそもこれってヘイトなんでしょうか。一人で死ね、というのは。ヘイトというのは定義上、マジョリティによるマイノリティに対する差別構造があって、それをある種維持したり強化したりするのがヘイトスピーチであって、差別構造が前提になっているわけですけれど、近年の「一人で死ね」は、マジョリティであってもちょっと失業中とか、引きこもりになってるとか、そういう人たちにまで「死ね」が向けられている。これを何と呼んでいいのか。

雨宮――「一人で死ね」とバッシングしている人たちは、犯罪の加害者たちをテロリストだと思っていて、そこには「世界を防衛しなきゃ」という、恐怖心と正義感がある。だから、自分が言っていることを何も問題だとは思ってなくて、それよりも自分たちの子供とか「守るべきものがある」みたいな、被害者意識が一番強いんじゃないですか。

杉田――それは剥奪感ということなんでしょうか。

雨宮――剥奪感とはまたちょっと違う感じもします。

杉田――もっと自分たちの生活が守られて当然だと。

雨宮――そういう事件も定期的に起こる社会になっていて、中年のなかでも無差別殺人したいような人間が一定数いるのは仕方ないことだから、そもそもそういう奴らのことなんか考えたり、想像したりしてもしょうがない、という感じがしますね。無差別殺人は天災みたいなもの、地震とか台風みたいなものだからと。

杉田――どこかの芸能人もそんなことを言っていましたね。交通事故で一定数の人が亡くなるのはしょうがないし、中年のおかしな人が殺人をするのは交通事故のようなものだから、それを減らすための努力を淡々とするほかないという。

雨宮――監視カメラとかを使って予防的に対処する。でも、それが今の世の中の気分じゃないでしょうか。「そういう人たちの苦しみの背景を想像して、みんなで考えましょう、なんてことやってるヒマねぇよ」と。害虫対策というか、害獣扱いですよね。同じ人間として見ていない。同じ国の中でさえ、同じ言葉が通じる同じ人間として見ない、ということがどんどん増えてきた。それが一番怖い。引きこもっているやつらなんて言葉が通じる存在ではないし、何の手当ても想像もしなくていい、「一人で死ね」と言っておけばいい、みたいな。これでこの国の不寛容が完成したな、と思いました。

杉田――マイノリティ差別じゃなくて、それがさらに拡大して、何と言うのか、もう少し違う段階に入っているかもしれないですね。このラディカルなまでの圧倒的な不寛容は何と呼べばいいのか。

雨宮――積極的に「消えてほしい」と思っている感じがしますね。社会が、勝手に人を犯罪者予備軍にみなしていく。場合によっては、その人たちのために「消してあげましょう」みたいに。それだともう植松聖と同じですね。障害者のお母さんが大変だから殺してあげたみたいな。「生産性」のない引きこもりの人たちに対しても「殺してあげたほうが家族のためなんじゃないか」と。もう、「青い芝の会」の運動が批判した障害児殺しみたいな感じです。

プレカリティ（非正規性）の全般化

杉田――最近赤木智弘さんのことを考えるのですが、赤木さんが論争を呼んだキーワードとして、「希望は戦争」のほかにも、「社会的に強い女性は弱者男性を主夫として養うべき」という発言がありました。彼が言うには、弱者女性にはまだ結婚という逃げ道があるけど、弱者男性には結婚という逃げ道もないから、弱者男性のほうが現代社会ではより弱者なんだと。いろいろ突っ込みどころはあるのですが。

最近の赤木さんの発言を見ると、基本的にはリベラルな再分配が重要だと言っていて、別に自分はモテたくもない、結婚もしたくないと。ただ、アルバイトであれ、普通に働いてそれなりの給料があれば、あとは自分の趣味とかで生きていくから、と。しかし思えば彼はずっと――これは貴戸理恵さんが指摘しているんですけど――人間としての尊厳とか承認にこだわっているんですね。彼の論文のタイトルは「「丸山眞男」をひっぱたきたい」というもので、つまりリベラルな戦後民主主義の平等からこぼれ落ちていく自分たちみたいな存在がいるのだと。ＳＥＡＬＤｓの人たちが丸山眞男的な戦後民主主義の復権を述べたのは重要だけど、そこからこぼれ落ちてしまうマジョリティ男性の非正規雇用の人たちもいる。マイノリティの人たちは権力に抵抗したり、差別に対して闘ったりすることで尊厳を得られるかもしれないけれども、じゃあ、非正規雇用の、独身のマジョリティ男性の俺はどうすればいいんだ。そういうロジックがあったと思うんですよね。「だったら自分で考えろ！」という気持ちもありつつ、やっぱり現在のように剝奪感や被害者意識があまりにも広がってしまっていることの根幹には、そういう問題があるんじゃないかという気がするんですよ。「リベラル」「民主主義」「反差別」に対する「乗れなさ」というか、むしろ「反差別」を言える人たちが羨ましいというか、そういうねじれた意識。マジョリティは「差別ってヒドいよね」という、#Ｍｅｔｏｏ的な共感の輪の中には入れない、だけど現実的には疎外感があるし、非正規で苦しんでもいるし、全然幸せでもない。そういう鬱屈を募らせて、ミソジニーや女性差別に行ってしまう。

結構、非正規性＝プレカリティ（不安定性）という言葉が鍵になるんじゃないか。すっかり死語になってしまったけど、プレカリアートという言葉なら、マイノリティやプロレタリアートではなくても、非正規雇用やひきこもりやニートの男性にでも使えるわけです。ひとりで死ねとか、ある種の不寛容なヘイトを向けられているにもかかわらず、マジョリティ男性になると対抗も反逆もできないし、人間としての権利主張ができない。そのための言葉がない。雨宮さんが注目する不寛容という言葉は、経済問題と反差別やアイデンティティの問題を結びつけうる概念の一つだと思いますけれども、プレカリティという言葉も、うまく使っていけば、剝奪感でこじらせちゃっているマジョリティの人たちにも何か言えるんじゃないかと。「人生再設計世代」みたいな簒奪の言葉ではなく、フリーター運動、反貧困運動の中にありえた概念をもう一回ちゃんと鍛え直していくといいのではないか。

雨宮――ほぼほぼ九九％がプレカリティ、という状況になっている気がしてますね。対談本（『この国の不寛容の果てに』）のまえがきにも書いたんですけれど、一二年前って、生田武志さんをはじめとして、イス取りゲームの比喩が出ていましたよね。一〇人中三人は必ず正規のイスから漏れるからイスを増やせと。でも今はもうそれが四人じゃないですか、非正規は四割だから。で、今はイス取りゲームのイスをもう国が片付けてしまっていて、「働き方改革」とかで非正規という言葉を一掃するとか言って「イスなんかもう贅沢だ、地べたでいい」となっている。しかも地べたが沈んで浸水しているみたいな。不安定性を主張してみたところで、「いや正社員のこっちも大変なんだ」みたいな、不幸合戦で結局何にもなくなるという。雇用のイスもどんどんAIに置き換わっていくとか、想定もしていなかった状況にもなっている気がして。わたしの心象風景は、そういう感じです。

杉田――AIの問題が必ず労働問題とセットで語られますよね。機械が人間の仕事を奪っていくという不安ですね。他方で移民の問題があって、移民労働者の流入によって、国内の失業がもっと増えるという。外から来るものに対する恐怖と、そういう非正規性・不安定性がセットになっていて、議論や運動が新しい段階に入りつつある。もちろんすでに日本には多くの移民がいるんだけれど、状況がまた一段階進んで、それがまたヘイトを強めかねない状況になっている。

いまのようなグローバル経済の時代においては、プレカリティもある種のマイノリティ属性の一つなのではないかと思うんですね。たとえば赤木さんみたいな人も、社会的弱者と言っていいのではないか。女性差別があるように、プレカリアート差別が確実にあるから。

雨宮――そうか、赤木さんは決して、自分は弱者と言わないわけか。

杉田――たぶん言わないんじゃないかな。「ぼくは弱者じゃない」と言いそうな気がする。わかんないけど。

雨宮――そこがロスジェネ男性のいちばんの弱さなんです（笑）。それが言えれば、どんだけいろんな問題が解決するか！

杉田――そうか、すいません（笑）。それから、マジョリティ男性としての罪悪感もありますね。女性や障害者に比べたら特権を享受していると。

雨宮――特権じゃないですよね。とくに四十代にもなってくると、正社員男性との差がつくのはよくわかるから。

杉田――障害学では「社会モデル」と言われて、障害は自己責任であるよりも、障害者が自由に動けないように設計されている社会の側に責任があるんだと。それ以前は自己責任（家族責任）で、リハビリと医療で自己解決すべきものとされていた。その延長上でいえば、たとえば骨折した人は、ある種「パートタイム障害者」なんですよね。あるいは妊娠中の女性だってそうです。車椅子を押すことと、ベビーカーを押すことも、同じようなバリアフリーの問題になるわけです。

逆に言うといまのネオリベラリズム的状況では、障害とか病気、民族や性の問題など、さまざまなマイノリティ属性が複合化し、多元化し、個別化しているから、自分が社会的に排除されたり、苦境に置かれたりしていることを認められない、という男性の変なプライドをもう少し変えていかなきゃいけない。「男のプライド」と「人間としての自尊心」は、やっぱり違うと思うんです。プライドって失敗や弱さを認めず強がりを言うことで、自尊心というのは「弱い自分でも別にいいじゃないか。そういうものなんだから」というふうに、限界のある自分、弱くて受動的な自分をそれなりに受け止められること。強い弱いとか、健常か障害かとか、そういう区別を超えて、自分に対して尊厳を持てることであって。むしろ適切な自尊心がないから、変なプライドにこだわって強がってしまう。

非正規移民、非正規労働者、非正規日本人をつなぐ

雨宮――移民の問題だと、赤木さんのような人がどう反応するのか、すごく気になっています。結局、いまの有効求人倍率が良くなったといっても、求人の六割は月給一〇万円台という数字があって、びっくりしたんです。ということは、二〇万円以下、一五万円とかで際限なく使える人しか求められてない。しかもそこをまるごと移民に置き換えようとしているように見える。安い労働力が大量に欲しいわけであって、そうなるとプレカリアートの恐怖って大きいと思うんですね。

言語化できなくても皮膚感覚で感じているので、そこから変なヘイトがまた出てこないか。赤木さんはこの問題について何て言っているんですかね。

杉田――僕もわからないですが、気になりますね。いちど聞きに行ってみようかな。

雨宮――そこが問題ですよ。赤木さんがOKする額、食べていくのに十分な額がどのくらいかわからないですけど、このまえ栗田隆子さんの『ぼそぼそ声のフェミニズム』(作品社)を読んで、彼女が生活がそれなりに安定する額と言っていたのが手取りで一五万円だったんですね。えっ、一五万!ってびっくりしたんですけど、「アルバイトであれ、正社員であれ、単純労働とみなされる仕事を八時間して、(東京の家賃レベルの感覚では)月額手取り一五万円の給与をもらえていたら私は今のような活動をしていただろうか」って彼女は書いていて。ここってまさに、外国人労働者として入れようとしている人たちと一番バッティングするじゃないですか。

杉田――いまは、リベラルな善意によるヘイトみたいなものが問題になりつつあって、たとえば、リベラルな立場から、移民の受け入れに反対する人たちもいるんですね。日本は移民の人たちの労働環境・生活環境があまりにもひどいから、とりあえず環境を整えるのが先で、しばらくシャットアウトしたほうがいいと。

雨宮――受け入れる資格がない、という言い方がありますね。

杉田――移民が入ってくることによって国内の失業者がもっと増えて、お互いにより低い労働力として買い叩かれる状況がどんどん悪化すると。そういうロジックから、移民をやめるべきだという立場がある。しかしそれは、日本がすでに移民社会であり、多国籍の人たちが共存する社会であるという事実をみえなくしてしまうわけです。「入れる／入れない」という統治者目線とは別の次元で、現実は動いてきたし、動いている。

　あるいはポスト・フェミニズムという言葉があって、要するにフェミニズムの課題はもうある程度は達成されたから、もう思想としてのフェミニズムで男性を批判したり女性の権利を主張するのは意味がないし、反感がある、という若い女性たちも他方では増えている。そういうポストフェミニズムの流れの中で、「女子力」という言葉が象徴するように、ちゃんと働けて、スマートに女性としての内面も外面も磨くみたいな、非常に強い女性像が出てきてもいる。それはネオリベラリズム的な要求と相性がよくって、安倍晋三氏が「女性総活躍社会」というような、女性を自主的に活躍させながら特定の方向に導いていくような感じです。

　それに対して栗田さんの『ぼそぼそ声のフェミニズム』は、そういうエリート女性でもないし、キャリア女性でもないし、美しい女性でもないし、そういうあらゆる枠組みからこぼれ落ちて、何にもなくなった人がようやくつかむもの、それがフェミニズムなんだと。あんなにカッコよくない、キラキラしていないフェミニズムって、やっぱり貴重というか、すごいと思うんです。エリート女性と非エリート女性とを分断させるのではなく、いろんな立場の女性たちが手をつなぐためのフェミニズムだと思ったんですね。

　何が言いたかったかというと、望月優大さんという人の『ふたつの日本』（講談社現代新書）という本があります。その最後のほうで、望月さんは「不法移民」という言葉はあえて使わないんですけど――「不法移民」だと犯罪者のイメージが強いので――、「非正規移民」という言葉を使っていて、「非正規移民」の置かれた立場と「非正規労働者」の立ち位置は、かなり似ているというんです。たとえば、いま入管に収容されている非正規移民の人たちは、無期限に収容されていて、自分がそこからいつ仮釈放されるかもわからないと。それって派遣労働者が契約更新してもらえるかどうかわからないという状況に似ていると。非正規性とは、そういうことなんだと。理不尽な「上」の決定によって、この仕事、この生活がいつまで続くのかもわからない。たぶん望月さんはあえて、労働問題と移民問題をつなげようとしている。非正規、プレカリティという言葉で。多くの問題「外国人の問題は日本の国民の問題と関係ない」といって想像力が断ち切られちゃうわけですが、そこをつなぐために「非正規」という言葉を使っている。
だから、「反差別」という言葉も、「国民」とか「市民」という言葉を単位にすると、それ自体がやっぱりある面での格差や差別を再生産していく。「国民」ではなく「非国民」だとか、あいつはまともな「市民」じゃないとか。そうすると、左派の言葉でいえば「人民（people）」というか——非正規労働者、非正規移民、非正規日本人をふくめて人民でありうるわけなので、そこをつなぐためのロジックを作っていかないと、「反差別」という言葉自体に孕まれるある種の選別性を根本から断ち切れない。リベラルな善意に基づく平等を言ったときに、そこからこぼれ落ちてしまうものがあって——赤木さんはそこに敏感だったんですけど——、そこを取り込んでいかないと、「反差別」と言っても自分の問題はまったく解決しないし、自分の苦しい状況は何も変わらないかな、と。

雨宮——女性の立場からすると、「女が働くから男性が非正規になる」みたいな論調もかなりあったと思うんです。女性の貧困はずっと前からの問題で、自分がフリーターのときには別に「活躍」なんかしなくてもいいから、ぼちぼちキャバクラ以外のバイトをやりつつ、月に二五万円くらい稼げれば全然ＯＫというか。それなのに普通のバイトでは一五万もなかなか稼げなくて、社会から怒られるのがすごくイヤだった。親からも周りの人からも。「いつまでそんなことやってるんだ」と。なんで働いてるのに、こんなに怒られて、こんなに認められないのかと。

杉田——男性のほうで言うと、結婚せずに独身で、特にエリート会社員でもなく、かといって社会運動しているわけでもないけれども、「それでも楽しいよね」というモデルをあんまり作ってこなかった、というのがあるかもしれない。

雨宮——たとえば寅さんみたいな感じでしょうか。寅さんはでも、流しのフリーで、究極のフリーランスで自己責任ですもんね。

杉田——そうですね。寅さんには地域ネットワークがあって、そこに包摂されている感じはしますね。彼には軽く発達障害か、知的障害が入っているような気がするけれど、それでもああやって生きていけるよね、悲しいこと、つらいこともあるけれど——っていうモデルだからいいんです。マッチョじゃない。
男だって別に、猫と暮らして幸せだっていいわけです。パンケーキやタピオカのインスタで楽しんでもいい。そういうモデルが実はあんまりなくって、保守的で家父長制度的な男らしさか、あるいは、リベラルでスマートな規範的な男性モデルはあるんだけど、そこからこぼれ落ちたときにも、何らかの男性の生き方のモデルが必要で。オタクとか、草食系男子とか、あるいはぼくも「非モテ男子」という一つのモデルを提示したんですけど（『非モテの品格』）、もっといろんなバリエーションがあっていいし、物語があっていいと思う。独身の、冴えた人生じゃないけど、それでもそこそこ楽しいよね、という中年以降の男性たちの生き方ですね。

雨宮——いまだったら、独身男性でそこそこ楽しいのは、マニアックな趣味に生きてる人くらいしか浮かばない。

杉田——『カイジ』というマンガのスピンオフに『1日外出録ハンチョウ』（講談社）っていうマンガがあるんです。三十代半ばくらいの冴えないオッサンたちが、おいしいご飯を食べたり、旅行したり、一緒に部屋でダラダラ過ごしたりするのを楽しむという設定になっていて、結構こういう作品って珍しいなって思ったんです。日陰の冴えない、サラリーマンとして働く能力もなければ、全然女っ気もない人生なんですけど、オッサン同士で仲良く遊んで、まったり過ごして、という話で。それは結構貴重なんじゃないかと思ったんですね。

雨宮——男性たち自身がそれを許されてると思っていないというか、若い女を呼び出さなくちゃいけないとか思ってそう。男同士の貢ぎ物としての女みたいな、そういう感覚がある人が多いから。そこから解放されるとしたら、すばらしいですね。

杉田——セルフ・ネグレクトとかセルフ・スティグマという言葉があるように、セルフ・ヘイトみたいな、たんなる自己嫌悪ではなく、自分が男らしさの要件を満たしていないがゆえに自分を憎んでいくという、そこから出てくる歪みがあるのではないか。べつに無理やり自己肯定とかしなくてもいいと思うんです。自分はあまり冴えない人生で、グダグダで、ダメダメで、とても肯定はできないけど、まあダメでも自分をそれなりに適度に尊重しようという。そういう小さな自己尊重の気持ちを日々積み重ねていかないと、何かあったときに、あっさりヘイトに呑み込まれて、闇落ちしてしまう。

「非暴力」ということが言われるんですけど、「自分の中にいかなるヘイト感情もあってはならない」と考えるんじゃなくて、それが「ある」ならまず「ある」と、認めるのが大事だと思う。内なる暴力とか内なるヘイトを認めながら、それを超えていく、脱していく。そういう風に人が「じわじわ変わっていく」過程そのものを尊重する空気というか、文化が大切な気がします。いまとくにネット世界がそうですけど、ちょっとでも差別的な感情、ミソジニー的なものがあると、あっという間に火だるまにされて、徹底的に叩かれる。だからそれは隠すしかない。しかし「非暴力」ってあくまでも

「過程」だと思うんですね。完全に「非暴力な人間」なんてこの世界に一人も存在しない。その点は女性でも、性的少数者でも、障害者でも同じだと思う。ヘイトや差別の気持ちを克服していく過程が非暴力だと思っていて。ある個人のそういう努力をもっと認める、尊重することが大事だと思うんです。

かわいくても、不まじめでもいい

雨宮——反ヘイトや反差別に参加する「意識高い系」の人であっても、何だろう、キラキラ女子とかリア充女子に対する偏見を持っている人、多くないですか？　すごく無意識にバカにしているというか。とくにネットの世界では顕著ですけど、勝手な思い込みで上から目線で、「人間として見てない感」というか、「あいつらパンケーキ食っていればいいんだ」みたいな、ものすごく雑な……。そういうのって恐ろしい。リベラルな陣営の中でも、リア充女子とかナイトプールで自撮りしている女性とかが虫以下の存在として扱われているな、という。なんでリア充に対する偏見がこんなに無自覚にあるのかって、結構思いますよ。

杉田——少し前はパンケーキ女子、最近はタピオカ女子とか、インスタ映えとか。

雨宮——そういう女性たちをどこまでもバカにしていいとい

う感覚が、一部で共有されている。

杉田——雨宮さんは、一方ではパワハラとかセクハラを批判しているのに、九〇年代サブカル女子のスイッチが入っちゃうと、いろんなものを許容してしまう。そういう自分の中の矛盾をどう考えればいいのか、と書かれていましたね。これは結構重要な問題じゃないかと。

雨宮——そう思います。見てないけど（笑）。いまも『全裸監督』ってやってるじゃないですか。

杉田——かつてリブの田中美津さんが書いていたんですが、一方で男女平等を強く求めながら、好きな男が来ると、それまであぐらをかいてたのに正座になったり、マニキュアをつけたり。そういうかわいい女でもありたいし、でもやっぱり男女平等でもありたいと。そういう矛盾というか「とりみだし」をわが身で生きるのがウーマンリブであって、そういう混乱や葛藤を言葉にしたり行動にしていくのがいいんだと。普遍的に正しい思想や理論があって、それに従うことではない、と言うんですね。雨宮さんのサブカル女子問題にもそういう「とりみだし」を感じました。

雨宮——そういうサブカル的なものの中で二十代の頃の感性が育まれて、それが今も自分のアイデンティティになっているところがある。ある意味、私も当時、キラキラ女子をすごく憎んでいて、そういう人たちが理解できないだろうものとしてサブカルに過剰にハマった面がありましたね。こじらせがあるというか、いろいろねじれがある。そこを自分自身も総括したいなというのはあります。

杉田——リベラルで普遍的な正しさと、かわいいものが好きな気持ちとかサブカル的でオタク的な欲望とか、それらが矛盾しながらもどこかで両立していくような感じにしていかないと、ますます息苦しいかもしれない。この辺は難しいですね。

雨宮——田中美津さんのそのお話は全然普通というか、「権利」と「かわいくありたい」ということは、全然対立するものではないですよね。連合赤軍事件では、化粧しているとかおしゃれしているとかいった理由で女性が殺されたわけじゃないですか。それは本当に、一番悪い例ですよね。

チャラチャラしてると怒られるようなところが、古い運動ではあったし、今もあると思うんですけど。だから私なんかはあえてゴスロリを着てきた面もあって。いっけんバカみたいな格好をしながらも、社会についてまともなことを考えてもいいんだっていうことに、自分の中では大きな意味があった。

杉田——なるほど。ロスジェネのときは、松本哉さんたちの「素人の乱」とか、京都の「くびくびカフェ」とか、わりとバカバカしくて、こたつでダベっているだけみたいな、ユーモラスというか、不まじめなものが結構ありましたね。

雨宮——脱原発や反ヘイトの運動では、バカバカしい運動をやれる余地がなくなったっていうのが少しありましたね。運動が「正しさ」だけになってしまったというか。一〇年前はみんな酒飲んでデモしていたのに、ある瞬間からバチッとできなくなった。飲んでいると怒ってくる人もいて。「いやいや、もともと飲むためにデモやってたんじゃん？」みたいなノリは3・11前すごくあった。

杉田――デモもイベントの会場整理のような規律性が強まりましたね。

雨宮――そう、祭りじゃなくなってきた。ある意味秩序を乱すためにやっていたところがあったのに、完全に意味合いが違ってきて、「あ、マジになったな」って。

杉田――雨宮さんは「れいわ新選組」は劇団みたいだとか、アベンジャーズみたいだって言っていますね。あれ、重要ですよね。もともと山本太郎さんって若手のお笑い芸人で、ビートたけしの番組とかに出ていて、ぼくはそっちの印象が今も強いんですよ。

雨宮――まじめな人だけど、まじめだけじゃないところが面白いですね。

杉田――「ダンス甲子園」だったかな、「メロリンQ」っていう一発ギャグとかで覚えているので。やっぱりそういう演劇感覚、不まじめなお笑いと非常にまじめな政治的要求が一体になっている、バカバカしくて面白いみたいなところがある。そういうのって、最近失われていた感覚かもしれないですね。

雨宮――参院選・比例代表の特定枠に障害者を二人入れるとかも、システムを逆手にとった究極のイタズラというか、究極のアートみたいなものだから。

杉田――本当に革命ですよね。障害者支援をしてきた人間からすると、あれは革命的なことです。れいわの応援団のひとり、「さくら会」の川口有美子さんにはぼくはお世話になったんです。ぼくはALSの人の介護をずっとやっていて……。

雨宮――そうだったんだ。

杉田――そのための研修で、「さくら会」に行って、川口さんにはお世話になったんです。選挙のときのメディアにも、ちらちら川口さんの姿が後ろに映っていて、ちょっと可笑しかったんですけど（笑）。

貧乏で鬱で、病気持ちでも、支え合う

杉田――最後に、雨宮さん、今後、社会状況はどうなっていくと思いますか？　ヘイトにヘイトが重なって、分断がどんどん深まって、ついにわれわれの両親世代くらいの高齢者たちもネトウヨになって……。テレビのワイドショーを見ていると、韓国との関係はもはや行き着くところまで行き着くほかないよね、というくらいの煽り方がされます。ネットにアクセスしない人たちがそういうテレビ番組の空気を浴びるよ

うに喰らったら、それはヘイトに染まるよね、としか思えない。

雨宮――『この国の不寛容の果てに』の熊谷晋一郎さんとの対談でもしゃべったんですけど、ゆくゆくは私とか、反ヘイトの活動をしている人は、どんどん「病人」扱いされていくというか、「反社会性人格障害」みたいな、そういうカテゴリーになるんじゃないかと感じる。逮捕もされるかもしれないけど、すごくマイルドなかたちで、本人のためを思って病院に隔離される、みたいな。それが最悪の予想というか、最悪の未来です。

杉田――反日とか非国民とかのカテゴリーが病気として、矯正対象、治療対象となるということですね。ありそう。

雨宮――いまのテレビを見ていても、韓国をメチャクチャに言う人しか出てこないし、冷静な議論、まともな議論がまったく望まれていない。杉田さんとかも、ひと言でパッと何かを断定的に言える人じゃないじゃないですか。そういう人の話って、どんどん聞かれなくなっていく。潰されていきますよね。

杉田――今の憎悪の行き着くところが想像できないんですよね。みんなが突然冷静になって、急にまともな社会になるとは思えないし。

雨宮――行き着くところは「日韓開戦」みたいな？

杉田――現代の先進国同士の戦争って、どういう形態をとるんでしょうか。中東やアフリカ圏では永遠に続く内戦のような形態だと思うんですが……。そういうところも、僕らは想像力が足りていないのかもしれない。

雨宮――日本政府を批判的にみる人がどんどん日本にいられなくなる。いま怖いのが、文在寅大統領が私の『生きさせろ！』（太田出版、二〇〇七年）の翻訳を愛読書にあげてくださっていて、そのことが報道されたんです。そうしたら、私のところにツイッターで批判がすごく来るんです。なんで文在寅が『生きさせろ！』を読んだかというと、韓国も日本と状況が同じで、日韓どっちも雇用状況がすごくヒドいから。そういう話には一切目を向けずに、「韓国では大統領が反日活動家の本を読んでいる！」みたいにバッシングされて、ガチで怖いです。日本の世論がまったく信用できないし、私にもいつ何があってもおかしくないんじゃないかって。

杉田――あいちトリエンナーレの件があったので、反ヘイトのための『対抗言論』とか言うと、結構炎上したり、電凸《でんとつ》されるんじゃないかと思って（笑）。規模の小さな出版社レベルまで攻撃が来てもおかしくない。

あんまり明るい話はないですが（笑）、雨宮さんが「れいわ新選組」について書かれているルポを読むと、久々のというか、祝祭感がありますね。

雨宮――相模原の障害者殺傷事件での植松の主張、「障害者は不幸を生むことしかできません」といって彼がやらかしたことに対する、ものすごく明るい回答としての、「れいわ」の二人の国会議員当選ということがあった。何といえばいいんだろう、やっと一つ証明ができた、という感じでしょうか。障害者は不幸を生むことしかできない存在ではないし、ただ「いる」ことによってたぶん、どんどん周りや世の中が変わっていくから、それが今の私たちの、ほとんど唯一くらいの希望ですね。彼らの存在そのものが、生産性がないとか、そういう不寛容な言葉に対してのカウンターになっていることが、すごくうれしかった。六年間も任期があるので、世の中が少しずつでも変わっていけばいい。障害者の当選に関して、一部変なヘイト発言もあるけど、国会のバリアフリー状況が改善されたりしたことがわりとポジティヴに受け止められていたので、みんなそこに希望をもって見ているのがわかりました。この数年、暗いニュースばかりのところに、それがすごくうれしかった。

杉田――女性の議員が、熊本の市議会でのど飴をなめて発言しただけでバッシングされたり、子供を連れていて非難されたりした件も、すごく重要なことでしたね。あれも議会のなかを女性の目線から変えていく効果があった。

雨宮――自分が老いたら、病気になったらその先どうするんだとか、みんな焦りとか不安とか恐怖があって、それがかなりヘイトや不寛容の原動力になっている気がする。そういう意味では、障害者があんなに活躍できるというのは、障害のない人たちにもすごく安心感を与えるんじゃないかな。

杉田――少子高齢化が進んでいるなかでも、日本は高齢者の社会運動が極端に少ない国なので、今後はその辺りが鍵になってきそうですね。高齢者がどうやって意識覚醒《コンシャスネス・レイジング》できるのかが重要ですよね。車イスで国会に入れるとか、障害者の方たちの活動や公共的な力っていうのは、高齢者たちの力にもなるはずだから。多くの場面で障害者と高齢者が分断されてしまっているけど。

雨宮――高齢者が安楽死するか自殺するか、ヘイトに行かないと生きていけないような社会は最悪ですよ。

杉田――そこでもジェンダー差があるというか、女性のほうが先を行っていますね。女性はまだ、上野千鶴子さんが『おひとりさまの老後』(法研、二〇〇七年)で書いたような生存戦略を作ってきたけれど、孤立した高齢者男性の悲惨さというのは……。

雨宮――そうですね。ゴミ屋敷か孤独死か……。

杉田――いち時期、高齢者男性についての意識調査や統計を調べていたことがあるんですけど、びっくりするほど、若い人の意識と変わらないんですよ。高齢になっても女性との何らかの性的な関係があって、奥さんに支えてもらえる人生が幸せという。パートナーを失うと、男性はガクッときて、幸福度がものすごく下がるんです。でも女性は旦那が死んでも案外下がらない。積み上げてきた女性同士のお友達関係や、地域コミュニティとの関係がそれなりにあるから。わりと地域にも根ざして、楽しくやっていける女性が多い。

雨宮――男性たちがそういう自分の生活をリスキーだと思わないのはおかしくないですか？　それでまた婚活とかしようとするじゃないですか。もっとちゃんと自立して、友達作ろうという方向にシフトしていかないのって、おそろしいですよね。

杉田――選択肢がないというか、自主的に作ってこなかったんですよね。たとえば男の独身独り暮らしで、そんなに高給取りでもなくて、べつに華々しくはないけれども、それなりに趣味があって楽しいとか、誰からも承認されなくても自分の満足で別にいいとか、そういうライフスタイルを男性たちがちゃんと見つけられていないなら、今からもっと作っていかないと。

雨宮――オタク男性は趣味でつながれるから、老後は安心かもしれない。

杉田――そうですね。血縁関係でもないし、生まれた場所で結びついた地縁でもない、「趣味縁」がわりと重要。

雨宮――うん、それが一番いいですよね。

杉田――それが中島岳志さんのいう「トポス」、自分の居場所みたいなもの。たとえ根ざすべきナショナリズムがなくても、パトリ（郷土）というのは趣味の広がりでもいいわけで、そういうつながりを作っていかないと、孤独に負けてヘイトに呑み込まれてしまう。自分たちが高齢者になることをみすえながら、反ヘイトのネットワークを広げていかなきゃいけない。若者とかまだ元気な人間たちの反ヘイトだけじゃなくて、自分たちが年老いて体が動かなくなってきても、反ヘイトを続けられるというか（笑）。でもそれこそ、障害者の人たちが率先してずっと積み重ねてきたことだから、あらためて学ぶことがとても多いですね。

雨宮――それから、自分を大切にすることができるか、という基本的なところですね。刃を自分に向けるような生き方をしている人たちがあまりにも多いですからね。自己責任とか、自業自得とか。

杉田――ロスジェネ問題が若者の問題だったという時代から、もはや中高年から高齢者の時期までふくめたロスジェネ問題を考えなきゃいけない。一生、ロスジェネ。

雨宮――そもそも高齢者までどのくらいの人が生きられるかっていうのもありますよね。四十代でも亡くなっている人は結構いるし、三十代でも自殺する人はたくさんいるし。

杉田――人生の末期って、もう六十くらいのイメージですね。そんなに長生きできるとは思えないし。

雨宮――それでもあと十何年ありますよ。そこをどうやって、ぼちぼち生きていけるか。鬱病になっちゃう人も多いですし。

杉田――みんな病気になりながら、何らかの障害を持ちながら、貧乏になりながら、それでも支え合って、社会とも闘っていくみたいな、冴えないけど新しい運動のスタイルを、就職氷河期の呪いを受けた世代としては、やり続けないといけない。

雨宮——そうですね。人生に安泰なんてない世代ですね。二十代のころからずっとヘロヘロで、こんどはヨボヨボになっていく。

杉田——みんな精神を病んで、鬱で、依存症で、体じゅうガタがきているなかで運動するというスタイルが当たり前になるのかなと。若者のスマートで勇ましい運動とはまた違うところで、「素人の乱」みたいなバカバカしいものもいろいろ開発していかないと。「れいわ」の戦略にもそういうところがありますね。今日はありがとうございました。

雨宮——ありがとうございました。面白かったです。

（二〇一九年八月三〇日　於・新宿）

【特集③】

▼移民・難民／女性／LGBT——共にあることの可能性

フェミニズムと「ヘイト男性」を結ぶ

「生きづらさを生き延びるための思想」に向けて

貴戸理恵

❶ はじめに——「ヘイト男性」とは誰か

「女性にとってヘイト男性とは誰か」という題をいただいた。「ヘイト男性」とは耳慣れない言葉である。これはいったい誰か。

「女性をターゲットにした憎悪・差別煽動言説の担い手である男性」だろうか。そのように定義すれば、女性を男性より一段低い者と見て貶めながら何の痛痒も感じない、旧来の家父長的な男性が多く含まれてくる。だが、これでは少しずれる。「ヘイト男性」という言い方をしたとき、そこでは「男女はすでに平等であるか、むしろ女性の方が底上げされている現実があるにもかかわらず、未だに弱者の顔をして権利を主張する女性たち」への憎悪の表明が想定されているように思う。つまり、差別対象が「下」であることを自明視している従来のマジョリティというよりは、対象が「自分と同等か上」であるとの個別の実感をもとに、「そうした配置は不当だ、相対的に低下した自分の地位は、代わって上にやってきた存在に奪われたためだ」と感じている人びとである。

ポストコロニアル研究では、マジョリティは自分の立場を無色透明の「普遍」と見なすことで、マイノリティを有徴性を帯びた「特殊」と規定することが明らかにされてきた（岡2000、鄭2003）。「お前は何者か」と他者や社会から問われることなく、したがってみずからの属性や状態に何の説明も求められず、「無知」でありうる特権を帯びた存在が、従来のマジョリティだった。

だが、ヘイト言説の担い手である人びとは、「男性」「日本人」など属性はマジョリティであっても、すでに自身を「無色透明」と見なし「無知」にとどまることはできなくなっている。自分が「男性」「日本人」であることを、ヘイト言説の担い手は繰り返し強調する。そして、いかに「女性」「非日本人」などが「特権」を持ち「増長」しているかを、「知識」を散りばめながら執拗に語る。その「知識」なるものは、検証に耐えず広く共有可能ではない場合も多い。だがいずれにしても、現代のヘイト言説が、そのようにコストを掛ければすでに社会的強者としての立場を実感できない、足場の揺らぐマジョリティによって担われていることは確かだろう（安田 2015）。

本稿では、このような、構造的には従来の女性差別の延長上にありながらも、上記のような現代的特徴を持つ女性への憎悪表現の担い手を、「ヘイト男性」と呼ぶことにしたい。「ヘイト男性」は、マイノリティである女性を解放しその地位向上を目指すフェミニズムの主張が、一定の政治的正当性を獲得した後における差別にかかわっており、「ポストフェミニズムにおける女性をターゲットにした憎悪・差別煽動言説の担い手である男性」と定義できる。

❷ ポストフェミニズムの生きづらさ

「ポストフェミニズム」とは、菊池夏野によれば、フェミニズムが当事者による社会運動だった時代を経て国策に組み込まれ、その問題意識が「人権」「平等」から「労働力」「資源」へと変質するとともに、新自由主義の影響のもとで新たなジェンダー秩序が形成される複雑化した事態を指す（菊池 2019：189–190）。

日本では、一九九〇年代までに雇用における女性差別の禁止や男女共同参画は進められ、ジェンダー平等の建前が共有されていった。それと並行して、市場競争の激化やライフコースの多様化などによって「社会経済的に優位にある男性、劣位に置かれる女性」という図式が流動化し、個々の人生経歴において、男性で劣位にとどまる人や女性で優位に立つ人が目立つようになった。とはいえ、マクロデータで男女の雇用形態・賃金差や大学進学率といった全体的な傾向を見れば、女性差別はその後も残った。男性稼ぎ主規範は根強く、ケアを担いつつ働く人（多くは女性）が労働市場で二流の扱いを受ける構造は継続した。

こうした状況は、男性・女性双方のジェンダーにとって、個々の日常場面における性差をめぐる生きづらさに新たな風景をひらいたといえる。

ポストフェミニズム世代の男性にしてみれば、雇用構造の変化と競争の激化によって安定雇用から外れる蓋然性が高まったにもかかわらず、「一家の養い手であれ」というプレッシャーには晒され続け、かつハラスメントへの感度の高まりから権威的なふるまいや粗暴さなどが許されなくなった。そうしたなかで、たとえば、雇用や賃金の保障から漏れ落ちるなど不本意な状況に身を置かざるを得なくなった人が、「（そうした社会的立場ゆえに）女性に相手にされない」と思わされる場面に遭遇したならば、「現代では女性の方が生きやすいのではないか」という鬱屈とした疑念が頭をもたげてきても不思議はない。そこから「女性はずるい」「男性の方が奪われている」という「ヘイト男性」的な認識に至るまでには、論理的に飛躍はあっても、実際にはあと一歩といえる。

他方、同じくポストフェミニズム世代の女性においては、継続する性差別の影響を個別の状況に即したかたちで陰に陽に受けながらも、建前上は機会の平等が確保されているように見えるため、自分の置かれた現実を自助努力と自己責任の論理で理解せざるをえなくなる。「女性の生きづらさ」を「私の生きづらさ」として抱え込まされ、女性同士で連帯する代わりにみずからを責めてメンタルヘルスを壊すことにもなりがちだ。

こうした状況において、いま「女性にとってヘイト男性とは誰か」と問うことの意味とは何だろうか。「女性」という単一の立場を想定しヘイト男性を差別言説の担い手として一方的に断じるのでは、断絶は放置されるだけだろう。本稿では、現代日本社会における女性・男性としての生きづらさに着目することで、生きづらさを抱える女性と男性が立脚しているずれた時空間を、一つの線で貫く可能性の探求に意味を見出してみたい。

そのため、直接的にヘイト男性や彼らが表出するヘイト言説に焦点を当てることはしない。代わりに、男性としての生きづらさを抱えている収入や雇用が不安定な男性の主張が、ヘイト言説に横滑りしていく局面に注目する。具体的な題材として、二〇〇〇年代に「三一歳フリーター。希望は、戦争。」と書いて話題になった団塊ジュニア世代の書き手である赤木智弘の「男性に専業主夫となる権利を」という議論を取り上げたい。一〇年以上前の議論になるが、無職・不安定雇用の男性の、「容易には口にできない本音」として、「専業主夫になりたい」という願望が示唆されることは決して少なくない。赤木の議論は、そうした「本音」をまとまって論じたものとして、今も参照する価値があると考えられる。

そこに入る前に、私自身がフェミニズムおよび「男性の生きづらさ」とどのように出会ってきたかを示しておきたい。

❸「不登校の〈その後〉」とジェンダー

私は現在、大学に籍を置きながら、社会学をベースに「不登校の〈その後〉」というテーマで考えたり、書いたりしている。フェミニズムや「男性の生きづらさ」との出会いは、内側から摑みかかられるように直接的にやって来たわけではなく、身を置いた場や関わった人びとを介して間接的に訪れた。

　フェミニズムには、九〇年代末の大学時代に社会学の授業や書物を通じて出会った。私には小学校時代をほぼ学校に行かず家で過ごした経験があり、そうした自分を理解したいという願望を抱えていた。そんな私にフェミニズムがくれたメッセージは、「自分のことを、自分で研究してよい」というものだった。みずからの特殊性を引き受け女性視点の経験を語ることで、普遍とされてきた経験が実は男性視点のそれに過ぎなかったのだとあばいてゆくフェミニズムに、私は「不登校の視点」から学校＝社会を問い直し、あらたな視野を開く可能性を重ねた。それは確かに、「不登校の〈その後〉研究」を名乗る現在の私の出発点であった。けれども、そこにおける「自分」はあくまでも不登校の子どもとしての自分であり、女性としての自分が二次的なものだったことも事実だった。自分自身の「女性らしさ」や「女性はこうあれ」という社会的要請については、フェミニズムを経由した後も、私はどちらかといえば無反省なままだった。

　男性の生きづらさの問題にも、不登校の〈その後〉というテーマを通じて関心を持つようになった。社会へのなじみにくさを抱えた人が学齢期を過ぎれば、ひきこもりや不安定雇用という状態が身近なものとなり、メンタルヘルスの悪化や人間関係のいびつさに苦しむケースは少なくない。殊に職業的自立が成熟に重ね合わされる度合いの大きい男性というジェンダーにおいては、ひきこもりや不安定雇用は性的関係からの疎外に水路づけられやすく、シスヘテロのケースでは「このままでは一生女性とつきあえず、家族を持てない」という絶望に本人を追い込みやすい。そうした性的な絶望は、袋小路にはまると女性嫌悪のかたちで表出する場合がある。そこにおける女性は、しばしば経済的条件や社会的地位でパートナーを選ぶような不純な存在であり、男性並みに社会経済的自立への可能性を与えられながらも未だに社会的弱者として自己規定しうる「ずるい」存在、ということになる。

　このような文脈では、私は「高学歴で、経済的に恵まれた条件下にあり、夫と子どもを持ち、しかも性差別をこうむる弱者の顔をした、女性」としてまなざされがちであり、実際に、周囲の「彼女のいない不安定雇用の男性」からルサンチマンをぶつけられることもあった。そのようなまなざしは不当だ――そのように思いつつ、しかし私は、誤解をおそれずにいえば、彼らの絶望が「分かる気がする」のだった。

　大学院の博士課程に進学した二〇代後半のころ、大学の非常勤講師やスナックのホステスなど複数のアルバイトを掛け持ちしながら、論文やエッセイを書きつつ、東京の狭いアパートで一人暮らしをしていた。文章が活字になる機会には少しずつ恵まれてきていたが、「これを続けていけば、いつか自活できるようになる」という展望や自信は全くなかった。にもかかわらず、その時代に私の心を最も日常的なところで絶望させていたのは、就職のめどが立たないことではなかった。それは、「扶養してくれそうな男の人と結婚につながるような付き合いができないこと」だった。そこにおける「結婚」とは、来年を生き抜くための生活保障であり、子供ができたら産み育てられるということであり、「一人前の社会の構成員」と認めてもらう太鼓判だった。笑えない話だ。

そのような相手は現れず、結果として私は三〇歳を過ぎてから現在の職を得た。「来年も、おそらく一〇年後も仕事がある」という思いは深い深い安堵をもたらし、子どもを持ちその人生を支えていくことが、自分にもひらかれた未来として突然、目に映った。それは世の中の見え方が根本から変わる体験だった。

そして、それは運が良かっただけであることを、自分で知っていた。あのとき仕事に恵まれなかったならば、「結婚するしかない」という思いは強固となり、「四〇歳を過ぎて婚活に勤しむ不安定雇用の女性」はきっと私自身だった。これは、男性の生きづらさとおそらくは背中合わせになっている、生きづらさの女性バージョンだったといえないか。

同じような仕事の不安定さを抱える男性から見れば、「女性にはパートナーに養われるという選択肢があっていいよな」という話かもしれない。

だが、「パートナーに養われる」のは、仮に実現したとしても決して楽ではない。たとえば、ジャーナリストの中野円佳は、仕事を辞めて夫の海外赴任に付き添ったとき、被扶養の身になれば「夫に嫌われたら終わり」なのだという感覚におそわれ愕然とした経験を語る(中野 2019:134)。雨宮処凛『非正規・単身・アラフォー女性』(2018)には、三〇〜四〇代で生活の安定のため婚活を始め、婚活市場での自分の価値が「介護要員」でしかない現実に直面する女性の姿が描かれる。結婚が、生活保障と引き換えに「愛」すなわち性的満足とケア労働を差し出すこと、および依存状態に置かれ一つの生き方に縛られることへの合意を意味するとすれば、経済的安定によってあがないえない何かが失われていはしまいか。

とはいえ、「養われる女性の側も犠牲を払っている」という言い方に傾けば、たちまち話は断絶の方へと引き寄せられていくだろう。この点は後にまわすことにして、まずは赤木智弘の議論を参照しながら、生きづらさを抱える男性の側の主張を、その内面のリアリティに即するかたちで理解することを試みたい。

❹「私は主夫になりたい!」を読む

「強者女性」と「弱者男性」のカップリング?

赤木智弘は、一九七五年生まれの団塊ジュニア世代で、自身のフリーター経験に基づき社会批判を行ってきたフリーライターである。二〇〇七年一月、朝日新聞社が発行する月刊誌『論座』に「「丸山眞男」をひっぱたきたい――三一歳フリーター。希望は、戦争。」（以下、「希望は戦争」論）を寄稿しデビューした。この論考で赤木は、「ポストバブル世代」の不安定就業の若者（当時）は社会的地位が低く固定されたうえに世間から貶められた存在であり、戦争が起きて社会が流動化した結果としての「国民全員が苦しむ平等」を希望するまでに、現状に絶望せざるを得ないのだと主張した。ここで言及される「丸山眞男」とは、平時には東大卒の学者であり、戦時には二等兵として徴兵され低学歴の上官にいじめ抜かれるという、非常時に引きずり下ろされたエリートの象徴である。「希望は戦争」とする過激な主張に左派系の論者たちが反応し、佐高信、森達也、斎藤貴男などが応答して話題となった。

赤木はこの「希望は戦争」論を収録した初の単著である『若者を見殺しにする国』の第二章を「私は主夫になりたい！」というタイトルの論考にあてている（赤木 2011：87–128）。そこにおける主張は、まとめれば次のようなものだ。

> 「学歴も職歴もない年長男性フリーターは、まともな就職も結婚もできずこのままでは生きていけない。その解決は、経済力のある女性と結婚して「主夫」になることである。これは個人の願望を超えて「弱者救済」という社会的課題である。
> フェミニズムは「男性＝強者＞女性＝弱者」という不平等を前提しているが、経済強者・経済弱者という格差を加味すれば、「強者男性＞強者女性＞弱者女性＞弱者男性」という不等号が成り立つ。弱者男性は、女性よりも低い位置に置かれる。なぜなら、経済弱者の女性には経済強者の男性によって養われる主婦という社会的立場があるからである。
> このような不平等を少しでも解消するために、経済強者の女性は経済弱者の男性と結婚し養うことを「社会的責任」として引き受けるべきだ」。

この議論に「つっこみどころ」はたくさんあるだろう。フェミニストならばただちに「「女性は結婚すれば問題ない」とされること自体が女性差別の効果だ」と反論しうる。男性の「庇護」を持たない女性――シングルマザーや不安定雇用の単身女性が、赤木のいう「弱者男性」にもまして貧困に陥りやすく、しかもその問題が「扶養する男性の不在」にすり替えられて問題自体が無化されてきたという現実をみれば、赤木の議論の一面性・表層性は否定すべくもない。

だが、ここではそうした直球の反論を脇において、ひとまずこのような「解決策」を提示するに至った赤木の、ひとりの生きづらさを抱える男性としてのリアリティに接近したい。

承認の希求

赤木の思想を理解するために重要ではないかと私が思うのは、それが「経済の再分配」を主張しているように見えて、実は「承認の再分配」というべきアイデンティティの問題を主軸にしている点である。

確かに赤木は、「男性／女性」という軸に「経済強者／経済弱者」という軸を加えることで、マイノリティのアイデンティティが主題化された時代から、新たなかたちで階級が前景化してくる時代への推移を記述している。「五万円の靴を買う未婚・子なし・三〇歳過ぎの「負け犬」女性」と「時給九〇〇円で一分三冊の本のピックアップのノルマをこなすアマゾンのバイト男性」を対比させながら、「男女の不平等が、経済の不平等に上書きされるかたちで複雑化しました」（赤木 2011：127）と書く赤木は、「経済弱者の男性」というねじれた立場から、ジェンダーにかかわる生きづらさがポストフェミニズムの段階に入ったことを証言する。

だが、「強者女性による弱者男性の扶養」を社会的平等の観点から正当化しようとするとき、赤木の関心の核が、経済よりも承認、それも「男性としての承認」にあることが表れているように思われる。

赤木においては、個人の生存戦略として「ヒモ」のようなかたちで養ってもらうのではだめで、扶養されている状態でありながら「あの人は一人前の真っ当な大人だ」と社会的に存在を認められていることが重視される。だから、親に扶養されたり生活保護を受けたりする生き方は、解決と見なされない。この点で赤木は、障害者年金の受給をひきこもり生活の終着点として好意的に描き出した勝山実（2011）のような論者とは異なる。

経済生活より社会的承認を優先させる態度は、赤木の議論に一貫して存在しているように見える。「希望は戦争」論の冒頭の節で、赤木は「私から見た「平和な社会」」として、進歩のない単調な生活、給料の安さ、実家暮らしの不自由さ、生活保障のなさ、行き詰まる人生に対して何もできない無念さなどを克明に描いた上で、次のように書いている。

> そして何よりもキツイのは、そうした私たちの苦境を、世間がまったく理解してくれないことだ。「仕事が大変だ」という愚痴にはあっさりと首を縦に振る世間が、「マトモな仕事につけなくて大変だ」という愚痴には「それは努力が足りないからだ」と嘲笑を浴びせる。何をしていいかわからないのに、何かをしなければならないというプレッシャーばかり与えられるが、もがいたからといって事態が好転する可能性は低い。そんな状態で希望を持って生きられる人間などいない。
>
> （赤木 2011：212）

赤木の「希望は戦争」論とは、「フリーターである自分は平和な時代に貧困や死に晒されて苦しんでいる。それなら、その苦しみが皆に降りかかり「英霊」などとして社会的に認められる戦時の方がましだ」と主張するものだった。

おびやかされているのは経済生活ばかりではなく、居場所であり個人の尊厳である。「希望は戦争」論において赤木は、既得権保持者である強者が自分と同じ窮地に引きずり下ろされ、自分の苦しみが社会的に共有可能なものになることを「希望」と呼んでみせることを通じて、自分を無き者としたまま回り続ける「社会」なるものに対して怒りと絶望を投げつけたのだ。

憎悪への横滑り

だが、「希望は戦争」論における既得権保持者の表象が「東大卒のエリート」である丸山眞男であったのに対し、「主夫」論において既得権の切り崩しを求められているのは「経済強者の女性」である。不平等の構造の中でももっとも「特権層」と見なされうる「経済強者の男性」は、不問に付されている。強者の既得権を切り崩し弱者を潤わせよというならば、まずは経済強者の男性こそがターゲットにされるべきだろう。そうしようとはしない赤木は、いったい強者女性の持つ何を「既得権」と考えているのだろうか。

赤木は書く。

> 女性が男性から職を奪い、強者となってからも、「女性は養われるべきだから」とハイパーガミー志向を放棄せず、弱者の扶養という社会責任をまっとうしようとしない。
>
> （赤木 2011：124–125）

> 女性には低収入でも社会に参加することができる「主婦」という手段が残されているのに対し、男性の「主夫」は第三号被保険者全体の一％弱でしかないのですから、実質的に男性には「仕事」を通しての社会参加しか認められておらず、非常に苦しい立場になるということです。
>
> （同書 98）

ここに見えるのは、「経済強者の女性」への憎悪と、「経済弱者の女性」への羨望である。「経済強者の女性」が憎悪の対象となるのは、彼女たちが経済的に成功しているにもかかわらず、「女性である」というマイノリティ性を持ち、社会的に合意された救済の対象となっている点で、「いいとこ取り」をしているように映るからだろう。

自分が憎悪する相手に「自分を扶養せよ」と迫ることでその特権を奪いたい、という欲望と、「男性であろうと女性であろうと、強者であるならば「弱者を養う」ということを社会責任として受け入れるべき」（前掲書 118）とする正当化の論理。これは、第一に社会制度に個別の性的関係が重ね合わされる「結婚」という事柄が対象になっている点で、第二にそれを社会正義として正当化しようとする点で、「東大卒エリート」の特権を奪いたいという個人的な欲望を記述した「希望は戦争」論よりも、はるかにグロテスクに見える。「経済強者の女性」「経済弱者の男性」という憎悪と自虐をあおる社会的カテゴリーのみを肥大化させたかたちで結婚が語られるとき、そこには、他者にも自己にも身体性を伴ったリアリティを見いだし得ず、したがってパートナーとのあいだに固有の関係性を作りようもない、日常から遊離した「妄想」が前景化している。

社会的排除、新しい貧困、プレカリアートといったキーワードで語られる後期資本主義における新たな階級問題では、劣位の位置に置かれた者がアイデンティティ不安を抱えることが指摘されてきた（バラ&ラペール 2005、スタンディング 2016）。新たなアンダークラスにおいて、課題は経済的な苦境にとどまらず、社会的に孤立し、孤独、無力感、絶望、怒りなどを抱えさせられることである。赤木の発言もまた、こうした状況に巻き込まれた一人によるものと理解はできる。

「自分という存在が、苦境を抱えてここにいる」、そのことを認め、耳を傾けてほしい。それ自体は切実で重要な思いである。だがそれが、「社会的強者を自分の位置まで引きずり下ろしたい」という破壊的な衝動に結びつき、さらに「実際には既に特権層であるのに、旧来のマイノリティ性を都合のよいときだけ手放そうとしない」女性への憎悪へと水路づけられるとき、「生きづらい男性」は「ヘイト男性」へとすでに横滑りしている。

❺ 生きづらい女性／男性はフェミニズムをどう使えるか？

繰り返すが、このような赤木の「主夫」論をフェミニズム的観点から批判するのはたやすい。だがそれをしても、フェミニズムと生きづらい男性との断絶は深まるだけだろう。それは「女性にとってヘイト男性とはだれか」という問いに対して、「敵である」という予期された答えを反復することにほかならないからだ。

さらに、そうした応答の所作は、フェミニズムが生きづらい女性の前をも素通りすることにつながってしまうような気が、私にはする。生きづらい男性と生きづらい女性がともに向き合っているのは、ポストフェミニズムにおけるジェンダー化された困難であり、男性／女性の非対称性はあっても、そこには共通の文脈がある。女性であることをめぐる生きづらさを感じながら、フェミニズムに掬い取られなかったように感じる人も多くいることだろう。

たとえば、団塊ジュニア世代の雇用不安などをテーマとする書き手の雨宮処凛は、団塊世代のフェミニストで社会学者の上野千鶴子との対談において、「(生きづらさに対処するうえで）フェミニズムの存在に気づかなかったか」と聞かれて次のように語っている。

> 気づきませんでした。もしそういう人たちがいると気づいたとしても、たぶん自分に関係があると思えなかった。女性の権利とか言われても、自分は権利を持っている女性のカテゴリーにすら入れてもらえていないと感じていたので。とくにフリーター後期はキャバクラで働いていたので、「社会的なセクハラ要員」みたいな。「女性」という言葉からして、自分より階層が上の人たちの集まり、という感じがして、「女性の権利」とか言われれば言われるほど、裏の世界のキャバ嬢の自分へのセクハラ被害がひどくなるみたいに感じて敵意さえ持っていた。
>
> （上野・雨宮 2017：175–176）

「女性のカテゴリーにすら入れてもらえていない」とは、フェミニズムがそこからの解放を志向してきた、結婚して妻・母となりケア責任を一手に引き受けさせられて家の中に閉じ込められるというその状況すらも、「贅沢」に思える状況を生きてきたリアリティを指す。こうしたリアリティの前を素通りするならば、フェミニズムはポストフェミニズムの生きづらさに届く言葉を持ちえなくなってしまう。

だが、生きづらさを考えるうえで、人間の生の基礎となる再生産の領域を扱ってきたフェミニズムの知見は大きな助けとなるはずであり、この助力を得られないのは何とももったいない。また、フェミニズムの今後を展望するうえでも、生きづらい男性に届くフェミニズムを構想することは、生きづらい女性にも届くものとしてその裾野を広げ、議論を時代に合わせて更新していくことにつながるだろう。

「女性にとってヘイト男性とは誰か」というのが、もともとの問いであった。これを「ポストフェミニズムの生きづらい女性／男性は、フェミニズムをどう使えるか」「フェミニズムはポストフェミニズムの生きづらさにどう応答できるか」という問いに変換していく必要がある。これは、生きづらさとフェミニズムのあいだに、いかに橋を架けるかという問いにほかならない。

❻「暮らし」を取り戻す

生きづらさとフェミニズムを結ぶ際にカギとなる観点として、ここでは「暮らしのリアリティを摑み直すこと」を考えたい。生きづらさが文字通り「生きること」にまつわる痛みに関連しており、フェミニズムが出産・ケア・家事といった人間の生の営みを中心的に担って／担わされてきた女性という存在に軸足を置くならば、両者の架橋はこの点に立ち戻ることから始められうる。

私は先に、自分の経験に照らして、生きづらい男性の「専業主夫になりたい」という気持ちを「分かる気がする」と書いた。「働かなくても食べていけて、しかも社会的にもまっとうに自立した人と見なされるなんて、主婦っていいなぁ」という思いを、確かにかつての私も持っていたし、さまざまなやむを得ない事情から自活できる収入を得ることが難しく親の家に留まり続ける人びとを思えば、そうした思いを持つことを今も否定できない。ただ、この一〇年ばかりつねに乳幼児を足元にまとわりつかせ続け、さまざまな葛藤や法律的位置づけの変化がありつつも子どもたちの父親と一緒に生きてきて、今の私は二〇代のころとは違う風景を見ている。

それは、「結婚」なるものがまとう経済とアイデンティティの保障という外殻の内側には、個々の身体性と文化がせめぎあう家庭生活がある、ということだ。性や世代の異なる人間たちが、さまざまな弱さや強さを持ち寄りながら、危機や歓喜を分かち合いつつ、食べては眠り、老いていく日常の暮らしこそ、圧倒的な質量で人の存在を基礎づける現実ではないか。人間は文化を創り伝えていく存在であるとともに、自然の一部でもある。家庭生活を営む人のリアリティにおいて比重が大きいのは、もしかしたら、経済の安定やアイデンティティの保障ではなく、パートナーや子どもとの関係性ですらなく、「いかに他者の固有の身体性を理解し暮らしをつくるか」という日々の営みなのではないか。実際に、パートナーや子どもとの関係がぎくしゃくしているときも、家事やケアへのニーズは待ったなしで降りかかってきて、それらを粛々とこなしているうちに、ぎくしゃくはいつのまにか時間の波に洗われ、角が取れていることは多いものだ。

そのように考えれば、生きづらさから「婚活」を試みる女性も、男性稼ぎ主規範を内面化して自己否定的になる男性も、「他者と暮らす」リアリティが希薄な点で、共通しているのではないか。生きづらさとジェンダー・セクシュアリティという主題では、しばしば就労、恋愛、結婚といった事柄が注目される。だが、それらはきっと入口であり、身体や日々の暮らしのあり方こそが核となるように思う。

このように言えば、おそらく「その入口で躓いているから中に入れないのだ」と苛立ちを感じる向きもあるだろう。けれども、パートナーや子どもを得ずとも、人が生きているところには何らかの暮らしがあるはずだ。親元に同居していても、一人暮らしでも、「今の自分の日々の暮らし」をきちんと見つめるところから、考えを始めてみることはできる。料理や掃除などの家事は、多くの場合、「手の込んだ多品目のごはん」と「毎日コンビニ」のあいだ、「ちりひとつない清潔で片付いた空間」と「ゴミ屋敷」のあいだのどこかに存在しているのであって、自分の場合はどの辺りにあるのか、どこが自分にとって心地よい塩梅なのかを意識しておくのは重要だ。それは、将来的に自分の家族を持つにしても、シェアハウスのようなかたちを選ぶにしても、他者と共に暮らす事態に至ったときに直面することだからだ。

雨宮処凛は栗田隆子との対談において「老後の夢は、シェアハウス」という非正規・単身の中年女性に言及しつつ、「単身女性と単身男性で言うと、男性の方が悲惨な気がする。セルフネグレクト状態になって、ゴミ屋敷になって孤独死、というのは、やっぱり男性の方が多いじゃないですか」「オッサン同士って会話でも競争しちゃうから、仲良くなれなそう。現役時代の肩書きとかで序列作って、ろくでもないことになりそうだな」と語っている（雨宮 2018：212–213）。ここでいささか乱暴な言葉で批判されているのは、社会的地位という幻想にとらわれて日々暮らすことの身体的なリアリティから遠ざかりがちな男性性の陥穽である。

「生きづらい男性」が、女性への憎悪を募らせるのではないかたちで、自分の中にある親密な関係性への希求を認め、この世に「自分という身体」の置き所を求めようとするならば、まずはそのように、自分の身体性と暮らし方に意識的になってみるという第一歩があってよいように思う。

❼「生きづらさ」を生き延びるために

生きづらさに途方に暮れているとき、私たちはつい「文学賞に応募して小説家デビュー」とか「ネットで起業して一攫千金」という非日常的な救済を夢見てしまいがちだ。本当にそのような目標を立て、その到達に向かって歩を進めるならよいが、直視するのがつらい日常からの逃避である場合も多いだろう。

赤木の「希望は戦争」論とは、そうした非日常的な救済の「妄想」が、暴力性を帯びて極端なかたちで表出したひとつの例だといえる。だが、これではつながりが絶たれて本当に「孤独死」してしまうかもしれない。

生きづらさを抱える私たちが、フェミニズムを「使う」とすれば、それはこうした日常からの遊離にあらがい、日々の暮らしに立ち戻るための道標として、であろう。

そのとき、本当に「使える」のはいかなるフェミニズムなのかを見極める必要がある。

フェミニズムのなかには、男性が支配的な公的領域に女性も同じように参入していく――その「公的領域」が、英霊を奉る軍隊であっても過労死に至らしめる企業であっても――ことを是とするものもある。女性でも男性並みに働いて稼げる、そのうえ夫や子どもも持てる、そう主張するものもある。だが、生きづらさを生き延びようとするとき、もっとも重要なのはそれではない。

生きづらさについて考えてきた私が常に道しるべにしてきたのは、上野千鶴子のフェミニズムだ。上野は『生き延びるための思想』（2005）に収録された論文「対抗暴力とジェンダー」において、「世俗的な卑小さ」を隠蔽するための「死を決したヒロイズム」を批判しつつ、次のように語る。

> わたしは「いのちより大切な価値がある」と思っていない。フェミニズムは「生き延びるための思想」だと思っているし、そのフェミニズムにとって、ヒロイズムはマイナスにこそなれ、利益になることなどない、と思っている。（中略）
> わたしの念頭にあるのは、女だけではなく、子ども、高齢者、障害者など無力な人々である。無力な人々の集団から、女だけ、いちぬけする選択肢もないわけではない。だが、無力な者とよりそったときに、「女の問題」と言われるもののほとんどが噴出したのだ。
> （上野 2005：85–86）

この引用の最後のところを、たとえば次のように読み替えてみる。

自分の無力さを隠蔽して、競争に身を投じるという選択肢もないわけではない。だが、自分のどうしようもない無力さに寄り添ったときに、生きづらさが問題として浮上してきたのだ。生きづらさ研究が念頭に置くのは、自分の無力さを媒介して他者の無力さを想像し、生きづらさをゆたかなつながりの起点として構想することである、と。

対抗暴力に身を投じるヒロイズムと、「小説家デビュー」あるいは「希望は戦争」といった一発逆転や破壊の妄想は、日常をないがしろにしているところに共通点がある。日常をないがしろにすることは、命を生み出し、圧倒的な質量でケアや家事を担う女性性の無化につながる。「現実には何者でもないちっぽけな自分」からそのように目を逸らした果てに、自尊心の補償のため弱者を貶めたり、自傷によって痛みをすり替えたりということが起こる。

自分の暮らしに立ち戻り、身体性、特にその弱さやままならなさに注目することで、同じような弱さを持つ存在と連帯していく。生きづらさを生き延びるための思想が立ち上がるとすれば、土台はここにあるのではないか。

それは、ポストフェミニズムの生きづらさを生きる女性や男性が、自己責任の陥穽に落ちず、「ヘイト男性」へと横滑りすることなく、仲間を見いだし人生の幸福をつかむために、必要なことでもある。

参考文献

赤木智弘（2007）「「丸山眞男」をひっぱたきたい——三一歳フリーター。希望は、戦争。」『論座』二〇〇七年一月号、朝日新聞社

——（2011）『若者を見殺しにする国』朝日文庫

雨宮処凛（2018）『非正規・単身・アラフォー女性——「失われた世代」の絶望と希望』光文社新書

上野千鶴子（2005）『生き延びるための思想——ジェンダー平等の罠』岩波書店

上野千鶴子・雨宮処凛（2017）『世代の痛み』中公新書ラクレ
岡真理（2000）『彼女の「正しい」名前とは何か――第三世界フェミニズムの思想』青土社
勝山実（2011）『安心ひきこもりライフ』太田出版
菊地夏野（2019）『日本のポストフェミニズム――「女子力」とネオリベラリズム』大月書店
スタンディング、ガイ（2016）『プレカリアート――不平等者会が生み出す危険な階級』法律文化社
鄭暎惠（2003）『〈民が代〉斉唱――アイデンティティ・国民国家・ジェンダー』岩波書店
中野円佳（2019）『なぜ共働きも専業もしんどいのか――主婦がいないと回らない構造』ＰＨＰ新書
バラ、アジット・Ｓ＆ラペール、フレデリック（2005）『グローバル化と社会的排除――貧困と社会問題への新しいアプローチ』昭和堂
安田浩一（2015）『ネットと愛国』講談社

黄色いベスト運動

あるいは二一世紀における多数派の民衆と政治

大中一彌

農民が革命運動にはいってきたことをあらわす象徴、無器用で狡猾、ならず者的で素朴、愚鈍な崇高さ、打算的な迷信、悲壮な茶番、独創的でとんまな時代錯誤、世界史的なわるふざけ、文明人の知力では解きえない象形文字――

カール・マルクス『フランスにおける階級闘争』[1]

❶ 運動はなぜ多くの人に支持されているのか？

フランスの黄色いベスト《ジレ・ジョーヌ》運動は、おもに三〇代の人びとがフェイスブックやユーチューブといったインターネット上のサイトでおこなった呼びかけから始まった。道路の速度規制や、軽油の価格上昇、民営化後の高速道路料金の高さをめぐる不満の訴えからはじまったその動きは、しだいにマクロン政権打倒や、直接民主制的な方向での政治制度の変革をもとめる、より広範なテーマにかんする社会運動に発展した。二〇一八年一一月一七日の第一回デモ以降、二〇一九年夏頃まで、海外県・海外領土を含むフランス各地において、ほぼ毎週土曜、デモが続いてきた。日本語圏の報道の文脈では、おそらく、二〇一八年一二月一日の第三回デモで発生した、凱旋門やシャンゼリゼ大通りを中心とする繁華街の破壊と放火、そして、二〇一九年三月一六日の第一八回デモにおける高級レストランや宝飾店、衣料品店の略奪といった暴力的な光景の印象が、読者の記憶に残っているのではないだろうか。

マクロン政権にとって、黄色いベスト運動の高まりは、想定外の出来事であっただろう。まだオランド前政権下だった二〇一六年、労働条件をめぐる交渉で組合の力を削ぐ法案

（エル・コムリ法）が提案され、この法案にたいする反対運動から、ニュイ・ドゥブー運動が生まれた。正式なリーダーのいない自発的な運動だった点は黄色いベスト運動と似ているが、比較的高学歴、かつ、失業していたり非正規雇用の立場であったりする三〇歳代の参加者が多い都市の運動であった点が異なっていた。[2] 二〇一七年にマクロン政権が成立すると、規制緩和・労働法改革の方向性は一層鮮明になった。二〇一八年には、フランス国鉄の鉄道網の競合他社への開放、ならびに、終身雇用などを定めた鉄道員の地位保証の順次撤廃を含む改革が提案された。労組側は同年四月から六月の三か月にわたり、断続的な形でストライキを決行したが、政府は抵抗を押し切り法案を成立させた。

今を去ること二十数年前、シラク政権下の一九九五年、首相アラン・ジュペ肝いりの年金制度改革案が、労組側の団結したストライキにより撤回を余儀なくされた。この約四半世紀のあいだに進んだ、力関係やフランス国民の意識の変化を思うと、隔世の感がある。この変化について、『フランスの怒り』の著者、**ドゥニ・マイヤール**は、次のように解説している。すなわち、一九九五年に国鉄の鉄道員たちは、国民大多数の不満や平等の感情の代弁者の位置にあった。しかし二〇一八年には、あたかもフランス革命前の貴族のように、とてつもない特権（終身雇用を保証された地位、独自の年金制度、鉄道料金の社員割引など）をもった存在として、人びとに認識されている。フランス人の平等への愛着は相変わらずだが、国民全体のまとまりが見失われ、自分と他人という個人のあいだの生活条件の違いだけが意識されるようになった――仮にマイヤールの解説をこうした形でまとめるならば、「古い共和主義的な」メリトクラシーにもとづく社会的な平等観が衰退し、ある種の新自由主義的な平等観が、二〇年以上をかけて現代フランス社会に浸透したと想定することができよう[3]。そして、こうした想定に立つなら、二〇一六年に出版された著書『革命』で「わが国の政党はもはや現実を直視せず、死んだも同然だ」と豪語して当選し[4]、フランスをベンチャー企業のようにしようと呼びかけるマクロン大統領の改革方針を[5]、民意は消極的にであれ追認しているのではないかと、二〇一八年の夏前の段階で政策当局者が感じていたとしても、それほど不思議ではないだろう。

　だが実際には、そのわずか数か月後、マクロン改革に批判的な黄色いベスト運動が、世論調査で高い支持率を得ていくことになる。黄色いベスト運動のデモに際して起きた暴力行為がほぼ毎週伝えられるようになる前の二〇一八年一一月の段階では、実に六割から七割超の回答者が運動に好意的と報じられた。一九年一月から三月の段階で五割程度、その後は四割程度のようである[6]。こうした数字から、暴力的とみえる運動に対し、なぜここまで支持があるのかと問うこともできる。もっとも、黄色いベスト運動のように、現在進行中のテーマを扱うとき、こうした問いを立てた時点で、暴力というテーマに偏って報道したメディアへの批判がなされていることも念頭に置かなければならない。例えば、社会学者の**ロラン・ムキエリ**は、暴力というのは分析概念というより、むしろ「良くない」ということを意味する道徳的なカテゴリーであって、そのため、暴力の現場をみた人には驚きや魅惑や排斥といった効果が生じ、思考することができなくなる、と警告している[7]。また、歴史家の**ジェラール・ノワリエル**は、物理的な暴力以外に、企業の閉鎖による大量失業や有期契約の増加、さらには、こうした雇用破壊への恐怖感から、労働者が心を病むといったソフトな暴力がもちいられてきたと指摘する[8]。もちろん、こうした警告や指摘は、デモ参加者やデモに便乗した人による略奪や破壊行為を正当化する意図でいわれているのではない。むしろ、カメラが切り取った一面のみをみて、運動の本質を判断することの危険性を説いたものと受け止めるべきであろう。

　たとえば、マクロン派の政党「共和国前進」の創設にもかかわった政府報道官バンジャマン・グリヴォーは、黄色いベスト運動の一般参加者と、リーダー格の**マクシム・ニコル**（別名「フライ・ライダー」）や**エリック・ドゥルエ**といった人びとを区別したうえで、おおよそ次のように述べている。すなわち前者（一般参加者）は、毎月家計が火の車で、誠実さから黄色いベストを身にまとった人びとであり、この人たちと政府は対話をしてきたし、この人たちのための取り組みを進めて行かなければならない。だが後者（ニコルやドゥルエ）は、「反乱者、煽動者であり、その目的は暴力によって、共和国の諸制度、政府、大統領を転覆することにある」[9]。そしてグリヴォーの発言は以下のように続く。後者は、黄色いベスト運動から政治的利益を引き出そうとする輩、政府の転覆を図り、暴力を呼びかけ、また暴力を批判せず、同時期に発生したテロ事件をめぐり、本当はテロではないのではないかとの陰謀論を説き、反ユダヤ主義的、外国人排斥的な言辞を弄する輩である。さらに、この二人は極右的な政治傾向をもつことが明らかと指摘した上で、黄色いベスト運動のデモの護衛が、ウクライナでロシア側民兵として参戦した極右に近い人物（フランス国籍）によっておこなわれたことに懸念を表明している[10]。

　グリヴォーの黄色いベスト運動をめぐる発言には、同姓同名の二人の人物、すなわち、黄色いベスト運動に参加している左派ジャーナリストと、イスラーム教徒によるフランスの乗っ取りや外国籍の危険人物は国外追放せよといった主張をくりかえしフェイスブック上で投稿している人物とを混同して発言し、のちに謝罪するなど[11]、政府報道官にしては事実確認が甘く、かつ黄色いベスト運動で暴力的な活動や政府の転覆を説く参加者を「極右」としてラベリングしようとする傾向がみられる。しかしグリヴォーの発言にもかかわらず、一部の報道では、エリック・ドゥルエは大統領選挙で極左の政党「不服従のフランス」の候補者に投票したと伝えられている[12]。一方、マクシム・ニコルにかんしては、ロマン・ボルンシュタインの調査によると、国民連合（旧国民戦線）のソーシャル・ネットワーキング・サービス（SNS）投稿にイイねを送信し、動画音声の不備を管理者に知らせるなど、同党の支持者を思わせる挙動をインターネット上では見せていたようである[13]。また、ドゥルエは、エリゼ宮（大統領官邸）に足を踏み入れようという呼びかけを一八年一二月八日にテレビで行った（その際「暴動の呼びかけか？」と司会者は繰り返し質問している）[14]。一九年一月五日には、グリヴォー報道官のオフィスが入る官庁の建物に黄色いベスト運動参加者がフォークリフトで突っ込むという事件も起きた。

　このように言うと、黄色いベスト運動支持者からは、警察の側の実力行使で亡くなったり傷ついたりした人や、不当に逮捕された人びとのほうが、人権をより深刻に侵害されているとの声があがるだろう[15]。しかし、政府与党は当然として、左派の労働組合や知識人、人権団体にも、黄色いベスト運動への警戒感が当初根強かったのは事実である[16]。哲学者の**アラン・バディウ**は、こうした警戒感をもっとも率直に表明した一人だ。バディウは、大半の黄色いベスト運動参加者の政治的指向は流動的であり、それゆえこの運動が中身においてファシスト的であるというのは間違っているとしながらも、

「昨年（二〇一八年）、黄色いベスト運動の初期には、その成り立ち、主張、実践のどれをとっても、この運動に、政治的に何か新味のある、進歩的なものを見出すことはできなかった」と述べている。アラブの春を思わせる、黄色いベスト運動のデガジスム（政権打倒をもっぱら叫ぶ態度）は、運動が長引くにつれて政治的な内容の乏しさを露呈させ、運動参加者が負った傷のことばかり訴えるようになったとバディウはいう。[17]

黄色いベスト運動の支持者の側には、略奪や放火を事とするような破壊者（casseurs）は少数派ないし便乗組で、本来の黄色いベストは世直しを目指すものだという主張が根強い。大衆性がある黄色いベスト運動には、さまざまな政党が食指を伸ばしたが、もっとも早くから浸透に努めた人物の一人は、二〇一七年の大統領選第二回投票でマリーヌ・ルペン候補を支持し、政権奪取時の首相に予定されていた保守政治家、ニコラ・デュポン＝エニャンだ。そのデュポン＝エニャンが率いる政党「立ち上がれフランス」の政治局員だった**マクシム・ティエボー**は、著書において、マクロン政権は黄色いベストを極右とすることで、運動を過激化させ、民衆の支持を失わせようとしたのだと述べている。そしてティエボーは、二〇一八年一一月二四日の第二回デモの際、シャンゼリゼ大通りに駆け付け、横転したトレーラーが炎上するのを目にしたところで、黄色いベストをまとった八〇歳ぐらいの女性にこう声をかけられたと記している。「私は、孫たちのためにデモをしている。私は進歩した国で老後を迎えたのに、孫たちが衰退を経験するのは嫌。私は戦争中に歩きはじめ、平和な時代を生きてきた。孫たちが平和な時代に歩き始め、戦争の時代を生きるのは嫌です[18]」。

ティエボーが記しているエピソードの真偽のほどは定かではないが、黄色いベスト運動の支持者の主観からすれば、運動を支持すべき理由はこの女性の発言のような、世直し的な動機に由来するものと思われる。そして数字を伴ったより客観的な議論として、マクロン政権の連帯富裕税（ＩＳＦ）を廃止するという政策（黄色いベスト運動から批判を浴びている）に対し[19]、『二一世紀の資本』で有名な**トマ・ピケティ**から、国内総生産の伸びにくらべ、過去二〇年間における連帯富裕税からの歳入の伸びは著しく、連帯富裕税が維持されていたならば、二〇二〇年には年間でおおよそ五〇億ユーロの歳入が見込めたはずとの試算が提出されている。[20]なお、マクロン政権の連帯富裕税廃止にみられる姿勢の背景には、経済社会の先頭を走る人びと（premiers de cordée）を大事にし、国内への投資を促すという考え方が横たわっているが、成長のトリクルダウン理論ともいうべきこうした考え方じたいを問い直すことは当然できよう。ピケティによれば、累進課税をなくすという動きは一九八〇年代の発想で時代遅れである。そればかりか、アメリカではトランプ政権が成立し、イギリスではＥＵ離脱の動きが見られるなか、格差の拡大が欧州でも外国人排斥的な傾向をもたらしており、格差への取り組みは喫緊の課題であるという。その上でピケティは、「マクロンが一九九〇年代ではなく、二〇二〇年代の大統領でありたいなら、早く時代に適応すべき」と苦言を呈している。

黄色いベスト運動をとりまく、主観的・客観的な情勢が仮にこうしたものであるとするなら、提出しうる論点のひとつは、「真の革命的ポテンシャル」――哲学者の**パトリス・マニグリエ**が主張するところの[21]――が黄色いベスト運動にもしあるとすれば、それはどのように理解されるべきか、という問いになろう。あるいは、マニグリエの表現では、あまりに古色蒼然としている、ないしは、日本の一部の政治家や経営者が「維新」の歴史を参照するときと似たような安易さで「革命」という言葉を安易に使っているのではないかと感じる人もあるかもしれない（もっとも、すでに言及したように、大統領であるＥ・マクロン自身が『革命』というタイトルの著書を出しているのだが……）。そうした感想をもつ人びとに対しては、先に掲げた問い、すなわち「なぜ多くのフランス人が、この運動を支持しているのか」という問いに対する答えの形をとって、論点を言い換えることもできよう。その場合、この問いに対する答えは、「黄色いベスト運動が社会正義を求める動きと認識されているから」という答えになる。じじつ、限られた時間で筆者が触れることのできたフランスの研究者の論考やジャーナリズムの報道は、こうした角度からの分析が多い。そこで以下では、そうした分析に特徴的ないくつかの側面を検討することで、派手な炎上シーンや略奪行為の映像とは違う、黄色いベスト運動の姿を素描してみたい。

『空気の底は黄色い』（スイユ社, 2019 年）　ピケティ, ロザンヴァロン, スピール, エルツシャイド, ハヤット, バリバールらの論考を収録

❷ 交通封鎖とSNS利用――運動の多面的展開

まず注目しておきたい側面は、黄色いベスト運動が展開されている場所である。パリその他の主要都市におけるデモが注目されがちだが、黄色いベスト運動のそもそもの出発点は、通行する車両の運転手にアピールする目的も兼ねた、道路の通行封鎖や高速道路料金所の占拠である。この場所の問題については、黄色いベスト運動の参加者たち自身によって、道路封鎖の状況がグーグル・マップ上にまとめられ更新されて

いるほか[22]、地理学者や人口学者によって、運動の地理上の分布をどう解釈すべきか、議論が盛んに交わされている[23]。したがって、解釈としては暫定的なものにとどまらざるをえないこと、また一定の単純化は避けられないことをお断りした上で、ここでは、人口学者**エルヴェ・ルブラ**の解釈を採っておきたい。ルブラによれば、①人口減少による過疎化が進む農村地帯（もっとも、失業率の低さで知られるヴァンデ県のような例外もある）と、②首都パリから五〇キロメートル前後の通勤圏で、黄色いベスト運動が活発である[24]。では、なぜ①と②の二種類の地域で活発なのだろうか。黄色いベスト運動には多様な社会層の人びとが参加しているが、世論調査会社IFOPのジェローム・フルケらは、運動の背景として、農村地帯や、近郊《ペリユルバン》（périurbain と呼ばれ、黄色いベスト運動を論じるさいのキーワードになっている）の通勤圏で、自家用車所有率が高いことを指摘している。「主要な都市圏の中心部から一〇キロメートル以内の世帯で、ディーゼル車を所有しているのは約半数に過ぎないが[25]、中心地からもう一〇キロ遠ざかり〔二〇キロメートル以内にまで〕範囲を広げるだけで、所有率は二〇ポイント近く上昇し（六八パーセント）、大都市から六〇キロメートル以上離れた住民では七七パーセントに達する」[26]。五〇キロメートル前後の通勤圏ということでいえば、エリック・ドゥルエは、セーヌ＝エ＝マルヌ県ムラン（Melun）市在住のトラック運転手と報じられてきた。また、公共放送のテレビ局フランス3は、同じセーヌ＝エ＝マルヌ県内のファイ＝レ＝ヌムール（Faÿ-lès-Nemours）村在住のあるカップルを、「黄色いベストの声」として取材している。このカップルは以前はパリに住んでいたが、子ども五人とともにこの村に移住してきた。映像で見る限り一軒家に住んでいる。村に住むことで生活費が安く済むと期待したが、一〇〇〇ユーロの不動産税、二五〇ユーロの住民税に加え、所得税と燃料費がかかる。取材されたカップルの女性シルビー・アブルーは、「自動車で毎日三五キロメートルを走行している。村を通るバスはあるが、六時台と七時台に一本ずつあるほかは、一三時までバスはなく、一九時には終バスになる」と述べ、環境にやさしいのはバスのような公共交通を利用することだと自分も思うが、電気自動車を買うようなお金はなく、車の買い替えは無理としている。この世帯では、アブルーのパートナーで子どもたちの父親のペドロ・ゴンサルベスがバンを一台、仕事で使っているが、このバン以外に、さらに二台の車があり、燃料費に週あたり二〇〇ユーロを支出しているという。また、暖房や給湯のためのボイラーにも燃料油を使っており、その燃料油のタンクを満たす代金は一回あたり一五〇〇ユーロかかるとフランス3は報じている[27]。

エネルギー製品内国消費税（TICPE）への反対は、黄色いベスト運動が拡大した大きな要因をなしている。黄色いベスト運動に参加した人びとの言い分は、ひとつには、右のような生活条件や思いに端を発するものであっただろう。その一方で、この税を推進しようとしたマクロン政権からすれば、TICPEは一種の炭素税であり、環境を汚染し社会的コストを増大させる化石燃料の消費者に応分の負担を求めるものであった。とくに、従来、税率の低かった軽油（ディーゼル燃料）の税率は、二酸化炭素排出量を考慮に入れ、年々引き上げていく方針を示していた。[28] しかし、勢いを増す黄色いベスト運動の圧力を前に、フィリップ首相は、二〇一八年一二月四日、翌年一月一日からの税率引き上げは見合わせ、二〇一八年段階の税率で「六カ月」凍結する旨、演説で表明した。[29] いわば、改革方針の部分的変更を余儀なくされたわけだが、最終的に同じ譲歩をするのであれば、なぜ凱旋門やシャンゼリゼ大通りを中心とする繁華街の破壊や放火が起こる前の段階で譲歩をし、運動の拡大要因を早い時期に取り除かなかったのか、と問うこともできよう。この問いについて、前出のフルケらは、つぎの二つの理由により、環境問題への取り組みをマクロン政権は選挙民にアピールする必要があったためではないかと推測している。すなわち、①国民的人気の高い元テレビ司会者でエコロジストのユロ環境相が二〇一八年八月末に辞任を表明したことが政権の環境保護イメージを傷つけていたこと、そして、②二〇一八年一〇月のドイツ・バイエルン州議会選挙で与党CSUが大敗し、緑の党が躍進したことから、フランスでも、翌年に予定されていた欧州議会選挙において、環境保護意識が高く、日常生活における自家用車依存度が相対的に低い都市部の高学歴層に関し、マクロン派の政党「共和国前進」と支持基盤が重なる環境保護政党ＥＥＬＶの票の奪い合いになると見込んだこと。これらの理由により、環境保護に政府は不退転の決意で取り組むというシグナルを選挙民に送ろうとしたが、このようなシグナルを送ることは同時に、農村地帯や近郊《ペリユルバン》に住む比較的所得が低く、日常生活における自家用車依存度が高い有権者の離反のリスクを冒すことでもあった。このリスクが、黄色いベスト運動の高まりをつうじて現実のものとなった――以上がフルケらの描くシナリオだが、[30] こうしたシナリオは、ここ数年話題になっている書物である**クリストフ・ギリュイ**『周縁部のフランス *France périphérique*』が説くような、「二つのフランス」の対立を思いおこさせずにはいない。すなわち、グローバル経済に統合された富者（専門家や管理職層）と貧者（外国人移民）から構成され、もはや共和主義的な平等観は受け入れず、共同体ごとの分住を前提とする多文化主義的な「中心部《メトロポール》のフランス」と、かつての中産階級の残骸の上に出現する新たな民衆階層――外国人移民との混住を嫌い近郊に移り住むが、商品やサービスや人の移動を前提とする経済のなかで、自家用車による移動のための費用の捻出もままならない低所得の「白人」たち――からなる「周縁部《ペリフェリー》のフランス」の対立である。[31]

ギリュイ流の「二つのフランス」をめぐる語りは、黄色いベスト運動の支持者に広く受け入れられているようである。例えば、アカデミー・フランセーズ会員の作家**ダニエル・サルナーヴ**は、黄色いベスト運動に共感を示しつつ、その著作で次のように述べている。「ギリュイは、民衆階層にはもはや住むことができなくなったが、権力と近代性と労働の中心地である都市と、都市の周りに環状につくられるひとつのフランスのイメージを、今後長きにわたってつくりだした。あるいは左翼では、ギリュイは苛立ちを感じさせ、国民戦線の回し者ではないかと疑われているかもしれない。だが、パリのような大都市を離れ、自動車で高速道路に乗り、北や東に向かうと、こうした劣化はいやおうなしに目に飛び込んでくる。すべては、建築・社会・経済・文化のパノラマに従って、開かれた本を読むように、たいへんな明らかさをもって目の前で繰り広げられる。まず、パリ市内東部の地区だが、ここにはかつて庶民が住んでいた。しかし今ではむしろ、ボボたち〔ブルジョア・ボヘミアンの意。多文化主義や環境保護といった価値に理解があるとされる〕と、外国出自のフランス人たちが住んでいる。つぎにパリの環状道路〔郊外と市内を隔てる〕だが、かつての要塞線と同じように、根本的な分断の暴力的なシンボルだ。そしてその先には、大規模な建築物が連なる環状地帯がある。社会的な怒りは、郊外につながる高速道路の出口で運転者たちが示す極度の攻撃性となって現れる。建築物の多い地帯を抜け、高速道路はしだいに田園地帯に達するが、そこにはまだ村々が残っている。あるいはむしろかつての村の形骸というべきか。というのも、商店や公共サービスや農場や職人が消え〔…〕日中は住民もいなくなるからだ。大量の住民が朝、大都市に出て、夜また大量の住民が一戸建ての家に帰宅する。これらの住宅には魅力や快適さがないわけではないが個性もない。農村でも都市でもなく、フランチャイズ化された街」。[32]

社会科学を専門とする研究者たちは、ギリュイ流の「二つのフランス」をめぐる語りが含む単純化にしばしば懐疑的である。例えば、**ピエール・ロザンヴァロン**は、黄色いベスト運動を論じた文章のなかで「地理学者のクリストフ・ギリュイが描き出すような『周縁部のフランス』が問題なのではない」と明言している。[33] また、ギリュイと専門分野を同じくする地理学者からの反対論や慎重論も多い。パリ都市計画学校に所属する三人の地理学者・都市計画学者の論考「『周縁部のフランス』——ある幻想の成功」では、アンジェ、ラ・ロシェル、アヌシー、ラ・セーヌ＝シュル＝メール、ランス（パ＝ド＝カレ県）といった個別の地名や状況の相違を挙げ、これらの地域全部を「周縁部」で一括して済ませられるのかといった疑問や、大都市に富の蓄積が見られるのは確かだが極度の貧困も見られること、また、近郊《ペリユルバン》のほうが都市中心部より多くの雇用を創出しており、住民の年間所得の中央値も高いといった反論を提出している。先に挙げたエルヴェ・

ルブラの主張についても、一九七〇年代に盛んに議論された過疎地域がフランス本土の東北部から南西部にかけて帯状に存在するという「過疎地域の対角線（diagonale du vide）」の再版だと指摘したうえで、かつての「過疎地域の対角線」は少なくとも部分的には事実にもとづいていたが、ギリュイの『周縁部のフランス』は、「ポストマルクス主義的な過度のレトリックの単純化」の結果、ただ「被支配者」と「支配者」の区別を理論化しただけ、と痛烈に批判している。[34]

地理学者によるギリュイへの批判が示唆するように、マクロな水準における図式的な議論には単純化の弊害があり、この弊害をまぬがれるために、まずはミクロの、黄色いベスト運動の参加者が実際に活動している現場に視点を移す必要があろう。そのさい、注目する必要がある象徴的な場所は、日本でいう環状交差点、フランスにおける通称ロン・ポワン（rond-point）だ。[35] 環状交差点は、車両の通行部分が環状（ドーナツ状）をなし、ドーナツの真ん中には中央島と呼ばれる車両が入れない分離帯が常置され、中央島の周囲を車両が一定方向に通行するよう指定された交差点を指す。国土交通省の二〇一三年の資料によれば、二〇一〇年におけるアメリカ合衆国内の環状交差点の設置数は二千箇所を超える程度と推定されているが、[36]『ル・パリジャン』紙の二〇一三年の記事によると、フランスには約三万箇所に設置され、かつ毎年五〇〇程度が増設されているとのことである。[37] 環状交差点の歴史の詳細については説明を省略するが、フランスがなぜロン・ポワンの設置にこれほど熱心かについては先行研究がある。[38] 先行研究によると、近代的な環状交差点がフランスで研究されはじめたのは一九六〇年代で、一九八〇年代に入ると交通事故の件数を減らすのに有効として設備省の土木系技官が熱心に推奨した。一九八〇年代には同時に、ミッテラン政権のもとで地方分権改革が進んだため、国だけでなく地方首長も道路建設に影響力を行使できるようになった。もっぱら安全面・技術面を顧慮した設備省の土木系技官たちとは異なり、地方首長は街のシンボル作りのためとしてロン・ポワンの建設を一般的に好み、かつまた隣接自治体がロン・ポワンを建設すると、負けじと建設するなどして流行が広がる面もあった。建設費は比較的高額であることから納税者からの批判は当初からあった。[39] 二〇〇〇年代に入り、ロン・ポワンの中央島に、アール・ジラトワール（art giratoire）と呼ばれる、地域の特色をシンボライズするなどした大規模なモニュメントやオブジェを設置することが自治体レベルで流行したため、[40] 費用面だけでなく、景観を破壊しているとの批判もみられる。[41]

黄色いベスト運動の典型的な活動は、このようにフランスの道路網に数多く存在するロン・ポワンの中央島や周辺の舗道、空き地を占拠するところから始まる。参加者は、可能ならば自動車の通行を封鎖し、黄色いベストをフロントガラスから見えるところに出すよう要求したり、運転者と会話したりする。占拠した場所では、たき火をしたり簡単な小屋を設営し集会を開くなどして、居場所を作るのも特徴的な活動方法といえる。農村住民の研究を専門とする社会学者の**ブノワ・コカール**は、二〇一八年一一月一七日の第一回デモの際、黄色いベスト運動参加者が自動車の通行を封鎖していた現場で調査を行っている。[42] 調査を実施した地名は明らかにされていないが、人口が減少し産業も衰退する農村部の複数の小郡（cantons）と報告されている。この地方ではそもそも住民人口に占める労働者の比率が高いが、職業を尋ねることのできた運動参加者八〇名のうち、九名（農家や職人など）を除き、全員が女性の〔介護などサービス〕従事者や男性労働者を典型とする民衆階層の人びとであった。そもそも農村部であり移民は少ないため、白人が基本的に多いが、非白人も運動に参加していたという。運動の現場では、みずからの政党支持については発言を避け、選挙では棄権したという人が多かったとコカールは述べている。黄色いベスト運動が中身において極右・国民連合に近いのではないかという疑念については、国民連合の組織的な関与は認められなかったとしている。また、黄色いベスト運動に参加するような民衆階層が批判的メディアを読まず極右の言説が広く浸透しているのは事実であり、農村部に人種差別があるのもその通りだが、黄色いベスト運動の参加者が、全体のことを考えず、自動車の燃料費や自分が払う税金のことしか考えていない、悪い意味での「個人主義」であるとの非難はあたらないとコカールは力説している。ロレーヌ地方の農村部で同様の調査を行った社会学者**ラファエル・シャリエ**が、黄色いベスト運動参加者のあいだに仲間うち（entre soi）意識がたちあがってくると考えているのに似て、[43] コカールもむしろ、黄色いベスト運動に参加することをつうじて、一部の参加者のあいだである種の社会的なきずな（lien social）が生まれ、強化されると想定しているのである。[44] そして、コカールとシャリエの両者がこの文脈で引き合いに出しているのは、**オリヴィエ・シュヴァルツ**の提唱する民衆の社会意識の三極構造論だ。シュヴァルツによれば、民衆の一部の社会意識は、上から来る圧力と私（たち）という二極構造ではなく、上から来る圧力に加え、下から来る圧力に対峙する私（たち）の感情によっても彩られる、三極構造であるという。上から来る圧力というのは、黄色いベスト運動の文脈でいえば、必需品である自動車の燃料費の高騰をろくに考慮に入れない政治家や、都市に住み豊かな消費生活を送りながら環境保護に口先だけは熱心な金持ちたちからの「圧力」であろう。下からくる圧力として、シュヴァルツ自身は、日本の生活保護制度に近いかつての社会参入最低所得手当（RMI）の受給者や移民を挙げている。[45] 私（たち）よりさらに貧しいがゆえに、こうした公的扶助を享受している人びとは、手当を得ているので仕事を探さずに済み、そうした人びとを税金で養う私（たち）の負担が増えるという構図

である。ここで興味深いのは、このような三極構造のなかでたちあがる（と想定されている）黄色いベスト運動参加者の社会意識が、マイヤールならば個人がバラバラとなった空間における新自由主義的な平等観への移行につながり、ギリュイならば極右・国民連合への「周縁部」民衆による投票につながると、機械的な必然性をもって描き出されかねないところで、コカールはむしろ、「大金持ち」と「車ももっていない生活保護受給者（cas soc）」を除いた私たち「みんな」という感覚の強化に、こうした三極構造をつなげてみせる点である。例えば、黄色いベスト運動参加者による自動車の通行の封鎖には、驚くべきことに多くの人が好意的に反応していることが報じられてきた。しかし、それでも渋滞を脱法的に発生させていることには変わりなく、渋滞にしびれを切らした運転者が車で封鎖を強行突破しようとするケースには事欠かない。コカールが調査していた現場でも、パリ方面のナンバープレートを付け、ブルジョワ的な身なりの五〇歳代男性の運転する車が、通行封鎖を突破しようとして、黄色いベストを着た女性に、怪我は負わせなかったものの接触するという事件が起きている。他の運動参加者たちは走って車を追いかけたが、憲兵が介入し、運転者は車を降り、横柄な態度で黄色いベスト運動参加者たちをにらんだと報告されている。運動参加者たちは「金持ちは私らのことを馬鹿にしている」「おまわりは何もしないだろうよ、金持ちは法律より上なんだから」と口々に述べたという。コカールによれば、農村地帯ではビストロ（飲み屋）のような生活の場や住民団体はつぎつぎになくなり、仕事も個人ごとにバラバラになっている。そうした状況において、黄色いベストの活動は「きずなを再び作りだし、より大きな物語にみずからが結びついているという感情」を生み出す手段になっているとコカールは主張する。[46]このようなコカールの議論と同様の方向性をもつエピソードとして、ロン・ポワンに集まっている運動参加者に、近所の人が食べ物を運んできたという報告が複数見られる。[47]黄色いベスト運動による私たち「みんな」の共同性がさらに高

揚した事例としては、女性の運動参加者に焦点をあてた、『ルモンド』紙のルポルタージュ記事に登場するソニア（仮名、三三歳）のエピソードがある。ソニアは、フランス南西部の都市トゥールーズ付近の村に住み、子ども二人を育てているシングル・マザーで、友人と電子たばこの売店を経営し生計を立てている。二〇一八年一二月のある晩、たばこ店の営業を終えた後、黄色いベスト運動のデモに参加するために、一晩中自動車を運転し遠路パリに向かった。「途中の高速道路の料金所はぜんぶ黄色いベストが開放してしまっていて、黄色いベストを着た人たちはみな私たちに挨拶し、励ましてくれた。ものすごく感動的で、何かすごいことをするために上京しているという感じがした！」とソニアは発言したとされる。[48]

当然ながら、社会学者が全員、こうした私たち「みんな」の共同性のなかに、マニグリエがいう「真の革命的ポテンシャル」を見てとっているわけではない。コカールにしても、自身の調査は特定の場所の限られた事例に過ぎず解釈は慎重にしなければならないと断っている[49]（これに対し、哲学者のマニグリエは、ニュイ・ドゥブー運動とは異なり黄色いベスト運動参加者のアイデンティティがあまりに多様で「予見不可能」であるという点に――**ラクラウ**と**ムフ**のヘゲモニー形成の議論を参照しつつ――黄色いベスト運動がもつ「真の革命的ポテンシャル」を読み取っていた[50]）。マクロン派の政党「共和国前進」から二〇一七年の総選挙に立候補し惜敗した経験もある社会学者**ジャン・ヴィヤール**は、黄色いベスト運動について、「イベント型のプジャード主義」と、どちらかといえば否定的に形容している[51]。多少の用語説明を加えるならば、プジャード主義とは、南フランス・ロット県にあるサン・セレの町から始まり、この町で文房具店を営んでいたピエール・プジャードが指導者となった運動を指す言葉である。一九五三年七月二一日、プジャードを含むサン・セレの小商店主や職人たち一〇〇人超が集まり、売り上げの数字等にかんする税務署による立ち入り検査を実力で阻止する行動に出た[52]。小商店主や職人にたいし税務署の立ち入り検査が行なわれるのは、これらの人びとが売り上げを過少に見せている場合があるためだが、小商店主や職人たちにすれば、当時数を増しつつあった、多額の資本を背景にした小売店舗や工場を優遇する、国による弱い者いじめと映った。プジャードらの運動は、短期間でフランスの他の地域にも波及した。一九五六年の総選挙では、既成政治家の排除を旗印に、プジャードが率いる商工業者防衛連合（ＵＤＣＡ）が支援する候補五二名が当選した。この選挙で当選したプジャード派の候補者のひとりに、のちに国民戦線を創設することになる、当時二七歳のジャン＝マリー・ルペンがいる。ジャン＝マリー・ルペンは、最近公刊された自伝において、当時アルジェリア在住のフランス人はプジャードを厚く支持しており、そのためアルジェリアにおける選挙キャンペーンにプジャードは護衛なしで臨んだ、と記している。また、第四共和政が倒れる原因となったアルジェリア問題にかんし、プジャードがアルジェリア問題に取り組む勇気とプランがあったなら、一九五八年五月一三日にアルジェで発生したクーデタに続き権力の座についたのは、ドゴールではなくプジャードであっただろうと回顧している。[53] 以上、雑駁な説明ではあるが、プジャード主義とは、①戦後の経済成長の恩恵を十分に受けていると感じなかった地方の小商店主らによる運動（税務署の襲撃や道路の封鎖といった実力行使を含む）であり、かつ②「フランスのアルジェリア」の維持をあくまで求めた反ドゴール派の極右の流れにつながる運動でもあった、と要約しておきたい。

さて、ヴィヤールが「イベント型の」というとき、念頭にあるのは黄色いベスト運動にはプジャードやルペンのようなリーダーがいないという特徴のようである。このような特徴づけをつうじてヴィヤールが指摘するのは、リーダーがいないということは、交渉ができないということであり、そして、既成政治家にたいするデガジスムだけでは、集団における意志決定はできず、そのため自動車による大気汚染や気候変動への対処もままならない、という事実だ。[54]

税制にたいするフランス人の態度を研究する社会学者、**アレクシス・スピール**は、黄色いベスト運動とプジャード主義など他の社会運動との比較から、ヴィヤールとは異なる帰結をひきだしている。スピールが着目するのは、従来の多くの社会運動が、特定の職業に属する人びとの集団を中心におこなわれてきた点だ。例えば、プジャード主義であれば、小商人や職人といった自営業者主体の運動といえる。一九八〇年代から九〇年代において燃料費が高騰したさいも激しい抗議活動が発生したが、その主体は長距離トラック運転手など特定の職業と深く結びついていたとスピールは述べる。[55] ところが、黄色いベスト運動においては、特定の職業との結びつきは弱い。マニグリエの指摘が示唆していたように、黄色いベスト運動参加者の職業的アイデンティティはきわめて多様だ。スピールは、黄色いベスト運動が、納税者であり、近隣への移動手段をぜひとも必要としているという一点において、「年金生活者、〔介護などサービス〕従事者、労働者、失業者、非正規雇用の人、零細な自営業者」という「異質な集団」のあいだの、通常なら「ありえそうには思えない盟約関係（coalition）」を可能にしたと述べている。[56] 政府与党だけでなく、左派の労働組合も黄色いベスト運動に当初警戒的だったという点はすでに述べたとおりだが、黄色いベスト運動の側でも、多くの参加者が、既成の労働組合や政党に警戒的だとスピールは指摘する。[57] コカールの議論に似て、スピールもまた、活動場所やシンボルとしての「ロン・ポワンの正統性」は、労働組合や政党、議会を経由せずに労働や生活の現実をめぐり「公共の議論」がなされる「新たな社交性《ソシアビリテ》の場」であることに由来するとしているが[58]、内容的に繰り返しになるためここでは詳述しない。ただし、労働組合や政党のような従来型の中間団体を経由しない社会運動が、「SNSの利用」によって可能になっており、これまでのフランスの社会運動と比較したときの、黄色いベスト運動のひとつの特色になっているというスピールの指摘は重要である[59]。

この文章の冒頭で述べた通り、黄色いベスト運動は、おもに三〇歳代の人びとがフェイスブックやユーチューブといったインターネット上のサイトでおこなった呼びかけから始まった。媒体としてのインターネット、とくにSNSは、活動の場所として、占拠やデモをおこなう路上とならぶ重要性を有している。ロマン・ボルンシュタインによれば、先に名前を挙げたエリック・ドゥルエやマクシム・ニコルに加え、プリシリア・リュドスキーが、運動の初期の段階においてインターネット上で大きな役割を果たしたという[60]。リュドスキーは、二〇一八年五月二九日、Change.org 上で、マクロン大統領や担当大臣・省庁あてに、ただでさえ燃料費が高騰している状況で、燃料にかかる税率まで上げる政策は止めるよう訴える署名活動を開始し、一二〇万人以上の署名を集めた[61]。フェイスブック上において、エマニュエル・マクロンのフォロワーが約二四〇万人、マリーヌ・ルペンのフォロワーが約一五〇万人であり、リュドスキーの集めた署名が無視しがたい数であることは理解されよう。ドゥルエ同様、リュドスキーもセーヌ゠エ゠マルヌ県在住の三〇歳代の人物である。大手銀行に勤務したあと、オーガニック化粧品の通販サイトをつくり起業した[62]、マルティニック出身の黒人女性だ[63]。ところで、すでに検討したとおり、セーヌ゠エ゠マルヌ県のような大都市の近郊だけでなく、農村部を含めた地方から、黄色いベスト運動の参加者が多く出ているとみられる。この農村部を含めた地方の運動参加者のインターネット利用にかんしては、トゥールーズ大学の応用社会科学研究室による報告がある[64]。トゥールーズ大学の研究チームが注目したのは、オーヴェルニュ゠ローヌ゠アルプ地域圏に属するカンタル県在住者のフェイスブック・グループ「一一月一七日デモ　カンタル一五」だ[65]。カンタル県は人口が約一四万人で、近年人口の減少が続いている[66]。そうした状況下でこのフェイスブック・グループには、調査時点で約四五〇〇人のフォロワーがついていたという。トゥールーズ大学の研究チームがもちいた手法は、「一一月一七日デモ　カンタル一五」のフェイスブック・グループで共有されている合計三万弱のコメントを、テキストのクラスター分析（lexicographie）にかけ、樹形図にするというものであった。その分析によると、「一一月一七日デモ　カンタル一五」のグループで共有されているコメントは、おおよそつぎの七つのクラスターに分類できるという。すなわち、①「封鎖」「ロン・ポワン」「料金所」といったグループの活動内容や活動場所、ならびにフェイスブック上で封鎖にかんする情報を流して人気の「フライ・ライダー（マクシム・ニコルの別名）」に関連する単語、それから「こんにちは」「お願いします」「すごい」など、フェイスブック上のグループ・メンバーではあるが、路上で運動に参加するのはこれからの人の発言、②政府や政治家の言動にたいする怒りのコメント、③運動の進め方や要求内容をめぐる発言、④みずからの収入の低さや税金の高さ、その税金による政治家のぜいたくな暮らしぶり、とくに任期を一期つとめただけで政治家は高額の年金を生涯もらえるといった社会的不平等への批判、⑤警察・憲兵隊にたいする好悪がいりまじった言説。道路封鎖に突っ込んできた運転者に警察は何もしないという反発があるいっぽう、デモの現場にいる警察・憲兵隊は支持すべきという意見、⑥タクシー運転手、看護師、医師など特定の職種への運動参加の呼びかけや、消防隊や救急隊はロン・ポワンを通すべきといった指示、⑦黄色いベスト運動にたいする否定的な報道などを理由とするメディア批判と、伝統メディアに代わる情報源が必要という気持ちの共有、である。

とくに、⑦からは、伝統メディアやジャーナリストにたいする、黄色いベスト運動参加者の批判や敵意[67]、そしてそうした批判や敵意から代替メディアとしてフェイスブックを愛用するという表裏一体となった特徴を読み取ることができる。この⑦の特徴にかんし、ラ・ロッシュ＝シュル＝ヨン技術短期大学部に所属する情報科学の専門家、**オリヴィエ・エルツシャイド**は、貧困層のコミュニティ形成を重視するアルゴリズムをフェイスブックが採用しているために、グループ参加者のあいだでフィルターバブルが起こりがちであるとする[68]。フィルターバブルは、フェイクニュースの拡散や、怒りの感情の増幅といった効果をもつと一般に考えられており[69]、黄色いベスト運動の文脈でも、同種の指摘がなされている。例えば、北米のNPOであるアヴァーズ（AVAAZ）は、黄色いベスト運動にはフェイクニュースがあふれているという趣旨の報告書を出している[70]。この報告書において、アヴァーズは、フェイスブックを中心に、黄色いベスト運動内で広まっている一〇〇のフェイクニュースを調査し、そのなかから特に六つの事例を挙げている。そのひとつは、「マクロンが〔二〇一八年〕一二月一〇日に国連の移民協定に署名しフランスを売ろうとしている」というフェイクニュースだ[71]。アヴァーズによれば、このフェイクニュースは一〇万回以上シェアされ、三〇〇万回以上閲覧されただけでなく、その拡散にマクシム・ニコルが加担したという[72]。エルツシャイドの指摘を踏まえれば、シャリエ、コカール、スピールら社会学者たちが「仲間うち」「社会的なきずな」「新たな社交性」とむしろ肯定的な調子で言及していた黄色いベスト運動参加者における私たち「みんな」の共同性は、路上だけで完結せず、フェイスブックのアルゴリズムによっても強化されていたとみられる。だが、アヴァーズの警告が正当なものであるとすれば、無料で提供されるＳＮＳに依存した共同性には、外国人嫌悪を含むフェイクニュースをも共有してしまう危うさがあるといわざるを得ないだろう。ところで、フィルターバブルの問題は、アルゴリズムにより発生していると考えるなら、サービスを提供するプラットフォームの側に原因があることになる。しかし、そうした捉え方ではあまりに技術決定論的であるとするならば、ＳＮＳを利用する人間や社会の側にも原因を求めるべきであろう。この後者の論点にかんして、社会学者**ドミニク・パスキエ**は、農村部やその近辺に住む女性のサービス従事者（介護士や看護助手）四三人と男性労働者七人の合計五〇人に、インターネット利用について聞き取り調査をおこなった[73]。彼女（パスキエ）の調査によって浮き彫りにされているのは、インターネットの利用のあり方にも、階層差があるという事実である[74]。例えば、パスキエが話を聞いた五〇人のあいだでは、パソコンを使って専門的ないし創造的な活動に従事する人はまれで、スマートフォンやタブレットを日常的・実用的に使っている人がほとんどとされる。パスキエによれば、電子メールのアドレスは、通販サイトや行政サービスにインターネット上でアクセスするさいのアカウントの管理には用いられても、受信箱が広告宣伝ですぐにいっぱいになってしまうこともあり、コミュニケーション手段としてはまず用いられていなかったという[75]。また、パスキエの聞き取り調査の対象となっている人びとは、日常の業務で長い文章を書く機会に乏しい。ヴァレリー・ボードゥワンの研究を参照しつつ[76]、パスキエは、学歴があまり高くない人は、改まった書き方をしなければならない電子メールより、会話の音写に近い書き方で済むチャットやインスタント・メッセージを使う傾向にあると見ている。パスキエの調査は、ＡＬＧＯＰＯＬという「アルゴリズムの政治」をテーマとする研究グループとの協力関係において実施されているとみられるが[77]、このＡＬＧＯＰＯＬでは上層階級（classes supérieures）のインターネット利用についても調査しており、上層階級では、よく推敲された長文をインターネット上に投稿するという特徴が見いだされるとパスキエは指摘している[78]。これに対し、パスキエ自身の聞き取り調査の対象となっている人びとは、インターネット上で見つけてきた画像（panneau）やユーチューブ動画へのリンクを仲間うちで共有しようとすることが多いという[79]。また、勤務先が介護や医療関連の場合、日中の業務でわからなかった専門用語を、帰宅してからウィキペディアで調べる人の話をパスキエは紹介している[80]。さらに、女性では料理のレシピのサイト、男性では耐震性や断熱性の高い家屋の立て方を説明する動画を見て、実際に作っている事例にも、ノウハウや知識の普及にインターネットが役立っているとしてパスキエは肯定的に言及している[81]（ちなみに、黄色いベスト運動においては、法律違反をせずにロン・ポワンの交通封鎖を行なうコツといった「チュートリアル」画像が拡散されているようである）。[82] インタビューに加え、パスキエは、ＡＬＧＯＰＯＬが調査対象者の同意のもと収集した、フェイスブックへの投稿データのなかから、聞き取り調査と同様の条件を兼ね備えた人びと——農村部に住み、三〇歳から五〇歳で、サービス従事者の女性か男性労働者——のアカウントを男性二五人、女性二一人の合計四六人分選び出し、[83]「ほぼ一年間毎日」これを読み続け、検討したという。[84] その結果、画像やリンクを投稿するさいに、画像やリンクだけで本人の書き込みはない投稿がある、あるいは、画像やリンクの投稿に本人の言葉が添えられていても、短い文が多く、かつ、仲間からの返信文も同じように短い、という特徴を見いだしている。[85] さらに、こうした特徴に加え、投稿される画像——インターネット上で見つけてきた——には「引用」として処世訓めいた言葉を伝える画像が多いとも述べている。[86] ただし「引用（citation）」とはいっても、有名な著者の文はまれで、たいていは匿名の文章だ。パスキエによれば、こうした画像には多様な主題にわたる「引用」が書かれているが、なかでも家族のきずな、とくに母子のきずなの素晴らしさという主題が頻繁に登場する。そして、そうした「引用」が載せられている画像の背景は、主題によっては地味な色調の場合もあるが、家族のきずなにかんする「引用」の場合は、花やハートや天使の図柄がしばしば描かれているという。[87] それ以外にも、「時がたてば、偽の友達は消え、真の友人が残る」「私は自分が何者かわかっているし、ありのままの自分を受け入れる」など、本物らしくあれ、自分らしくあれ、家族を愛せ、裏切らず、ダイエットなど見た目ばかり気にするな、といった本音にもとづく道徳的な教訓がちりばめられている。偽物で、ずるがしこく、盗人たけだけしいとされる政治の世界は、こうした仲間うちの道徳の対極に思い描かれているのだろうとパスキエは付言している。[88]

❸ モラル・エコノミーと民衆の社会意識

さまざまな人びとが黄色いベスト運動に合流するにあたっては、ロン・ポワンという象徴的な場所の存在や、フェイスブックをはじめとするＳＮＳならびにスマートフォンの普及が重要な条件となっている。しかし、これらに加えて、パスキエの研究で言及されているような民衆的な道徳、より正確にはモラル・エコノミーの概念が重要だと、政治学者**サミュエル・ハヤット**は主張する。[89] ここでいうモラル・エコノミーとは、一八世紀イギリスの食料騒擾にかんする研究で歴史家**Ｅ・Ｐ・トムソン**が提唱し、[90] その後さまざまな分野に応用されてきた概念だ。Ｅ・Ｐ・トムソン自身、モラル・エコノミーの概念の定義にかんして見直しをおこなってきているが、[91] ここではハヤットが参照しているＥ・Ｐ・トムソンの一九七一年の論文から、定義にあたる文章を引用しておこう。「社会の規範や義務、すなわち共同体内の複数の部分がそれぞれ固有にもつ経済的な役割をめぐる伝統的で一貫したヴィジョン――これを全体として捉えたものが、貧民のモラル・エコノミーを構成するといいうる」[92]。この一九七一年の論文の冒頭でE・P・トムソンが指摘するように、失業率の増大や食糧価格の高騰は、抗議活動が起こる前提条件ではあるが、これらの客観的な数字だけでは、実際の抗議活動がどのような形や広がりをもつか、説明することはできない。「飢饉がわきたたせる心からの感情、こうした危機にあたり群衆が当局者におこなう要求、生命を脅かす緊急事態から利益を得ようとする行為が引き起こす怒り、こうしたものが抗議活動に特有の「道徳的」迫力を与える。これを全体として捉えたものが、私がモラル・エコノミーとして理解するものだ」ともE・P・トムソンは述べている[93]。飢饉のさいに民衆が行なう抗議活動は、確かに食べられないという事実をきっかけに発生するが、抗議活動の形や広がりは、狭い意味での物質的な利益というより、経済のあり方にかんしてどのような道徳的原則が（場合によっては暗黙のうちに）人びとのあいだで共有されているかにむしろ関係している。というのも、こうした道徳的原則が踏みにじられた時の感情がどれほどの深さや広がりをもつかによって、抗議活動のあり方や形に影響が及ぶからである。ハヤットによれば、黄色いベスト運動が掲げる要求の多くは、経済にかんして人びとが抱いている道徳的な原則として理解されるべきものである。例えば、黄色いベスト運動の有名なスローガンのひとつに「大きな者は大きく、小さな者は小さく支払うべし（Que les Gros payent Gros et que les petits payent petit）」がある[94]。この文を字義どおり解釈するならば、課税の累進性の原則を意味していよう。しかし、国会議員にたいするフランス「人民の指令」という体裁をとった[95]、黄色いベスト運動の一部参加者がまとめた四〇項目以上にわたる要求のリストを読むと[96]、やや印象が変わってくる。このリストの冒頭には「緊急」として「ホームレスはゼロ人に」という方針が書き込まれ、つづいて最低賃金は手取りで一三〇〇ユーロ、国鉄の小規模路線の廃止方針の即時撤回、悪徳老人ホームなど老人から金をむしり取るようなビジネスの禁止、といった要求が並ぶ[97]。こうしてみてくると、「大きな者は大きく、小さな者は小さく支払うべし」というスローガンが、課税の累進性の原則だけを意味しているのではなく、より広範なニュアンスをもつことに気づかされる。このスローガンは、大きい者は大きい者なりに、小さい者は小さい者なりに「共同体内の複数の部分がそれぞれ固有にもつ経済的な役割」を果たすというもっと一般的な責任を説いていると、読み解くことができるのである。モラル・エコノミー論にかんする主要な論者で、ハヤットも参照している**J・C・スコット**が指摘するように、一八世紀のイギリスやフランスでは、「欠乏の時期にエリートは自分に従う者の必要を満たしてやる積極的かつモーラルな義務がある」と考えられていた。[98] 支配者がこの義務を果たさないばかりか、貧民の生存のための備蓄まで取り上げるなどして、むしろ積極的にこの道徳的原則を踏みにじるとき、民衆は反乱や農民一揆によって、支配者にこの道徳的原則を思い起こさせ、あるべき秩序（モラル・エコノミー）を回復しようとする。フランス史の文脈で言えば、旧体制《アンシャン・レジーム》の末期、一七七五年春に発生した穀物不足が、その前年に財務総監のテュルゴが定めた国内の穀物取引の自由化もあり、穀物価格の高騰を引き起こした。生存を脅かされたと感じた一部の民衆は「正当な」価格による穀物の販売を求め、「小麦粉戦争」と呼ばれる一連の暴動や略奪が勃発した。いみじくも前出のフルケらは、「旧体制における小麦の価格と同じくらい、今日の社会において燃料の価格はセンシティブ〔な問題〕だ」と評していた。[99] ハヤットは、黄色いベスト運動という「国民的シャリヴァリ」が発生しているのは、共和国大統領たるエマニュエル・マクロンが、モラル・エコノミーの擁護者としてふるまうどころか、「モラル・エコノミーに対立する、資本主義の力の代表者として」ふるまい、腹を立てるのも馬鹿らしいくらいの素直さで、「連帯富裕税（ＩＳＦ）の廃止は不正ではない、なぜならＩＳＦはもはや効率的ではないから」などと述べ、「金融の規範以外のあらゆる規範への無知、さらには軽蔑」をはっきりと表明してしまったからだ、と説明する。[100] 黄色いベスト運動の主観的動因として、しばしば引き合いにだされるこの軽蔑（mépris）について、マルセル・ゴーシェは、Ｅ・トッドとの対論のなかで「社会の軽蔑をめぐる政治闘争というこの深くフランス的な何か」が黄色いベスト運動によってふたたび陽の目を見たという言い方をしている。[101]「深くフランス的な何か」などと言われても、極東に暮らす私たちにはいささかわかりづらいが、黄色いベスト運動の文脈にひきつけるなら、これを、燃油税の懲罰的性格としてより具体的に描いてみせることはできるだろう。すなわち、エネルギー製品内国消費税（ＴＩＣＰＥ）によって、燃油の税率を毎年上げていくという政策を採るにあたっての大義名分は、化石燃料を消費するのが環境に悪い行為であるという主張にあった。この主張は、タバコや酒類への増税にさいして、増税を推進する側が、消費者の健康を守り社会的コストを低下させるという主張を展開する場合に通じるものがある。タバコや酒類の消費者にしてみれば、こうした理由で実施される増税を受け入れることは、単に金銭的な負担増をもたらすだけでなく、これらを消費する行為が、自身の健康を害し、社会全体が負担するコストを上昇させる「悪」であるという認識を受け入れることにひとしい。燃油税の場合は、タバコや酒の消費とは異なり、居住地や職種、家族の状況によってはほぼ利用を避けることができない自家用車の利用にたいする、環境保護を理由とした道徳的な懲罰であるという感覚が生じ

CROWNE
POLICE
POLICE
POLICE

CROWNE PLAZA
MONDIALE
CONTRE
FINANCE !
222

うる。そしてこの感覚が、旧体制における、底辺の身分の者だけが税金を払い、高貴な身分の者は税金を払わないという、納税者のスティグマ化されたイメージと重ね合わせられるとき、金銭を税の形で収奪されるのは、道徳的な「悪」にまみれた底辺の人間にたいする軽蔑の表現だ、という受け止めにつながりうるのである。[102]

もちろん、私たちはここで、一八世紀ではなく二一世紀のフランス社会を論じているのである。ハヤットが述べるように、モラル・エコノミー論を援用すると、黄色いベスト運動参加者の主観的な一貫性は理解しやすくなるかもしれない。しかし、ハヤット自身も断っているとおり、現代の観点からすれば、モラル・エコノミーは、共同体的な秩序の維持を目指しているという意味で「保守的」であり、エリートの道徳的義務が福祉の根拠とされているという意味で「家父長的」であるといわなければならない。[103]黄色いベスト運動参加者の主観的な社会意識に接近しようとするにしても、モラル・エコノミーの保守的で家父長的な側面が、具体的にどのような意識内容を伴うのかという分析が求められる。分析をもう一歩進めるという観点からいえば、すでに言及した、シュヴァルツが提唱していた民衆の社会意識の三極構造論のほうが、モラル・エコノミー論ではあまり強調されない側面を、より切れ味よく提示できるかもしれない。シュヴァルツによれば、民衆の一部の社会意識は、上から来る圧力と私(たち)という二極構造ではなく、上から来る圧力に加え、下から来る圧力に対峙する私(たち)の感情によっても彩られる、三極構造なのであった。「上から来る圧力」と対峙する民衆の姿は、モラル・エコノミー論でも描き出しうる。しかし、三極構造論には、民衆よりさらに下の存在からくるとされる圧力も想定されていた。シュヴァルツがこの下の存在として想定していたのは、すでに述べたように、日本でいう生活保護受給者や、移民といった人びとである。よそ者である移民が、生活保護など公的扶助のおかげで楽な暮らしをしているが、この国の国民である私(たち)は、そうしたよそ者の「特権」を支える税金を払い(=「下から来る圧力」)、最低賃金で働かなくては生活できない――こうした民衆の一部の社会意識を、シュヴァルツは公営バスの運転手にたいする長期にわたる調査などをつうじて追いかけている。[104]一方で、インターネットの利用のあり方における階層差を研究したパスキエは、シュヴァルツの三極構造論を受け、ギリュイらにみられる、近郊や農村部の民衆階層が極右を支持するという説明図式より、もう少し複雑な現実を描き出している。パスキエによると、調査対象となったフェイスブックのアカウントに限っても、公的扶助の受給者(cassos)という「問題」に――インターネット上でみつけてきた関連する画像(panneau)を貼り付けつつ――多くのアカウントが言及している。しかしそうした言及の内容やその後のやりとりは多様だ。例えば、公的扶助の受給者と移民や民族的少数派（ロマ人など）を同一視しつつ、「フランス人である私は、税金や家賃や保険料を支払わなくてはならない。せめて住宅や仕事の世話は、フランス人の失業者やホームレスや子どもを優先しろ」という趣旨の書き込みをして、サルコジへの支持を除き仲間から賛成してもらえたアカウント（男性）がある。他方で、「給食から豚肉をなくすのに反対！　コーランの章句を学校で教えるのに反対！　学校が非宗教の国に私達はいるんじゃないの？　フランスよ目覚めなさい！　よそ者にフランスが適応するんじゃなく、よそ者がフランスに適応すべき」という「引用」のある画像をフェイスブックに貼り付けたアカウント（女性）の例では、周囲のアカウントから「フェイスブック上でそういうこと言っている人はいるけど、給食から豚肉をなくすとか、学校でコーランを教えるとか、あなた実際みたことある？」と反論され、「いやこれはフェイスブックで言われていることだから」とだけ返答が書き込まれたそうである[105]。こうした事例から、パスキエは、公的扶助の受給者を排除することで成り立つ、民衆の一部の社会意識（私たち「みんな」）には、ある種の曖昧さがつきまとうと評している[106]。失業などをきっかけとして、日本でいうハローワーク（Pôle emploi）に通わざるをえなくなった人びとも、パスキエの調査対象には含まれている[107]。私（たち）「以下」の存在と見ていた人びとと同じ境遇におちいるリスクは、民衆階層の場合、いたって現実的なものだ。こうしたリスクが現実のものになるのをつねに避けることはできないため、私たち「みんな」意識には伸び縮みの余地が発生し――失業したからといって、SNS上を含めたやりとりがなくなるわけではない――そこから曖昧さも生じるのである。

❹ 運動内部の不一致、距離、多様性

先に言及した、黄色いベスト運動の一部参加者がまとめた四〇項目以上にわたる要求のリストには、難民や移民にかかわる項目が含まれている[108]。これらの項目にも、似たような曖昧さがつきまとう。一方には、「庇護申請者は良好な扱いを受ける。住居・安全・食料・未成年者への教育は提供しなければならない」のような難民の保護をうたう項目がある。「強制移住が起こる原因に取り組む」という項目も、好意的に解釈すれば、問題の解決を志向する内容といえよう。しかし他方には、「フランスに住むということはフランス人になることを意味する。フランス語・フランス史・市民教育にかんする卒業証明付きの授業を実施する」という項目や「庇護申請が認められなかった者はすみやかに出身国に送還する」という項目もある。『ロプス』誌が指摘するように[109]、移民や難民への教育の強化という政策は、黄色いベスト運動が本格化する前の二〇一八年六月に、フィリップ首相が発表してお

り、[110]新味のある内容ではない。庇護申請が認められなかった外国人の送還も、二〇一七年一二月にコロン内相（当時）が同様の方針を示していた。[111]庇護権じたいを否定しているわけではないという点では、ファッショ的という非難はあたらないが、社会統合をめぐる基本的な発想の点では、政府の現状の政策と軌を一にしている。

　黄色いベスト運動における外国出自の人びとの処遇をめぐるこうした多数派的な発想が、黄色いベスト運動のデモにおける「郊外の移民の不在」というかたちで反映されているのではないかという問いが、この文章の冒頭で触れた暴力の問題と同様、ひんぱんにフランスのメディアでは取り上げられてきた。『リベラシオン』紙は、郊外の住民に取材したルポルタージュのなかで、黄色いベスト運動のデモを取材する記者たちは、デモ参加者に郊外の住民（暗にアフリカや中東出自の）が少ないというが「郊外の住人だけを数える装置や、特殊な眼鏡でも持っているのか」と皮肉をいう人物（ピエール）を登場させている。[112]一方で、郊外に住む一四歳から二八歳の若者をジャーナリストとして養成するという触れ込みのサイト「ラ・ゼップ」では、「ヤスミン・M」という署名で、郊外に住む私はなぜ黄色いベストを着ないかという記事を掲載している。そもそも黄色いベスト運動には、同性婚に反対するようなカトリック保守派や極右も参加しているうえに、黄色いベスト運動にあまり参加しない郊外の住民について、運動に参加しないのは「彼らがフランス国民として自分たちのことを感じていないからだ」と述べる差別意識に染まった運動参加者もおり、同調できない、と「ヤスミン・M」は述べている。[113]また、経済面からみても、パリ首都圏に属する郊外の住民は電車やバスといった公共交通を利用しており、自家用車は費用がかかるのでそれほど所有しておらず、燃料費の高騰の影響は小さいという。[114]リール大学に所属する社会学の准教授**エリック・マルリエール**は、パリ郊外ジュヌヴィリエ市のサッカーチームで参与観察をしていたさい、四〇歳代のジュヌヴィリエ出身男性複数が、黄色いベスト運動の主張に好意的な発言をしていたこと、また同じくパリ郊外のエルモンでは、地元町議でモスクの運営にもかかわっている男性が、「我々も同じ不正義に曝されている以上、黄色いベスト運動に参加するのは義務だ」と動画で呼びかけたことを記している。[115]その一方で、マルリエールは同じ郊外の高層団地で、二〇歳代の若者からも話を聞いている。「郊外ではずっと前からある警察の暴力にやっと気づいたか」「〔二〇〇五年の郊外暴動のきっかけとなった〕ジエッドとブナが死んだとき、こいつらはどこにいたのだ」といった、黄色いベスト運動に反対しないまでも、警察の暴力や民意が反映されない政治に気づくのがあまりにも遅すぎるという反応が若者では目立ったようである。[116]こうした状況を要約して、チュニジア政治の専門家でイスラモフォビアについての著書もある政治学者**ヴァンサ**

ン・ジェセールは、郊外団地の住民のあいだでは、個人単位では黄色いベスト運動のデモや、ロン・ポワンの占拠に参加している人もいるが、一部の団体を除き、組織的な取り組みにはあまりなっていないと述べている[117]。郊外関連の団体で、黄色いベスト運動への参加を呼びかけた団体としては、「アダマ・トラオレ[118]に正義と真実を！」グループや、「移民・民衆地区統一戦線（ＦＵＩＱＰ）」などが挙げられる。これらの団体は、郊外の闘争と、黄色いベスト運動の闘争を合流させようと呼びかけているが、ジェセールはこれら一部団体の呼びかけを「ユートピア的」と評している。以下に、二〇一九年一月に発表された、これらの郊外関連の団体の呼びかけ文を引用しておこう。「一部の人びとであっても制度的な暴力の被害を受けている限り、人びとの命を壊すシステムを終わらせることはできない。我々はみな黄色いベストであり、民衆地区は雇用破壊の最前線にある。この歴史的機会をとらえ力を合わせよう。私たちは何週間も前から黄色いベスト運動のなかで力を尽くしてきた。同盟をつづけよう、黄色いベストも、郊外や農村部の民衆地区も、働いている勤労者も失業中の人も、雇用不安に曝された若者も、みんな一緒に！」[119]。ちなみに、二〇一九年七月二〇日に開催された第三回のアダマのための行進では、数人の黄色いベスト運動参加者とともに、マクシム・ニコルが参加し、これまで郊外で起きてきた警察の暴力に無関心であったことを詫び、運動の合流は可能かと問いかける挨拶をしている[120]。いうまでもなく、こうした一部の合流の動きにたいしては、上掲の「ラ・ゼップ」の記事にみられたような反対論や慎重論が郊外関連団体から寄せられている。ジェセールは、その例として、「共和国の原住民党（ＰＩＲ）」のメンバーであるウィサム・セルカの文章を引用している[121]。「実際のところ、白人の民衆諸階級がこの二カ月ほど抗議活動をしているが、それはこれらの階級には抗議活動をする手段があるということでもある。物質面での手段ではなく、象徴面の手段のことをいっている。すでに述べたように、非白人が貧しい場合に比べ、白人が貧しいほうが、より不正で不当とされているのだ。貧しい白人は自国にいるので、みずからの運命に抗議するにさいし、暴力的な方法を取ることを含め、より大きな正統性を与えられている。黄色いベスト運動の人びとが、毎月の生活が苦しい「ただの」「普通のフランス人」で「実直な勤労者」だという言説は、そのように理解されなければならない。こうした型の言い方が実際に意味しているところは単純だ。すなわち、彼らはフランス人で勤労者なのだから、貧しくあるべきではない。自国（Nation）にこれらの人びとが属していることは何ら疑問視されていない。それというのも彼らはみずからをフランス人だと感じており、またフランス人だと思われてもいて、それだけに彼らは正義を要求する、すなわち彼らに支払われるべきものを要求し、異議申し立てをするのは正統なことだと考えている。彼らの白人性は、彼らが暴力行為に訴え、凱旋門のような高度に象徴的な場所を破壊するときですら、彼らに住民の広範な支持を保証する」[122]。さらにセルカは、前出のハヤットによるモラル・エコノミーの視点からする黄色いベスト論を興味深いとしつつも、「共和国の原住民」（フランス在住のアフリカや中東に出自をもつ人びとを指すのであろう）は、白人の民衆階層とは異なるモラル・エコノミーを発展させており、そこでは経済社会的な問題より、人種問題が重要なのだと主張している[123]（市場経済とモラル・エコノミーの緊張関係を前提とするE・P・トムソンの議論を、セルカのような主張と結びつけるのは難しいという反論が予想されるが、トムソンの議論は、集団の動員を物質的な条件だけで説明するのではなく、規範や価値も含めて説明するものだと述べることで、セルカは自説の正当化を図っている[124]）。「共和国の原住民党」がもつ、エスニック・アイデンティティを最も重要な対立の基準と見る傾向にたいし、ジェセールは、「共和国の原住民党」が何年も前に郊外を離れた中産階級に属する人びとから主に構成されている、と指摘するのを忘れない[125]。経済とエスニック・アイデンティティのどちらが説明要因として重要なのかという問題の立て方、また、郊外の闘争と黄色いベスト運動の闘争の合流の可否といった問題の立て方は、ラクラウとムフによるヘゲモニー形成の議論を彷彿とさせるが、この論点にかんし、哲学者の**エティエンヌ・バリバール**は、その黄色いベスト論において、「左翼ポピュリズムの擁護者たちが想像する「等価性の鎖」という構想に入っていってはならない」と警告している[126]。そもそも、黄色いベスト運動内部にも多様な人びとが集まっており、郊外に関係する諸団体も方針が割れている状況で、バリバールが望ましい進展として推奨するのは、経済社会的な暴力を重要と考える市民と、人種的な暴力を重要と考える市民との、「おそらくは距離をおいた、おそらくは間欠的な会話をじっさいに作りだすこと」だ。なぜならば、この二種類の暴力はおおきく重なり合っていることが明らかだとしても、これらの市民たちの言説や情動は異なるからである[127]。

❺ 黄色いベストが代理＝表象するもの

この文章の冒頭で、『フランスにおける階級闘争』を筆者は引用したが、「象形文字（Hieroglyphe）」とまでマルクスにこきおろされている農民たちの要求は、具体的には次のような内容であった。「旗鼓堂々と、彼らはつぎのような叫びをあげて選挙場にのりこんでいった。税金はもうたくさんだ、金持を倒せ、共和制を倒せ、皇帝万歳！と。皇帝のうしろには農民戦争が隠れていた。彼らが選挙で打倒した共和制、それは金持の共和制であった」[128]。黄色いベスト運動は、農民主導の運動とはいえないが、税金はもうたくさんだ、金持ちの大統領を倒せ、という主張はよく耳にする。もちろん、マルクスが描き出すのは、大統領に就任して一週間後に、ルイ・ボナパルトが農民たちの期待を裏切り、共和派の臨時政府が廃止を約束していた塩税を復活させていく姿だ。[129] かつて、P＝L・アスーンが述べていたように、[130]『フランスにおける階級闘争』で描かれるルイ・ボナパルト、とりわけ彼がもつ「ナポレオン」という名前は、農民や他の社会諸階級が一斉にみずからの願望を投射し、それらの願望に含まれるそれぞれに異なる内容が、ひとつの焦点に集められるプリズムのような存在である。農民であれ他の社会諸階級であれ、「ナポレオン」が自階級の利害を直接に代理＝表象（represent）しているといったんは信じるのであるが、結果からみればそれは幻影に過ぎない。黄色いベストという社会運動が何を、あるいは誰を代理＝表象しているのかという問いかけにも、こうした幻影を追いかけるのと似たところがある。逆に、こうした代理＝表象の不確かさを避けようとして、黄色いベスト運動の参加者が要求にかかげる国民投票をつうじた立法というアイディアも、[131] 国政選挙により選ばれた公職者の存在を完全に不要にできるかといえば、むずかしいだろう。

　前出の人口学者、ルブラは、黄色いベスト運動が、当初の印象とは異なり、最終的には「左翼ポピュリズム」の側に回収されていくのではないかと予想している。[132] ルブラにいわせれば、フランス北部のソンム県フリクスクールで起きた、黄色いベスト運動参加者によるいわゆる不法移民の当局への告発のような事例を除けば、[133] 黄色いベスト運動において支配的なテーマは、右派のポピュリズムを特徴づける反移民・反ヨーロッパというよりは、貧乏人と金持ちの対立というテーマだからである。ルブラの見方は、郊外における警察の不法な暴力行使の常態化などを指してバリバールが言う「国家のレイシズム」の浸透ぶりを軽く見る、[134] 多数派的な楽観に基づく感が否めない。だが、社会学者のコカールが述べていたように「もっとも悲観的な人びと」が「もっとも慧眼なように見える」のも確かである。[135] 特定の政党と関係をもたない「非政治的」な運動として自己を規定してきた黄色いベスト運動が、マクシム・ニコルの軌跡に見られるように、現代フランス社会の矛盾の重層性を反映したものに発展していくと、多少は積極的な見方をしてもいいのかもしれない。仮に、黄色いベスト運動が、選挙上の多数派を代表しているのだとすれば、その多数派が、前出の二種類の「暴力」をめぐり、どのような表象（イメージ）を抱くようになっていくか、という問いへの答えと、今後の推移は無関係ではないだろう。

注

●1　カール・マルクス『フランスにおける階級闘争』中原稔生訳、国民文庫、大月書店、一九六〇年、七八頁。

●2　ニュイ・ドゥブー運動については、下記の論文を参照した。

Collectif, «Déclassement sectoriel et rassemblement public. Éléments de sociographie de Nuit Debout place de la République», *Revue française de science politique*, vol. 67, no. 4, 2017, pp. 675–693.

●3　Cf. Denis Maillard, *Une colère française*, Éditions de l'Observatoire, 2019, chapitre 3 «De l'égalité sociale à l'égalité libérale»　マイヤールは、学歴をつうじた選抜に基づくフランス共和国のメリトクラシーに、黄色いベスト運動に参加する人びとは否定的だと考えているようである。E・マクロンに代表される「特権者」への反感は、国民的歌手だった故ジョニー・アリディのように、市場社会においてたたき上げとして成功した人への共感と、これらの人びとにあっては表裏一体になっていると述べている。なおこの書物の巻末の謝辞の冒頭に、ジル・クラヴルール（Gilles Clavreul）の名前が出てくる。「共和国の春」運動の創設者の一人であり、マニュエル・ヴァルス元首相の支持者だ。

●4　エマニュエル・マクロン『革命』山本知子・松永りえ訳、池上彰・増田ユリヤ解説、ポプラ社、二〇一八年、六二頁。

●5　二〇一七年六月一六日、マクロンは英語で次のようにツイートしている。"I want France to be a start-up nation. A nation that thinks and moves like a start-up." URL https://twitter.com/emmanuelmacron/status/87539454110294016, tweet consulté le 31 août 2019.

●6　OpinionWay 社が定期的に行っている政治に関する世論調査 Baromètre de l'action politique（URL https://www.opinion-way.com/fr/sondage-d-opinion/sondages-publies/politique/barometre-de-l-action-politique.html, site consulté le 20 août 2019）を参照した。他の調査会社は運動の勢いに陰りがみられた一九年四月以降、黄色いベスト運動を支持するかどうかという質問はしなくなったようである。

●7　Laurent Mucchielli, «Deux ou trois choses dont je suis presque certain à propos des "gilets jaunes"», *The Conversation*, URL https://theconversation.com/deux-ou-trois-choses-dont-je-suis-presque-certain-a-propos-des-gilets-jaunes-108183, site consulté le 21 août 2019.

●8　Gérard Noiriel, *Les Gilets jaunes à la lumière de l'histoire. Dialogue avec Nicolas Truong*, Le Monde/Éditions de l'Aube, 2019, p. 97–98.

●9　二〇一九年一月二〇日、ラジオ番組での発言。«"Gilets jaunes": Griveaux fustige Maxime Nicolle et Eric Drouet, "des factieux, des séditieux"», URL https://www.europe1.fr/politique/gilets-jaunes-griveaux-fustige-maxime-nicolle-et-eric-drouet-des-factieux-des-seditieux-3842009, site consulté le 21 août 2019.

●10　Geoffroy Clavel, «Gilets jaunes: Griveaux inquiet de voir des "paramilitaires" assurer le service d'ordre», *Le HuffPost*, publié le 20 janvier. URL https://www.huffingtonpost.fr/2019/01/20/gilets-jaunes-griveaux-inquiet-de-voir-des-paramilitaires-assurer-le-service-dordre_a_23647634/, site consulté le 31 août 2019.

●11　Étienne Girard, «Quand Benjamin Griveaux accuse à tort le gilet jaune Christophe Couderc d'être "raciste"», *Marianne*, publié le 11 décembre 2018. URL https://www.marianne.net/politique/quand-benjamin-griveaux-accuse-tort-le-gilet-jaune-christophe-couderc-d-etre-raciste, site consulté le 21 août 2019.

●12　BFMTV によれば、ドゥルエは大統領選で「不服従のフランス」つまりメランション候補に投票したと取材時に発言したという。また、特定の政党や特定国の政府との関係を否定している。Cf. BFMTV, «Qui est vraiment Éric Drouet ?», Un document "Grand Angle BFMTV" du jeudi 3 janvier 2019. URL https://www.bfmtv.com/mediaplayer/video/qui-est-vraiment-eric-drouet-1129393.html, site consulté le 31 août 2019.

●13　Roman Bornstein, «En immersion numérique avec les "Gilets jaunes"», Fondation Jean Jaurès, publié le 14 janvier 2019. URL https://jean-jaures.org/nos-productions/en-immersion-numerique-avec-les-gilets-jaunes, site consulté le 21 août 2019.

●14　BFMTV, «Gilets jaunes: Éric Drouet propose d'"aller à l'Élysée" samedi pour être "écouté"», publié le 6 décembre 2018. URL https://youtu.be/Xx1uWMplum4, site consulté le 21 août 2019.

●15　黄色いデモ運動に関連する死者数は一一名とも一四名ともいわれるが、その内訳をみると、鎧戸を閉めようとして治安部隊の催涙弾の流れ弾にあたり、その後心臓発作で亡くなった人、デモに参加し体調を崩し亡くなった人、黄色いベスト運動が各地で道路を占拠し車の流れを封鎖したことからくる各種の交通事故による死者なども含まれており、論議と政治的利用の対象になっている。

◉16　芸能界やメディア知識人のほうが、大学に所属する知識層より、支持の表明が早く積極的だった印象がある。芸能人でいえば、人気テレビ司会者のシリル・ハヌナが黄色いベスト運動に参加する視聴者の声に押されて関係者を番組に招いたほか、放送時間の多くをこのテーマに割いたことが知られている。メディア知識人では、当初ミシェル・オンフレが黄色いベスト運動を支持していたが、最近は批判に転じたようである。アラン・フィンケルクロートも、当初理解を示していたが、黄色いベスト運動の第一四回デモ（二〇一九年二月一六日）で一部のデモ参加者から「出ていけ」「このシオニスト」といった反ユダヤ主義的な罵倒を浴びた。リュック・フェリーは、第八回デモ（二〇一九年一月五日）におけるデモ参加者の警官への暴行を受け、身の危険のある場合、警官は武器をもって制圧すべきと主張しただけでなく、暴徒への軍事力行使まで示唆する発言が報道されたため、政府当局者などから批判された。また、大学に所属する知識層に関しては、二〇一九年一月以降、ネット上で運動に賛同する旨の署名が多く集まっている。

◉17　Alain Badiou, «Leçons du mouvement des Gilets jaunes», *Lignes*, 59, mai 2019, p. 43.

◉18　Maxime Thiébaut, *Gilets jaunes. Vers une démocratie réelle ?*, VA Éditions, p. 21–23.

◉19　連帯富裕税が廃止されたのは事実であるが、正確には、有利浩一郎（在フランス日本国大使館参事官）が指摘するように「一定以上の資産を所有していると毎年課税される連帯富裕税の課税対象から投資促進のために金融商品を除き、不動産のみに課税するよう不動産富裕税への改組を行った」というべきであろう。cf. 有利浩一郎「二〇一九年予算と黄色いベスト運動から見たフランスの今」財務省広報誌『ファイナンス』平成三一年四月号。URL https://www.mof.go.jp/public_relations/finance/201904/201904g.html 二〇一九年八月二四日閲覧。

◉20　Thomas Piketty, «La couleur de la justice sociale» in *Le fond de l'air est jaune. Comprendre une révolte inédite*, textes réunis et présentés par Joseph Confavreux, Éditions du Seuil, 2019, p. 79–83.

◉21　Patrice Maniglier, «"Gilets jaunes": "Le premier mouvement depuis Mai 68 à manifester un authentique potentiel révolutionnaire"», *Le Monde*, publié le 28 février 2019, URL https://www.lemonde.fr/idees/article/2019/02/28/patrice-maniglier-une-insubordination-de-masse-des-gouvernes_5429245_3232.html, site consulté le 22 août 2019.

◉22　blocage17novembre.com というサイトにまとめられている。

◉23　この議論についての良質な考察のひとつとして、地理学者五人が運営しているブログ Cartographie(s) numérique(s) に掲載された記事 «Comment interpréter la carte des gilets jaunes ?» がある。

◉24　Marie Christine Lipani, «Conversation avec Hervé Le Bras : "Le mouvement des gilets jaunes repose sur deux clientèles différentes"», *The Conversation*, publié le 30 novembre 2018. URL https://theconversation.com/conversation-avec-herve-le-bras-le-mouvement-des-gilets-jaunes-repose-sur-deux-clienteles-differentes-107851, site consulté le 2 septembre 2019.

◉25　ヨーロッパでは日本と異なり、小型乗用車にもディーゼル車が多い。

◉26　Jérôme Fourquet & Sylvain Manternach, «Les "Gilets jaunes": révélateur fluorescent des fractures françaises», Sondage Ifop pour Fondation Jean Jaurès, publié le 28 novembre 2018, URL https://jean-jaures.org/nos-productions/les-gilets-jaunes-revelateur-fluorescent-des-fractures-francaises, site consulté le 24 août 2019.

◉27　Farid Benbekaï, «Parole de "gilet jaune" : le quotidien d'une famille en Seine-et-Marne», publié le 06 décembre 2018 sur le site de France 3 Paris Île-de-France, consulté le 25 août 2019. URL https://france3-regions.francetvinfo.fr/paris-ile-de-france/seine-et-marne/parole-gilet-jaunequotidien-famille-seine-marne-1587409.html

28 Ministère de la Transition écologique et solidaire, « Fiscalité des énergies », publié le 13 août 2019. URL https://www.ecologique-solidaire.gouv.fr/fiscalite-des-energies, site consulté le 31 août 2019.

29 Service Communication, « Discours de M. Édouard PHILIPPE, Premier ministre », publié le 4 décembre 2018, Hôtel de Matignon. URL https://www.gouvernement.fr/sites/default/files/document/document/2018/12/discours_de_m._edouard_philippe_premier_ministre_-_hotel_de_matignon_-_04.12.2018.pdf, site consulté le 31 août 2019.

30 Jérôme Fourquet & Sylvain Manternach, « Les "Gilets jaunes": révélateur fluorescent des fractures françaises », art. cit.

31 Christophe Guilluy, *La France périphérique. Comment on a sacrifié les classes populaires*, coll. « Champs », Flammarion, 2015.

32 Danièle Sallenave, *Jojo, Le Gilet jaune*, coll. « Tracts », Gallimard, 2019, p. 16–17.

33 Pierre Rosanvallon, « Accroître le "pouvoir de vivre" » in *Le fond de l'air est jaune*, *op. cit.*, p. 173–179.

34 Daniel Béhar, Hélène Dang-Vu, Aurélien Delpirou, « "France périphérique", le succès d'une illusion », *Alternatives économiques*, publié le 29 novembre 2018. URL https://www.alternatives-economiques.fr/france-peripherique-succes-dune-illusion/00087254, site consulté le 25 août 2019.

35 正式には carrefour giratoire（旋回式交差点）。日本ではラウンドアバウトとも呼ばれる。

36 国土交通省「ラウンドアバウトの現状」第1回ラウンドアバウト検討委員会（二〇一三年九月四日開催）配布資料3。URL http://www.mlit.go.jp/road/ir/ir-council/roundabout/ 二〇一九年八月二五日閲覧。

37 Sylvie Bommel, « La France, terre de ronds-points », *Le Parisien*, publié le 12 août 2013. URL http://www.leparisien.fr/week-end/la-france-terre-de-ronds-points-12-08-2013-3047581.php, site consulté le 25 août 2019. なお、報道によるとフランス国内におけるロン・ポワンの総数は現段階ではさらに増えているようである。

38 Mélody Houk, Valérie Lasserre, Nicolas Sultan, « L'incontournable avancée des carrefours giratoires : analyse de la prise de décision publique », *Politiques et Management Public*, 14–3, 1996, p. 111–131.

39 *Ibid*.

40 『ロプス』誌の二〇一五年のある記事は、多数のアール・ジラトワールを制作しているジャン＝リュック・プレ（Jean-Luc Plé）を「ロン・ポワンのロダン」と形容している。他サイトの記事によると、プレは元ルノーの自動車工でレーサーの経験もある人物のようだ。Cf. Fabrice Pliskin, « Jean-Luc Plé, le Rodin des ronds-points », *L'Obs*, publié le 22 juillet 2015. URL https://www.nouvelobs.com/l-obs-du-soir/20150722.OBS3020/jean-luc-ple-le-rodin-des-ronds-points.html, site consulté le 25 août 2019; Julien Damien, « Jean-Luc Plé, le seigneur des anneaux », *LM magazine. Art et culture. Hauts-de-France et Belgique*, publié le 1er avril 2019. URL http://www.lm-magazine.com/blog/2019/04/01/jean-luc-ple, site consulté le 25 août 2019.

41 納税者のアソシアシオン（非営利団体）である Contribuables associés は、税金の無駄遣いの象徴として「フランスの最悪なロン・ポワン」を十箇所選び、そのなかからワーストを投票で選ぶというキャンペーンを行っている。Cf. Contribuables associés, « Les 10 ronds-points les pires de France », publié le 12 décembre 2017. URL https://www.contribuables.org/2017/12/votez-les-10-ronds-points-les-pires-de-france, site consulté le 25 août 2019.

42 Ugo Palheta, « Qui sont et que veulent les "gilets jaunes" ? Entretien avec Benoît Coquard », *Contretemps*, publié le 23 novembre 2018. URL https://www.contretemps.eu/sociologie-gilets-jaunes/, site consulté le 26 août 2019.

43 Raphaël Challier, « Rencontres aux ronds-points. La mobilisation des gilets jaunes dans un bourg rural de Lorraine », *La Vie des idées*, publié le 19 février 2019. URL https://laviedesidees.fr/Rencontres-aux-ronds-points.html, site consulté le 26 août 2019.

●44　Ugo Palheta, « Qui sont et que veulent les “gilets jaunes” ? », art. cit.

●45　Olivier Schwartz, « Vivons-nous encore dans une société de classes ? Trois remarques sur la société française contemporaine », *La Vie des idées*, publié le 22 septembre 2009. URL https://laviedesidees.fr/Vivons-nous-encore-dans-une.html, site consulté le 26 août 2019.

●46　Ugo Palheta, « Qui sont et que veulent les “gilets jaunes” », art. cit.

●47　Alexandre Wukovits, « Le rond-point du lien social retrouvé », *Libre actu*, publié le 19 décembre 2018. URL http://www.libreactu.fr/le-rond-point-du-lien-social-retrouve/, site consulté le 26 août 2019; Florence Aubenas, « “Gilets jaunes”: la révolte des ronds-points », *Le Monde*, publié le 15 décembre 2018. URL https://www.lemonde.fr/societe/article/2018/12/15/sur-les-ronds-points-les-gilets-jaunes-a-la-croisee-des-chemins_5397928_3224.html, site consulté le 26 août 2019.

●48　Aline Leclerc, « “Gilets jaunes”: des femmes dans le box des accusés », *Le Monde*, publié le 26 juillet 2019. URL https://www.lemonde.fr/m-le-mag/article/2019/07/26/gilets-jaunes-des-femmes-dans-le-box-des-accuses_5493786_4500055.html, site consulté le 26 août 2019.

●49　Ugo Palheta, « Qui sont et que veulent les “gilets jaunes”? », art. cit.

●50　Patrice Maniglier, « “Gilets jaunes”: “Le premier mouvement depuis Mai 68 à manifester un authentique potentiel révolutionnaire” », art. cit. Cf. エルネスト・ラクラウ、シャンタル・ムフ『民主主義の革命――ヘゲモニーとポスト・マルクス主義』西永亮・千葉眞訳、ちくま学芸文庫、二〇一二年。

●51　D.H., « Gilets jaunes : quel est le profil des manifestants ? », *La Dépêche du Midi*, Publié le 18 novembre 2018. URL https://www.ladepeche.fr/article/2018/11/18/2908745-gilets-jaunes-quel-est-le-profil-des-manifestants.html, site consulté le 26 août 2019.

●52　Romain Souillac, *Le mouvement Poujade. De la défense professionnelle au populisme nationaliste (1953–1962)*, Presses de Science Po, 2007.

●53　Jean-Marie Le Pen, *Mémoires. Fils de la nation*, Éditions Muller, 2018, p. 218.

●54　Sylvain Arnulf, « Les gilets jaunes, “du poujadisme événementiel et sans leader”, selon le sociologue Jean Viard », *L’Usine nouvelle*, publié le 16 novembre 2018. URL https://www.usinenouvelle.com/editorial/les-gilets-jaunes-du-poujadisme-evenementiel-et-sans-leader-selon-le-sociologue-jean-viard.N770609, site consulté le 26 août 2019.

●55　Aline Leclerc, « Gilets jaunes : “Il n’est pas surprenant que le mouvement ait pris dans les zones rurales ou les villes moyennes” » (entretien avec Alexis Spire), *Le Monde*, publié le 16 novembre 2018. URL https://www.lemonde.fr/societe/article/2018/11/16/gilets-jaunes-il-n-est-pas-surprenant-que-le-mouvement-ait-pris-dans-les-zones-rurales-ou-les-villes-moyennes_5384202_3224.html, site consulté le 30 août 2019.

●56　Alexis Spire, « Reformuler la question sociale » in *Le fond de l’air est jaune*, *op. cit.*, p. 96.

●57　*Ibid.*,p. 94.

●58　*Ibid.*,p. 94.

●59　*Ibid.*,p. 96.

●60　Roman Bornstein, « En immersion numérique avec les “Gilets jaunes” », art. cit.

●61　Cf. Priscillia Ludosky, « Pour une Baisse des Prix du Carburant à la Pompe ! », *Change.org*. URL https://www.change.org/p/pour-une-baisse-des-prix-%C3%A0-la-pompe-essence-diesel, site consulté le 27 août 2019.

●62　Cf. https://fallincos.com/ リュドスキーの運営する「フォール・イン・コス」のサイトと思われる。

●63　Cf. Jean-Michel Mazeroles et Maximo Bulgarelli, « Une martiniquaise est à l’origine de la mobilisation contre la hausse des carburants en France », *La 1ère – Martinique et Outre-Mer*, publié le 14 novembre 2018. URL https://la1ere.francetvinfo.fr/martinique/martiniquaise-est-origine-mobilisation-contre-hausse-carburants-france-649684.html, site consulté le 27 août 2019.

●64　Brigitte Sebbah, Natacha Souillard, Laurent Thiong-Kay, Nikos Smyrnaios, « Les Gilets Jaunes, des cadrages médiatiques aux paroles citoyennes», Rapport de recherche préliminaire – 26 novembre 2018, Laboratoire d'études et de recherche appliquées en sciences sociales, Axe médias et médiations socio-numériques, Université de Toulouse. URL https://www.lerass.com/wp-content/uploads/2018/01/Rapport-Gilets-Jaunes-1.pdf, document consulté le 27 août 2019.

●65 「一五」とあるのはカンタル県の県番号。郵便番号などに用いられる。

●66 Alexandre Tillatte, Emma Bianco, «Cantal : le déclin démographique persiste malgré un regain d'attractivité», INSEE, Flash Auvergne-Rhône-Alpes, No. 45, publié le 11 janvier 2019. URL https://www.insee.fr/fr/statistiques/3688658, site consulté le 28 août 2019.

●67 一部の黄色いベスト運動参加者の伝統メディアにたいする敵意は激しく、デモを取材している記者を襲った事例なども報道されている。初期におけるイタリアの「五つ星運動」のようなポピュリズムにつながるのではないかと懸念するジャーナリストもいる。Cf. Fabrice Valéry, «Les gilets sont jaunes, la colère est noire et les journalistes en voient de toutes les couleurs», *Médias d'ici. Presse et journalistes en Occitanie*, publié le 19 novembre 2018. URL https://france3-regions.blog.francetvinfo.fr/medias-midi-pyrenees/2018/11/19/le-gilets-sont-jaunes-la-colere-est-noire-et-les-journalistes-en-voient-de-toutes-les-couleurs.html, site consulté le 28 août 2019; Julie Chouteau, «Les "gilets jaunes", des réseaux sociaux à la rue», Un œil sur les médias, France 24, publié 19 novembre 2019. URL https://www.france24.com/fr/20181119-oeil-medias-gilets-jaunes-reseaux-sociaux-fiscalite-social-defiance, site consulté le 28 août 2019.

●68 Olivier Ertzscheid, «De l'algorithme des pauvres gens à l'Internet des familles modestes» in *Le fond de l'air est jaune*, *op. cit.*, p. 135–146.

●69 例えば、ジェイミー・バートレット『操られる民主主義——デジタル・テクノロジーはいかにして社会を破壊するか』秋山勝訳、草思社、二〇一八年。

●70 Avaaz Report, "Yellow Vests Flooded by Fake news", published 15/03/2019. URL https://avaazimages.avaaz.org/Report%20Yellow%20Vests%20FINAL.pdf Accessed: 27/08/2019.

●71 モロッコのマラケシュで開催された政府間会議で採択された、いわゆる「安全で秩序ある正規移住のためのグローバル・コンパクト」を指すと思われるが、この文書に法的拘束力はない。

●72 Avaaz Report, " Yellow Vests Flooded by Fake news", *op. cit.*, p. 11.

●73 Dominique Pasquier, «Les pratiques numériques en milieu populaire», *Études*, juin 2019, p. 51–60. URL : https://www.cairn.info/revue-etudes-2019-6-page-51.htm

●74 正職員として働き、農村部またはその近辺の一戸建てに住んでいるが、学歴や収入はそれほど高いとはいえず、勤務先が介護や医療の現場であれば、専門職の階梯の下方に位置する、三〇歳から五〇歳の民衆階層の人びと（大半が女性）がインタビューの対象だとパスキエは述べている。

●75 Dominique Pasquier, «Les pratiques numériques en milieu populaire», *op. cit.*, p. 53. Erwan Cario, «Dominique Pasquier : "Les usages avancés du Net restent élitistes"», *Libération*, publié le 21 novembre 2018. URL https://www.liberation.fr/debats/2018/11/21/dominique-pasquier-les-usages-avances-du-net-restent-elitistes_1693457, site consulté le 28 août 2019.

●76 Valérie Beaudouin, «De la publication à la conversation. Lecture et écriture électroniques», *Réseaux*, juin 2002, no. 116, p. 205.

●77 Cf. http://algopol.huma-num.fr/

●78 Pasquier, «Les pratiques numériques en milieu populaire», *op. cit.*, p. 53.

●79 *Ibid.*, p. 54.

●80 *Ibid.*, p. 55.

●81 *Ibid.*, p. 59–60.

●82 Le HuffPost, «Les gilets jaunes ont trouvé une astuce pour bloquer un rond-point "en toute légalité"», publié le 16 novembre 2018. URL https://www.huffingtonpost.fr/2018/11/16/les-gilets-jaunes-ont-trouve-une-astuce-pour-bloquer-un-rond-point-en-toute-legalite_a_23591461/, site consulté le 28 août 2019.

83　Dominique Pasquier, *L'Internet des familles modestes. Enquête dans la France rurale*, coll. «Sciences Sociales», Presses des Mines, 2018, p. 16.

84　Cario, «Dominique Pasquier : "Les usages avancés du Net restent élitistes"», art. cit.

85　Pasquier, «Les pratiques numériques en milieu populaire», *op. cit.*, p. 54.

86　*Ibid.* パスキエは、こうした「引用」の読解を進めるにあたり、リチャード・ホガート『読み書き能力の効用』を念頭においていたようである。Cf. Pasquier, L'Internet des familles modestes, *op. cit.*, p. 85.

87　Pasquier, *L'Internet des familles modestes, op. cit.*, p. 19.

88　Cario, «Dominique Pasquier : "Les usages avancés du Net restent élitistes"», art. cit. 「こうした「引用」は、人びとを分類し、いじめ、侮辱する社会にあって、みずからの不完全さを引き受ける個々人を舞台に引き上げるが、それはいくつかの点で、ニコラ・マルキが研究した自己啓発書に書かれているメッセージが〔インターネット上で〕循環しているさまを思い起こさせる」とパスキエは述べている。Pasquier, *L'Internet des familles modestes, op. cit.*, p. 90. Cf. Nicolas Marquis, *Du bien-être au marché du malaise. La société du développement personnel*, coll. «Partage du savoir», P.U.F., 2014.

89　Samuel Hayat, «L'économie morale et le pouvoir» in *Le fond de l'air est jaune, op. cit.*, p. 17–28.

90　E. P. Thompson, "The Moral Economy of the English Crowd in the Eighteenth Century", *Past & Present*, No. 50, Feb., 1971, pp. 76–136.

91　Cf. E. P. Thompson, "The Moral Economy Reviewed" in *Customs in Common*, The Merlin Press, 1991, p. 259–351.

92　E. P. Thompson, "The Moral Economy of the English Crowd in the Eighteenth Century", *op. cit.*, p. 79.

93　E. P. Thompson, "The Moral Economy Reviewed", *op. cit.*, p. 339.

94　黄色いベスト運動は公式の党組織といったものは今のところ持たない運動である。この文章で、黄色いベスト運動の「要求」としているのは、運動の一部参加者が起草し、報道やインターネット上で運動の要求として伝えられている内容に基づく。Cf. Thibaut Lehut, «DOCUMENT – Les gilets jaunes publient une liste de revendications», *France Bleu-Pays d'Auvergne*, publié le 29 novembre 2018. URL https://www.francebleu.fr/infos/societe/document-la-liste-des-revendications-des-gilets-jaunes-1543486527, site consulté le 30 août 2019.

95　フランス人民から自国国会議員への指令（directive）という表現は、ヨーロッパ連合から各加盟国への指令というEU法のカテゴリーを思い起こさせる。

96　Thibaut Lehut, «DOCUMENT – Les gilets jaunes publient une liste de revendications», art. cit. なお、黄色いデモ運動の「要求」について、『ロプス』誌が逐一内容を検討している。Cf. «"Gilets jaunes": on a décortiqué chacune des 42 revendications du mouvement», *L'Obs*, publié le 30 novembre 2018. URL https://www.nouvelobs.com/politique/20181129.OBS6307/gilets-jaunes-on-a-decortique-chacune-des-42-revendications-du-mouvement.html, site consulté le 30 août 2019.

97　*Ibid.*

98　J・C・スコット『モーラル・エコノミー——東南アジアの農民叛乱と生存維持』高橋彰訳、勁草書房、一九九九年、三七頁。

99　Jérôme Fourquet & Sylvain Manternach, «Les "Gilets jaunes": révélateur fluorescent des fractures françaises», art. cit.

100　Hayat, «L'économie morale et le pouvoir», *op. cit.*, p. 24–25.

101　Hadrien Mathoux, «"Le macronisme n'a plus qu'une fonction autoritaire": Emmanuel Todd fait le bilan de la crise des gilets jaunes», *Marianne*, publié le 15 avril 2019. URL https://www.marianne.net/politique/le-macronisme-n-plus-qu-une-fonction-autoritaire-quand-marcel-gauchet-et-emmanuel-todd, site consulté le 30 août 2019.

102　ル・マン大学に所属する近代史の准教授ラシェル・ルノーと、パリ第一大学に所属する現代史の准教授フレデリック・トリストラムが次のラジオ番組でこうした受け止め（タバコや酒類の増税との比較や、納税者のスティグマ化）について語っていた（番組開始後三〇分あたり）。Cf. Emmanuel Laurentin, «Argent, morale, fiscalité : entre résistances et consentement» (“Gilets jaunes” : regards historiques sur une crise (3/5)), *La Fabrique de l'histoire*, France Culture, publié le 12 décembre 2018. URL https://www.franceculture.fr/emissions/la-fabrique-de-lhistoire/gilets-jaunes-regards-historiques-sur-une-crise-35-argent-morale-fiscalite-entre-resistances-et, site consulté le 30 août 2019.

103 Hayat, «L'économie morale et le pouvoir», *op. cit.*, p. 24–25.

104 Stany Grelet, Fabien Jobard & Mathieu Potte-Bonneville, «Haut, bas, fragile : sociologies du populaire. Entretien avec Annie Collovald & Olivier Schwartz», *Vacarme*, no. 37, publié le 15 octobre 2006. URL https://vacarme.org/article1118.html, site consulté le 2 septembre 2019.

105 Pasquier, *L'Internet des familles modestes*, *op. cit.*, p. 98–100.

106 *Ibid.*, p. 100.

107 *Ibid.*, p. 100–105.

108 Thibaut Lehut, «DOCUMENT – Les gilets jaunes publient une liste de revendications», art. cit.

109 Cf. «“Gilets jaunes” : on a décortiqué chacune des 42 revendications du mouvement», *L'Obs*, art. cit.

110 Cf. Comité interministériel à l'intégration, «S'investir ensemble», publié le 5 juin 2018. URL https://www.gouvernement.fr/sites/default/files/document/document/2018/06/dossier_de_presse_-_comite_interministeriel_a_lintegration_-_05.05.2018.pdf, site consulté le 2 septembre 2019.

111 Cf. Ministère de l'Intérieur, Ministère de la cohésion des territoires et des relations avec les collectivités territoriales, «Examen des situations administratives dans l'hébergement d'urgence», *Legifrance*, publié le 18 décembre 2017. URL http://circulaires.legifrance.gouv.fr/index.php?action=afficherCirculaire&hit=1&r=42811, site consulté le 2 septembre 2019.

112 Ramsès Kefi, «Gilets jaunes : “Existe-t-il sur terre un compteur de banlieusards ?”», *Libération*, publié le 17 décembre 2018. URL https://www.liberation.fr/chroniques/2018/12/17/gilets-jaunes-existe-t-il-sur-terre-un-compteur-de-banlieusards_1698196, site consulté le 2 septembre 2019.

113 Yasmine M. «Banlieusarde, je ne suis pas gilet jaune», *La ZEP*, publié le 4 décembre 2018. URL https://www.la-zep. fr/textes/banlieusarde-je-ne-suis-pas-gilet-jaune/, site consulté le 2 septembre 2019.

114 *Ibid.*

115 Eric Marlière, «Les “Gilets jaunes” vus par les habitants des quartiers populaires», *The Conversation*, publié le 9 janvier 2019. URL https://theconversation.com/les-gilets-jaunes-vus-par-les-habitants-des-quartiers-populaires-109353, site consulté le 2 septembre 2019.

116 *Ibid.*

117 Vincent Geisser, «Les Gilets jaunes et le triptyque “islam, banlieues, immigration” : une machine à produire des fantasmes identitaires», *Migrations Société*, 2019/1 (N° 175), p. 11.

118 アダマ・トラオレは、二〇一六年七月一九日、ヴァル＝ドワーズ県ペルサンの憲兵隊による尋問と逮捕の過程で不審な死を遂げた黒人青年である。

119 Les Collectifs Vérité et Justice pour Adama Traoré, Gaye Camara, Angelo Garand et Ali Ziri, Front uni des immigrations et des quartiers populaires (FUIQP), «Stop aux violences policières : Des quartiers populaires aux Gilets Jaunes !», *Paris-Luttes.info*, publié le 29 janvier 2019. URL https://paris-luttes.info/stop-aux-violences-policieres-des-11580?lang=fr, site consulté le 2 septembre 2019.

120 Cf. Miguel Shema, «La marche Adama III : pleine de force, teintée de jaune», *Bondy Blog*, publié le 21 juillet 2019. URL https://www.bondyblog.fr/reportages/la-marche-adama-iii-pleine-de-force-teintee-de-jaune/, site consulté le 2 septembre 2019.

121 Geisser, «Les Gilets jaunes et le triptyque “islam, banlieues, immigration”», *op. cit.*, p. 12.

122 Wissam Xelka, «"Quartiers Populaires" et Gilets Jaunes : mêmes galères même combat ?», *Parti des Indigènes de la République*, publié le 30 janvier 2019. URL http://indigenes-republique.fr/quartiers-populaires-et-gilets-jaunes-memes-galeres-meme-combat/, site consulté le 2 septembre 2019.

123 *Ibid.*

124 モラル・エコノミー論の変遷については、つぎの論文を参考にした。Cf. Didier Fassin, «Les économies morales revisitées», *Annales. Histoire, Sciences Sociales*, 2009/6 (64e année), p. 1237–1266. URL : https://www.cairn.info/revue-annales-2009-6-page-1237.htm, site consulté le 2 septembre 2019.

125 Geisser, «Les Gilets jaunes et le triptyque "islam, banlieues, immigration"», *op. cit.*, p. 12.

126 Étienne Balibar, «Le sens du face à face» in *Le fond de l'air est jaune. op. cit.*, p. 203.

127 *Ibid.*, p. 205.

128 カール・マルクス『フランスにおける階級闘争』、前掲書、七八頁。

129 カール・マルクス『フランスにおける階級闘争』、前掲書、八四頁。

130 Cf. Paul-Laurent Assoun, *Marx et la répétition historique*, Coll. «Quadrige», P.U.F., 1999, p. 251.

131 Thibaut Lehut, «DOCUMENT – Les gilets jaunes publient une liste de revendications», art. cit.

132 Lipani, «Conversation avec Hervé Le Bras», art. cit.

133 Cf. MCP, «Migrants découverts à Flixecourt : après la CGT, François Ruffin critique le comportement de certains gilets jaunes», France3 Hauts-de-France, publié le 20 novembre 2018. URL https://france3-regions.francetvinfo.fr/hauts-de-france/somme/flixecourt/somme-migrants-decouverts-camion-bloque-gilets-jaunes-flixecourt-1578137.html, site consulté le 2 septembre 2019.

134 Cf. Étienne Balibar, «Avec les "Rosa Parks", contre le racisme d'Etat», *Libération*, publié le 25 novembre 2018. URL https://www.liberation.fr/debats/2018/11/25/avec-les-rosa-parks-contre-le-racisme-d-etat_1694192, site consulté le 2 septembre 2019.

135 Ugo Palheta, «Qui sont et que veulent les "gilets jaunes"?», art. cit.

収容所なき社会と移民・難民の主体性

▼移民・難民／女性／LGBT——共にあることの可能性

高橋若木

❶「仮放免は目標になりうるのでしょうか?」

「仮放免は目標になりうるのでしょうか?」これは最近、出入国在留管理庁の関係者がふと口にした問いである。聞いたのは、彼らに外国人収容所で続くハンガーストライキの状況を伝え、長期収容の停止を求めた市民グループだった。二〇一九年五月から日本全国の収容所で拡大したハンガーストライキは、本稿執筆時点においても一〇〇名前後の水準で続いている。仮放免とは、退去強制令を受けた外国人が強制収容を一時的に免除され、定期的に出頭しながら日本社会に在留する制度である。全国の収容所には、退去強制令を受けても生存を脅かす政治的・経済的条件のために祖国に戻るわけにいかない外国人約一三〇〇人が収容されており、六ヶ月以上の長期収容者の割合も過去数年で急増している。当事者と支援者にとって、仮放免は目標であるに決まっている。

だが冒頭の問いは、収容所問題に関わる人が考えざるを得ない問いでもある。退去強制令が取り消されず、就労許可も公的健康保険もない仮放免は、最終目的とはなりえない。この問いに対しては、「仮放免は目標になりうる」と「仮放免は目的になりえない」という二つの答えが可能なのである。本稿では以下、「仮放免は目標になりうる」と見る反収容の運動や論理を、反収容タイプAと呼ぶことにする。反収容タイプAは、制度の運用を適正化し、個別の状況を改善することで残酷さを減らそうとする。これに対して、「仮放免は(最終的な)目的になりえない」と見る反収容をタイプBと呼ぼう。反収容タイプBは、収容制度の無用化を追求する。それぞれの主張は、次のように定式化することができる。

反収容タイプＡ：

「収容所の医療・食事・面会や外部との通信の条件を向上し、帰国説得を目的とする長期収容を直ちに中止せよ。仮放免か在留特別許可を出し、難民を速やかに認定せよ」

反収容タイプＢ：

「収容制度を廃止し、誰もが収容されずに生きていく道を確保することで、収容なき社会を創造せよ」。

収容所は、「国籍や在留資格のない者は国家にすべての権利を剝奪されても仕方がない」という見方を実装化した施設である。この見方を拒否するには、どちらのタイプの反収容も、他方と並走している必要がある。この必要を論証することが本稿の目的である。両者が分離すると、移民・難民は単に例外的な保護対象になってしまう。収容所なき社会に向かうには、移民・難民が保護対象ではなく主体となるような方向が必要である。

❷ 収容行政批判——反収容タイプＡ

まず、反収容タイプＡに関係する場面を想起しておこう。二〇一九年三月、東京入国管理局で、すでに一年二ヶ月に渡って収容されていたクルド人難民（日本政府は難民認定を拒んでいる）のチョラク・メメットさんが、家族の前で面会室の椅子から崩れ落ちた。家族は夜になっても回復しなかった本人から電話連絡を受け、その後、状況を理解した人物が救急隊を呼んだ。家族と友人、連絡を受けた支援者は、建物前で夜を徹してメメットさんの搬送と適切な治療を求めた。しかし東京入国管理局は、搬送どころか本人の診察すら認めなかった。[1] メメットさんはその後、二〇一九年六月一七日に仮放免されたが、家族とともに申請していた難民認定はメメットさんだけが不認定とされた。[2] 広く報道されたこの事件では、反収容タイプＡの運動が展開された。そこで支援者は、面会活動や政治家への陳情によって当事者の生存を支援し、その現実を世間に知らせていく。[3] それが可能なのも、当事者が反収容タイプＡの努力と格闘を続けているからである。救急搬送拒否事件が起きた三月の夜、事態を世間に知らしめた主体は、間違いなく移民・難民の人々であった。[4]

裁判でも、タイプＡの論理が展開される。弁護士の児玉晃一によれば、被収容者の仮放免をめぐる裁判では、「収容の目的を、退去強制を円滑に実施するためのものと捉える考え方（「執行保全説」という）と、それに加えて在留資格のない者の在留活動を禁止することも収容の目的であるとする考え方（「在留活動禁止説」という）が対立している」。[5] 前者の立場から後者を批判する児玉論文が示すとおり、長期収容につながる「在留活動禁止説」は、法律に根拠のない行政の都合のよい現場方針であり、日本社会では息をすることすら禁ずるという意味になりかねない。法的には、収容は退去強制の円滑化を目的とするとされているのだから、退去強制を執行できなかったり難民申請のために退去強制すべきでもない人々を収容することは、制度の濫用である。無論、「執行保全説」は、退去強制すべきだという見解ではない。それはむしろ、退去強制できないしすべきでないのだから、収容するなという論理である。収容政策の適正運用を求める裁判闘争（タイプA）は、収容そのものに反対するタイプBの展望にも支えられている。

　タイプAの反収容は、収容所の人権蹂躙を世間の良識に訴え、現行の制度が濫用されていることを批判する不可欠の作業である。とはいえ、問題の本質は、医療を含む収容所内の生活環境や、長期収容、仮放免の恣意的（不）適用といった運用面のみにあるわけではない。外国人であることを理由に無期限に身柄を拘束すること自体が問題なのである。反収容タイプAが「よい収容所」を作る努力とは異なるのは、収容所なき社会を志向するタイプBの視点に伴われているからである。

❸「収容所がある社会」の批判――反収容タイプB

反収容タイプBは、収容の改善でなく撤廃を目指す。そのための第一歩は、収容に上限を設定し、仮放免中にも何らかの就労許可と住民登録を可能にすることで、収容特有の無限定な存在否定を緩和することだろう。刑法犯は一定の行為に対して限定的処罰を受けるが、非正規移民は外国人としての存在を無際限に否定される。[6] この否定が緩和された社会は、非正規移民も生活しているのが当然の社会になる。実際、有期限化はすでに諸外国で実施されている。[7]

　根本的には、反収容タイプBは誰も収容されない社会を創造しようとする。そのための原則を四つ挙げよう。第一に、まともな在留資格を設定し直すことである。労働者としての権利を保障され、定住化への門戸も広く開かれた在留資格を設定すれば、資格外就労やオーバーステイで収容される人の数が減る。特定一四職種に限られ、家族の帯同を認めず、定住への移行の門戸が狭い改正入管法の特定技能一号は改正するべきである。

　第二に、労働者としての権利は入管法に違反したからといって停止されるわけではないと認めさせることである。社会学者の高谷幸は、全統一労働組合の外国人分会にそのような姿勢を見る。全統一は、「合法／不法という線引きによって

#FREEUSHIKU による新宿アルタ前アピールの様子（2019 年 11 月 2 日）。
参加したデニズさん（前列，向かって左のメガフォン右側二人目，トルコ国籍，クルド人）と，
ベヘザード・アブドラヒさん（このとき写真外，イラン国籍）はその後，11 月 7 日に再収容された。
両名とも 3 年以上の長期収容のあと，たった 2 週間の仮放免だった。
エリザベスさん（前列，デニズさんの右側一人目）も二度の収容経験があり，
本稿執筆現在も仮放免中。牛久収容所に通い，被収容者の支援を続けている。

労働者を区分しようとする主権権力にたいし、その区分にかかわらず移住労働者が「働いている」という事実、すなわち「労働者」であるということを対置」した。入管は、入管法違反者についてはその他すべての法権利を停止しうる主権者のように振る舞うが、「労働や医療、地域生活の分野で支援運動が要求してきたこと」は、「入管法の主権的な機能を無効化」することだったという。[8]

第三に、「ヨーロッパの教訓」などの漠然とした移民警戒論を語るくらいなら、日本の移民政策の最近の失敗を想起することだ。それらは多くの場合、改善可能である。社会学者の樋口直人は、入管収容所にたどり着くことも少なくない南米系の日系人移民に着目し、九〇年代に入国した彼・彼女たちが後に貧困化し失業していった一因には仕事のための汎用的な日本語能力を習得する機会の少なさがあったと指摘する。[9]樋口によれば、求職者訓練の改革がこの状況を打開する一助となりうる。現在の求職者訓練は、特定の職業技術を習得させるために、汎用的な仕事用の日本語習得を組み込んでいない。

第四に、外国人の人権を日本人が守るという

発想に留まらず、日本国籍を持たない住民の政治的主体性を確立することだ。外国人参政権はそのために不可欠である。ハンナ・アーレントが古典的研究で論じたとおり、収容所のある社会は、参政権などの他の権利を剝奪しても人権だけは保護しうるという想定によって準備された。[10] 現在、日本国籍をもたない永住者・定住者は、かつて政府に一方的に国籍を奪われた特別永住者であっても、地方選挙で投票する権利すらない。第二次世界大戦後、日本政府は使役していた旧植民地出身者（男子）から参政権を奪って外国人登録させ、次に国籍を奪った。大村収容所に無期限収容された在日コリアンは、その一部が抵抗していた軍事政権下の韓国に強制送還された。[11] 現在まで続く日本の外国人労働者の扱い、収容政策、難民行政のパターンは、この経緯を通して確立されたのである。少なくとも特別永住者の地方参政権を差別なく確立することは、この堆積した習慣を変えるうえで必要不可欠である。

収容なき社会を求める視点から見ると、被収容者が仮放免以外に求めることのできる二つの手段——在留特別許可と難民認定——にも、それぞれ問題がある。在留特別許可とは、法務大臣の裁量で非正規移民を個別に正規化する制度である。当事者や支援者は、仮放免よりも根本的な解決としてこれを目指す。しかし髙谷幸は、この制度には「人権」の要求を「人道」的配慮の要請に見せてしまう構造があると指摘する。髙谷によれば、ヨーロッパにおける「人権」の言説は、非正規移民であっても「働いたり、教育を受けたり、親密な関係を築いたりという形で社会関係に組み込まれ、実質的に当該社会のメンバーとして暮らしているという事実を重視」し、「国家の主権を一定程度制約するもの」として機能してきた。[12] ところがヨーロッパでも、一九八〇年代ころから「恩恵的な行政的な決定」をもとめる「人道」的な言説が強まってきているという。恩恵を与える主体は国家であるから、「人道」的な言説に国家主権の制限という発想はない。一方、日本では一九五〇年代以来一貫して、在留特別許可が「人道」的な理解にもとづいて運営されてきた。「人道」の論理は、一部の例外を除いて在留資格をもたない移民は収容するという考え方を許してしまう。在留特別許可をもとめつつ、この想定とは異なる社会を見据えるべきだろう。

つぎに難民認定に目を向けよう。日本の異常に低い難民認定率について、法務省は「偽装難民」問題を使って言い訳をしてきた。しかし、そもそも国際的に認められたクルド人難民すら認定していない国が「偽装」を嘆くのは、実際の火事にも出動しない消防隊が「間違い電話が多い」と嘆くようなものであり、詭弁でしかない。まず条約を履行すべきだ。一方、ジュネーヴ条約に規定された難民保護の枠組みにも問題がないわけではない。哲学者の鵜飼哲は、ジュネーヴ条約の前提である「世界人権宣言の第14条（「何人も、迫害からの避難を他国に求め、かつ他国でこれを享受する権利を有する」）と第15条（「何人も、一つの国籍をもつ権利を有する」）」の「間に横たわる深淵」[13]に注意を促す。誰もが自分の民族や言語が主流である国民国家に国籍をもち、そこに居住すると いう前提は、常にあったわけではない。鵜飼によれば、一七九三年のフランス共和国憲法が庇護権を明文化した当時のヨーロッパでは、外国人の移動は厳密に管理されていなかった。他県に移動する際にパスポートの携帯を求められたのは、王や領主に反乱しかねない国民のほうであった。その後、一九世紀を通して国民の国内移動は自由になる一方、外国人を自分の国に居住していない者として管理する制度が整備された。そこで自分たちの国民国家をもてなかった民族は、憐れむべき例外あるいは国際秩序をかき乱す異分子とされた。鵜飼は、国民国家が例外的恩恵として人権に配慮するという図式が、収容所を伴う各国の恣意的な難民認定制度だけでなく、覇権国（連合）が人権保護のためと称して他国の紛争に介入する「人道的介入」を正当化してきたことを批判する。

収容所のある社会は、人間はふつう自国に居住するものであり、そうでない者、とりわけ在留資格のない者は一時的な恩恵か排除の対象であると想定する。この想定は、民族ナショナリズムとして表出されるとは限らず、収容の問題を防ごうとするリベラルな善意にも紛れ込むことがある。筆者が念頭に置いているのは、「制度が整うまで移民を入れるべきではない」と考える善意である。この善意は、収容を防ごうとする反収容タイプBの頽落形態とみなすことができる。その視点からすると、いまいる移民を支援するタイプAの活動は、起きてしまった悲劇から移民を救済する慈善でしかなく、大事なのは移民を止めることだということになる。反収容タイプAの変革的な意義を理解しないタイプBは、善意の排外主義に陥る。

❹ リベラルな恩恵的排外主義

リベラルは一般的に、個人の権利を尊重しようとする。しかしその原則が、すでにいるメンバーが尊重される共同体を保守するため、権利を保証しきれない移民は入れないでおこうという姿勢につながる場合がある。顕著な例として、ジャーナリストの堤未果が、累計二〇万部と言われるベストセラー『日本が売られる』（二〇一八年）や、次に引用するWeb RONZAの記事で展開している主張がある。「景気を良くするためだ、などと言って金融緩和をしても、永住まで可能な外国人を数十万人規模で受け入れれば、価格競争によって賃金は地盤沈下を起こし、日本人の失業者や単純労働者は、今後入ってくる移民との間で仕事を奪い合うことを余儀なくされるだろう」[14]。これに対して、髙谷幸は、外国人労働者の受け入れが高い技能を要求しない労働分野における「低学歴の日本人労働者の賃金に正の影響を与えている」という労働経済学の研究を紹介し、外国人と日本人の対立図式は、何人であれ労働者が連帯して社会保障などの利益を獲得することを困難にしていると指摘する。さらに髙谷は、そもそも堤の議論には「一二八万人の外国人労働者、在日コリアンや移民ルーツの日本国籍者も入れればそれ以上の人々の存在は念頭にも置かれていない」[15]と批判する。

堤と同様の議論は市民運動のなかにも見られる。安倍政権に反対するデモ運動の興隆にも一役買ったTOKYO DEMOCRACY CREWのツイッター・アカウントは、二〇一八年末の入管法改正審議に際し、外国人技能実習生制度のような搾取の継続を批判しつつ「#移民受け入れ拡大反対」のハッシュタグを拡散した。また同アカウントは、「移民受け入れ拡大によって日本人労働者がいかに不利益を被るか。今移民が置かれている地位にまで引きずり下ろされるか。それを訴求しないと駄目です」（一二月六日）といったツイートを繰り返した。移民は悲惨なものであり、国民も悲惨な水準に押し下げるという議論である。これを、リベラルの恩恵的排外主義と呼ぼう。髙谷が堤について指摘した通り、移民受け入れが従来の国内労働者の損にしかならないという一般論は労働経済学の根拠を欠き、労働運動の可能性を度外視している。恩恵的排外主義は、「日本は移民政策をとらない」という政府の体裁論を補強するため、搾取的な制度を撤廃しても、移民が新たな制度で権利を獲得することには貢献しないだろう。

リベラルな排外主義は、いわゆる脱成長派の知識人によっても唱えられた。社会学者の上野千鶴子は、『中日新聞』のインタビュー記事で、「移民を入れて活力ある社会をつくる一方、社会的不公正と抑圧と治安悪化に苦しむ国にするのか、難民を含めて外国人に門戸を閉ざし、このままゆっくり衰退していくのか」という二者択一を設定し、移民受入拡大は「客観的に無理、主観的にはやめた方がいい」[16]と語った。このコメントには、社会学者・フェミニストとして長年にわたり日本社会の差別と対峙してきた上野の挑発的諦念が込められている。とはいえ、経済成長の止まった人口減少社会で差別も受けず、貧困にも陥らずに逃げ切れるのは一部のマジョリティである。社会学者の韓東賢は、上野の記事の発表直後、「逆張りと敗北主義は強者の思想、強者の娯楽」[17]であり、上野はすでに日本に暮らしてきた「旧植民地出身者、インドシナ難民を受け入れた八〇年代以降に急増したニューカマー外国人」のことを忘れていると喝破した。社会学者の北田暁大による批判も重要である。北田は、上野の発言が移民に対する犯罪を懸念しているのであれば、「多文化主義への努力すらしていないこの国に対してずいぶんと「優しい」考え方」だし、移民による犯罪を懸念しているのであれば、統計の「解釈に大きな問題がある」という。[18]統計について北田は、九〇年代以降の外国人の増加が社会全体の犯罪率増加につながっているとは言えないことを指摘し、犯罪率データを検討するには上野が無視している雇用の問題を考慮するべきだと説得的に論じる。

以上から、移民と国民の利害対立という単純な図式が根拠薄弱かつ無責任であることは明らかである。日本政府は九〇年代以降、リベラルよりも先に移民政策を否認しながら、外国人技能実習生、各種留学生、南米の日系人の特別枠などのサイドドアを通して労働力を輸入し続けた。リベラルが移民政策をどれほど否認しても、独裁政権を樹立して完全鎖国でもしないかぎり、こうしたサイドドアは開き続ける。移民と支援者は、これらの制度をそのずさんさに気付きながらも生存戦略のために利用しつつ、権利主張を抑圧してくる力と格闘してきた。移民反対論は彼・彼女たちを不可視化するだけである。外国人を搾取する制度を改革あるいは撤廃するには、移民の存在を哀れな犠牲者としてなくそうとするのではなく[19]、去った人々の話と同時に留まった人々の話を聞き、支援するのが合理的である。今後の日本社会は、移民は秩序攪乱者か犠牲者になるから入れないほうがいいと言うリベラルな恩恵的排外主義者によってではなく、各人の必然的な選択によって日本に在留しつづけるすべての人によって創られるべきだ。海外への出稼ぎがさらに増えるなかであえて日本にとどまる日本国籍の低所得・非正規労働者も、移民・難民とは異なる意味で、やがてこの必然的な選択の主体に数え入れられることになるかもしれない。

❺ 収容する権力と移民の主体性

「犠牲者」にしろ「加害者」にしろ、リベラルの恩恵的排外主義は、移民を生命毀損の象徴として語る。ミシェル・フーコーは、収容所を作り出す近代的な人種主義は生命を奪うのではなく増進・管理することを眼目とする「生権力」のなかで機能すると指摘している。人種主義は、「生権力」がさまざまな生命のあいだに線を引き、一方を排除することで他方の生命を増進させようとするときに必須となる。収容所を作り出す人種主義は、「人種がたがいに軽蔑しあったり憎しみあったりするような」人種主義というより、国民の身体を訓練し、人口を調整し、領土内の生命を管理・増進しようとする「権力のテクノロジーと結びついている[20]」。この権力が、自国に居住するのが標準的姿であって領域外にいる寄留者は憐れみか警戒的排除の対象であるという見方を醸成する。本稿は、この見方とは異なる社会を拓くために、反収容タイプAとタイプBを並走させる必要を示した。反収容タイプAで現在の移民を制度内で支援する際には、収容所なき社会を追求する反収容タイプBを並走させることで、「よい収容所」作りとは異なる方向を歩むこと。反収容タイプBの目的を追求しつつも、タイプAで現在の移民を支援し、彼・彼女たちの必然的な選択に連帯すること。今いる当事者を支援して制度の適正化を要求しつつ、同時に収容所が無用となる社会に向かう反差別はあり得る。マジョリティ（収容されない人々）が支援活動のなかでも自分たちの恩恵的なポジションと格闘することは、その言論・運動がもつ特徴の一つだろう。タイプAとタイプBを往還する反収容は、例外的な保護対象ではなく政治的な主体としての移民の運動ともなり得るはずだ。

注

●1　東京入国管理局がチョラク・メメットさんの救急搬送を拒否した事件については次を参照。「体調不良訴えたクルド人男性を救急搬送せず　東京入管」朝日新聞デジタル、二〇一九年三月一四日付。https://www.asahi.com/articles/ASM3F6D8QM3FUQIP04X.html、二〇一九年八月一六日閲覧。

●2　収容所の問題をアピールした者に対する入管の懲罰措置は、懲罰房への監禁にとどまらず、メメットさんの難民認定除外、ハンガーストライキで仮放免された人々をたった二週間で再収容する見せしめなど、過激化しつつある。

●3　こうした活動を行なっているグループのひとつに、筆者も関わる#FREEUSHIKUがあり、ウェブサイトでは収容所の面会記録などの活動情報を読むことができる。本稿の考察は#FREEUSHIKUを代表するものではなく、筆者個人の見解である。

●4　長島結「路上の毛布　三月一二日から一三日の品川入管」『ここにいるすべてのひと、ここにくるすべてのひと』#FREEUSHIKU、二〇一九年、二六―二七頁を参照。

●5　児玉晃一「入管収容の目的は何か――「在留活動禁止説」を批判する」、移民政策学会設立一〇周年記念論集刊行委員会編『移民政策のフロンティア――日本の歩みと課題を問い直す』明石書店、二〇一八年、五一頁。

●6　死刑は一定の行為に対する限定的処罰というよりも存在の否定であるから、ここで述べた刑罰と収容の区別の例外であり、収容の本質に類似した刑罰であると言える。

●7　ヨーロッパではイギリス以外のすべての国家が移民の強制収容に法的上限を設けている。例として、マルタ共和国は九ヶ月、スペインは六〇日、イタリアは三〇日が上限だが一八〇日まで延長可能、フランスは九〇日、ドイツでは六ヶ月が上限だが一八ヶ月まで延長可能である。

●8　髙谷幸『追放と抵抗のポリティクス――戦後日本の境界と非正規移民』ナカニシヤ出版、二〇一七年、一四一―一四七頁。

●9　樋口直人「移民国家に向け賽は投げられた――転換期との自覚を持った報道を」『ジャーナリズム』no. 348、朝日新聞社、二〇一九年、四九頁。

●10　ハンナ・アーレント『全体主義の起源2　帝国主義』大島通義・大島かおり訳、みすず書房、二〇一七年、三〇七頁。「政府の保護を失い公民の権利を享受し得ず、したがって生まれながらに持つはずの最低限の権利に頼るしかなくなった人々があらわれた瞬間に、彼らにこの権利を保障しうるものはまったく存在せず、いかなる国家的もしくは国際的権威もそれを守る用意がないことが突如として明らかになった」。

●11　朴正功『大村収容所』京都大学学術出版会、一九六九年、九八頁。

●12 髙谷幸「「剝き出しの生」への縮減に抗して——非正規移民の生の保障をめぐる人権と人道」『現代思想』青土社、二〇一九年、六六頁。

●13 鵜飼哲『抵抗への招待』みすず書房、一九九七年、二二一—二二二頁。

●14 堤未果「人間にまで値札　外国人労働者拡大の危うさ」Web RONZA、二〇一八年一一月一五日公開。https://webronza.asahi.com/politics/articles/2018111400002.html?page=3、二〇一九年八月二〇日閲覧。

●15 髙谷幸「リベラルと移民　対立はどこにあるのか」『図書新聞』二〇一九年一月一日付。

●16 上野千鶴子「平等に貧しくなろう」『中日新聞』二〇一七年二月一一日付。

●17 韓東賢「逆張りと敗北主義は強者の娯楽なのか」Yahoo News, 二〇一七年二月一二日付。https://news.yahoo.co.jp/byline/hantonghyon/20170212-00067619/、二〇一九年八月一五日閲覧。

●18 北田暁大「脱成長派は優し気な仮面を被ったトランピアンである——上野千鶴子氏の「移民論」と日本特殊性論の左派的転用」シノドス、二〇一七年二月二一日公開。https://synodos.jp/politics/19136、二〇一九年八月二〇日閲覧。

●19 移住の窮状を認めながらも資本主義の犠牲者ではなく政治的な主体として認める政治理論として、次を参照。サンドロ・メッザードラ『逃走の権利——移民、シティズンシップ、グローバル化』北川眞也訳、人文書院、二〇一五年。

●20 ミシェル・フーコー『社会は防衛しなければならない——コレージュ・ド・フランス講義 1975–1976 年度』石田英敬／小野正嗣訳、筑摩書房、二〇〇七年、二五七頁。フーコーは、生権力が殺す権力として機能する場面として、処刑のように文字通り殺すことだけでなく、「死に曝すこと、ある者たちに対して、死の危険を増大させること、あるいは単に政治的な死、追放、拒絶といったようなこと」（同著、二五五頁）を考えている。

やわらかな「棘」と、「正しさ」の震え

温又柔

二〇一九年三月某日。

腹ごしらえのために、近所のファミレスに行った。となりの席には、小学二、三年生と思われる男児ふたりと、その母親らしき四人連れ。学校あるいは習い事の帰りなのだろう。食事はとっくに終えたらしく、子どもたちはゲーム機で遊んでいて、母親たちはお喋りに花を咲かせている。聞き耳をたてていたのではないが、「ほら、〇〇ちゃんのお母さんって、日本人じゃないから……」と聞こえてくる。続けて、もう一人の女性も声を低める。

「韓国人なのよね」

まるで、そのことが決定的な欠落のような口ぶりに私は耳を疑った。母親たちの会話を聞きつけて、

「うえー、〇〇のママ、韓国人なの?」。

ゲーム機で遊んでいた男の子が言う。もう一人の子も、うげえ、などと同調している。心拍数が一気に早まるのを感じながら、子どもたちではなく、かれらの母親のようすをわたしは盗み見する。しかし、どちらの女性も息子たちを特にたしなめない。それどころか、母親のうちのひとりはこう続けた。

「それに、あそこのおうち、パパがいないからね……」。

ふたりの母親が含み笑いを浮かべるのを、わたしは確かに目撃する。フォークを握る手が震えた。息が苦しくなってくる。しかし隣席の母親たちはひきつづきお喋りにいそしみ、子どもたちもふたたびゲームに集中してい

る。要するに四人とも、何もなかったかのように、ありふれた午後の続きを送っている。でも、かれらの隣にいるわたしは、何もなかったかのように自分の時間に戻ることはできなかった。

——うえー、○○のママ、韓国人なの？

母親たちが、息子の発言を叱らないのは当然だ。かのじょたちの息子であるからこそかれらは、そのような発言をしたのだから。

——○○ちゃんのお母さんは日本人じゃないから。

ぎこちなくフォークを動かすものの、好物のパスタの味がまったくしない。食欲など失せてしまった。

どこにでもいそうな、ごくふつうの男の子たちは、かつてのわたしの同級生だったとしてもおかしくはない。かれらの母親は、いつかのわたしの同級生の母親のうちのだれかと、よく似ているのかもしれない。

わたしは、日本人ではないという理由でクラスメートや友だちと思っていたひとから馬鹿にされたり、からかわれたりしたことは、幸いにも、めったになかった。少なくとも、わたし自身がはっきり自覚できるようなかたちでは。けれどもそうだからといってわたしは、自分は運がよかったのだ、とは言いたくない。それは、運などで、左右されるようなことではないのだ。

（うまれつきの差別者はいない。環境が差別者をつくるのだ……）

とうとうわたしは、握っていたフォークを半分空になったお皿のうえに叩きつける。けっこうな音だったと思う。母親の一人がこちらを見た。かのじょが息を呑むのがわかった。わたしはかのじょを見つめる。いや、睨みつけたといったほうが正確だ。けれども、ことばが出てこない。数秒ほど、そのような状態が続いたあと、あちらのほうから声をかけられる。

「……あの、どうかしました？」

——○○ちゃんのお母さんって、日本人じゃないから……

と言っていたほうの母親だ。どうかしました？　信じられないと思った。このひとたちは、自分たちの発言がどんなものなのかまるでわかっていないのだ。わたしは深呼吸ののちに口を開く。

「こちらの聞き違いでなければ、先ほど、おともだちのお母さんは日本人じゃないから、という会話をしてませんでした？……」

子どもたちがゲーム機から顔をあげる。わたしは子どもたちと目を合わせる。

「……苦手な友だちはだれにでもいるよ。でも、その子のお母さんがナニジンとかは関係ないんだよ」

ふたりの男児は戸惑っていたようだったが、わたしはかまわず続ける。

「日本には、日本語が理解できる外国の人もいっぱいいるんだよ。日本語は日本人にしかわからないと思って、外国の人たちが聞いたら悲しくなるようなことは言わないで」

日本人のように見えるし、日本の一員として生きてはいるけれど、日本以外の国にも根がある人たちがこの国にはたくさんいる。わたしは自分こそがそういう一人なのだとまでは言わなかった。いや、言えなかった。

「この方の言うとおりよ。わかった？」

わたしのことばを引き取り、子どもたちにそう言い聞かせたのは、どうかしました？と声をかけてきたほうの女性だった。このひとは根っからのわるいひとではないのだろう、という思いが胸をよぎる。そのとたん、狂おしくなってくる。わたしは伝票をつかんで立ち上がる。お皿には半分パスタが残ったままだったが、これ以上、ここにはいられないと思った。隣席に近づく。子どもたちはふたりともうつむいていて、もうわたしのことを見ていなかった。わたしは気づいていた。ふたりいる母親のうち、もう一人は始終わたしと目を合わせようともしなかった。韓国人なのよね、と言っていたほうのひとだ。どんな顔をしたらいいのかわからなかったのだろう。あるいは、わたしがうっとおしかったのか。いずれにしろわたしは、水を打ったように静かになった隣席の四人を前にして、申し訳ない気持ちが芽生える。わたしのせいで、かれらにとって楽しいはずの午後にけちをつけてしまったことが急に心苦しくなる。ほんとうは、お父さんがいないおうちの何がいけないんでしょうか？とも言いたかった。けれども、これ以上はわたしのほうが耐えられそうにない。それでわたしは自分で自分に言い聞かせる。もういい。もう十分だ。これぐらいにしておこう。わたしはかのじょたちに謝る。突然すみませんでした。そして礼を言う。こういうことを言わせてくださってありがとうございます。

――○○ちゃんのとこ、お父さんいないから……

――だって、あの子は日本人じゃないもんね。

血まみれになるほどではない。けれども、わたしはあのとき確かに、まろやかな午後のファミレスで交わされたことばの孕む棘に刺されたのだ。刺されたとはいっても、耐えようと思えば耐えられる程度の痛みではあった。でもわたしは、その痛みに気づかないふりをすることができなかった。

（○○ちゃんやそのお母さんは、いま、堂々と生きていられてるんだろうか？）

この「棘」に刺されながらも刺されたことすら気づかぬまま痛みに耐えているだれかのためにもわたしは、ここに「棘」があるのだと堂々と声にしなければならない。そう思うからこそ、わたしはどちらかといえば不愉快なこの出来事についてあちこちで積極的に話した。

「……かのじょたちに絶妙のタイミングで気づきを与えたという意味では、自分がしたことは正しかったと思っている。かのじょたちにとってはそのせいで、よい一日が台無しになったとしてもね。

ただ、わたしは？

わたしの気持ちは？

なぜ、わたしのほうが、聞く耳をもってくれた日本人たちに感謝をしなければならないの？

なぜ、わたしのほうが、こんな会話はこの国ではありふれてるんだからいちいち嚙みつかず、流そう。それが日本人のなかに溶け込んで暮らすときの、一種の処世術だって昔から知ってるでしょ、と自分に言い聞かせなければならないの？

なぜ、わたしのほうが、自分の悲しみや憤りを示すうえで、ここまで気を払わなければならないの？

――この国はだんだん窮屈になった。言いたいこともののびのび言えなくなった。

ひょっとしたら、わたしの存在は、ごくふつうの日本人たちにそのように思わせてしまっているの？

たとえそうであるとしても、わたしたちは、いつまで日本人たちに気を遣わなければならないの？

この国にいさせてくれてありがとう、となぜ、わたしは請わなければならないの？

こういうことを言わせてくださってありがとうございます？

なぜ、わたしはあのとき離れる間際に、感謝などしてしまったのだろう？

──もう二度と、わたしや、ほかのどんなひとにも、こういうことを言わせないでください。

むしろ、そう言えばよかった。いや、そう言うべきだったのだ……」


はじめこそ、話しながら憤怒のあまり、涙ぐんだこともあった。この話をするわたしに耳を傾けただれもが、そのように憤るわたしを慰め、励ましてくれた。そのおかげもあり、決して愉快とはいえない出来事に遭遇した衝撃は徐々に和らいだ。そうして冷静さを取り戻すにつれて、ファミレスで遭遇した〝差別的〟な態度の母親と息子たちを話題にするときの自分が、「正しさ」に酔い痴れてはいないか不安をおぼえるようになった。わたしは早々と気づいていた。この話をするときに、日本語が理解できるのは日本人だけではない、と半ば叫ぶように同意を求める瞬間の自分には、どのような異論をも挟ませない頑なさがみなぎっている。何しろ、この話を聞いてくれたひとたちは口を揃えて、あなたは正しいことを言っている、とわたしをなだめてくれたのだから。

──わたしは正しい。

その感覚は、やわらかな「棘」に刺された痛みを声にしようとするわたしを鼓舞する。ただし、その感覚が行き過ぎるとわたしの声は甲高くなるばかりで、とたんに聞き苦しくなってくる。どんなに正しいことでも、聞く耳を持ってもらえないのなら意味はない。正しければ正しいほど、キイキイとけたたましく喚くだけでは届かない。とはいえ、ただ正しいことを正しいと訴えるのに、どうしてこんなにも得たいの知れない何かに対して忖度しなくてはならないのだろうとも思う。

要するに、たった今もわたしは、「正しさ」に溺れることなく、自分が言葉にするべきことを言葉にする、その責任の果たし方を模索しているのだ。

LGBTと日本のマジョリティ

——フェミニズムは〈自分事〉になるか?

遠藤まめた氏インタビュー

【聞き手】杉田俊介

ＬＧＢＴをめぐる社会の空気

杉田俊介——ひと口にヘイトと言っても、個人ごとの重み付けの違いもあります。たとえば「民族差別は絶対許せない」と感じても、障害者差別には無関心で冷淡だったりする、という人もいるでしょう。僕個人は性の問題につねに葛藤があって、感情電圧の負荷がかかってしまう。放っておくと、ミソジニーに闇堕ちしかねない面があります。だからこそというか、典型的なマジョリティである僕みたいな人間がどうやって少しでもマシに変わっていけるのか。それを考え続けていくのが重要だと思っていまして。少数派の人たちの側に自然に寄りそえる人や、わりとスマートにリベラルな反省意識を持てる人もいますが、マジョリティが変わっていこうとすると色々な抵抗感があったり、恐怖があったり、感情的になったりしてしまう。その辺りの問題です。

ヘイトの問題はマジョリティ問題である、という面がある。たとえばダイアン・グッドマンの『真のダイバーシティをめざして——特権に無自覚なマジョリティのための社会的公正教育』（上智大学出版、二〇一七年）といういい本があります。マジョリティが内なる抵抗感や不安を超えて、「特権」から自由になるためにはどうすればいいか。頭ではジェンダー平等や多文化共生を理解できるけど、感情や身体がついてこない。その辺りをていねいに考えるべきだ、と言うんですね。

実際に、世の中の多文化共生の流れから置き去りにされるのではないかという不安があって、ねじれた被害者意識を抱えこむ人びともいます。「マジョリティこそがマイノリティだ」と。それでは、マジョリティが被害者意識に闇堕ちせずに、内側からどうやって変わっていけるか。あるいは、マジョリティとマイノリティの間の「壁」を内側から崩していけるか。

遠藤さんは、現在の日本のマジョリティたちについてはどう感じますか。少しは変われているのか、まだまだ全然ダメなのか。

遠藤まめた——そうですね。ビッグ・クエスチョンですけど……『広辞苑』に「ＬＧＢＴ」の項目が載って、話題になりました。けれども、その定義がだいぶ間違っていたんですよ。しかし「間違っているよ」と言っても、何が間違いなのかは誰も言えない、みたいな状況があった。確かに雰囲気としては「ＬＧＢＴって最近キテるよね」ということはあります。だけど「何かヤバいこと言ったらまずいよね、そこまではわかった、以上。」みたいなところで話が止まってしまう。それが現状かなと感じていますね。

十年前に比べたら明らかに、ＬＧＢＴについての報道や情報は増えました。学校の先生もマシになって、十年前だと「そんなものは思春期の気の迷いだ」と言われていたけれど、最近の先生は「一緒に考えよう」とまでは言うようにはなった。まあ、学校内で行われていることはあまり変わらなかったりもしますが。少なくとも社会のタテマエは変わったと言えると思うんですね。

十年前だったら当時の石原慎太郎都知事のような人が同性愛者に対して差別的な発言をしたとしても、当事者や関係者の一部だけが怒って、世

の中では「まあ石原慎太郎だから仕方ないよね」と流されて、それで終わりだった。でも現在、杉田水脈さんみたいな人が「LGBTには生産性がない」と発言したら、社会として「それはおかしい」と言うようになった。本当に心の底から怒っているのか、それはまた別問題だけど、タテマエとしては「そういう発言をしてはいけない時代なんだ」と言われるようになった。

杉田——タテマエの面では「多様性を尊重する」「少数者の権利を守らねば」と言われるようになったけれど、ホンネの部分では不寛容、差別、ヘイトがかなり根深く残っている、ということでしょうか。

遠藤——というよりは、ぜんぶ「空気」の問題ではないでしょうか。あまり「信念」もないんじゃないかな。周りのみんなが「保毛尾田保毛男《ほもおだほもお》」が面白いっていえば笑うし、『おっさんずラブ』がイイってなればイイって言う。ほとんどの人は、そんなに深い陰翳は持っていない。

つまり本当は「どっちでもいい」って人が多いんじゃないでしょうかね。とてもカジュアルに周りのノリやネタを吸収している人が多いのではないかと思いますが、それでも、自分が親しんだものを奪われると反発は生まれます。保毛尾田保毛男に別に深い思い入れなんてないはずなのに、「あれは差別だ」と言われると「自分たちは楽しんでいただけなのに！」って。そこには「同性愛者を嘲笑してやろう」という気持ちすらない。確固たる信念から差別をしているのではない部分は救いかもしれませんが、慣れ親しんだコンテンツやコミュニティを守りたい気持ちが強い人を変えるのは大変です。

杉田——タテマエの奥にホンネがある、というわけですらなくって、空気が変わるとあっちへ行ったりこっちへ行ったりするだけ、と。

遠藤——ほかの国はどうかわかりませんけど、深い信念がない代わりに、そこそこ柔軟性はある。よくも悪くも。でもそれをどう考えていいのかなと。

慣れること、変わっていくこと

杉田——多数派の日本人に対しては、わりと夢も希望もない、という感じでしょうか。

遠藤——そんなこともないですよ。そもそもLGBTに会ったことすらない、と思っている人が多いじゃないですか。じつは身近にいるのに。知り合いにいないから関係ない、と思い込んでいる人がかなり多いんですよね。若い世代は比較的、性的マイノリティの権利に寛容な数字が出ています。同性婚も二十代・三十代だと約七割の人が賛成。歳を取るとその割合がだんだん減っていく。若い世代は「友達にいるよ」「自分が好きなインスタやユーチューブでよく見るよ」ってなるんですけど、上の世代の人は見たことがないという。
ただ、アメリカなどの場合でも、最初は「自分とは関係ない」って考えていた人が多かった。けれども、たとえば、おばあちゃん同士のレズビアンカップルの片方が病気で死んじゃって、三〇年間いっしょに暮らして、一所懸命看病もしてたのに、家を相続できず追い出されそうになる。そういう話を聞けば、「それはおかしいでしょ」となる。それまではLGBTについて、身近な経験、心を動かされる経験をあまり持たなかった人も、ニュースで「こういう人がいるんだ」「こんな経験してるんだ」と知るようになったら、考え方も変わっていく。学習して変わっていくプロセスが増えるのはいいことですよね。そこに信念があるかは別問題ですけれども。

幼なじみの息子がトランスジェンダーだった、みたいな具体的な話を聞けば、結構考え方も変わるじゃないですか。学校の先生も教え子にそういう子がいれば、おのずと変わる。これまで「見たことがない」と思い込んでいた人たちが、「いや、じつは身近にいたんだ」って。そういう部分では地に足が着いているというか、血が通いはじめたというか。空気でふわふわ「保毛尾田保毛男か」「いや、おっさんずラブか」というよりは、希望のある部分だと思います。

「LOVE & EQUALITY 〜すべての命に平等を。」をテーマに行われたTOKYO LOVE PARADEの模様（2018年10月8日）
提供：NPO法人 東京レインボープライド

杉田——僕は十年くらい障害者介助の仕事をしていました。父親は現在七十五歳で、それまでずっと零細工場や運転手などをやってきて、引退の年になった頃に、たまたま僕が働くNPOで運転手を募集していて、「引退してヒマになるなら行ってみたら」と紹介したら、それからもう十年以上、障害者の人々と接する仕事を続けています。

僕のほうはもうそのNPOから離れてしまったんですが。

父親も前までは、近所の銭湯とかで自閉症の子や知的障害の青年に会うと、ちょっと怖かったみたいなんです。どんな行動をするかわからない、慣れていないのもあるけど、うかつなことを言って傷つけちゃうのが怖かったらしい。余計なことをして差別したり傷つけるくらいなら近づかないほうがいいと。それが職場で当事者の子たちに接するようになったら、変わったんですよ。別に人権派になったとかじゃなくって、日常的な次元で関われるようになった。

遠藤——人情とか、そういう世界ですよね。

杉田——「あいつ、いつもおれの悪口言うんだよ、生意気でね」とか、そのへんの悪ガキと会話しているように対等な存在として多分話している。頭で理解するのではなく、実際に関係が積み重なって、学んでいった。父親はずっと庶民的な労働者で、差別や人権の問題に特に関心はなかったと思うけど、「六十五歳を過ぎても人間ってこんなふうに変わるんだ、変われるんだ」ってちょっとびっくりした。じゃあ、中年男性の僕ももっと変われるんだろうか、って。学んで変わって、世界が広がるのだろうか。もちろん、どこにでもあるような当たり前の話なんですが、身近な家族の場面でそういうことがあって、やっぱりちょっと驚きがありました。

遠藤——台湾は今年、同性婚ができるようになりました。その運動を支えた一つの動画があります（https://www.youtube.com/watch?v=FC_F0UKu1kQ「阿爸的心內話」）。高倉健みたいなお父さんが出てきて、「おれは何十年も生きてきて、同性愛なんて自分とはぜんぜん関係のない世界だ」と思っていたのに、あるとき長女が「私は女の人が好きだ」と言うから、びっくりしちゃって、最初はそんなことは聞かなかったことにしようとしていた。ほかの子どもたちは結婚して孫もできて、「この子だけずっとこのまま一生独りなんだろうか」と心配になって、ネットでちょっと関連ワードを検索したり、地域の勉強会に行ってみたりして、それでもまだよくわからなかった。でも娘にもじつはパートナーがいること、さらにこれから子供を育てようとしていることも教えてもらって、娘がレズビアンとして幸せに生きられることがわかった。そのことがわかってとても幸せだった、とそのお父さんが言うんです。

そういう短いムービーを見て、五十代・六十代・七十代の「自分とは関係ない」と感じていた人たちも徐々に変わっていったんですよね。そういうことが積み重なっていって、法律を変えることにまでつながった。LGBTについても、結構、上の世代の人たちも変われますよ。

杉田——人間は若いうち、柔軟なうちじゃないと変われない、という思い込みが正直、僕の中にはありました。とくに中高年男性はそういう傾向が強いのかなと。でもちょっとした具体的なきっかけで、人間は何歳からでも変われるんだと。

体的な身近なところに関係性ができて、それが積み重なって、学習になり、だんだん日常的な信念が形成されていく。

遠藤――理解じゃなくて「慣れ」が大事かもしれないです。その人としゃべることに慣れる。ああこんな感じなんだ、って。トランスの子どもたちを見てても思うんですけど、小学校・中学校の生徒たちが友達同士で遊ぶときに、友達はべつにトランスに理解があるんじゃなくって、同じアニメが好きだったり、部活でバスケを一緒にやるのが好きだったりするわけで、別にトランスであることが人間関係のポイントであるとは限らない。ＬＧＢＴの人と仲良くするためには必ずそういう話をしなければならないのかと言えば、意外とそうじゃない。

杉田――友達という関係が先にあって、ＬＧＢＴかマジョリティかヘテロかみたいなことは後付けとして……。

遠藤――トランスの子のセーフティネットになりうるつながりは、必ずしもトランスの理解だけではない、と思います。とはいえ、難しいのは、一緒にバスケはできるけれども、その友達がトランスについてひどいことを言う場合もあるわけで。

杉田――なるほど。

遠藤――ＬＧＢＴと一口に言っても、ゲイやレズビアンに関しては外見ではわからないから「言わない」って選択肢が成立するけれど、トランスの子は見た目でわかりやすい、といった差異もあります。

杉田――タテマエや空気の面があるとはいえ、メディアでＬＧＢＴの話が以前に比べればだいぶ増えていて、それが具体的な人間関係や出会いのきっかけを増やしている、という印象はありますか？

遠藤――どうでしょうねぇ。そこまでではないかな。ただ、若い世代はユーチューブを見たりしますね。ｋｅｍｉｏというすごく有名なユーチューバーがいて、自分がゲイだと明かしてそれで親近感が湧いたとか。芸能人のりゅうちぇるとかも、別にＬＧＢＴではないけれども、男の子がかわいいものを好きだったりすることを堂々と打ちだしているのがカッコイイとか、若い世代にはそういうことは大きいですよね。渡辺直美もＬＧＢＴフレンドリーだし。そういうところから親近感が湧いて、その人たちのセンスとかファッションとかを真似したりするようにもなっていますね。

　保毛尾田保毛男をテレビで見ていた人は、同性愛を笑うというコミュニケーション手段しかなかったかもしれませんけど、ｋｅｍｉｏとかりゅうちぇるを見てる子たちは、彼らが楽しそうにしてるのを見て、こういうのもいいなぁって思うでしょうね。

杉田――遠藤さんがエッセイの中で指摘してしたんですが、日本でも統計をとると同性婚や性的マイノリティの権利に対して肯定的な結果が出るんだけれど、他方で、友人や職場に同性愛者がいたら嫌だとか、やっぱり夫婦別姓は嫌だとか、その辺りのギャップが「日本的な何か」としてあるのではないかと。たまたま今週、お笑い芸人のＡマッソが、ライブで、テニス選手の大坂なおみさんの肌を漂白剤でウォッシングすればいいというネタをやって批判されて……。

遠藤――そんなことやって、そもそも面白いんですかね？（笑）

杉田――芸能と被差別の問題には複雑な関係があると思うんですけれど、常識や良識ではタブーとされる差別心や攻撃性をホンネとして露わにするのがカッコいいんだぜ、差別すれすれのことで笑いがとれてキレがあるぜ、っていう文化もまだ根強いのかなと。差別や権力に対抗したり、折口信夫が言うみたいに、それらに対して芸能の力によっておどけたり擬《もど》いたりする面もあるはずなんですが。

加害性の自覚と学び――闇堕ち回避のために

遠藤――数年前、海老名市のある市議会議員が泥酔しちゃって、「同性愛は異常動物だ」と発言して怒られた、という事件がありました。その後一応ＬＧＢＴについて勉強しているらしいです。そういうＬＧＢＴについてまずいことを言って炎上する人のなかには、確信犯の人と、本当に無知な人と、二パターンがあります。

　たとえば杉田水脈さんとかは確信犯の人で、あの人はムチャクチャ勉強してるんです。たとえばアメリカで反ＬＧＢＴの言説がどんなにウケるかを熟知している。「チャンネル桜」でもずっとその話をしているし、『新潮45』の件でも別に酔っ払ってツイートしたわけではない。完全に確信犯ですよね。自分の支持層の人々が喜ぶということをよく知っているわけです。そういう人に対しては、「ふざけるな」と言うしかない。あるいは彼女たちよりも政治的な力を強くする。それ以外に対抗する術はない。

　ただ、一般人で、現実を全然知らなくて、悪意もなく、余計なことをぽろっと言って、怒られる人っていっぱいいるじゃないですか。そういう人たちに対しては、違う接し方も可能だと思うんですね。その人たちの言動にすごく傷ついたりムカついたりもするんだけど、余裕のある人は、なぜそれがマズいのかを教えてあげたり、根気よく話したりする余地はあっていいと思う。反差別というときに、確信犯を変えるのはすごく難しい。でも、後者の人たちは変わりうるし、変えうる。

ネットの世界では有名人の過去の発言を発掘したり、自民党の歴代の失言集とかが作られたりしていますけど、ひとつ学べば変わりうる部分が人間にはあるから、そういう面をもっと大事にしていかないといけない。そういう「変わりうる」という面は見落とされがちなんですね。いまはインターネットが発達して何でも記録に残っちゃいますけど、過去に間違っちゃったけど、その後あれはマズかったと感じて変わった人たちの経験や語りがもっとフォーカスされないと、反差別というときに大事なものが見落とされてしまうと思う。

杉田――加害性の自覚はすごく重要だと思っていて、何か間違ったことを言ってしまって、批判されたり炎上したりすると、とりあえず反省のポーズをとる。しかしそれは危険で、一時的に反省しても、世間がそれを忘れて鎮火したら、また繰り返してしまう。

しかしそもそも自分の加害性を自覚して、自分の認識や感じ方を変えていくには、すごく時間がかかる。必要な時間をかけないと、人間はなかなか変われない。加害者臨床や加害者更正の世界でも、自分の加害性をまったく何も感じない人もいるけれど、一部の加害者たちは葛藤しうるというか、葛藤しうる能力がかろうじて残っている。じわじわと自分を変えていくことに対する賞賛というか――賞賛する必要はないんだけど――、積極的にそれを評価する言葉も必要ではないでしょうか。この世には「差別する人間」と「しない人間」が対立的に存在して、中間が存在しない――という風に見なされがちだけど、もう少し丁寧に繊細に考えていく余地はありそうに思います。

大学で少しだけ非常勤をやってるんですけど、闇堕ち寸前の子がやっぱりいるんですよね。ネトウヨまでは行かないが、恋愛問題や人間関係でかなり傷ついた経歴があって、民族差別や女性差別のまとめサイトを見て、レイシズムやミソジニーに染まりつつあったり。そういう子たちがSNSで迂闊《うかつ》な発言をすると、容赦なく火だるまにされて、さらに闇が増幅されてしまう。登山するにも最低限の装備は必要だし、ネットとは別のところで傷を癒やしたり、教育や啓蒙の機会があったほうがいいとは思います。ネットで突然「お前は差別者か、反差別側か」という極端な選択を迫られると、ちゃんと納得できずに迷っているところも多いし、自分の傷の問題もあるから……。特に未成熟な段階の若い人たちは気の毒な気がします。

遠藤――ひょっとしたらインターネットと反差別とは、相性が悪いのかもしれない。アムネスティの若い人向けの学習会に呼ばれたことがあって、そこに来ていた二十歳くらいの男の子が「同性愛って何で生まれるんだろう？　同性愛って自然の摂理、種の保存に反するじゃないか」と質問したんですね。彼がもしそれをネットでツイートしていたら、たぶん炎上するでしょう。「あ、こいつバカだ」みたいに。でも本人は本当にわかんなくて、そのことを考えているわけですよ。それをただ上から目線で批判されると、「おれ全然そんなことわかんないし、なんでそんなこと言われなくちゃならないの」って思うでしょう。自分だって彼のエントリーをSNSで見ていたら、「こいつバカだ」ってリツイートしたかもしれない（笑）。

でも、彼は平日なのにわざわざ時間をかけてその場に来ているわけです。ずっとそのことに興味があって、誰も答えてくれないから、今日はこの場に来たんだと。そのときはいろいろやりとりして、自分はたまたま生物に詳しいから、生物学の世界ではこうなっているんだよ、自然界にも同性間のペアや性行動は数千種であるんだよってその子にくわしく説明した。「種の保存」みたいな発言によってしんどくなる人もいるから、気を付けて、という話もしました。そのときの彼はある程度納得して、喜んで帰ってくれたと思うんです。それはとても際どいやりとりなんですけど、そういう場面が大事なこともありますね。

杉田――仏教でいう対機説法というか、臨機応変で相手との関係のなかで言葉を選ばなきゃいけない側面があったり、結論を言うためにはすごく弁証法的に、あるいは重層的に多くの言葉を重ねていかないとそこにたどり着けない、ということもありますね。ネットの世界に限らず、現代社会では、そういう重層的な論理がすっ飛ばされてしまう。ネットも情報を拡散したり、共感を拡げるためにはいいけど、よし悪しの面がありますね。

さっきのダイアン・グッドマンの本も、マジョリティがどうやって自分の特権から自由になれるのかという話なんですが、そもそもそこでは、多重交差アイデンティティや、複合差別状況がデフォルトなんですよね。彼女自身も、女性でユダヤ人だけれど、白人であり中産階級であり健常者であり、という幾つもの特権をもっているんだと。そういう複雑な関係があるのが前提の上で、それでもマジョリティの特権性を批判的に検討しないといけない、っていう立場なんです。そのほうがマジョリティの人々も解放されるはずだと。複雑で、重層的な問いにならざるをえない。

レイチェル・ギーザの『ボーイズ――男の子はなぜ「男らしく」育つのか』（DU BOOKS、二〇一九年）を読んだら、面白かったです。彼女自身がレズビアンで、様々な性的マイノリティの人たちのネットワークの中で暮らしていて、そのなかで養子としてカナダの少数民族の子を育てています。当然、その男の子は性的多様性を日々経験して見知っているんだけど、学校の友達との関係でじつに「男らしい」振る舞いをしたりして、作者はそれにびっくりした。その驚きから書き始めているんです。

男性の性規範や男らしさはこれまではマッチョなもの、有害なものとして批判対象にされることが多かったけれど、批判するだけでは足りなくって、それらに代わる別の可能性、オルタナティブな男性性のモデルについてはあまり語られてこなかった。複合差別状況の中で「男らしさ」の置かれた位置について、複雑な問題を論じているんだけど、根本的に希望と愛に満ちあふれた内容になっていて、こういう試みが日本の男性学とか男性性研究とか、あるいは日常的なやりとりの中にももっとたくさんあっていいんじゃないかと。保守的な家父長的な男に居直るか、スマートな男としてきれいに反省するかみたいなパターンが多いので……。

たとえば、マジョリティであることから条件的に逃れられないために——これは微妙な話ですが——、ある種の発達障害とか性的マイノリティを偽装というか、「演技」するケースもあります。コミュニケーションの困難を回避するために。これはほんとに微妙な話なんですが……。

そういう微妙なルートに追い込まれずにすむためにも、たとえマジョリティであっても、権威的で無感覚で保守的なマジョリティではなくって、再帰的に自分の足元を内省していくマジョリティというか、いわばクエスチョニングなマジョリティもあるよね、という方向も探っていったほうがいい。無理な形で自分を偽らなくても、マジョリティの立場からマイノリティの人たちと共存できるし、自分を変えていける。そういう道も同時に探っていかないと、キツいかなと思うんですね。

遠藤——基本的に人間って、自分の特権性にはあまり眼がいかないじゃないですか。自己紹介するときに、「トランスジェンダーです」とは言うけど、わざわざ「日本人です」「障害者ではありません」とは言わない。そういうのは自分なんかにも結構ありますね。

運動内の距離と差別

杉田——#Ｍｅ ｔｏｏってすごく大事なムーブメントだと思うんですが、基本的にはワン・イシューというか、一つの属性によって、共感とSNS的なつながりを拡げていく。その場合、どうしても多元的なアイデンティティとか、加害者であると同時に被害者であるというような複雑さは見えにくくなる。それに対して、非常に偏ったフェミニズム観をもった男性たちが「あれは女性だという一点張りで、被害者意識によってつながって、男を不当に叩いてる。だからフェミニストはダメなんだ」みたいな、矮小化されたフェミニズム像に行き着いて、それを叩くことに執着してしまう。それは不幸なことだと思います。

遠藤――この前、フラワーデモに行ったんですよ。

いろんな性被害の経験が話されて、最初は女性の発言が多かったんですけど、男性の被害者とか、そのお母さんとかもスピーチをしていました。その場にいたトランス男性の友達が、「ぼくもしゃべりたいけど、前に出るのが怖いから、一緒に横に立っててくれませんか?」って言うので一緒に前に出たんですが、前に立って集まった人たちをぐるりと見たときに、そこが安全な場所だとは全然思えなかったんです。正直な気持ちとしてね。最近だと、フェミニストを名乗る中にもトランスジェンダーをよく思っていない人たちがいるし、自分も「遠藤はフラワーデモに来るな」とネットで名指しで書かれたことがあります。

この場にはいろんな被害経験を語る人がいるけれども、本当に、どこまで同じなのか、どこまで何を分かち合っているんだろうかと思えば、そこにも差異や暴力が生まれる可能性はあった。みんなは被害について語り、そこで生まれるつながりもあるけれど、自分が加害者にもなりうる存在だと感じると背中がちょっと寒くなる感じがある。

#Ｍｅ ｔｏｏって基本的に被害者が言葉をとりもどす運動だと思いますが、暴力って、自分も加害者になりうるじゃないですか。怖いけれどもたぶん、それを考えることも必要だと思います。いろんなフェミニズムの本にも書かれているように、女性だって性差別をするし、暴力を振るう。性別を問わず自分の加害性に向き合うことが、フェミニズムの前提のひとつになってほしいです。

杉田――加害をなしうる当事者としての自覚は、たとえば女性が受けている差別や不公正さを問題化していくことと矛盾しないし、むしろその意味を高めていくことであるはずなんだけど、自分の足もとを内省しながら被害や被差別を考えていくことが難しくなっているのかな……という気はします。それに対して一部の人間が、フェミニズムに矮小化されたレッテルを貼っている。

遠藤さんの『Wezzy』の連載は、トランスやＬＧＢＴの議論とフェミニズムの議論をクロスさせて、フェミニズムの認識によってＬＧＢＴについての議論をより深めていく、という趣旨からはじまっていました。日本固有の現象なんでしょうか、フェミニズム・イメージの矮小化というか固定化というか……。

遠藤――フェミニズムもトランスも世界中で誤解され、いろいろなレッテルが貼られていると思いますが、自分の踏まれた足の痛みではない他人の経験にも目がむくといいのではないでしょうか。人間って、自分のつらかったことには目が行くけど、そこから他の人のつらさに対して想像するってなると、なかなかちょっと難しいですからね。

杉田――一九六九年のストーンウォールの反乱のときから、有色人種女性あるいはセックスワーカーに対する女性からの差別問題があったり、ＬＧＢの人たちのトランス（Ｔ）に対する偏見が問題としてあった、という話がありますね。遠藤さんのネット連載を追っていくと、フェミニズムを名乗る人たちからのトランスの人に対する攻撃が、十年前よりも厳しくなっている面があるんじゃないかと。「トランス男性のせいで女性たちの安全が脅かされる」とか、「トランス女性は女装した男性であって本当の女性ではない」とか。ある種、固定的なイメージによるトランスジェンダー差別がある。

　それは「ツイフェミ」（ツイッターフェミニズム）と言うのか、特定の人々たちの特殊な偏見でありフレーミングなのか、あるいはもっと広い意味でのフェミニズムが引き受けるべきもっと根深い問題なのか……。

遠藤――ごちゃまぜなんじゃないかと思いますけれどもね。たとえばツイッターなどでは、あまりに無知としかいえない、状況に即していない書き込みもあります。トランス女性は男並みに稼いでいるんだからもう必要ないでしょ、とか。そもそも、トランス女性には全然就職できない人もたくさんいるのに、そういう事情を何も知らないでコメントしているんでしょう。女子大にトランス女性が入るという話も、男子生徒を女子大に受け入れよう、という話ではなく、人数としてもせいぜい一年にひとり入学するかしないか程度の話なのに、「女子大がどんどん壊される」「男性恐怖の学生もいる」とか批判している人を見ると、膨らんだイメージだけでものを語っているんだなと思います。そもそも女子大には男性職員もいるでしょ。

　そういう次元の話もあれば、ＬＧＢＴのコミュニティ内で実際に顔を合わせていて仲が悪い、みたいなものもあります。二〇一九年の春に、新宿二丁目でもっとも大きな女性向けクラブイベントが、すべての女性を対象とすると言っていたのにトランス女性はおことわり、という表示を掲げた出来事がありました。トランス女性は犯罪者と見分けがつかない、怖い、などという女性たちは一部にいるわけです。興味深かったのは、この出来事について、二〇年ぐらいＬＧＢＴコミュニティにいる女性たちが「昔はバイセクシュアルの人も、レズビアン向けのイベントから排除されていた」「そのイベント、バイセクシュアルを追い出した後は、ボーイッシュなレズビアンもお断りになっていたよね」と昔話をしていて、トランス排除もその延長線上のひとつじゃないか、と語っていたことです。そのイベントは、結局いろいろな人を追い出した歴史を経て、いまではトランスもＯＫみたいです。

誰がピュアで誰が邪魔者なのかを追求する分離主義者は、場の構成員を均一にしないと安全な場が作れないと思っていたのでしょう。でもね、シスジェンダー（トランスではない）女性の間でも性暴力は起きているし、私もシス女性から勝手に身体を触られてすごく嫌だった経験があります。

杉田――そのへんの問題を言語化して乗り越えていくのは、かなり難しそうですね。

遠藤――十年前に、東京ウーマンズ・ウィークエンドっていうイベントが話題になりました。もともとはトランス女性が運営に関わってたイベントなんですけど、その年はトランス女性は入れなくて、「手術した人だったら入れる」というルールに変わってしまい「誰がそんなの確認するんだよ」と批判を受けて、ルールは撤回されました。

杉田――もともとフェミニズムに違和感を持っている人たちは、こういう話にそれっとばかりに食いついて、「フェミニストだって他の性的マイノリティを差別しているじゃないか」という批判の武器に使ったりするんですけど、もともとすごく複雑で繊細な議論が歴史的にずっと積み重ねられてきた。ゲイによるレズビアン差別とか、レズビアンによるトランスジェンダーへの差別とか、いろいろな複雑な議論が積み重ねられ、折り重ねられた上で、大きな意味でのフェミニズム運動はあったし、潮流としてのフェミニズムはずっと変化と深化を続けてきた。そこに深みや豊かさがあり、面白さもあって、そしてそれは多数派のシスヘテロ男性の解放や自由にとっても大事なものだと思うんです。そういうことを男性たちももっと共有できればいいんですけれど、正直、道はなかなか遠い。どうすればいいのかなと。

遠藤――抑圧された者どうしが、余裕がなくてケンカをするのはある意味では必然だと思いますが、シスヘテロ男性から見たときに、フェミニズムはどのあたりが自分事になるんですかね。

杉田――そもそもフェミニズムを自分事にしていいのか、ということもあるし、自分事にしないといけない、というところもある。遠藤さんが書かれていましたが、ＬＧＢＴやクィアの話では個人として、「自分らしく」っていう次元が基本的に大事になってくると思うんですが、一方で日本はあまりにも女性差別がひどくて、女性の権利が蔑ろにされすぎているので、男／女の間に強く線を引いて問題自体を強く可視化しないと、そもそも「自分らしく」を語るのにはまだ早いんじゃないの、という面もある。個人としての差異と、男女のジェンダー間の問題と、その両面がどうしても必要になってくる。でも後者の「男／女の間にラディカルな性差別を見出す」という話だけをしていくと、「男」たちはひたすら反省するしかなくなっていくので……。

遠藤——謝っても仕方ないのにね（笑）。

杉田——一方ではラディカル・フェミニズムの時代のように、男女の間に強く線を引いて「そこに差別と暴力があるよ」っていう話を突き詰めることと、他方で、誰もが「自分らしく」行けるはずだっていうこと。両方を同時に持っていないと、ひたすら反省するか、居直って「そんなこと言ってもそれは無理だよ」で終わってしまう。両方の次元を行ったり来たりしながら、フェミニズムの問題提起を自分事の問題として引き受けていくことができないのかな、と。

ベル・フックスのいう「フェミニズムはみんなのもの」とか、「誰でもフェミニストになれる」っていう言葉をはたして日本人男性が口にしていいのかっていう疑問は、正直自分にはあります。むしろ男たちはフェミニストにはなりえない。フェミニストにはまだ早い。それをもっと強く自覚しないと、そもそもスタートラインに立てない気がします。

フェミニズムは
みんなのもの
情熱の政治学
Feminism is for
EVERYBODY
bell hooks
ベル・フックス 著
真のフェミニズムは、
束縛から自由へ、
愛にみちた生活へ、
わたしたちを導いてくれる。

遠藤——あまりにもイージーにフェミニストと名乗ってしまう可能性もあるわけですね。

杉田——わりと高学歴でいい経済状況にある人が、「男はみんなリベラル・フェミニズムをやらなきゃダメだ」って言ったりしているのを見るとちょっと違和感があります。

その点、遠藤さんの活動が面白いのは、カッコよくておしゃれで美しい運動ではないところ。そこがすごく面白くて、一見地味で、ある種ダメダメだけど、それでもいいよねっていう。美しいものたちの多様性じゃなくて、見かけはそれほど派手じゃないものたちの多様性を大事にされていますね。そういう意味での「草の根系アクティビスト」なんだと。お気に入りがファミマとQBハウスとユニクロっていうのも自分の日常に近いというか（笑）。日本って「イクメン化の呪い」のようなものがあると思うんですよ。イケてるカッコいいスマートな家事をする男性とか、草食系男子のおしゃれでスラッとしたモデルさんみたいな、あっちのイメージに流れていく。男性の意識変化を言うときに。

遠藤——遠いところで輝く星みたいな。

杉田――でも男だって地味でダメでだらだらしててもいいはずだし、それが性的平等と矛盾するとは限らない。その点では、栗田隆子さんの『ぼそぼそ声のフェミニズム』のように、アカデミシャンでなくても、キャリアがなくても、専業主婦でもなくても、そういう人がつかむものこそフェミニズムなんだ、という感覚はすごくいいな、と思いました。田中美津さんが「マルクスすら男でしかなかった」と言ってるんだけど、いわば「親鸞すらも男でしかなかった」みたいな感覚があって。僕も悪い意味で優等生的に考えがちな人間ですから……。ほんとは別に優等生的に考えなくてもいいし、「イケメン＝イクメン」みたいなイメージに呪縛されなくてもいい。男だって地味に楽になっていいんだと。ただやっぱり、フェアプレイにはまだ早い。

反差別と寛容さの両立

遠藤――そもそも、この雑誌を読むシスヘテロ男性は、どういう人なんでしょうね。

杉田――あまりよくない意味での「意識が高い系」の人々に読者を限りたくはない、という気持ちはあるんですけれども……。

たとえば保守や右派であって、排外主義者ではない、ヘイターではない、という人にも読んでもらえれば。リベラルや左派とも「ヘイトではない」「排外主義ではない」という点ではつながれるし、共存できると思うんです。保守は排外主義を許さないはずだと思いたい。

遠藤――「寛容」について、もうちょっとみんな考えたほうがいいと最近思っています。みんなゼロ・トレランスになってるから。確かに杉田水脈さん的なものは批判しないといけない。けれども、そうじゃない色々な迷いとか曖昧な部分は大事なものだから、よく事情を知らない人には努力して教えてあげるとか、細かくて人情くさいやりとりも重要だと思います。だいたいこういう本を読める人たちは、すでに読書習慣がある時点ですごいんですよ（笑）。ヘイトめいた発言をする知人より、あなたのほうが言語化能力があって、ものをよく知っていて、多様な友達がいるのかもしれない。だから確信犯ではない人とは一緒に考えられるといいかもしれません。ためになるマンガや動画、ニュースのリンクを送ってあげるとか。

距離感は大切ですが、ぶつかることも悪いことばかりじゃないと思います。自分が高校のときにイラクで人質事件がありました。今井紀明さんたちが捕まって、友人から「今井くんを助けましょう」という署名のメールが回ってきたとき、「そんなの意味なくね？」「何であいつイラク行ったの？」みたいな反応をしたら、友人から「何もしてないおまえがいう台詞じゃない」と怒られて、険悪になったことがありましたが、まあいろいろ考えはしましたよ。
「女性専用車両があるし、女性だって優遇されてんじゃん！」という発言をする人がいますよね。「そういうことは迂闊《うかつ》に言わないほうがいいよ」っていう人が増えるよりは、「それはこういう現実があってのことだから」とか説明してくれる人が増えるほうがいいでしょうね。その人の考えは変わらないかもしれないけれど。

杉田――完全に闇堕ちしてしまって、ブラックホールのように何を言っても届かない領域に行ってしまった人の場合は、何らかの医療的あるいは司法的なアプローチが必要かもしれません。でも結構な割合で、まだグレーゾーンの人たちがいる。ヘイトデモに対するカウンターのように、対話している場合じゃないから徹底的に叩き潰せ、という場面があるのはもちろんわかるのですが、あらゆるコミュニケーションの領域がそうなると、色々な可能性の芽が潰れてしまう。結果的に状況がより悪くなるかもしれない。

遠藤――多くの人はべつに信念があるわけじゃなくて、どこかで覚えてきた言葉や意見をぽろっと出しているだけだと思います。他の言説、他の社会を見せてあげることは重要です。

杉田――余裕というか、少しクッションを置くことも大事かなと。遠藤さんが連載に書いていたアラーキーの話がありますね（「アラーキーのファンだった、と過去形で語れるか」二〇一八年四月二十二日）。アラーキーの作品が好きだったけど、彼の性加害、ハラスメントが判明したとき、その作品を好きだという気持ちをどうすればいいのかと。先日、『対抗言論』で雨宮処凛さんにもお話を聞いたのですが、やっぱり「サブカル女子の呪い」と言っていて。サブカルが大好きでそれに救われてきたと。大槻ケンヂさんとか。

遠藤――オーケン大好きですよ（笑）。

杉田――他方でサブカルって、女性に対する性暴力の表現がインフレして、それがもてはやされる傾向があるので、それらが好きで、それに救われたという感情をどうしていいかわからない、と言うんですね。オタク層でも、たとえば最近でいうと新海誠の『天気の子』を「女性の描き方がPC的にアウト」と全否定されると、すごく傷つく。僕の場合『シン・ゴジラ』や京アニの『聲の形』を批判して、わりと炎上した。そのあたりは、表現の自由とPCが絡んでくるんですけど、自分の好きなものをバカにされると、人間ってすごく感情が高まるし……。

遠藤――まるで自分が批判されたかのような。

杉田――時には自分自身が批判された以上に傷つくという。本当は文化が緩衝材、クッションになることで、多少は冷静に議論できないかなと思うんですけれども。これも先日遠藤さんが書かれていましたが、アーティストが何か問題発言をしたとしても、その前後のその人なりの葛藤や揺らぎをちゃんと見せてくれれば、そのプロセス自体をみなが評価できるかもしれない。

そういう、お互いに占領しないですむ場所、緩衝地帯を増やしていきながら、対話というか、対話以前のざっくばらんな話し合いの場所がもっとあっていい。われわれの雑誌の力はまったく微々たるものですが、そういうことは意識しています。

遠藤——「にじいろ交差点」というポッドキャストを数年前からやっていまして、カナダに住んでいる友達のキャシーと二人でだらだらしゃべっているんですけど、キャシーも私も『ドラゴンクエスト』が好きなんですよ。『ドラクエ』って、女性キャラの描き方が、たとえば戦士なのにほとんど裸だったりして、考えてみればいろいろ問題があります。でも、『ドラクエ』は好きですね。それから『ドラえもん』も好きなんですけど、しずかちゃんのお風呂シーンをのび太が覗くのはセクハラでしかないけど、『ドラえもん』が好きだから、もしあの作品をセクハラだという人がいたら、どこかで「いや、藤子作品は偉大なんだ」と守りたい部分もある。これがジャンプ初登場の無名漫画だったら、連載打ち切りにしていいぐらいに思うんでしょうけど。自分が好きであり続けてきた作品だと、それをかばいたくなる心理がどうしても芽生えますね。

杉田——のび太くんはジェンダー的に微妙なんですよね。あやとりとか、射的とか、昼寝が得意なんだけど、男性社会からすれば「女こども」的な価値観が彼のアイデンティティになっています。のび太くんにはジェンダーを微妙に揺るがすところがあって。

遠藤——愛着があると、なかなか冷静に批判を聞けませんね。思い返すと、子どものころはダウンタウンが好きだったけれども、いまとなっては『ガキの使い』とかも無邪気な気持ちでは見られないでしょう。そうやっていろいろ考えちゃうと、無邪気に楽しめるコンテンツがどんどん減ってくるのは残念。

杉田——ポストフェミニズム的な空気と同時期に現れた第三波フェミニズム的なものには、アングラやサブカルだけではなく、ポップ・カルチャーの中にもあえて政治性や階級性を読み込んでいく、という戦略があります。PC的に批判すると同時に、可愛いもの、危ういものの中にも可能性を見ていくという。

遠藤——トランス男性で、ジュールズ・ロスカムという映画監督がいて、社会的に男性としてパスするようになって今までと違ったリアリティが見えてきた、という経験を作品にしているんです。ヒゲがほしいけど、社会的に男性になることが、いろんな差別の歴史をみてしまうと無邪気に喜べない、みたいに思うトランスたちのインタビューとかね。自分も同じような気持ちをもつことはありますよ。男性ホルモン注射を打って、外見も一〇〇％男性として通用するようになったら、自分は今度は女性たちを脅かす存在になるのかなって戸惑うフェミニストっぽい自分と、ヒゲも筋肉もテンションがあがるだろうし、いちいち他人から「十分に男にみえるかな」なんて心配しなくて済むようになってすごく楽になるんだろうな、という自分もいる。

杉田――多数派のシスヘテロ男性の中にも、トランスの人たちが繊細に勝ち取ってきた性的違和のようなもの――もちろんそれを一緒くたにしたり、盗用したりはできないですけど――がある場合があって。哲学者の森岡正博さんの『感じない男』にせよ、僕の『非モテの品格』にせよ、男の中の自己嫌悪、内なるミサンドリーを主題にしています。多数派男性の中にも自分の男性性やジェンダーに対する内的な違和感とか、ジェンダートラブル的なものがあるんだとしたら、もう少しそれを言葉にして、社会化していく必要があるのではないか。「完全に正しい身体を持った男」みたいなイメージを内側から崩していって、それとは少し異なる、繊細な男性性を示していけないかなと。

遠藤――「ヒゲが生えた、イェーイ！」みたいな無邪気なトランスの人もいます。自分が十八歳だったらそのテンションで行けたかもしれないですけど、いまは「イェーイ！」って感じる部分もありながらも、いろいろと複雑なこと、厄介なことを考えちゃいますね。どうしても。

杉田――田中俊之さんの男性学の本を読むと、彼は中年男性としての自分の醜さというか、あんまりカッコよくない自分の身体をまずは鏡で見つめて、そのとき感じた情けなさから社会の問題を考えよう、と言っています。カッコよくスマートな男性学ではなくて、地味でショボい男たちでも非暴力的で、そこそこ楽しく幸せに生きていける、そういう男性学も大事なんじゃないかって思います。

今日はいろいろお話を聞けて楽しかったです。ありがとうございました。

（二〇一九年一〇月三日　於・渋谷）

NOT ALONE CAFE TOKYOの実践から

ヘイトでなく安全な場を

生島嗣＋植田祐介＋潟見陽＋ルーアン

❶ プロジェクトが始まる背景

排外主義が大久保の街で吹き荒れていた二〇一三年～二〇一四年。私たちは大久保の路上にて、あるものは「LIVING TOGETHER in Okubo」というプラカードを掲げ、あるものは、ヘイト集団に対抗する人間のバリケードになっていた。在日外国人という少数者に対するヘイトやスティグマを強化する行動に対して反対の声をあげていた。いつか、性的な少数者にその矛先が向くかもしれないという、人ごとではない予感があった。また、それに加えて、社会的な少数者としての共感がその根底にはあった。

当時も現在も、社会問題化していたのは、新宿区内に五〇箇所以上ある日本語学校の急増だった。受け入れのための準備がまったくないまま、大勢の若い外国人が来日することになったのだ。その背景にあるのは、日本語学校が隠れ蓑となり、安価な労働力が調達されているという事実だ。生徒たちの中には、ブローカーなどを介し、借金を背負って来日した留学生たちもいて、アルバイトで借金を返済するのに精一杯で、なかなか勉強に注力する余裕がないのだという。当然、日本語能力試験に合格できず、希望していても、専門学校や大学などに進学できないこともある。

日本人と交流する機会も少ないまま、帰国せざるを得ない人もいると聞いていた。アニメや音楽、ゲームを通して知る日本は大好きだったが、帰国時には悪感情を抱えて帰国する人もいるという。この悲しい現状に何かできないかと思っていた。

❷ NOT ALONE CAFE プロジェクト始動

プロジェクトのコア・メンバーによる最初のミーティングは、二〇一六年八月一四日に開催された。外国人の排除を叫ぶ意見に反対する私たちは、まずは自分たちの最も身近な存在、ゲイ・バイセクシュアル男性でなおかつ、海外から来日したばかりの人たち（ニューカマー）のためのカフェ・スタイルの居場所づくりをすることになった。名前は「NOT ALONE café」とすることがメンバーの提案で決まった。

その後、コア・メンバー以外に、多言語を話すスタッフがいた方がいいということになり、在日韓国人、ブラジル人、台湾人、中国人、在外経験のある日本人などをリクルートすることになった。そこで、新たなプロジェクト・スタッフのリクルートと意見交換を目的に、二〇一六年九月二四日に、設立準備会を新宿二丁目にあるＨＩＶ／ＡＩＤＳをはじめとする情報センター「コミュニティセンターakta」のスペースを借りて開催した（以下、リクルート文）。

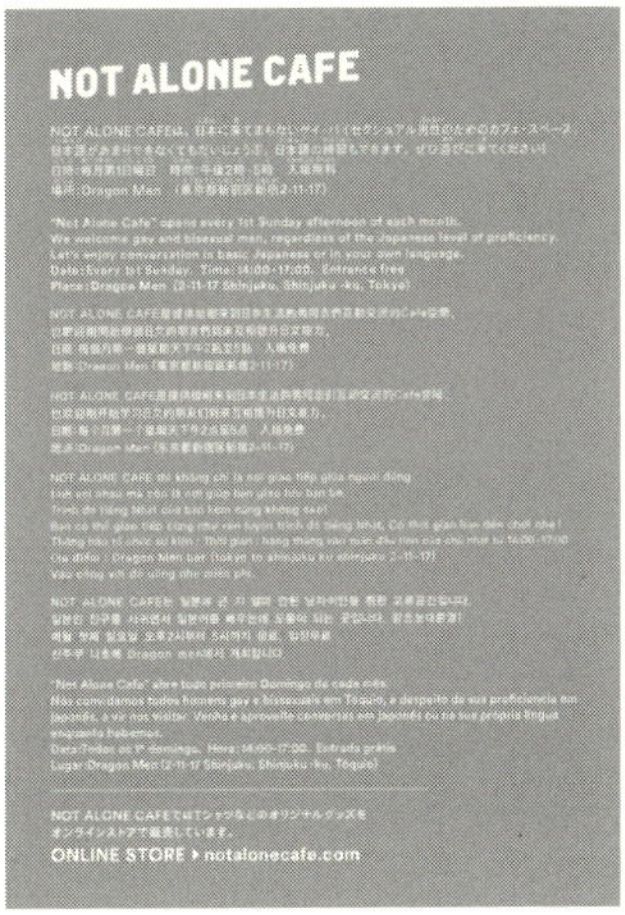

NOT ALONE CAFE 準備会のご案内　二〇一六年九月二四日（土）午後六時半〜

東京には様々な国々からニューカマーがやってきます。日本語学校、専門学校、大学に入学する。転勤で日本にくる。旅行で東京にくるなどなど。

そこで、NOT ALONE CAFE という定期的にふらりとたちよれる、ドロップインできる場所をつくりたいと計画しています。日本語ができなくても、交流ができるように、可能な範囲で英語、中国語（繁体／簡体）、ハングルなどのサポートつきが実現できたらとおもっています。

ゲイの出会い系アプリ、twitter などもつかって広報する一方で、他のＬＧＢＴがきても受け入れる予定です。

まずは、このプロジェクトに興味がある人たちの準備会をコミュニティセンターakta にて開催します。興味がある方は、ぜひご参加ください。

ミーティング結果

個人ネットワークで呼びかけた結果、この第一回目のミーティングには、一二人が参加し、カフェのイメージ、何をするのかなどの意見交換が行われた。以下はそのメモ。

・場所は新宿か大久保がいい。
・対象者は、主にゲイ男性にするが、それ以外のＬＧＢＴ（レズビアン、ゲイ、バイセクシュアル、トランスジェンダー）が来ても受け入れる。
・開催の目的はこの東京で外国人と日本人の交流ができる場を作ること。
・対応言語は、日本語の他、英語、中国語（繁体、簡体）、ハングルなどのサポートがあれば理想。
・カフェのイメージは、まったりと話せる場をつくり、コーヒー代一〇〇円くらいの安価で提供したい。
・スタッフは、基本的には何もしない。必要があれば手伝うというイメージ。
・カフェには、パンフレットなどの支援情報が置かれている。もし、新たなニーズがあれば、それを吸いあげ、スタッフ間で共有する。
・生活（役所での手続き）や健康（ＨＩＶ、性感染症など）についての相談があった場合、他のサポートの情報提供をし、アクセスを手伝う。
・出会い（国によって文化の違いはある）は、個人の責任で。

などの話し合いがあり、ここから、さらに関わるスタッフが増えた。

会場が決まる

場所は、新宿二丁目のバー DRAGON MEN のオーナーＫＥＮ氏に相談したところ、営業時間前であれば、無料で提供してくれることになった。開催は、毎月第一日曜日の午後二時〜五時というスタイルが自然とできてきた。

ビジュアル

NOT ALONE CAFE のキービジュアルは、ソウル在住のナファンさん（Nahwan Jeon）に依頼した。彼は、日本での留学経験があり、NOT ALONE CAFE の趣旨に賛同して、無償でイラストを提供してくれることになった。

ファンドレイジング・パーティ

自己資金がゼロでスタートしたため、基金集めをすることになった（以下、告知文）。

NOT ALONE CAFE は、日本にきて間もない主にゲイ／バイセクシュアルのためのカフェ・ラウンジです。まだ日本語が得意でない人たちがくつろげる居場所づくりを目指しています。その立ち上げ基金づくりを目的にトーク・イベントを開催します。ぜひ、ご参加／ご支援ください。

二〇一六年一一月一三日（日）一四：〇〇～　会費：一五〇〇円

会場：DRAGON MEN（新宿区新宿二丁目一一―一四）

プログラム

・ニューカマー外国人たちによるトーク
　各国ゲイの恋愛事情、来日時に困ったことなど。
・外国人むけの診療現場から～沢田貴志（港町診療所）
・日本生まれの外国人として生きて～KEN（DRAGON MEN）

開催した結果、このイベントでは、収入合計一一万四五〇〇円があり、それを元手にTシャツの制作を行い、活動資金の原資とした。このイベント以降、沢田医師もスタッフとして参加してくれることになった。

❸ NOT ALONE CAFÉ TOKYO 二〇一七年二月スタート

東京・新宿二丁目のバー“DRAGON MEN”。普段から多くの外国人が集うゲイバーだが、毎週第一日曜日だけは若干雰囲気の違う外国人が集まってくる。彼らの目当ては“NOT ALONE CAFE”だ。

NOT ALONE CAFE は、日本に来てまもないゲイ・バイセクシュアル男性のためのカフェ・スペース。

中国、台湾、韓国、ベトナム、マレーシア、日本などアジアを中心に、毎回三〇名から五〇名の来場があり、さまざまな国の人が交流しています。

日本語があまりできなくてもだいじょうぶ。日本語の練習もできます。

また、HIVなどセクシャルヘルスに関する情報を多言語で伝えたり、ほかにも日本での生活で不安なことがあれば、相談先につなぐこともできます。ぜひ遊びに来てください！

（NOT ALONE CAFE ホームページより）

不安定な状況におかれた在日外国人ゲイ

ただでさえ、不安定な状況におかれている在日外国人だが、その中でも性的マイノリティは二重、三重の問題を抱えている。

　たとえ日本語の能力が高かったとしても、個人の性的指向について他人に気軽に相談できるような雰囲気は日本にない。日本語ができない、または充分な能力を持ち得ていない場合に、同じ文化圏、言語圏出身者のコミュニティで相談しようにも、そこが必ずしもＬＧＢＴフレンドリーとは限らない。日本人からの差別にとどまらず、性的指向により同郷出身者から排除される恐怖に怯え、ますます孤立を深めているという図式に陥っている人は決して少なくないだろう。

　在日外国人ゲイに「あなたは決してひとりじゃない」というメッセージを伝えると同時に、自分のありのままをさらけ出す安全な場所と、自分の心と体の健康を守るための様々な情報を提供する役割を果たす。そんな目的でNOT ALONE CAFEは作られた。安全な居場所を提供する以外にも、病院に行きたいがどうしたらいいのかわからない、ＨＩＶなどの感染症について知りたいという相談にも外国語で応じ、情報を提供している。原則として毎月第一日曜日に開催され、毎回三〇人から五〇人程度の人が訪れる。

　二〇一七年八月五日の来場者を国籍別に見ると次のとおりだ。

　中国三人、インド二人、アメリカ四人、シンガポール一人、フィリピン二人、ベトナム二人、イギリス二人、スペイン二人、インドネシア一人、台湾一人、韓国一人、日本一三人、合計三一人だった。

❹ 広報について

　バーDRAGON MENは外国の客も多いことから、ポスターを掲示させてもらっている。NOT ALONE CAFEを始めた当初は、中国人、台湾人、ベトナム人が多かった。より多くの人にNOT ALONE CAFEの存在を知ってもらうために、Facebook, Twitter, Instagramなどにアカウントを取得して、日本語、英語、中国語（繁体字、簡体字）、韓国語、ポルトガル語で発信していた。また、Grindrにも協力を要請し、テキストバナーを出させてもらった。Meet UPという英語でのウェブ上のコミュニティでも情報を発信したり、中国系のゲイ向けアプリBluedでは、チャットルームを開設してコミュニティをつくったりした。一時は五〇〇人弱のメンバーがいたが、現在、このコミュニティは閉鎖されてしまった。その後情報の伝わり方が多様化したことで、来場者の国籍も多様化したようだ。

❺ 活動は大阪でも

その活動は、大阪でも始まった。大阪・堂山のコミュニティスペースdistaでは二〇一八年一一月三日にパイロット版が、二〇一九年四月からは二ヶ月に一回、NOT ALONE CAFE OSAKAが開かれることとなった。

distaとMASH大阪のスタッフにメールで行ったインタビューで、NOT ALONE CAFE OSAKAを始めることとなったきっかけを聞いた。

コミュニティセンターdistaは、ゲイ向け商業施設が集積する堂山の真ん中で運営されていますが、ここ数年外国からの利用者や日本に滞在している外国人の利用が増えています。特に台湾やタイ等のアジア地域からの利用者が多いように思いますが、コミュニティの情報や性感染症の情報を求めて、コミュニティセンターdistaに来られます。

出身国と日本のエイズ対策の状況は検査環境や治療の状況などが異なっているので、可能な範囲で説明していますが、まだまだ支援が不足しているのではないかと感じています。

市内でも堂山でも、外国人当事者を見かける機会も多いですし、コミュニティセンターdistaに繋がらない外国人も多くいて、情報や支援を必要としているのではないかと思います。

そういったことを背景にし、彼らにとっても僕たちにとっても、セクシュアリティを気にせず、安心してセックスのことやコミュニティのことを話し、繋がることができる場所や機会が必要だと感じていました。またdistaをそういった場所にしたいと意見交換を続けてきました。

ちょうどよいタイミングで、NOT ALONE CAFE TOKYOやNPO法人ぷれいす東京からの支援をいただき、NPO法人CHARMのご協力を得て、NOT ALONE CAFE OSAKAを今回、開催することができました。開催できて、とてもうれしかったです。

また、実際にやってみてどのような反応があったのか。

当日は、二〇代から七〇代までの幅広い年代の約四〇名の方が来場されました。オーストラリア、アメリカ等より来日された居住者、旅行者の方もおられ、distaのリピーターの方と盛り上がっておられました。多言語に対応できる資材の準備をすることも考えましたが、「せっかくなので、日本人と外国人が垣根を越えてコミュニケーションを図りやすい場をつくってみましょうよ」と、外国人向け支援を行われているCHARMさんのご助言もあり、distaの定期イベント〈サロン・ド・オニ〉や〈中国語講座〉のみなさんにも協力していただき、「おいしい料理（パエリア）とワインを囲んで」、「やさしい日本語で会話してみる」というゆったりした雰囲気がひろがりました。日本人のdistaのリピーターの方にとっても、異なる文化の交流ができる珍しい機会になったのではないかと思います。

　余談ですが、当日、四歳のちびっこも参加していて、こどもエリアも設けました。distaのリピーターの方と仲良く遊んで、最後は「帰りたくない」と駄々までこねてくれました。「どなたでも参加できる」という雰囲気が、彼のおかげでぐっと広がったようにも思います。

❻ 他のプロジェクト

二〇一八年二月一二日、akta TAG TOURというイベントをaktaと共催した。司会を日本語、英語、中国語で、ＨＩＶ陽性者の手記の朗読、医師による情報提供、ゲイの和太鼓チームの演奏などを行った。

　研究班によるＨＩＶに関するパンフレット「OK! TOKYO」作成にも協力した（スペイン語・ポルトガル語・フィリピン語・韓国語・タガログ語・簡単日本語版と・日本語・中文・ベトナム語）。

　Ｔシャツの販売は、これまでに、コリア・クィア・カルチャー・フェスティバルなどで行った。また、東京RAINBOW PRIDE PARADE 2018〜2019では、ブースを出し、Ｔシャツやグッズの販売を行った。さらに、ブースでは「Ｙｏｕはどこから NＡＣへ」を実施。来場者がどこからきたのかを世界地図にマッピングしてもらい、可視化する取り組みを行った。

二〇一九年　バー・キャンペーン

「日本人が通うゲイバーにいきたい。でも、一人では怖い」という参加者の声に答えて、新宿二丁目のゲイバーの経営者たちと相談して、外国人を歓迎するバーをマッピングし、ウ

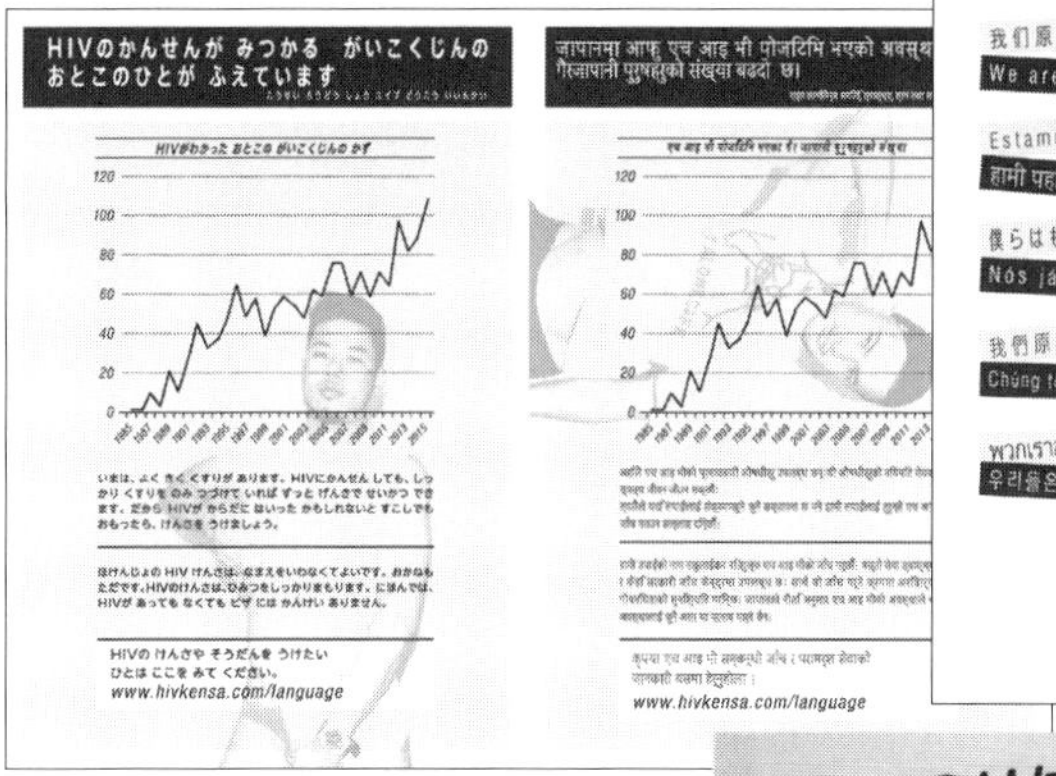

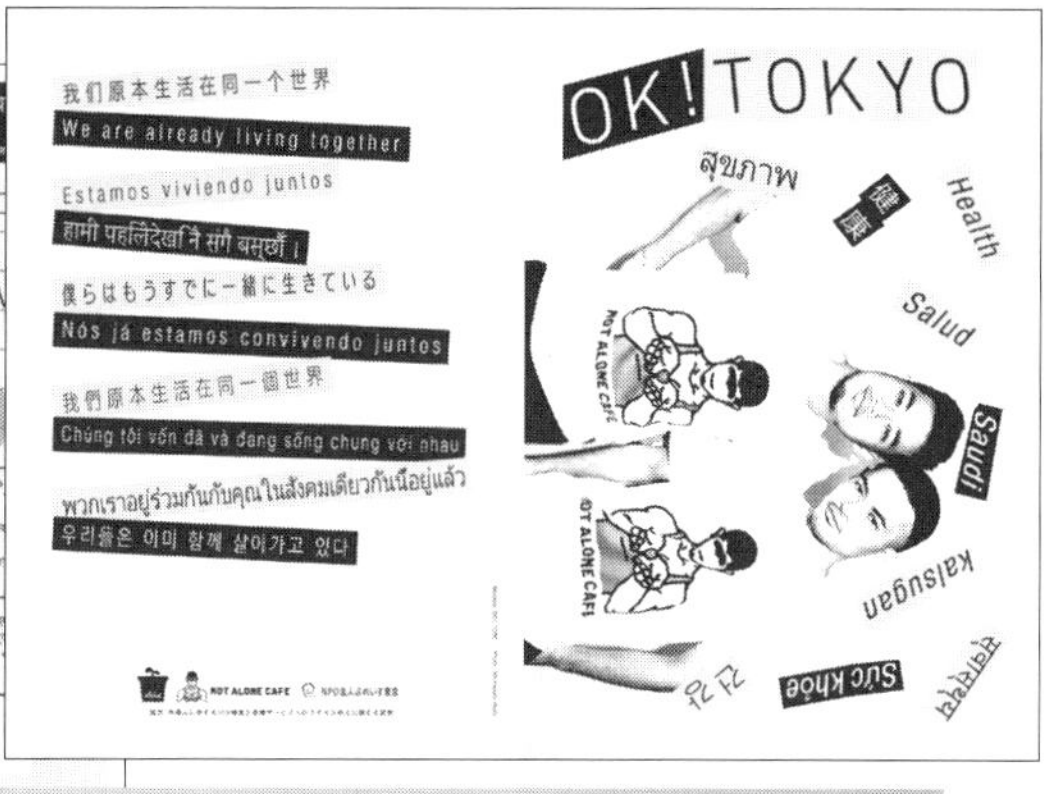

Tシャツはこちらで販売
NOT ALONE CAFE TOKYO
https://notalonecafe.com/

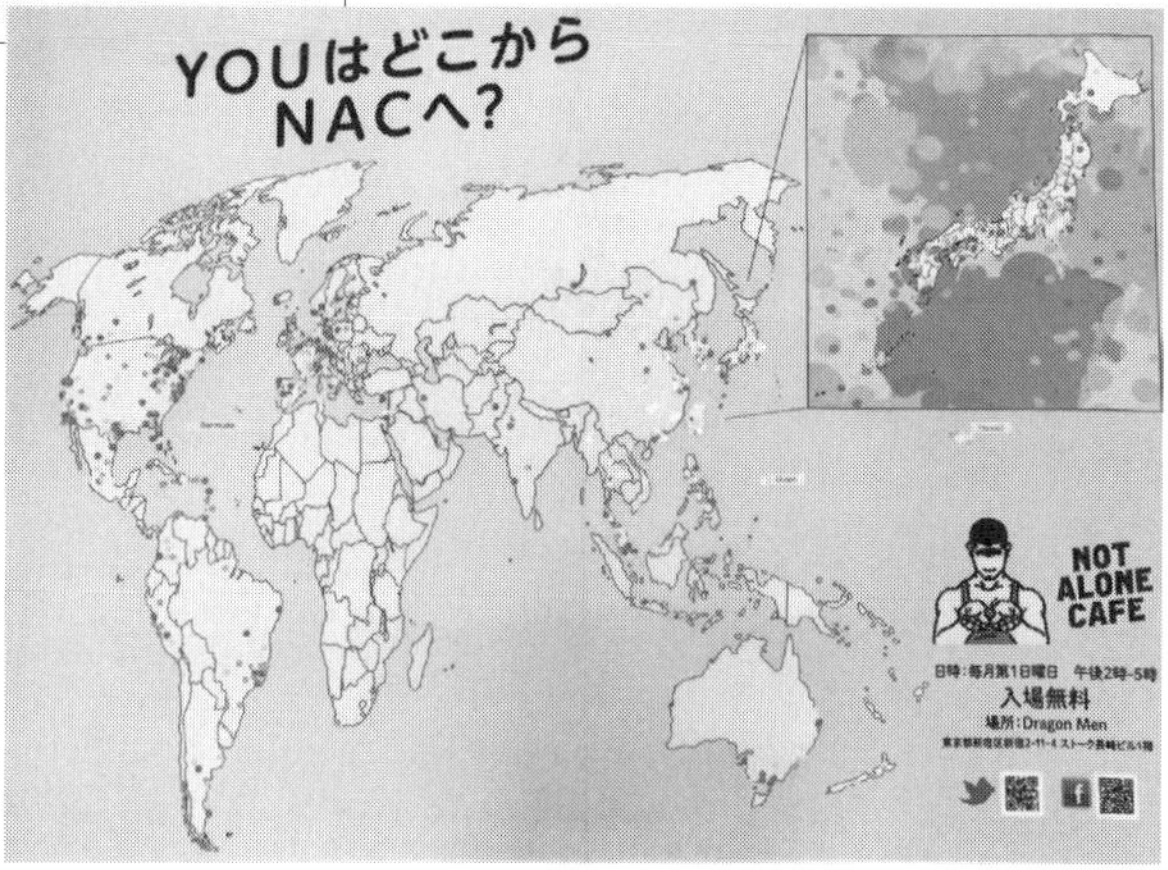

エブにて紹介を行う予定だ。

最初は多言語対応がおもてなしであると思っていたが、実は「日本人と繋がれる」がニーズだった。経済的な理由でアルバイトをしている人たちにとっては、バーに行く余裕もない。でも、NOT ALONE CAFE TOKYOであれば、通えるという若者もいる。残念ながら、日本語能力試験に合格できずに帰国する人もいるが、交流の時が持ててよかったと思う。

❼ おわりに

二〇一九年八月一日の時点で新宿区は、人口三四万八五八七人のうち、四万三〇六五人、つまり全体の約一二・四％が外国人という、日本でも有数の外国人の多い地域で、一三五の国と地域の出身者が暮らしている。外国人との共生は未来ではなく、すでに現実のものなのだ。

国が掲げる「留学生三〇万人計画」、労働力不足を解消するために事実上の外国人労働者の受け入れ制度である「外国人技能実習制度」が導入され、二〇一九年四月からは、改正された入管法に基づく在留資格「特定技能」ができ、今後さらに多くの外国人が日本にやってくる。

政策的に多くの外国人を受け入れるようになった一方で、外国人をいかにケアするかという体制は、国、行政、社会ともに遅れていると言わざるを得ない。

NOT ALONE CAFE TOKYO 年表

2016. 8. 14	コアミーティング
2016. 9. 24	準備会の開催
2016. 11. 13	ファンドレイジング・パーティ開催　収益：114,500 円
2017. 2. 5	NOT ALONE CAFÉ TOKYO スタート（毎月第 1 日曜日）
2017. 5	STORES を開設。ウェブにて T シャツ販売を開始
2017. 7. 15	コリア・クィア・カルチャー・フェスティバルにて T シャツ販売
2018. 2. 12	akta TAG TOUR でコラボ
2018. 2. 12	「OK！ TOKYO」研究班による HIV に関するパンフレット作成に協力（スペイン語・ポルトガル語・フィリピン語・韓国語・タガログ語・やさしい日本語版と日本語・中文・ベトナム語）
2018. 5. 5-6	TOKYO RAINBOW PRIDE にブース出展
2018. 5. 6	TOKYO NO HATE ブースにて T シャツ販売
2018. 11. 3	NOT ALONE CAFÉ OSAKA パイロット施行
2019. 4	NOT ALONE CAFÉ OSAKA　2 ヶ月 1 回開催に
2019. 4. 28–29	TOKYO RAINBOW PRIDE にブース出展
2019. 5. 15	ピクニック イベント開催
2019. 6. 2	定例の NOT ALONE CAFE にトークゲストとして，Nahwan Jeon を迎えてトーク

NOT ALONE CAFE TOKYO 東京
twitter　@NotAloneCafe
facebook「Not Alone Cafe 東京」で検索できます。

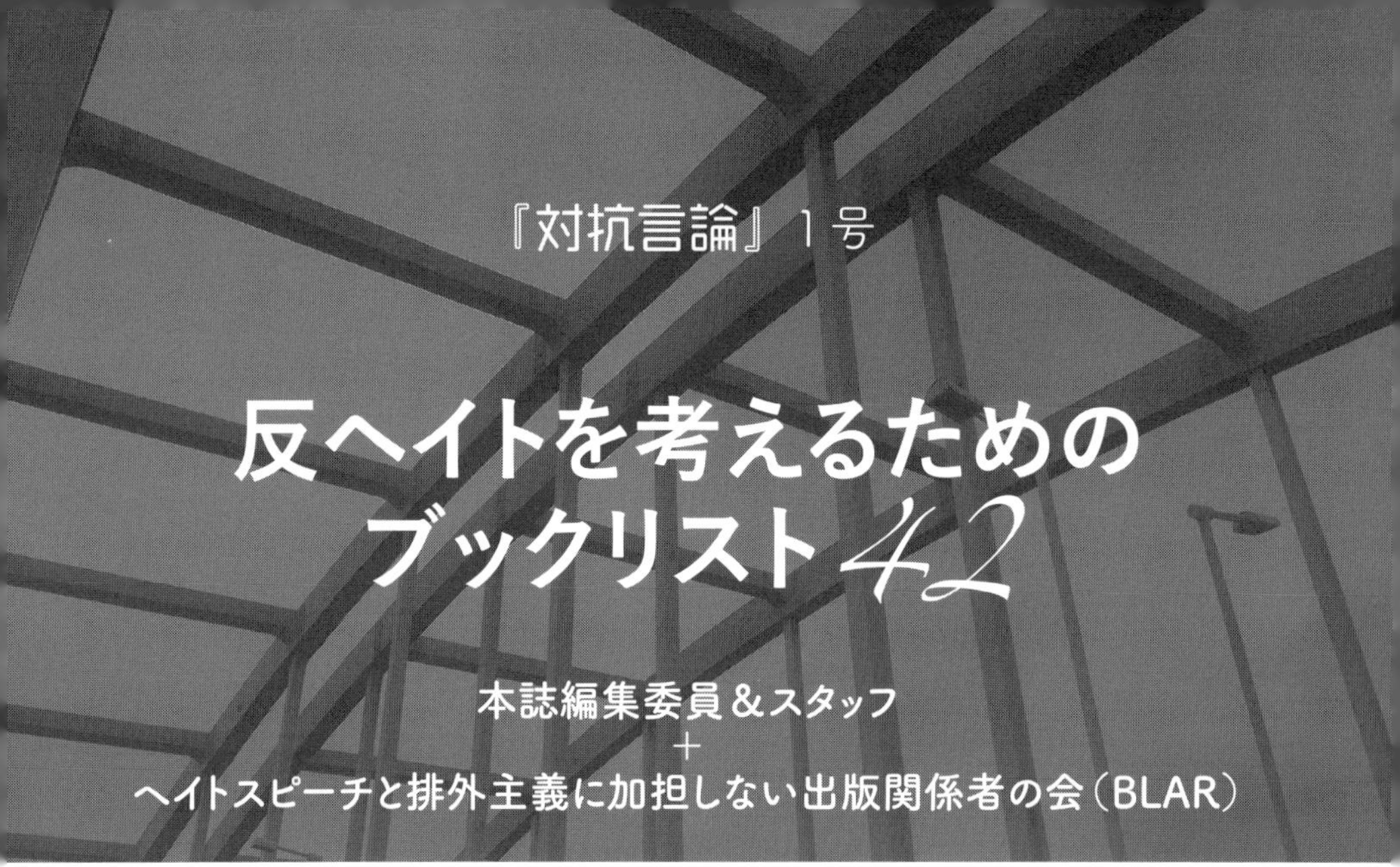

『対抗言論』1号

反ヘイトを考えるためのブックリスト42

本誌編集委員&スタッフ
+
ヘイトスピーチと排外主義に加担しない出版関係者の会(BLAR)

◎民族差別とヘイトスピーチ

師岡康子『ヘイト・スピーチとは何か』
樋口直人『日本型排外主義』
高史明『レイシズムを解剖する』
梁英聖『日本型ヘイトスピーチとは何か』
倉橋耕平『歴史修正主義とサブカルチャー』
樋口直人ほか『ネット右翼とは何か』
安田浩一『愛国という名の亡国』
加藤直樹『九月、東京の路上で』
法学セミナー編集部編『ヘイトスピーチとは何か』
永江朗『私は本屋が好きでした』

◎女性・LGBT・男性

田中美津『いのちの女たちへ』
上野千鶴子『女ぎらい』
遠藤まめた『先生と親のためのLGBTガイド』
森山至貴『LGBTを読みとく』
森岡正博『感じない男』
杉田俊介『非モテの品格』

◎障害者差別と優生思想

横塚晃一『母よ! 殺すな』
荒井裕樹『差別されてる自覚はあるか』
綾屋紗月・熊谷晋一郎『つながりの作法』
児玉真美『殺す親 殺させられる親』
武田泰淳『富士』
雨宮処凛編著『この国の不寛容の果てに』

◎在日・移民・難民

望月優大『ふたつの日本』
髙谷幸編著『移民政策とは何か』
金石範・金時鐘『増補 なぜ書きつづけてきたか なぜ沈黙してきたか』
金鶴泳『凍える口 金鶴泳作品集』
康潤伊・鈴木宏子・丹野清人編著『わたしもじだいのいちぶです』
ナディ『ふるさとって呼んでもいいですか』

◎差別なき社会のために

丸山眞男『超国家主義の論理と心理 他八篇』
橋川文三『日本浪曼派批判序説』
H・アーレント『全体主義の起原』
水島治郎『ポピュリズムとは何か』
D・J・グッドマン『真のダイバーシティをめざして』
A・R・ホックシールド『壁の向こうの住人たち』
F・ベラルディ『大量殺人の〝ダークヒーロー〟』

◎日本近現代史を再起動するために

小熊英二『〈日本人〉の境界』
大田昌秀『醜い日本人』
中沢啓治『はだしのゲン』
齋藤直子『結婚差別の社会学』
野田サトル『ゴールデンカムイ』
生田武志『いのちへの礼儀』
川村湊『川村湊自撰集4 アジア・植民地文学編』

ヘイト・スピーチとは何か

師岡康子 著

マイノリティ被害者に自死をもたらすほどの苦しみを与えるヘイト・スピーチ＝「差別扇動」をどう止めるのか。世界のさまざまな取り組みにも目を向けながら、法規制か「表現の自由」かという議論にとどまるのではなく、どのような差別撤廃法制度が必要なのか日本社会が具体的に検討するべき時期に来ていることを示す。ヘイトとの闘争の最前線に立った弁護士による渾身の一冊。

岩波新書／二〇一三年

日本型排外主義

在特会・外国人参政権・東アジア地政学

樋口直人 著

すでに長い居住の歴史をもつ在日コリアン・中国人を標的とし続けてきたこと、そこに欧米と異なる「日本型排外主義」の特徴がある。その背景には、東アジアの地勢学的構造がある。外国人差別や排外主義が、その時々の外交政治に左右されてしまう。それらを超えていくには、近代日本史それ自体に内在する植民地主義、あるいは戦後補償の問題に向き合わねばならない。

名古屋大学出版会
二〇一四年

レイシズムを解剖する

在日コリアンへの偏見とインターネット

高史明 著

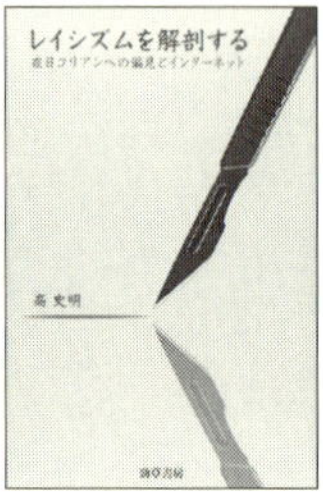

著者は三十代の心理学者。本書は、ツイッター上の膨大な投稿、および大学生への質問紙調査を計量的に分析し、在日コリアンに対するレイシズムの構造と特徴を、社会心理学的に解明している。レイシズムを強化する要因だけでなく、緩和する要因も分析されており、教育などでの対策についても示唆に富む。

勁草書房
二〇一五年

日本型ヘイトスピーチとは何か

社会を破壊するレイシズムの登場

梁英聖 著

ヘイトクライムとヘイトスピーチの氾濫は、「ふつう」の人たちが醜悪な差別を好む現実をまざまざと見せつけている。なぜ日本は「誰もが安心して差別できる社会」になってしまったのか。この目をそむけたくなるような問いに真っ向から向き合い、反レイシズム規範を確立しようとする、理論的かつ実践的な戦闘の書。

影書房
二〇一六年

歴史修正主義とサブカルチャー

90年代保守言説のメディア文化

倉橋耕平 著

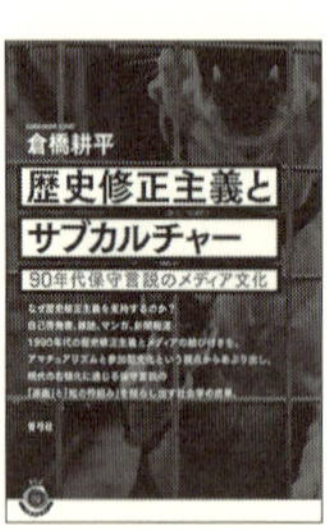

九〇年代に拡大した歴史修正主義とそれに形を与えたメディア文化を検討し、現在の惨憺たる風景の「原画」と歴史修正主義者の「知」を照らし出す。その「知」を形成するアマチュアリズム、参加型文化、政治言説の商業化などはメディア文化の特性だったのであり、ヘイトとメディアの関係を考える上での重要な一作。

青弓社
二〇一八年

ネット右翼とは何か

樋口直人・永吉希久子ほか 著

日本のインターネット空間に排外主義的傾向を持つ人々がさまざまな属性とともに幅広く存在する実態を大規模調査をもとに論じる。二〇一四年の総選挙でソーシャルメディア上に作り出された「潜在的公共圏」が安倍首相のナショナリスト的アジェンダを支持する役割にまわったことを明らかにする第五章「ネット右翼と政治」（ファビアン・シェーファーほか）が注目される。

青弓社／二〇一九年

愛国という名の亡国

安田浩一 著

ヘイトスピーチ批判のパイオニアとして知られる著者が、二〇一九年の日本社会の底を流れる不気味な世相――差別を否定せず、弱者・少数者に「身の丈」にあった生き方を強要する――を描き出し、その源流を戦後の裏政治史に求める。鋭い社会批判の書。愛国という名で語られ、亡国へと向かう差別依存からの決別をわたしたちに突きつける。『「右翼」の戦後史』（講談社現代新書）も必読。

河出新書／二〇一九年

九月、東京の路上で

1923年関東大震災ジェノサイドの残響

加藤直樹 著

東京は民族虐殺《ジェノサイド》が起こった街――。二〇一三年新大久保に響いたヘイトスピーチが九〇年前の東京と共鳴していることに気づいた著者は、虐殺があった各地を訪ね、証言や記録を集め始めた。震災当時を生きた文学者の言葉なども多数紹介する本書から浮かび上がるのは「非人間化」と「共感」がせめぎあう、その現場である。

ころから
二〇一四年

ヘイトスピーチとは何か

民族差別被害の救済

法学セミナー編集部 編

リーディングケースである京都朝鮮学校襲撃事件、徳島県教組襲撃事件を中心に、裁判で明らかにされてきた民族差別被害の実態や、背景にある日本社会のあり様から、ヘイトスピーチの実害を徹底して浮き彫りにする。憲法・刑法など法的対応の可能性や条例による取り組みを探った姉妹本『ヘイトスピーチに立ち向かう』も必読。

日本評論社／二〇一九年

私は本屋が好きでした

あふれるヘイト本、つくって売るまでの舞台裏

永江朗 著

憂鬱な本だ。著者自身「げんなりする」「不愉快だ」と言いつつ、ヘイト本が生まれ流通する過程を丹念に取材する。それは本と書店への愛ゆえだが、それを「でした」と過去形にせざるを得ない現実。出版人には身に迫る苦悩だが、差別に脅かされる側にはどう映るか。「出版界はアイヒマンだらけ」と自嘲するだけでは済まない。

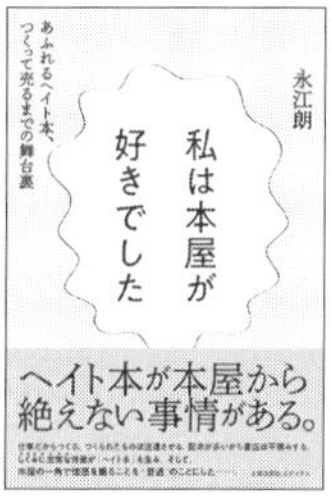

太郎次郎社エディタス
二〇一九年

いのちの女たちへ

とり乱しウーマン・リブ論

田中美津 著

かつてウーマンリブは内なる「無価値な女」という呪いに向き合った。その痛みにおいて女としての自由を生きようとした。しかし同時に、四十年以上前の告発を思い出そう。「マン・リブというのはなにを原点にして己れを明らかにしていくのだろうか」。「男」の痛みを見つめ、欲望と社会を同時変革していくこと。「男」たちもまた、誰もがありのままの自分を愛せる世界を夢見うるのか。

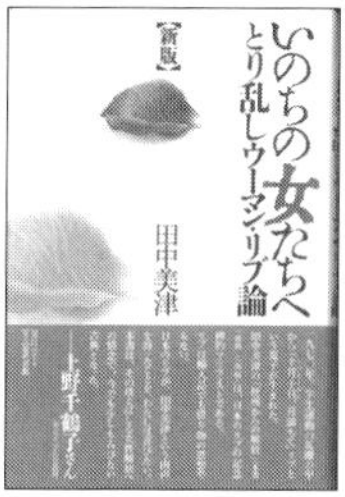

パンドラ／二〇一六年

女ぎらい

ニッポンのミソジニー

上野千鶴子 著

ミソジニー。「女性嫌悪」と訳すことができる。女好きの男もいるが、ならば「女性蔑視」と訳すことでこの感覚が理解できるだろう。しかし、ミソジニーはもっと複雑な言葉である。なぜなら女性自身の中にもこの感覚があり、それはすなわち「自己嫌悪」へと繋がるからだ。誰も性から逃れられないし、調べれば調べるほど難しい。だからこそ、見識を深めたい。

朝日文庫
二〇一八年

先生と親のためのLGBTガイド
もしあなたがカミングアウトされたなら

遠藤まめた 著

著者は学校や行政機関で研修を行ったり、電話相談で悩みに応えるなど、LGBTの子どもたちの声に耳をすませ、その実態を世に伝える活動を十数年行ってきた。自身もかつて「ひとりぼっちの小さな生き物」だった者として。あらゆる人々が内なる「ひとりぼっちの小さな」声に耳をすませるとは、どういうことか。そんなことを考えさせる。

合同出版／二〇一六年

LGBTを読みとく
クィア・スタディーズ入門

森山至貴 著

多文化共生や多元主義があるていど成熟した、それゆえに構造的な非対称や差別がかえって見えにくくなる。マイノリティ同士の格差や差別も当然あるし、あり続けてきた。同情や善意では危うい。何が偏見で差別なのかわからない、という繊細な自覚をデフォルトとするべきだ。この世界の複雑なめんどくささを楽しもう。自らを変えられていくという喜びを味わおう。

ちくま新書 二〇一七年

感じない男（決定版）

森岡正博 著

「男」（多数派の異性愛男性）たちの中にも、根深い自己嫌悪としての男性嫌悪＝ミサンドリーがあるとすれば。そのために身体的な不感症に陥っているとしたら。そうした自己嫌悪の側面から、男性の性愛や身体についてあらためて問い直すこと。それは女性差別や性的少数者に対するヘイトの問題を考える上で、重要なヒントを与えてくれるだろう。

ちくま文庫 二〇一三年

非モテの品格
男にとって「弱さ」とは何か

杉田俊介 著

シスヘテロ男性＝マジョリティ男性に向けられた一冊。論旨が一本道ではないが、その迷いこそが多様性や包括性を示してくれている。ウジウジ、メソメソ。それがこの本の肝だ。副題にある「弱さ」という言葉に注目しよう。著者はルサンチマンを否定せず、自らに叩きつけるように、ときには包み込むようにして語っている。「変革」のためにこそ「弱さ」を今見つめたい。

集英社新書 二〇一六年

母よ！殺すな

横塚晃一 著

偏見や差別以前にある暴力とは何か。横塚はつねにそれを問い続けた。寝たきりの重度障害者が介助者にウンコを「とらせてやる」のも「重労働」であり、「一つの社会参加」である……。能力主義こそが根源的な暴力だとしたら。一九七〇年代の障害者解放運動には、そんなみもふたもない疑いがあり、それを超える未曾有の「社会構造」への夢と予兆があった。

生活書院 二〇〇七年

差別されてる自覚はあるか
横田弘と青い芝の会「行動綱領」

荒井裕樹 著

「青い芝の会」の横田弘のもとに通った著者が、「宿題」として苦心の末に完成。重要なのは、社会運動と芸術創造がつねに複眼的に見つめられていくことだ。障害者や病者は受け身の存在ではなく創造的主体でもある。優生思想を批判するのは簡単だ。だが自らを含む「健全者文明」を問い直すことは依然、無限に困難な課題である。

現代書館 二〇一七年

つながりの作法　同じでもなく違うでもなく

綾屋紗月・熊谷晋一郎 著

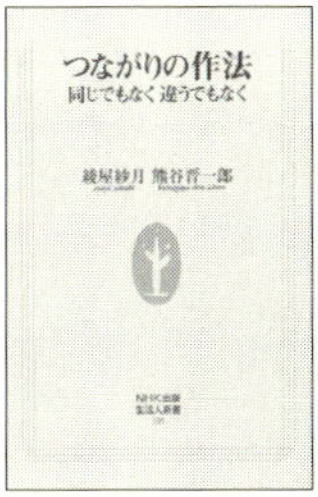

自閉スペクトラム症者×脳性マヒ者の協同作業。近年、身体障害、発達障害、依存症などの当事者運動がクロスし、豊かな化学変化を起こしている。正常／異常、健常／障害などの対立を強調すれば個々人の違いが消え、個性を強調しすぎれば連帯や共感が見失われる、というジレンマ。その先にある「つながりの作法」として、当事者研究という方法に本書は注目している。

生活人新書
二〇一〇年

殺す親　殺させられる親

児玉真美 著

障害当事者でも支援者でもない家族介護者《ケアラー》たちの存在は無視されてきた。著者は重い障害のある娘の親として、近年の医療現場や生命倫理の最前線に切り込んでいく。親が子を殺す社会とは「家族に殺させる社会」だ。しかし自分たちには「母として」「我が子のために」語る言葉はあるものの、「母でもある私」の「弱さ」「醜さ」や「矛盾」をありのままに語る言葉がないのではないか。すさまじい本だ。

生活書院／二〇一九年

富士

武田泰淳 著

戦争期の精神病院が舞台。祝祭的な全体小説。そもそも狂気とは何か。マイノリティたちの社会的闘争の最前線には、当事者同士ですら分かち合えない沈黙があり、「我慢」がある。泰淳はその先で、宗教的かつ革命的な「平等」の不気味な姿――地獄と極楽が等しくなるような――を描き尽くす。アイヌたちの闘争を描く『森と湖のまつり』も必読。現代においてこそ。

中公文庫
二〇一八年

この国の不寛容の果てに　相模原事件と私たちの時代

雨宮処凜 編著

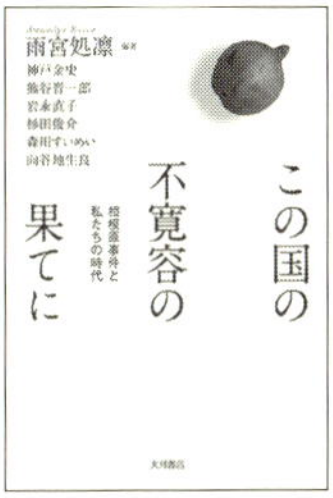

相模原障害者施設殺傷事件とその背景について、編著者と六人の論者が多様な立場から語る対談集。対談集にありがちな散漫さがなく、どの論者も雨宮の絶妙のリードのもと問題の核心を真摯に突き詰めていく。「生産性」で命の重さを測る価値観を生み出したこの国の鬱屈の正体は何か。複雑な大問題への入門書として最適。

大月書店
二〇一九年

ふたつの日本　「移民国家」の建前と現実

望月優大 著

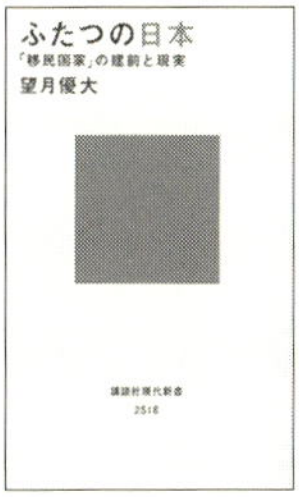

日本で暮らす外国人＝移民が増え続けているという「現実」。しかし政府はこれを認めず、サイドドアから外国人労働者を呼び続けている。さて、私たちはどうすればいいのだろうか。そう、すでにこれは「彼ら」ではなく、「私たち」の問題として受け止めるべきだ。移民の生の声を聞くために、著者が編集長のウェブマガジン『ニッポン複雑紀行』も参照してほしい。

講談社現代新書
二〇一九年

移民政策とは何か　日本の現実から考える

髙谷幸 編著

ビザのない外国人は国家の承認なき住民であり、さまざまな制度から排除される。他方で、人が生活する中では人間関係や社会組織との接点も生まれる。この「社会」と「国家」のズレを非正規移民は体現するという。労働力だけを求め、人間の他の側面を無視する政策は日本社会にも長期的損失を招くと、歴史と現状を踏まえて警鐘を鳴らす。

人文書院／二〇一九年

増補 なぜ書きつづけてきたか なぜ沈黙してきたか

金石範・金時鐘 著

四・三事件とそれに続く済州島の抗争は、支配者が帝国主義日本から米軍政と李承晩政権に変わっただけで、真の民族解放を得ないまま、分断と社会矛盾を一身に背負った旧植民地の悲劇を表している。『火山島』などで故郷の悲劇を伝えてきた小説家と、同胞殺戮の惨状を目撃しながら長く沈黙してきた詩人による魂の対話。

平凡社ライブラリー 二〇一五年

凍える口　金鶴泳作品集

金鶴泳 著

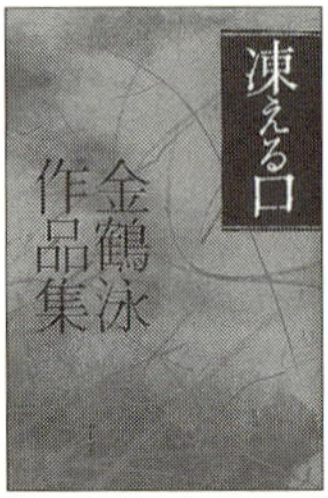

『土の悲しみ　金鶴泳作品集II』と合わせて作家のほぼ全作品を収録。「かえって日本は朝鮮によいことをしたんじゃないかしら」「差別がいやなら自分の国にお帰りになったらよいのです」。人間の孤独や悲しみを追究する金鶴泳文学の背景には在日朝鮮人への差別と、現代のヘイトスピーチと懸隔のない悪辣な言葉があった。小説・エッセイのほか、作家の日記を抄録。

クレイン 二〇〇四年

わたしもじだいのいちぶです

川崎桜本・ハルモニたちがつづった生活史

康潤伊・鈴木宏子・丹野清人 編著

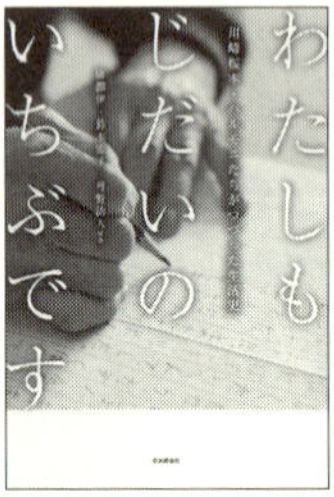

本書は、戦中戦後の厳しい時代を、文字の読み書きを学ぶ機会を奪われて生きてきた在日一世のハルモニたちが、識字学級で文字を得て、生き生きと力強く書きつづった文章の数々で編まれている。文字を得たハルモニたちは、周りの人々と豊かに語り合い始め、様々な体験や学びの営みを、遅くはなったが、いま積み重ねている。

日本評論社 二〇一九年

ふるさとって呼んでもいいですか

6歳で「移民」になった私の物語

ナディ 著

六歳の時に家族でイランから日本にやって来た女の子の自叙伝。「移民」ゆえの苦労が、等身大で切実に語られる。「移民」「日本人」と同じような日常生活を読むうちに、「移民」はみんなそれぞれに違う一人の人間であるという、当たり前のことに気づかされる。問題は「移民」ではなく、受け入れる社会の側にある。

大月書店 二〇一九年

超国家主義の論理と心理 他八篇

丸山眞男 著

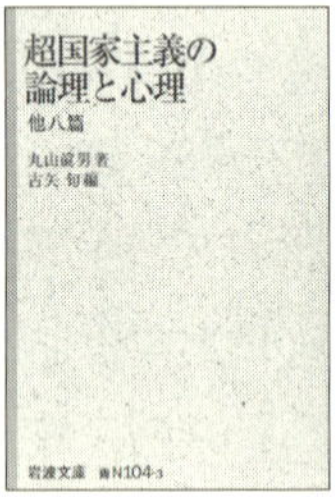

日本人は虚無への忖度（＝自発的隷属）に対していかに抵抗しうるのか。市民革命を経験せず、人民統合のリソースを持たない近代日本は、国体や天皇を神輿とする以外なかった——とすれば、虚無に呑み込まれず、自由な個人であるためにはどうすればいいのか。丸山が人生をかけた未完のデモクラシーの夢を、我々は痛みなしに読めるだろうか。

岩波文庫 二〇一五年

日本浪曼派批判序説

橋川文三 著

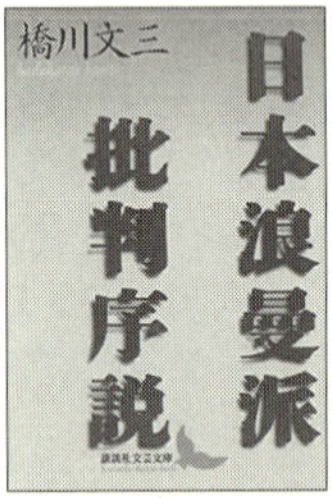

日本近代史に憑依する呪いのようなロマン主義（超国家主義）。それを超えるには、ロマン的な夢を無限に再生産し「醗酵」させる「母胎」を分析し、それを生み出さないような社会的現実を獲得しなければならない。憎悪でも無理解でも無関心でも足りない。私たちは依然として、天上（宗教）の批判と地上（政治）の批判という、二重の批判を必要とする。

講談社文芸文庫 一九九八年

全体主義の起原 1・2・3

ハンナ・アーレント 著

全体主義的な暴力は、この世界に産まれても産まれなくても同じだった、という不気味な無用性を蔓延させていく。強制収容所が強いる人間の無用化と、現代社会で大衆たちが日々感じる「この私は無用な存在だ」という不安は地続きなのだ。すると国家と強制収容所の共依存的な構造を超えない限り、我々は全体主義の暴力を（無用性の不安を）超えられないのではないか。

みすず書房
二〇一七年

ポピュリズムとは何か

民主主義の敵か、改革の希望か

水島治郎 著

ポピュリズムはデモクラシーの敵である、と単純には言えない。それはデモクラシーの矛盾それ自体から出てくるものであり、歴史的にも「解放の論理」と排外主義的な「抑圧の論理」の両面性を持ってきたからだ。ポピュリストは「真の民主主義者」を名乗る。それならば、ポピュリズムとは（右でも左でもなく）「下」からの運動なのだろう。

中公新書／二〇一六年

真のダイバーシティをめざして

特権に無自覚なマジョリティのための社会的公正教育

ダイアン・J・グッドマン 著

複合差別や多重アイデンティティを標準とし、その上で、マジョリティ集団の特権・恩恵について考えること。痛みなしに自分を変えることはできず、不安や感情的抵抗がポイントになる。多数派はどうすれば内側から社会的公正を欲望し、自分を変えられるという解放と自由を感じられるのか。現代マジョリティの必読書。

上智大学出版
二〇一七年

壁の向こうの住人たち

アメリカの右派を覆う怒りと嘆き

アーリー・R・ホックシールド 著

最も貧しい州の一つルイジアナの人々はなぜ、規制緩和や環境汚染によって生活を破壊する右派の支持者になるのか。その矛盾に迫るため、価値観や感情の対立を超えて、ディープストーリー（その人が真実と感じる物語）に耳をすませる。右と左、リベラルと保守の「壁」を超えうる新たな〈物語ならぬ〉世界観とは。その手がかりがある。

岩波書店／二〇一八年

大量殺人の〝ダークヒーロー〟

なぜ若者は、銃乱射や自爆テロに走るのか？

フランコ・ベラルディ 著

世界中で起こる銃乱射や大量殺戮は、スペクタクルを伴う自殺のようなものであり、それは現代の絶対的資本主義の絶望に対する痙攣的な反応である。大量殺人を現代アートのように行うこと――現代のダーク・ヒーローたちは、大量殺戮という自滅的な表現によって、疎外から脱して自由を手に入れようとしているのだ。

作品社
二〇一七年

〈日本人〉の境界

沖縄・アイヌ・台湾・朝鮮 植民地支配から復帰運動まで

小熊英二 著

明治維新から日清・日露戦争をへて、東アジアを植民地化し、やがて〈大東亜共栄圏〉へと膨張していった帝国日本は、隣国や異民族といった他者の存在をどう理解し、包摂し、排除してきたのか。同著者の『単一民族神話の起源』と『〈民主〉と〈愛国〉』の間に刊行された、近代日本のコロニアリズム理解への導入の書。

新曜社
一九九八年

醜い日本人 日本の沖縄意識

大田昌秀 著

一九九五年、摩文仁《まぶに》の平和祈念公園に「平和の礎《いしじ》」を築いた沖縄県知事は、少年のころ鉄血勤皇隊として動員され、戦場の地獄を見た。日本復帰前の一九六九年、歴史学者の筆で書かれた本書は、日本の人々がなぜ沖縄の苦しみを自分の問題としなければならないか、五十年後の今もまっすぐに問いかける。「反日」の書などではない。理解と和解のための本である。

岩波現代文庫 二〇〇〇年

はだしのゲン 全10巻

中沢啓治 著

知らない人はいないであろう名作漫画。そこに描かれる戦争の悲惨さや愚かさについては、今さら書くまでもない。しかし、ここに来てさらに気づかされるのは、ヘイトの重層構造がこれでもかと描写されている点である。時にそれは「非国民」や「朝鮮人」、原爆症の人間や「パンパン」の女性、孤児たちを指す。不条理への抵抗を描くという意味で普遍的な作品だ。

汐文社 一九七五〜八七年

結婚差別の社会学

齋藤直子 著

部落出身者への結婚差別をテーマとする。一九九〇年代以降、部落問題は「もはや存在しないもの」にされがちだった。しかしそれは「もう部落差別なんてない」「そっとしておけばなくなる」「差別はなくならない」等々のレッテルと正当化によって不断に先送りにされてきた。倫理と学術研究。そのどちらもが欠けても、当事者の力になりえない。そんな感覚が染みとおった好著。

勁草書房／二〇一七年

ゴールデンカムイ

野田サトル 著

日露戦争後の北海道が舞台のサバイバルバトル漫画。主人公は退役軍人。物語の主軸は金塊探しだが、そこに描かれるアイヌ文化に何より注目させられる。執拗とも思える食事の描写が魅力的だ。動物の肉を喰らい、受け止め、アイヌの言葉を混じえながら、表情の豊かさを見せる登場人物たち。ところどころに散りばめられたユーモアも噛み締めながら味わいたい作品である。

集英社 二〇一五年〜

いのちへの礼儀 国家・資本・家族の変容と動物たち

生田武志 著

二〇世紀後半の畜産革命によって管理と工場化が徹底され、動物たちの苦痛と尊厳剥奪はいまや極大化している。人類は伴侶としての動物を愛するが、家族以外の動物の虐待・虐殺には非情なまでに無関心なままだ。そんな時代の新しい動物倫理とは。人間と動物の同時解放の道とは――管理された労働者たちの運命は、動物の「絶滅より悪い運命」と酷似するのだから。

筑摩書房 二〇一九年

川村湊自撰集4 アジア・植民地文学編

川村 湊 著

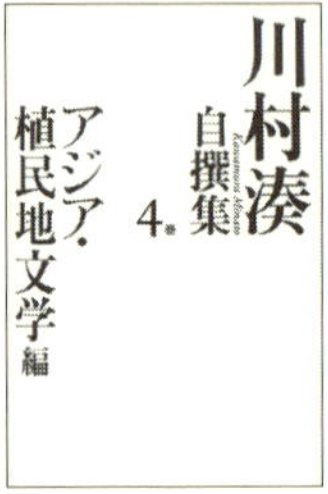

著者の先駆的な仕事は、韓国の図書館で見知らぬ日本名の作家たちが書いた半分朝鮮語、半分日本語の雑誌を見つけたことから始まった。日本人／日本語／日本列島（そして「昭和」）に閉ざされてきた日本文学を、朝鮮・中国・南洋・樺太などのアジア地域とその歴史との関係において見ることで、日本とアジアの現実を、忘れてはならない歴史の固有性を浮かび上がらせる。

作品社 二〇一五年

執筆者紹介

杉田俊介（すぎた しゅんすけ）
一九七五年神奈川生。批評家。『宮崎駿論』（ＮＨＫブックス）、『ジョジョ論』『戦争と虚構』（作品社）、『長渕剛論』（毎日新聞出版）、『無能力批評』（大月書店）、『非モテの品格』（集英社新書）、『安彦良和の戦争と平和』（中公新書ラクレ）ほか。

櫻井信栄（さくらい のぶひで）
一九七四年神奈川生。日本文学研究者、日本語教師、韓国語翻訳者。小説「吃音小説」（『三田文学』一九九九年冬季号）、共著『在日コリアン文学と祖国』（建国大学校アジア・ディアスポラ研究所）、論文「金鶴泳文学と民族差別について」（『日本文化学報』64）ほか。

川村湊（かわむら みなと）
一九五一年、北海道生。文芸批評家。法政大学名誉教授。著書『異郷の昭和文学』（岩波新書）、『戦争の谺』（白水社）、『韓国・朝鮮・在日を読む』『震災・原発文学論』『ハポネス移民村物語』（インパクト出版会）、『川村湊自撰集』全五巻（作品社）ほか。

中沢けい（なかざわ けい）
一九五九年神奈川生。七八年、小説『海を感じる時』で群像新人文学賞受賞。八五年、『水平線上にて』で野間文芸新人賞受賞。法政大学文学部教授。『楽隊のうさぎ』（新潮文庫）、『女ともだち』（講談社文芸文庫）、『アンチヘイト・ダイアローグ』（人文書院）ほか。

倉橋耕平（くらはし こうへい）
一九八二年生。関西大学大学院社会学研究科博士後期課程修了。博士（社会学）。立命館大学ほか非常勤講師。社会学・メディア文化論・ジェンダー論。『歴史修正主義とサブカルチャー』（青弓社）、共著『歪む社会』（論創社）、『ネット右翼とは何か』（青弓社）。

藤田直哉（ふじた なおや）
一九八三年札幌生。批評家。日本映画大学専任講師。『虚構内存在』『シン・ゴジラ論』（作品社）、『新世紀ゾンビ論』（筑摩書房）、『娯楽としての炎上』（南雲堂）、編著『ららほら』（響文社）、共編著『地域アート』（堀之内出版）ほか。

星野智幸（ほしの ともゆき）
一九六五年生。小説家。九七年『最後の吐息』でデビュー。一九年現在、『だまされ屋さん』を読売新聞夕刊にて連載中。『焔』『俺俺』（新潮社）、『呪文』（河出書房新社）、『夜は終わらない』（講談社）、四巻本の自選作品集『星野智幸コレクション』（人文書院）ほか。

赤井浩太（あかい こうた）
一九九三年東京生。批評家。批評集団「大失敗」所属。「日本語ラップ feat. 平岡正明」（第二回すばるクリティーク賞）、「谷川雁の天啓詩」（『すばる』二〇一九年九月号）。

浜崎洋介（はまさき ようすけ）
一九七八年生。東京工業大学大学院博士課程修了。文芸批評家。『表現者クライテリオン』編集委員。日本大学非常勤講師。『反戦後論』（文藝春秋）、『福田恆存　思想の〈かたち〉』（新曜社）、共著『アフター・モダニティ――近代日本の思想と批評』（北樹出版）ほか。

堀田義太郎（ほったよしたろう）
一九七四年生。東京理科大学講師。共訳D・ヘルマン『差別はいつ悪質になるのか』（法政大学出版局）、論文「何が差別を悪くするのか」（『倫理学年報』59号）、「ベンジャミン・アイデルソン『差別とディスリスペクト』の紹介と検討」（『女性・戦争・人権』18号、近刊）ほか。

藤原侑貴（ふじわらゆうき）
一九八九年東京生。作家。法政大学大学院人文科学研究科日本文学専攻修士課程修了。小説「通りゃんせ」（第三〇回織田作之助青春賞）、「帰郷」（第三二回日大文芸賞佳作受賞）。

加藤直樹（かとうなおき）
一九六七年東京生。出版社勤務を経てフリーランスに。『九月、東京の路上で――1923年関東大震災ジェノサイドの残響』『TRICK――トリック「朝鮮人虐殺」をなかったことにしたい人たち』（ころから）、『謀叛の児――宮崎滔天の「世界革命」』（河出書房新社）、共著『NOヘイト！』（ころから）ほか。

賀茂道子（かもみちこ）
名古屋大学大学院環境学研究科特任講師。博士（法学）。日本政治外交史、占領史研究。著書『ウォー・ギルト・プログラム――GHQ情報教育政策の実像』（法政大学出版局）、論文「占領初期における新聞懇談会の意義」（『人間環境学研究』）ほか。

呉世宗（おせじょん）
一九七四年生。在日朝鮮人文学研究。琉球大学教員。『リズムと抒情の詩学――金時鐘と「短歌的抒情の否定」』（生活書院）、『沖縄と朝鮮のはざまで――朝鮮人の〈可視化／不可視化〉をめぐる歴史と語り』（明石書店）。

石原真衣（いしはらまい）
一九八二年サッポロ生。母方の祖母がアイヌ、父方の祖母は会津藩士の出自。アメリカ留学を経て大学卒業後、英語教員として勤務。北海道大学大学院に進学し博士号取得。同大学文学研究院専門研究員。文化人類学。『〈沈黙〉の自伝的民族誌』（近刊、北海道大学出版会）。

川口好美（かわぐちよしみ）
一九八七年大阪生。文芸批評。作品「不幸と共存――シモーヌ・ヴェイユ試論」（『群像』二〇一六年一二月号、第60回群像新人評論賞優秀作）、「〈内部の人間〉の革命――中野重治再考」（『てんでんこ』第10・11号）ほか。

秋葉忠利（あきばただとし）
一九四二年東京生。元衆議院議員、前広島市長、元平和市長会議会長、広島県原水禁代表委員。数学者。二〇一〇年、マグサイサイ賞受賞。『ヒロシマ市長』（朝日新聞出版）、『新版　報復ではなく和解を』（岩波書店）、『数学書として憲法を読む』（法政大学出版局）ほか。

康潤伊（かんゆに）
一九八八年東京生。専門は在日朝鮮人文学、日本近現代文学。共編著『わたしもじだいのいちぶです――川崎桜本・ハルモニたちがつづった生活史』（日本評論社）、論文「となりあう承認と排除」（『日本近代文学』101）ほか。

雨宮処凜（あまみやかりん）
一九七五年北海道生。作家・活動家。フリーターなどを経て二〇〇〇年、『生き地獄天国』（太田出版、ちくま文庫所収）にてデビュー。『生きさせろ！　難民化する若者たち』（太田出版、ちくま文庫所収）、『「女子」という呪い』（集英社クリエイティブ）ほか。

貴戸理恵（きどりえ）
一九七八年生。関西学院大学社会学部教員。アデレード大学博士課程卒業（PhD）。専門は不登校の「その後」研究。「生きづらさ」「当事者」などをキーワードに個人と社会のつながりを考察。『「コミュ障」の社会学』（青土社）、『不登校は終わらない』（新曜社）ほか。

大中一彌（おおなかかずや）
一九七一年生。パリ第10大学博士（哲学）。法政大学教授。政治学・政治思想。論文に「自発的隷従とは何か」（『20世紀の思想経験』法政大学出版局）、訳書にバリバール『ヨーロッパ、アメリカ、戦争』（平凡社）、ノワリエル『フランスという坩堝』（法政大学出版局）ほか。

高橋若木（たかはし わかぎ）
一九八〇年埼玉生。大学講師。論文「「三・一一後」とは別様に」（『情況』二〇一九年春号）、「二〇一一年以後と六八年革命」（『変革のアソシエ』No.26、社会評論社）、共著『社会はどう壊れていて、いかに取り戻すのか』（同友館）ほか。

温又柔（おん ゆうじゅう）
一九八〇年台北市生。小説家。著書に『台湾生まれ 日本語育ち』『来福の家』（白水Ｕブックス）、『真ん中の子どもたち』（集英社）、『空港時光』（河出書房新社）、『「国語」から旅立って』（新曜社）ほか。

遠藤まめた（えんどう まめた）
一九八七年埼玉生。十代後半よりＬＧＢＴの子ども・若者支援等に取り組む。『先生と親のためのＬＧＢＴガイド――もしあなたがカミングアウトされたなら』（合同出版）、『オレは絶対にワタシじゃない――トランスジェンダー逆襲の記』（はるか書房）ほか。

生島嗣（いくしま ゆずる）
ＮＰＯぷれいす東京代表。ＨＩＶやメンタルヘルスなどのテーマに関わる。社会福祉士。

植田祐介（うえだ ゆうすけ）
一九七四年大阪生。韓国西江大学卒。韓国語翻訳者。

潟見陽（かたみ よう）
グラフィックデザイナー。アジアのクィアなzineや書籍の出版・販売・収集を行うloneliness booksを運営。

ルーアン
台湾出身。Not Alone Cafeでは中国語を担当。

ヘイトスピーチと排外主義に加担しない出版関係者の会
二〇一四年結成。他民族や少数者への敵意を煽る「ヘイト本」の横行に対し、出版業界の責任を問う提言活動を続ける。別名BookLovers Against Racism（ＢＬＡＲ）。編著『ＮＯヘイト！ 出版の製造者責任を考える』（ころから）。

日本語学校で韓国人学生と

クラウドファンディングの御礼とご報告

本誌のプロジェクトは原則的に、編集委員および編集者個人の意志で始めています。大学出版からの刊行物とはいえ、法政大学を含め、いかなる特定の団体や組織とも関係がありません。財政的な支えのない中、二〇〇〇円前後の本を通常の仕方で刊行した場合、必要経費を回収するためには多くの部数を販売できなければならず、小規模版元にとっては当初、困難が予想されました。

そのため、大手CAMPFIRE社の提供するプラットフォームのうち、「社会問題と向き合う人のクラウドファンディング」であるGoodMorningを通じて、二〇一九年十一月七日に募集を始めたところ、わずか三日足らずで目標金額の一〇〇万円を超える結果になりました。そして最終的には、総勢二二二名の方がパトロンとなり、総額は一四〇万〇一五五円に達しました。予想をはるかに超える大きなご支援に驚くとともに、近年の日本社会に危惧を覚える方々がいかに多いか、強く再認識しました。

本誌に寄せていただいたご厚意は、本誌の継続的刊行のため、おもに原稿料や製作サイドの取材費、最低限必要な広告費などで有効に使わせていただきます。みなさまの信頼に、心から御礼を申し上げます。

《ご支援いただいた方々（一部）》

鈴木華織　趙秀一　川村肇　堀江康裕
露木茂文　山下友樹　中島京子　小松崎繁
仲英雄　カナイサワコ　柏木哲夫　松廣耕三
齋藤真由美　小林美穂子　青木誠也　石野雅之
深井明彦　吉田尚史　二村優子　山口章

宇佐美基
中島宏幸
平田なぎさ
高崎由理
杉山聖子
大林えり子（ポポタム）
浮葉正親
中井健二
木村友祐
永田
鬼弦千枝子
竹脇正観
橋賢亀
小倉大征
志垣龍三
任剛一
川口洋平
安田直人
河本雅一

田中孝志
山田雅子
薄上亮一
SHUSUKE MATSUMOTO
村上勝三
土橋涼子
安藤哲也
宮崎勝歓
趙葵花
倉数茂
服部徹也
吉田淳
千葉啓太
NAOYA FUJITA
えぬざき
千田洋幸
小笠原一能
岡本朝也
中村美和

高木恒一
空井伸一
中島さおり
稲葉剛
池田賢太
杉山百合子
神崎寛明
桑野一純
古屋憲章
大久保章子
山本博之
松本貴裕
渡部学
金本愛子
林道郎
和田英路
MASAKI TOMIYA
ひこぱぱ
岩下結

高正浩
斎藤信吾
白田浩一
木村文洋
西尾宇広
渡邊太
早坂玲欧奈
広井健一郎
桑原広考
李栄恵
清義明
矢野利裕
佐藤拓道
林範夫
二村ヒトシ
小宮民珠
川村正典

——希望者のみ、お名前を掲載しました。順不同、敬称略です。
非掲載のみなさまも含め、本当にありがとうございました！

【編集後記】

『対抗言論』なんて、ストレートすぎて、ずいぶん大風呂敷な名前かもしれません。でも、許容できないものには反対の意志を示さないと、世の中はあきらめと冷笑で覆い尽くされてしまいます。「敵」をつくり、憎しみを煽り、空虚な優越感でおのれを慰めることで、隣人たちのありのままの姿を見ないで済ませようとする、私たち自身の習慣に「対抗」したいと思いました。

その道の専門家でもない私たちが、「身の丈」をこえて、政治や社会や歴史の問題に何か言うべきなのは、どこにでもいる小さくて不完全な誰それこそが、この国の主権者だからです。同じ星に生まれた隣人たちも、知性と尊厳をそなえた平等な人間なのです。

次号以降も、労働と生存、障害学、オリンピック・パラリンピックの問題、日韓中の近代史の見直し、東アジア人文学の現在、メディア批判などの特集を予定しています。障害者や動物たちを含め、何ものも存在を踏みにじられることのない世の中を待望しつつ。

（G）

対抗言論　反ヘイトのための交差路
1号　ヘイトの時代に対抗する

2019年12月25日　初版第1刷発行

編集委員　杉田俊介／櫻井信栄
編集協力　川村　湊
編 集 者　郷間雅俊
スタッフ　藤原侑貴

発行所　一般財団法人　法政大学出版局
〒102-0071　東京都千代田区富士見2-17-1
電話03（5214）5540　振替00160-6-95814
組版：HUP
印刷・製本：日経印刷

ISBN978-4-588-61611-2